ÉTUDES D'HISTOIRE ET DE PHILOSOPHIE RELIGIEUSES
sous la direction de Matthieu Arnold
90

L'Anthropologie de l'apôtre Paul

Ouvrage publié avec le soutien de l'université de Strasbourg

Caleb Moïse

L'Anthropologie de l'apôtre Paul

Vieil homme, homme nouveau, une exégèse de Romains 5-8

PARIS
CLASSIQUES GARNIER
2021

Caleb Moïse, né en Haïti en 1977, a intégré l'université de Strasbourg en 1998 pour un parcours d'études interdisciplinaires couronné par une thèse de doctorat en théologie et sciences religieuses. Cette thèse a reçu le Prix Éric de Putter. Enseignant-chercheur et consultant, l'auteur est par ailleurs titulaire d'un doctorat en science politique de l'université de Paris.

ISBN 978-2-406-11563-2 (livre broché)
ISBN 978-2-406-11564-9 (livre relié)
ISSN 0992-6488

ABRÉVIATIONS

AB	The Anchor Bible
ABR	*Australian Biblical Review*
AGJU	Arbeiten zur Geschichte des antiken Judentums und des Urchristentums
AnBib	Analectica Biblica
ANRW	*Aufstieg und Niedergang der römischen Welt*
BAGD	*Greek-English Lexicon of the New Testament and Other Early Christian Literature*. Third edition. Revised and edited by F. W. Danker, Chicago – Londres, University of Chicago Press
BETL	Bibliotheca Ephemericum Theologicarum Lovaniensum
BevT	Beiträge zur evangelischen Theologie
Bib	*Biblica*
BJRL	*Bulletin of the John Rylands University Library of Manchester*
BTB	*Biblical Theology Bulletin*
BZNW	Beihefte zur Zeitschrift für die neutestamentliche Wissenschaft
CBQ	*Catholic Biblical Quarterly*
CNT	Commentaire du Nouveau Testament
EDNT	*Exegetical Dictionary of the New Testament* (éd. Schneider G., Balz H., 1991, Grand Rapids, Eerdmans)
EvQ	*Evangelische Theologie*
ExpTim	*Expository Time*
FRLANT	Forschungen zur Religion und Literatur des Alten und Neuen Testaments
HeyJ	*Heythrop Journal*
HNT	Handbuch zum Neuen Testament
HTR	*The Harvard Theological Review*
ICC	International Critical Commentary
KEKNT	Kritisch-Exegetischer Kommentar über das Neue Testament
IJCT	*International Journal of the Classical Tradition*
JBL	*Journal of Biblic Litterature*
JSNT	*Journal of the Study of the New Testament*

JSNTsup	Journal of the Study of the New Testament (supplement)
LeDiv	Lectio Divina
NICNT	New International Commentary of the New Testament
NovT	*Novum Testamentum*
NTAb	*Neutestamentliche Abhandlungen*
NTS	*New Testament Studies*
RAC	*Reallexikon für Antike und Christentum*
RB	*Revue biblique*
RSPT	*Revue des Sciences philosophiques et théologiques*
SBLDS	Society of Biblical Literature Dissertation Series
SNTSMS	Society for New Testament Studies Monograph Series
SR	*Studies in Religion*
ST	Studia theologica
TDNT	*Theological Dictionary of the New Testament*
ThZ	*Theologische Zeitschrift*
TLZ	*Theologische Literaturzeitung*
TWNT	*Theologisches Wörterbuch zum Neuen Testament*
TZ	*Theologische Zeitschrift*
UNT	Untersuchungen zum Neuen Testament
WUNT	Wissenschaftliche Untersuchungen zum Neuen Testament
WUNT II.	Wissenschaftliche Untersuchungen zum Neuen Testament. 2. Reihe
ZAW	*Zeitschrift für die alttestamentliche Wissenschaft*
ZNW	*Zeitschrift für die neutestamentliche Wissenschaft*
ZTK	*Zeitschrift für Theologie und Kirche*

INTRODUCTION GÉNÉRALE

Parler d'une « anthropologie paulinienne » peut paraître, pour certains[1], inapproprié, et, pour d'autres[2], évident. Pourtant, cela n'est ni évident ni inapproprié. En fait, la possibilité de parler d'une « anthropologie paulinienne » suppose que l'on se confronte tout d'abord à la double difficulté de définir le concept d'anthropologie et d'envisager dans quelle mesure une telle définition pourrait trouver sa place dans le cadre de la pensée paulinienne. Cela suppose aussi que l'on se demande s'il existe chez Paul une pensée anthropologique élaborée en tant qu'objet premier du discours, ou s'il nous est seulement permis de construire ou, mieux, d'esquisser, à partir d'une lecture croisée de ses écrits, une vision de l'humanité que l'on pourrait finalement appeler une « anthropologie paulinienne ».

Il nous semble, en effet, que l'on ne pourra pas utiliser, à juste titre, l'expression « anthropologie paulinienne » tant qu'on n'aura pas élucidé les ambiguïtés formulées précédemment. Tout d'abord, en quel sens peut-on parler d'une « anthropologie paulinienne » ? Que faut-il entendre par « anthropologie » dans le contexte de la pensée paulinienne ? Écartons d'emblée l'anachronisme qui consisterait à appliquer à la pensée de Paul la conception de l'anthropologie telle qu'elle s'est développée comme champ d'étude au cours des trois derniers siècles notamment. Il ne s'agira donc pas d'étudier la vision anthropologique de Paul comme on pourrait le faire de celles de Pierre Bourdieu[3], de Claude Lévi-Strauss[4], de Marcel Mauss[5], d'Émile Durkheim[6] ou même d'Emmanuel Kant[7]. Loin de là.

1 Nous pensons ici à Ernst Käsemann et surtout aux exégètes appartenant à la « Nouvelle Perspective », tels que Krister Stendahl, Edward P. Sanders, Heikki Räisänen, James D.G. Dunn.

2 Il s'agit des théologiens qui s'inscrivent dans la lignée de Martin Luther, notamment Rudolf Bultmann.

3 P. Bourdieu, *Réponses. Pour une anthropologie réflexive*, Paris, Seuil, 1992.

4 C. Lévi-Strauss, *Anthropologie structurale*, Paris, Plon, 1958.

5 M. Mauss, « Essai sur le don : forme et raison de l'échange dans les sociétés archaïques », in *Année sociologique, nouvelle série I, 1923-1924*, 1973, p. 30-186.

6 É. Durkheim, *Les formes élémentaires de la vie religieuse*, Paris, PUF, 1912.

7 E. Kant, *Anthropologie d'un point de vue pragmatique*, 1964, Paris, Vrin.

En fait, Paul, faut-il le rappeler, n'a pas écrit de traité ou de manuel d'anthropologie. Et l'on pourrait même se demander si l'apôtre avait pour objectif d'élaborer une pensée anthropologique et si ce qu'on pourrait considérer comme des considérations anthropologiques dans sa pensée ne constitue pas pour lui une simple trame pour exposer l'essentiel, qui est ailleurs. Autant le dire clairement : le propos de Paul n'était pas d'établir une doctrine anthropologique mais plutôt d'exposer ce qu'il appelle la « manifestation de la justice divine » pour le salut des êtres humains. Toutefois, il nous semble que l'on ne saurait dissocier ou séparer, comme le fait Käsemann[8], la conception de Paul de la justice divine d'une certaine vision anthropologique.

Sans aller jusqu'à dire, à l'instar de Bultmann, que « chacune des affirmations (de Paul) à propos de Dieu est simultanément une affirmation à propos de l'homme et vice versa[9] », il nous semble que certaines des affirmations de Paul sur l'humanité, dans le contexte de ses correspondances épistolaires, comportent une portée qu'il a délibérément voulue universelle. C'est donc seulement en raison de cette dimension universelle des affirmations pauliniennes sur l'humanité que nous pouvons nous autoriser à parler de la possibilité d'une anthropologie paulinienne, laquelle reste à préciser.

Aussi cette étude se propose-t-elle de montrer que les écrits pauliniens comportent une vision spécifique de l'histoire et de la nature humaines[10]. Elle cherche notamment à établir que, au-delà et comme en toile de fond des thèmes privilégiés développés par Paul, notamment la justification par la foi et non pas par la Loi, il existe une anthropologie sous-jacente à toute sa pensée. En nous appuyant principalement sur l'épître aux Romains[11], et sur les chapitres 5 à 8 en particulier, nous entendons montrer que cette anthropologie, bien qu'enracinée dans les cultures juive et hellénistique de son époque, est bien spécifique à Paul.

---

8 E. Käsemann, *New Testament Questions of Today*, Philadelphia, Fortress Press, 1969, p. 180.

9 R. Bultmann, *Theology of the New Testament, Vol. I*, New York, Charles Scribner's Sons, 1951, p. 191.

10 C'est ici l'occasion d'attirer l'attention du lecteur sur le fait que le présent ouvrage est tiré d'une thèse de doctorat soutenue en mars 2013 sous le titre de *Vieil homme, homme nouveau : esquisse d'une anthropologie paulinienne à partir de Romains 5-8*, et qui a été actualisée pour la publication.

11 Nous nous référerons aussi à d'autres écrits pauliniens, notamment les épîtres aux Corinthiens et aux Galates, mais seule l'épître aux Romains sera étudiée dans ses aspects contextuel, littéraire, stylistique etc.

Nous partirons de l'hypothèse fondamentale selon laquelle cette anthropologie paulinienne est déterminée par l'opposition structurelle du « vieil homme » et de l'« homme nouveau ». Cette opposition caractéristique de la pensée paulinienne se présente sous un double rapport de temporalité : il s'agit tantôt d'un rapport d'antériorité/postériorité (avant/après ou maintenant), tantôt d'un rapport de simultanéité. Dans le premier cas, la nouveauté de vie du chrétien chez Paul suppose qu'une rupture complète et définitive est censée se produire entre le « vieil homme » et « l'homme nouveau ». Dans le second cas, cette nouveauté de vie semble ne pas exclure la possibilité d'une subsistance ou d'une résurgence du « vieil homme », malgré la prédominance de l'« homme nouveau ».

La prise en compte de ce double rapport nous semble être d'une importance cruciale, car l'omission de l'un ou de l'autre peut donner lieu à de graves méprises sur la pensée paulinienne. En fait, ici, nous semble-t-il, résident le principal enjeu de l'anthropologie paulinienne et le nœud de la question relative à la signification de la nouveauté de vie chez Paul : celui-ci conçoit-il la nouveauté de vie comme un état accompli et définitivement réalisé ou comme un processus de transformation dans lequel s'engage le chrétien qui, bien que déjà entré, par le baptême, dans une sphère d'humanité nouvelle et plus qu'humaine (celle du Christ), n'a toutefois pas encore complètement échappé à la condition de son humanité ancienne et trop humaine (celle d'Adam) ?

Notons déjà que la prise en compte de l'association par Paul de ce double rapport (antériorité/postériorité d'une part, et simultanéité d'autre part) dans l'opposition du « vieil homme » à l'« homme nouveau » nous permettra de dégager une caractéristique importante (et insuffisamment soulignée) de l'anthropologie paulinienne que nous appellerons son *empiricité*. Il s'agira de montrer que, en sus du fait que Paul traite de l'humanité dans le cadre d'une histoire, il conçoit l'être humain non pas seulement de manière a priori, selon ce qu'il est appelé à être, ou à ne plus être, mais aussi selon ce qu'il est, ou est encore provisoirement. Nous tenterons de faire apparaître le triple niveau du discours paulinien, qui, tout en exprimant explicitement l'« avoir été » et le « devoir être », laisse aussi entrevoir l'« être présent ».

En lien direct avec cette *empiricité*, un deuxième aspect de l'anthropologie paulinienne que nous essaierons de dégager est ce qu'on appellera sa *subjectivité*. Il s'agira de montrer que, dans la conception paulinienne de l'être humain, interfère souvent, de manière patente ou sous-jacente, la propre histoire, ou, mieux, la propre personne de Paul, dans une double dimension physique et psychologique. Nous verrons que non seulement l'apôtre ne traite pas de l'humain comme un pur objet de la raison (ou du discours), mais qu'il est lui-même parfois simultanément le sujet et l'objet de son propre discours, comme s'il entrait en communion avec le reste de l'humanité dont il partage aussi le sort.

Nous tenterons par ailleurs de montrer que la *subjectivité* de l'anthropologie paulinienne est étroitement liée à ce que nous appellerons la *cosmicité* de l'anthropologie paulienne. Il s'agira d'exposer comment Paul conçoit une sorte d'union cosmique où la création tout entière partage le même sort que l'humanité, et où cette dernière entre en symbiose avec toute la création dans le cadre d'une lutte cosmique contre la mort. Mieux encore, il s'agira de faire apparaître que Paul conçoit la nouveauté de vie ou l'opposition du vieil homme à l'homme nouveau en lien avec une opposition radicale entre le terrestre et le céleste, entre ce qui est d'en bas et ce qui est d'en haut.

Enfin, plus important encore est le fait que l'ensemble de ces caractéristiques de l'anthropologie paulinienne s'inscrit dans le cadre d'une logique discursive à visée épidictique. Ce point est capital et nous en ferons ce qui constitue, de notre point de vue, le principal trait distinctif de l'anthropologie paulinienne. De fait, les affirmations pauliniennes sur la nouveauté de vie entrent dans le cadre d'une démonstration et se trouvent au cœur d'une démarche de conviction. C'est en raison de cette dimension argumentative qui caractérise le contexte des affirmations pauliniennes sur la nouveauté de vie qu'il sera nécessaire d'aborder le discours paulinien selon une approche rhétorique.

Il convient néanmoins de souligner ici une difficulté de méthode intrinsèque à la nature transversale de cette étude. Il nous sera en effet nécessaire d'utiliser une méthode qui tienne compte de la double dimension exégétique et théologique de cette étude. Tout d'abord, nous ne pourrons pas faire l'économie d'une étude relative aux enjeux contextuels liés à l'épître aux Romains, notamment la difficile et très controversée question des circonstances de l'écriture de cette lettre. Dans la première partie de notre travail, nous aborderons aussi la question du genre du discours dans l'épître aux Romains, ainsi que l'unité et la place des chapitres 5 à 8, lesquels constitueront le point de départ de notre étude.

Toujours dans cette première partie, nous présenterons dans un premier temps une analyse littéraire de Romains 5-8 sous l'angle de la *dispositio* rhétorique. Puis nous étudierons les fonctions déterminantes de la figure de l'« ἐγώ » en Romains 7 pour une meilleure appréciation des enjeux anthropologiques dans le texte paulinien.

Tout cela nous permettra de préciser, dans une deuxième partie, la nature du discours paulinien comme étant avant tout un discours historico-logique sur la justification. Ce point nous semble capital et incontournable dans le cadre de notre démarche, car l'ignorer serait, là encore, méconnaître que Paul inscrit ses considérations anthropologiques et ses affirmations sur la nouveauté de vie dans le cadre plus global d'un discours sur l'histoire de la justification et du salut. Il nous semble donc qu'il sera nécessaire, pour rendre justice à Paul, d'étudier sa vision anthropologique tout en l'intégrant dans le cadre de son discours historico-logique sur la justification.

Enfin, dans une troisième partie, nous aborderons plus directement l'analyse des concepts déterminants de l'anthropologie paulinienne. Aussi nous attellerons-nous à étudier les différents usages du concept de chair chez Paul, et notamment l'opposition qu'il conçoit entre le charnel et le spirituel, dans le cadre de sa conception de la vie nouvelle en Christ.

Dans le même sens, nous présenterons ce que nous appellerons les implications somatiques dans la conception paulinienne de la nouveauté de vie. Nous verrons en effet que le corps occupe une place centrale dans la vision anthropologique de Paul.

Finalement, par une étude de l'opposition paulinienne entre « l'homme intérieur » et « l'homme extérieur » (« ἔσω ἄνθρωπος » / « ἔξω ἄνθρωπος »), nous ferons apparaître que Paul conçoit la nouveauté de vie comme un processus de transformation du chrétien qui, à partir du baptême et de la réception de l'Esprit, se voit continuellement renouvelé dans son « homme intérieur » jusqu'à qu'il soit finalement entièrement revêtu du « corps spirituel ».

Cet ouvrage est le fruit d'études ayant bénéficié du soutien de personnes et d'institutions envers lesquelles j'ai une dette infinie. Je ne saurais ici les citer toutes. Qu'il me soit seulement permis d'exprimer ma profonde gratitude aux professeurs Matthieu Arnold et Christian Grappe, et à l'Université de Strasbourg, pour leur rôle dans l'accomplissement du projet de publication de cet ouvrage.

PREMIÈRE PARTIE

ÉTUDE CONTEXTUELLE ET TEXTUELLE DE ROMAINS 5-8

LES CIRCONSTANCES DE L'ÉCRITURE DE L'ÉPÎTRE AUX ROMAINS

Les études touchant à l'épître aux Romains ne peuvent faire l'impasse sur la difficile question de l'intention de Paul dans cette lettre. Cette difficulté réside précisément dans le fait que, contrairement à ses autres lettres qui se présentent globalement comme des parénèses, l'épître aux Romains, au-delà de ses dimensions parénétique et épistolaire, s'apparente principalement à un discours doctrinal fondé sur une argumentation logique.

Or, malgré le caractère souvent général des affirmations pauliniennes dans cette lettre, nous ne pouvons faire abstraction du fait qu'il s'agit bien d'une lettre et que, en tant que telle, celle-ci est censée s'inscrire dans des circonstances particulières, reflétant la situation empirique de son auteur et de son (ses) destinataire(s). Il apparaît donc que toute tentative d'appréhender le sens de la démarche ou de la pensée de Paul dans sa lettre nous oblige à nous interroger d'abord et avant tout sur les circonstances, l'identité des destinataires et la raison d'être de l'épître aux Romains[1].

PAUL, SES DESTINATAIRES ET LES CIRCONSTANCES DE LA LETTRE

Tout d'abord, il nous semble important d'insister sur le fait que Paul se présente (ou est présenté) dans la lettre aux Romains comme étant, par vocation, l'apôtre de tous les païens (Romains 1,5)[2], son apostolat

1 Et plus particulièrement, dans le cadre de cette étude, en vue d'en tirer sa vison anthropologique.

2 Pour plus de détails sur la vie de Paul et les circonstances de l'écriture de l'épître aux Romains, voir notamment : G. Ogg, *The Chronology of the Life of Paul*, Londres, Epworth Press, 1968 ; G. Bornkamm, « The Letter to the Romans as Paul's Last Will and Testament », in *The Romans Debate*, éd. K. Donfried, Minneapolis, Augsburg, 1977, p. 17-31 ; R. Jewett, *A Chronology of*

étant conçu comme s'étendant à tous, « aux Grecs et aux barbares, aux savants et aux ignorants » (Romains 1,13). Il est aussi utile de souligner que l'apôtre ne néglige pas de mentionner dans la lettre son identité juive (Romains 9,3-4)[3]. Par ailleurs, si nous considérons le livre des Actes des apôtres, nous apprenons que Paul est aussi un citoyen romain (Actes 22,28), qu'il été formé par Gamaliel (Actes 22,3), le rabbin le plus connu de l'époque (Actes 5,34). Toujours dans le livre des Actes, Paul est décrit comme ayant été auparavant un Pharisien fervent partisan de la pratique de la Loi et pourfendeur acharné du christianisme (Actes 8,1-3)[4]. Plus important encore pour notre étude est le fait que le livre des Actes nous présente l'apôtre comme celui qui a vécu un tournant dans sa vie lors de l'événement de la route de Damas (Actes 9,1-8)[5].

S'agissant des circonstances de la vie de Paul au moment où il écrit l'épître aux Romains, il apparaît qu'il était en route pour Jérusalem, y apportant des dons venant de Macédoine et d'Achaïe (Romains 15,22-29), séjournant en Grèce, et très probablement à Corinthe, chez Gaius (voir aussi I Corinthiens 1,14 ; 16,1-3 et II Corinthiens 8,1-9,1).

Pour ce qui est de la date précise de l'écriture de la lettre, la plupart des commentateurs l'évaluent entre les années 55 et 58[6]. En effet, si on prend en compte les informations que fournit Luc dans les Actes des Apôtres, notamment en Actes 20,16 où il laisse entendre que Paul s'empressait

---

Paul's Life, Philadelphia, Fortress Press, 1979 ; Douglas Moo, *Romans 1-8*, Chicago, Moody, 1991, p. 1-22 ; É. Trocmé, *Saint Paul*, Paris, Presses Universitaires de France, 2003 ; R. Jewett, *Romans : A Commentary*, Minneapolis, Fortress Press, 2007, p. 18-23 ; Stephen Westerholm (éd.), *The Blackwell Companion to Paul*, Oxford, Wiley-Blackwell, 2011 ; M. Wolter, *Paulus : Ein Grundriss seiner Theologie*, Neukirchen Vluyn, Neukirchener Theologie (p. 8-30 notamment), 2011 ; O. Wischmeyer, *Paul : Life, Setting, Work, Letters*, Londres, T & T Clark International, 2012.

3 Observons que la mention de l'identité juive de Paul se trouve également en Philippiens 3,5.

4 Ces informations sur la vie de Paul sont aussi relatées en Philippiens 3,5-6 et en Galates 1,13.

5 Nous aurons à revenir sur la portée que peut prendre cette « conversion » de Paul dans le cadre de sa conception de l'opposition entre l'ancien et le nouvel homme. Par exemple, Harris J. Murray suggère que les antithèses entre la grâce et la Loi, entre la foi et les œuvres sont à mettre en relation avec l'histoire personnelle de Paul séparée en deux périodes par l'événement de Damas (voir *The Epistle to the Romans : The English Text with Introduction, Exposition and Notes*, Grand Rapids, Eerdmans (1959), « Introduction », p. XIV). Voir aussi Simon Légasse, *L'épître de Paul aux Galates*, Paris, Cerf, 2000 ; Jerome Murphy-O'Connor, *Paul et l'art épistolaire*, Paris, Cerf, 1994.

6 W. Ramsay, *St. Paul the Traveler and the Roman Citizen*, Grand Rapids, Eerdmans, 1895 ; id. *Pauline and other Studies*, New York, A. C. Armstrong 1906 ; Ch. Barrett, *A Commentary on the Epistle to the Romans*, New York, Harper & Row, 1957 ; J. Murray, *The Epistle*, *op. cit.* ; D. Moo, *Romans*, *op. cit.* ; David Seemuth, *Romans*, Nashville, Thomas Nelson, 2005 ; R. Jewett, *Romans*, *op. cit.*, 2007.

d'arriver à Jérusalem avant le jour de la Pentecôte, il semblerait que Paul ait écrit la lettre alors qu'il était à Corinthe entre janvier et mars 57[7].

Concernant les destinataires de l'épître aux Romains, nous savons que Paul ne les connaissait que par ouï-dire, ou que parce que leur foi – qu'il partage – était « renommée dans le monde entier » (Romains 1,8-12). Toutefois, l'apôtre nous précise que ses destinataires sont inclus parmi les païens dont il est, par vocation, l'apôtre (Romains 1,5-6 et 1,13)[8]. De même, s'il est aussi question en Romains 11,13-32 et 15,7-12 de chrétiens d'origine païenne, Paul nous laisse entendre qu'il s'adresse également à des chrétiens d'origine juive (Romains 9-11 et 12,17)[9]. On peut donc retenir que, selon toute vraisemblance, les destinataires de Paul dans l'épître aux Romains représentaient un groupe de chrétiens composé à la fois de judéo-chrétiens et de pagano-chrétiens[10].

Mais pourquoi Paul a-t-il écrit à une communauté de judéo-chrétiens et de pagano-chrétiens qu'il n'avait ni fondée ni même déjà visitée ? Comment expliquer le fait qu'il ait été animé d'un si vif désir d'annoncer l'Évangile aussi aux chrétiens qui sont à Rome (1,15), dont la foi avait déjà une renommée mondiale (1,8) ? Aurait-il prétendu qu'il relevait naturellement de son apostolat ou de son propre champ d'autorité d'évangéliser les païens, où qu'ils puissent se trouver, et qu'ils aient déjà été chrétiens ou pas encore ? En ce sens, Paul n'aurait-il pas voulu que cette communauté, comme tant d'autres, puisse aussi porter sa marque en tant qu'apôtre de toutes les nations (1,5.13-14)[11] ? Bien plus, notre apôtre ne se serait-il pas conçu comme dépositaire d'un Évangile[12], lequel doit être annoncé à tous, et spécifiquement aux païens[13] ?

---

7 Voir aussi Actes 18,1-18 (notamment v. 12), 24, 27-25,12 et 26,30-27,2.

8 Nous n'irions pas jusqu'à dire que les destinataires de l'épître pouvaient être essentiellement des pagano-chrétiens, comme D. Moo essaie de le démontrer dans son commentaire de *Romains 1-8* (p. 11), même si celui-ci finit par admettre qu'il est plus probable qu'il y ait eu à la fois des judéo-chrétiens et des pagano-chrétiens (p. 12-13). Voir également D. Fraikin, « The Rhetorical Function of the Jews in Romans », in *Paul and the Gospels*, vol. 1 of *Anti-Judaism in Early Christianity*, éd. P. Richardson, Waterloo, Wilfrid Laurier University Press, p. 91-105.

9 Observons aussi qu'il est question de la présence d'Aquila (Romains 16,3), qui était juif (Actes 18,2), comme membre de cette communauté.

10 Voir W. Kümmel, *Introduction to the New Testament*, Londres, SCM Press, 1975, p. 216-226.

11 Voir W. Kümmel, *Introduction*, *op. cit.*, p. 216-226.

12 Nous faisons référence ici à ce que nous aurons à présenter comme étant le cœur de la pensée paulinienne : la prédominance de la Grâce sur le péché (de Christ sur Adam), de la vie sur la mort, de la foi sur les œuvres, ou encore du nouveau sur l'ancien.

13 Similairement, certains commentateurs pensent que Paul pourrait avoir écrit aux chrétiens de Rome dans le but de fournir à leur communauté une fondation apostolique. La lettre serait donc un « sceau apostolique » qui transformerait la communauté chrétienne

Finalement, quel est le contenu du message que Paul voulait envoyer aux chrétiens de Rome ? Et ce message peut-il nous éclairer sur les circonstances, le contexte de vie ou *Sitz im Leben* de la communauté chrétienne de Rome ? En effet, on peut s'étonner du fait que, contrairement à la plupart des autres épîtres où Paul mentionne les circonstances et les motivations de ses lettres, il ne fournit en Romains aucune information directe sur le contexte de la vie de l'église romaine, ni sur les circonstances qui motivent la lettre. C'est ainsi que de nombreuses hypothèses ont été élaborées pour expliquer la raison d'être de l'épître aux Romains[14].

L'hypothèse qui nous semble la plus probable est que l'église romaine, composée à la fois de juifs (ou judéo-chrétiens) et de pagano-chrétiens, souffrait de divisions et de disputes en ce qui concerne la place de la Loi dans le salut du chrétien[15]. Paul serait donc intervenu pour traiter du débat sur la place des juifs et de la Loi dans l'histoire du salut. Sa démarche consiste donc, d'une part, à démontrer aux juifs que la Loi seule, même dans sa stricte application, ne peut procurer le salut et que, par la foi en Jésus-Christ, le salut est à la portée de tous (Romains 1,16)[16], et, d'autre part, à essayer de convaincre les pagano-chrétiens de l'importance de la Loi et des juifsdans l'histoire du salut[17].

---

en une église chrétienne. Günter Klein, par exemple, soutient cette thèse en s'appuyant sur le fait qu'il n'y a aucune occurrence du mot « ἐκκλησία » dans l'épître aux Romains. (Voir « Paul's Purpose in Writing the Epistle to the Romans », in *The Romans Debate*, *op. cit.*, p. 32-49.)

14 La plupart de ces hypothèses s'appuient sur la trajectoire missionnaire de Paul pour expliquer les circonstances de sa lettre. En ce sens, voir W. Ramsay, *St. Paul*, *op. cit.* 1986 ; G. Ogg, *The Chronology*, *op. cit.*, 1968 ; R. Jewett, *A Chronology*, *op. cit.*, 1979 ; D. Seemuth, *Romans*, *op. cit.*, 2005 ; R. Jewett R, *Romans*, *op. cit.*, 2007. Un autre type d'hypothèse prétend que l'épître aux Romains est une diatribe et que, en tant que telle, elle n'est pas destinée à un destinataire précis et qu'elle reflète des positions théologiques générales, indépendamment de la situation de l'église de Rome. Voir notamment : Stanley Kent Stowers, *The Diatribe and Paul's Letter to the Romans*, Chico, Scholars Press, 1981 ; Ch. Song, *Reading Romans as a Diatribe*, New York, Peter Lang, 2004. L'un des plus importants opposants au fait qu'on puisse assimiler l'épître aux Romains à une diatribe est K. Donfried, « False Presuppositions in the Study of Romans. », in *The Romans Debate*, *op. cit.*, 1977.

15 Pour plus de détails sur la question, voir W. S. Campbell, « Why did Paul write Romans ? », *ExpTim* 85, p. 264-269 ; H.-W. Bartsch, « The Historical Situation of Romans », *Encounter, Creative Theological Scholarchip* 33, 1974, p. 329-338.

16 Voir F. Watson, *Paul, Judaism, and the Gentiles*, Cambridge, Cambridge University Press, 1986, p. 97-98.

17 Voir W. Marxsen, *Introduction to the New Testament*, Philadelphia/Oxford, Fortress Press / Basil Blackwell, 1968, p. 92-104.

Il convient donc de prendre en compte le fait que, dans l'épître aux Romains, le discours paulinien s'inscrit dans une argumentation dialectique s'adressant aux deux catégories à la fois en les dissociant et en les associant : tout en soulignant la primauté des juifs, l'objectif de l'argumentation paulinienne est de montrer que juifs et païens sont sur un pied d'égalité au regard de leur situation face au péché et que, par ailleurs, leurs destins respectifs sont mutuellement conditionnés dans la même histoire du salut (Romains 11,11-15, 25-38)[18].

LA QUESTION DE LA COHÉRENCE GLOBALE DE L'ÉPÎTRE AUX ROMAINS ET LA PLACE DES CHAPITRES 5 À 8

De nombreux commentateurs soulignent avec raison l'importance capitale qu'il y a à « résoudre la lancinante énigme de la cohérence interne de l'épître » aux Romains avant de l'étudier dans son contenu[19]. C'est ainsi que, pour établir la cohérence globale de l'épître aux Romains, plusieurs approches ont été suggérées, telles, par exemple, l'épistolographie romaine et hellénistique[20], ou la diatribe[21]. Mais nous nous associons aux commentateurs qui pensent qu'une approche rhétorique est mieux à même de résoudre la question de la cohérence du discours paulinien dans l'épître aux Romains, en raison non seulement de ses dimensions

18 Notons déjà que, chez Paul et dans l'épître aux Romains en particulier, le péché a une double explication : la première – d'ordre mystique – provient de l'union avec Adam, et la seconde – d'ordre logique – est la conséquence de la désobéissance à la Loi (ou de la Loi tout simplement, car, chez Paul, ce n'est pas nécessairement la désobéissance à la Loi qui est péché, mais le péché existe du fait même de l'existence ou de la connaissance de la Loi). Ainsi, les païens et les hommes en général sont pécheurs ou esclaves du péché parce que fils d'Adam, mais les juifs en particulier sont pécheurs du fait même qu'ils ont la Loi, et qu'ils désobéissent à cette Loi (qu'ils connaissent).

19 Voir J.-N. Aletti, *Comment Dieu est-il juste ? Clefs pour interpréter l'épître aux Romains*, Paris, Seuil, 1991, p. 19.

20 Voir : A. du Toit, « Persuasion in Rm 1,1-17 », *BZ* 33, 1989, p. 192-209 ; Jerome Murphy-O'Connor, *Paul et l'art épistolaire*, Paris, Cerf, 1994 ; C. Salles, « L'épistolographie hellénistique et romaine », in *Paul de Tarse. Congrès de l'ACFEB Strasbourg, 1995*, éd. J. Schlosser, Paris, 1996.

21 Voir S.-K. Stowers, *The Diatribe*, *op. cit.*, 1981 ; C. Song, *Reading Romans*, *op. cit.*, 2004.

littéraire, dialectique et logique, mais aussi et surtout de sa nature profondément argumentative.

C'est ainsi que Wilhelm Wuellner considère qu'une étude de l'argumentation paulinienne selon le modèle de la *dispositio* rhétorique peut être un excellent moyen de rendre raison des dimensions sociale et contextuelle de la lettre[22]. En résumé, Wuellner propose la *dispositio* suivante pour l'épître aux Romains : tout d'abord l'*exordium* en 1,1-15 où Paul se présente, justifie ses titres, l'origine et le but de son apostolat, salue cordialement ses destinataires (vv. 1-7), puis, par une sorte de *captatio benevolentiae*, les félicite pour leur foi et exprime son vif désir et son impatience de les voir et de partager avec eux (vv. 8-15). Puis, en 1,16-17, on trouve une sorte de *transitus* où Paul annonce sa conception de l'Évangile. Vient ensuite la *confirmatio* en 1,18-15,13, elle-même divisée en *probatio* (1,18-11,36) et *digressio* (*exemplum*) en 12,1-15,13. Arrive enfin la *peroratio* en 15,14-16,23, où, en écho à l'*exordium*, Paul a longuement recours au *pathos* en laissant apparaître ses sentiments à l'égard des destinataires.

Tout en conservant le modèle rhétorique proposé par Wuellner, Jean-Noël Aletti considère qu'il est important de déterminer les grandes articulations de l'épître, mais qu'il est aussi nécessaire d'être conscient que le discours paulinien se caractérise par sa souplesse, et donc qu'il ne faut pas plaquer sur l'épître aux Romains le modèle rhétorique grec d'une manière rigide et fidèle[23]. Ainsi écrit-il : « s'il est un livre du Nouveau Testament qui, dans son ensemble et en plusieurs de ses sections, exploite avec originalité la *dispositio* des Anciens, c'est bien l'épître aux Romains[24] ». Aletti propose donc de « déterminer les différentes unités

22 Wilhelm Wuellner, « Paul Rhetoric of Argumentation in Romans. An alternative to the Donfried-Karris Debate over Romans », in *The Romans Debate*, *op. cit.*, 1976, p. 152-174. R. Jewett, « Following the Argument of Romans » in *The Romans Debate*, 1986, p. 265-277, propose une *dispositio* légèrement différente de celle de Wuellner que nous résumons ici : *exodium* 1,1-12, *narratio* 1,13-15, *propositio* 1,16-17, *probatio* 1,18-15,13 et *peroratio* 15,14-16,27 ; id., *Romans*, *op. cit.* 2007. François Vouga, « Romains 1,18-3,20 comme narratio », in P. Bühler et J.-F. Habermacher, *La Narration. Quand le récit devient communication*, Genève, 1988, p. 147-161, propose la *dispositio* suivante : *exodium* 1,1-17, *narratio* 1,18-3,20, *propositio* 3,21-31, *probatio* 4,1-11,36, *exhortatio* 12,1-15,13, *peroratio* 15,14-33.

23 J.-N. Aletti, « La présence d'un modèle rhétorique en Romains. Son rôle et son importance », *Bib* 71, 1990, p. 1-24 et J.-N. Aletti, *Comment Dieu est-il juste ? Clefs pour interpréter l'épître aux Romains*, Paris, Seuil, 1991. Voir aussi J.-N. Aletti, « La *dispositio* rhétorique dans les épîtres pauliniennes », *NTS* 38, 1992, p. 385-401.

24 J.-N. Aletti, « La présence d'un modèle rhétorique en Romains », art. cité, p. 23.

argumentatives ou logiques de l'épître aux Romains » en insistant sur leur articulation et leur enchaînement. Mais il signale qu'il est aussi possible que, outre la thèse principale de Paul, il y ait des *propositiones*, c'est-à-dire des thèses secondaires qui forment une micro (ou macro) unité littéraire, explicitent la *propositio* principale et permettent la progression de l'argumentation paulinienne. Pour Aletti, en effet, une même unité littéraire, chez Paul, est souvent composée de plusieurs parties. Il est donc capital de voir en quoi chaque unité littéraire contribue à faire progresser l'argumentation globale.

Dans le même sens, Keith A. Burton reprend la disposition rhétorique proposée par Wuellner mais suit aussi les recommandations d'Aletti en déterminant des micro-unités littéraires avec des *propositiones* ou thèses secondaires qui explicitent la thèse principale, faisant ainsi progresser l'argumentation globale. C'est ainsi que Burton propose la *dispositio* suivante[25] :

- l'*exordium* (1,1-12) qui joue une triple fonction : *attentum parere*, là où, pour éveiller l'attention du destinataire, Paul se présente comme « serviteur de Jésus Christ » (vv. 1-6) ; *benevolum parere*, là où, pour s'attirer la bienveillance des destinataires, Paul les félicite pour la renommée de leur foi (v. 8) ; *docilem parere*, là où, pour éveiller la réceptivité des destinataires, Paul se met à leur niveau en évoquant son désir de partage mutuel ;
- vient ensuite la *narratio*, où Paul indique qu'il désire rendre visite à ses destinataires dans le but de leur annoncer l'Évangile (vv. 13-15) ; enfin, les versets 16-17 représentent la *propositio*, où l'apôtre présente sa conception de l'Évangile comme puissance de Dieu et justification par la foi de tous les chrétiens.

À l'instar de Wuellner, Burton situe la *confirmatio* (ou *probatio*) en 1,18-15,13. Mais il subdivise la *confirmatio* en *confirmatio* par *ratiocinatio*, qui est une preuve de la thèse par raisonnements déductifs (1,18-4,25), *refutatio* par *exornatio* (5,1-8,39), *refutatio* par *comparatio* (9,1-11,36) et *confirmatio* par *exemplum* (12,1-15,13). Enfin, 15,14-16,27 constitue la *peroratio* qui est elle-même divisée en *recapitulatio* (15,14-17), *amplificatio*

25 K. Burton, *Rhetoric, Law, and the Mystery of Salvation in Romans 7 : 1-6*, New York, Edwin Mellen Press, 2001.

(15,30-16,23). Burton précise enfin que la lettre s'achève par un renforcement du principal thème du message paulinien, qui est l'obéissance à la foi (16,25-27), « obéissance, note-il, qui n'est possible qu'à ceux qui sont passés de la mort à la vie ».

Cette présentation détaillée de la structure littéraire de l'épître aux Romains selon le modèle rhétorique est pour nous d'un très grand intérêt pour une meilleure appréciation de la place des chapitres 5 à 8 dans le contexte global de la lettre. En effet, du point de vue de la *dispositio* rhétorique, Romains 5-8 a souvent été considéré comme une unité littéraire. De nombreux commentateurs tels que Jewett[26], Burton[27], Aletti[28], Aune[29], Elliott[30] et Kennedy[31] considèrent ces chapitres comme constituant une unité littéraire à laquelle peut s'appliquer le modèle de la *dispositio* rhétorique. De manière générale, ces commentateurs présentent la *dispositio* rhétorique de Romains 5-8 selon la structure suivante : *exordium* 5,1-11, *narratio* 5,12-21, *propositio* 5,20-21, *probatio* 6,1-8,30, *peroratio* 8,31-39.

Néanmoins, certaines différences apparaissent, notamment dans la manière dont les commentateurs organisent la section 6,1-8,30 (*probatio*). En effet, pour Aletti par exemple, l'unité littéraire que compose Romains 5-8 est telle que sa *dispositio* rhétorique ne suit pas rigoureusement le canevas de la rhétorique ancienne[32]. Il considère ainsi que la *probatio*

26 R. Jewett, « Following the Argument of Romans », in *The Romans Debate*, 2e éd., 1991, p. 265-277. Voir aussi R. Jewett, *Romans*, *op. cit.*, 2007.

27 K. Burton, *Rhetoric*, *op. cit.*

28 J.-N. Aletti, « The Rhetoric of Romans 5-8 », in *The Rhetorical Analysis of Scripture : Essays from the 1995 London Conference*, éd. S.E. Porter, T.H. Olbricht, *JSNTsup 146*, Sheffield, 1997, p. 294-308 ; id., « La disposition rhétorique dans les épîtres pauliniennes. Propositions de méthode », *NTS* 38, 1992, p. 385-401 ; « La présence d'un modèle rhétorique en Romains », art. cité, p. 1-24.

29 D. E. Aune, « Romans as a Logos Protreptikos », in *The Romans Debate*, 2e éd., 1991, p. 278-296.

30 N. Elliott, *The Rhetoric of Romans : Argumentative Constraint and Strategy and Paul's Dialogue with Judaism*, Sheffield, JSOT Press, 1990.

31 G. Kennedy, *New Testament Interpretation through Rhetorical Criticism*, Charlotte, University of North Carolina Press, 1984.

32 J.-N. Aletti, « The Rhetoric of Romans 5-8 », in *The Rhetorical Analysis of Scripture : Essays from the 1995 London Conference*, éds. SE Porter, T.H. Olbricht, *JSNTsup 146*, Sheffield, Sheffield Academic Press, 1997, p. 294-308. Le modèle rhétorique proposé par Aletti pour Romains 5-8 a été repris et adapté par Christian Grappe, « Qui me délivrera de ce corps de mort ? L'Esprit de vie ! Romains 7,24 et 8,2 comme éléments de typologie adamique », *Bib* 83, 2002, p. 481-492.

(6,1-8,30) est divisée en petites unités argumentatives commandées chacune par une *subpropositio* suivie d'une *probatio* et se répartissant en trois volets (positif, négatif, positif).

La *dispositio* proposée par Aletti se présente donc de la manière suivante : exorde : 5,1-11, *narratio* : 5,12-21, *propositio* : 5,20-21, *probatio :* 6,1-8,30 (avec : tout d'abord un premier volet positif composé d'une *subpropositio* en 6,1-2a suivie d'une *probatio* en 6,2b-14 et d'une autre *subpropositio* en 6,15 suivie d'une *probatio* en 6,17-7,6 ; puis un deuxième volet négatif composé d'une *subpropositio* en 7,7a suivie d'une *probatio* 7,7b-12 et d'une autre *subpropositio* en 7,13 suivie d'une *probatio* en 7,14-25 ; enfin, un troisième volet positif composé d'une *subpropositio* en 8,1-2 suivie d'une *probatio* en 8,3-17 et d'une autre *subpropositio* en 8,18 suivie d'une *probatio* en 8,19-30), *peroratio* 8,31-39.

De même, Burton présente Romains 5-8 (*refutatio* par *exornatio*) comme étant une unité littéraire précédée de la section 1,18-4,25 (*confirmatio* par *ratiocinatio*) où Paul démontre que la révélation de la justice de Dieu supprime les distinctions entre juifs et païens, et que tous les hommes, placés sous l'esclavage du péché, doivent maintenant être justifiés par la foi. En effet, si, dans la section précédente, il est question de la manifestation de la justice divine, dans les chapitres 5 à 8 (*refutatio* par *exornatio*) il est question du salut des chrétiens par grâce. On est donc passé de la justification au salut. Comme l'écrit Burton, cette *refutatio* par *exornatio* a notamment pour fonction de démontrer comment s'opère la transformation du chrétien de l'ancienne vie à la nouvelle[33]. Dans cette section, en utilisant les métaphores du baptême, de la mort et de la résurrection, du mariage et de l'esclavage, Paul met en place un certain nombre de raisonnements et fait une démonstration logique de ce mystère qui consiste pour les chrétiens à passer de la mort à la vie, d'une vie ancienne à une nouvelle vie.

Après avoir réfuté, dans les chapitres 5 à 8, les objections ou malentendus qui pourraient découler de sa thèse, Paul reprend, dans les chapitres 9 à 11 (*refutatio* par *comparatio*), le thème de la manifestation de la justice divine. Pour ce qui est de la parénèse (12-15,13), elle se présente comme une sorte d'illustration concrète de ce que devrait être la vie du chrétien justifié et ayant connu (avec Christ) la mort à son ancienne vie et ressuscité (en Christ) pour une vie nouvelle.

---

33 K. Burton, *Rhetoric*, *op. cit.*, p. 38.

ANALYSE LITTÉRAIRE DE ROMAINS 5-8 SOUS L'ANGLE DE LA *DISPOSITIO* RHÉTORIQUE[1]

Nous avons considéré précédemment la possibilité que Romains 5-8 constitue une unité sur le plan de la rhétorique. Nous avons notamment analysé le canevas général de la *dispositio* rhétorique proposée par Aletti et Burton, qui, tous deux, ont suggéré de considérer les micro-unités littéraires à l'intérieur des macro-unités littéraires dans le discours paulinien. Nous nous inscrirons dans cette démarche dans l'analyse littéraire détaillée que nous allons produire. De plus, comme celle de

1 Pour ce qui est de la critique textuelle de Romains 5-8, nous ne jugeons pas nécessaire de reproduire ici l'étude détaillée que nous avons effectuée dans le cadre de notre thèse. Néanmoins, dans le cadre de cette publication, il nous semble important de faire deux remarques cruciales : 1. Tout d'abord, en ce qui concerne Romains 7,25b, nombre de commentateurs trouvent que ce texte n'a pas sa place là où il se trouve et qu'il serait incongru que Paul reparlât de la lutte contre la chair exposée jusqu'au verset 24, alors qu'il semblait déjà établir une transition au début du verset 25. En effet, selon ces commentateurs, Paul ne saurait continuer à être en butte aux assauts du péché dans la chair après avoir reconnu, au verset 24, être au bénéfice de la grâce de Dieu en Jésus-Christ. Pour notre part, nous nous joignons à E. Best (*The Letter of Paul to the Romans*, Cambridge, Cambridge University Press, 1967, p. 84) pour dire qu'« aucun manuscrit ne fournit de témoignage qui autoriserait à placer le verset 25b dans une position autre que là il se trouve ». 2. Par ailleurs, en Romains 8,2, Bruce Metzger (*A Textual Commentary of the Greek New Testament*, Londres, United Bible Societies, 1971) affirme qu'il est possible que la leçon « σε » provienne d'une répétition accidentelle de la dernière syllabe de « ἠλευθέρωσέν » dans lequel le « ν » final était représenté par un trait horizontal au-dessus du « ε ». À l'inverse, plusieurs commentateurs avancent que la leçon « με » pourrait être être une harmonisation avec le chapitre 7, où la première personne du singulier était omniprésente. Pour notre part, il nous semble qu'il est assez probable que la leçon « με », loin d'être une harmonisation avec le chapitre 7 (voir 8, 18), ait pu figurer dans le texte original notamment parce que l'affirmation en 8,2 se présente comme une réponse à la question qui était posée en 7,24. Et Paul pourrait avoir choisi la première personne du singulier en raison du fait que l'expression du sentiment de la délivrance revêt une dimension personnelle. – Notons enfin que, dans le cadre de cette publication, nous avons retenu et reproduit ici la traduction Louis Segond, laquelle est d'ailleurs en accord avec les choix de critique textuelle que nous avons faits précédemment.

Burton, la *dispositio* rhétorique que nous allons proposer sera telle que la *probatio* est elle-même jalonnée par un ensemble de *probationes* structuré notamment par les trois fausses inférences potentielles tirées par Paul de sa thèse et auxquelles il va répondre par une série d'arguments.

La dispositio rhétorique que nous proposons pour Romains 5-8 prendra donc la forme suivante : 5,1-11 (*exordium*) ; 5,12-19 (*narratio*) ; 5,20-21 (*propositio*) ; 6,1-8,30 (*probatio*) : 6,1-14 (première preuve), 6,15-23 (deuxième preuve), 7,1-6 (troisième preuve), 7,7-12 (quatrième preuve), 7,13-25 (cinquième preuve), 8,1-17 (sixième preuve), 8,8-30 (septième preuve) ; 8,31-39 (*peroratio*).

EXORDIUM (5,1-11)

5,1 Δικαιωθέντες οὖν ἐκ πίστεως εἰρήνην ἔχομεν πρὸς τὸν θεὸν διὰ τοῦ κυρίου ἡμῶν Ἰησοῦ Χριστοῦ,
2 δι' οὗ καὶ τὴν προσαγωγ ὴν ἐσχήκαμεν [τῇ πίστει] εἰς τὴν χάριν ταύτην ἐν ᾗ ἑστήκαμεν, καὶ καυχώμεθα ἐπ' ἐλπίδι τῆς δόξης τοῦ θεοῦ.
3 οὐ μόνον δέ, ἀλλὰ καὶ καυχώμεθα ἐν ταῖς θλίψεσιν, εἰδότες ὅτι ἡ θλῖψις ὑπομονὴν κατεργάζεται,
4 ἡ δὲ ὑπομονὴ δοκιμήν, ἡ δὲ δοκιμὴ ἐλπίδα·
5 ἡ δὲ ἐλπὶς οὐ καταισχύνει, ὅτι ἡ ἀγάπη τοῦ θεοῦ ἐκκέχυται ἐν ταῖς καρδίαις ἡμῶν διὰ πνεύματος ἁγίου τοῦ δοθέντος ἡμῖν,
6 ἔτι γὰρ Χριστὸς ὄντων ἡμῶν ἀσθενῶν ἔτι κατὰ καιρὸν ὑπὲρ ἀσεβῶν ἀπέθανεν.
7 μόλις γὰρ ὑπὲρ δικαίου τις ἀποθανεῖται· ὑπὲρ γὰρ τοῦ ἀγαθοῦ τάχα τις καὶ τολμᾷ ἀποθανεῖν·
8 συνίστησιν δὲ τὴν ἑαυτοῦ ἀγάπην ε ἰς ἡμᾶς ὁ θεὸς ὅτι ἔτι ἁμαρτωλῶν ὄντων ἡμῶν Χριστὸς ὑπὲρ ἡμῶν ἀπέθανεν.
9 πολλῷ οὖν μᾶλλον δικαιωθέντες νῦν ἐν τῷ αἵματι αὐτοῦ σωθησόμεθα δι' αὐτοῦ ἀπὸ τῆς ὀργῆς.
10 εἰ γὰρ ἐχθροὶ ὄντες κατηλλάγημεν τῷ θεῷ διὰ τοῦ θανάτου τοῦ υἱοῦ αὐτοῦ, πολλῷ μᾶλλον καταλλαγέντες σωθησόμεθα ἐν τῇ ζωῇ αὐτοῦ·
11 οὐ μόνον δέ, ἀλλὰ καὶ καυχώμενοι ἐν τῷ θεῷ διὰ τοῦ κυρίου ἡμῶν Ἰησοῦ Χριστοῦ, δι' οὗ νῦν τὴν καταλλαγ ὴν ἐλάβομεν.

« 5,1 Étant donc justifiés par la foi, nous avons la paix avec Dieu par notre Seigneur Jésus-Christ, 2 à qui nous devons d'avoir eu par la foi accès à cette grâce, dans laquelle nous demeurons fermes, et nous nous glorifions dans l'espérance de la gloire de Dieu. 3 Bien plus, nous nous glorifions même des afflictions, sachant que l'affliction produit la persévérance, 4 la persévérance la victoire dans l'épreuve, et cette victoire l'espérance. 5 Or, l'espérance ne trompe point, parce que l'amour de Dieu est répandu dans nos cœurs par le Saint-Esprit qui nous a été donné. 6 Car, lorsque nous étions encore sans force, Christ, au temps marqué, est mort pour des impies. 7 À peine mourrait-on pour un juste ; quelqu'un peut-être mourrait-il pour un homme de bien. 8 Mais Dieu prouve son amour envers nous, en ce que, lorsque nous étions encore des pécheurs, Christ est mort pour nous. 9 À plus forte raison donc, maintenant que nous sommes justifiés par son sang, serons-nous sauvés par lui de la colère. 10 Car si, lorsque nous étions ennemis, nous avons été réconciliés avec Dieu par la mort de son Fils, à plus forte raison, étant réconciliés, serons-nous sauvés par sa vie. 11 Et non seulement cela, mais encore nous nous glorifions en Dieu par notre Seigneur Jésus-Christ, par qui maintenant nous avons obtenu la réconciliation. »

Il convient de montrer que ces 11 premiers versets constituent une unité introductive servant à annoncer, de manière proleptique, un certain nombre d'éléments qui seront repris et développés dans le reste des chapitres 5-8. Insistant d'emblée sur les conséquences (« οὖν ») de la justification[2] dont il était question dans les chapitres précédents, Paul cherche à éveiller l'attention de ses destinataires en les invitant à célébrer leur joie, leur bonheur et à contempler les avantages conférés par la justification. Notons tout d'abord que ces 11 premiers versets sont traversés par une série de registres visant simultanément à encourager, rassurer, réconforter les destinataires.

Nous avons d'abord l'impression d'être en présence d'un récit héroïque dominé par un registre épique. Rythmé par l'insistance sur l'autoglorification (vv. 2-3, 11), ce texte exprime un sentiment d'allégresse, d'exaltation, de ferveur et de célébration. L'apôtre invite, en effet, à célébrer la victoire (« δοκιμή »), la paix (« εἰρήνη ») et la réconciliation (« καταλλαγή ») obtenues dans le « sang » (« ἐν τῷ αἵματι αὐτοῦ »), celui du Christ. Le caractère héroïque de l'action du Christ est d'autant plus extraordinaire que celui-ci est « mort » (vv. 6-8), non pas pour des justes ou des gens de bien (v. 7)[3], mais « pour des impies » (v. 6). De surcroît, Dieu aussi s'est montré héroïque en acceptant de payer cette victoire et

2 L'aoriste « Δικαιωθέντες » (étant justifiés) qui commence le verset 1 insiste sur le fait que la justification est déjà accomplie.

3 Cette remarque, apparemment anodine, constitue une amplification (caractéristique du registre épique) ou une hyperbole insistant sur l'aspect héroïque de l'action du Christ. On peut noter l'insistance au verset 7 avec les expressions « μόλις γὰρ ὑπὲρ δικαίου… ὑπὲρ γὰρ τοῦ ἀγαθοῦ », qui constituent une mise en emphase placée en tête de phrase.

cette réconciliation « par la mort de son Fils » (v. 10). Mieux, il l'a fait « alors que nous étions encore des pécheurs » (v. 8) ou des « ennemis » (v. 10).

Bénéficiaires de l'action héroïque du Père et du Fils, les chrétiens sont présentés comme ayant / (ou devant) remporté/(er)[4] la victoire dans l'épreuve (« δοκιμή » deux fois au v. 4) endurée avec persévérance (« ὑπομονή » vv. 3 et 4) et dans l'espérance (« ἐλπίς » vv. 2,4 et 5). Alors que, avant, ils étaient sans force (v. 6), des pécheurs (v. 8) et des ennemis (v. 10), ils ont maintenant obtenu « la paix » (v. 1) et la réconciliation avec Dieu (vv. 10 et 11)[5].

Enfin, dans ce contexte de registre épique, on peut observer la présence de références à l'adversaire ou à l'ennemi ayant été ou devant être vaincu par l'action héroïque de Dieu et de son Fils en faveur des chrétiens. Il apparaît, en effet, que ce qui a été vaincu est avant tout une situation antérieure, l'état antérieur à la justification, considéré à la fois comme un état de faiblesse (v. 6), de péché (v. 8)[6] ou d'inimitié (v. 10) contre Dieu.

Par ailleurs, au registre épique est aussi associé un registre lyrique. En effet, les bénéficiaires de cette victoire sont un « nous », c'est-à-dire les chrétiens dans leur situation actuelle de justifiés[7]. On peut noter que, outre les verbes à la première personne du pluriel (10 occurrences),

---

4 Cette ambigüité est importante et aura un rôle déterminant pour l'analyse du « déjà – pas encore » dans le passage considéré et dans la conception paulinienne de la sotériologie. Il est en effet important d'oberser la manière dont Paul inscrit le salut dans un processus : le chrétien a été justifié et sauvé, il attend (espère) d'être sauvé, et il est en train d'être sauvé (l'avant, le maintenant et le pas encore). Nous sommes donc ici en présence d'une double temporalité ! Le salut, bien que déjà acquis, sera complet quand le corps sera racheté (*cf.* Romains 8,23 ou Philippiens 3,21, 2 Corinthiens 2,15, 2 Thessaloniciens 2,10. Voir D. Moo, *Romans*, *op. cit.*, p. 319).

5 Il est par ailleurs intéressant d'observer que, à l'instar d'une épopée, il y a dans le passage l'usage répétitif d'une métaphore triomphale, avec une variation progressive de la tonalité : de la paix (v. 1), on passe à l'amplification (« οὐ μόνον δέ, ἀλλὰ καί » v. 3) de l'autoglorification dans l'affliction et dans l'espérance de la victoire (le ton monte) et ensuite à une surenchère (« πολλῷ μᾶλλον » vv. 9, 10, « οὐ μόνον δέ, ἀλλὰ καί » v. 11) dans l'autosatisfaction et l'autoglorification (le ton atteint son climax) pour finalement (v. 11b) retourner dans la réconciliation (le ton baisse).

6 Notons déjà que l'opposition entre la situation d'antériorité (marqué ici par le « ἔτι ») et la situation de postériorité ou de maintenant (qui sera notamment marqué dans les versets 9 et 11 par « νῦν ») sera capitale dans notre analyse. Il s'agira de vaincre ou de rendre caduque une situation antérieure pour entrer dans un « maintenant » qui constitue une nouveauté.

7 Relevons qu'ici le « nous » est toujours le bénéficiaire ou l'objet des actions : c'est pour cela qu'il est le plus souvent associé avec un verbe à la voix passive. Et quand, rarement,

il n'y a pas moins de 7 occurrences de « ἡμεῖς » dans ces onze premiers versets[8]. Par conséquent, le « nous » désigne plus précisément un groupe de personnes (dans lequel évidemment s'inclut l'auteur) caractérisées par une grande ferveur (« ἑστήκαμεν » v. 2 ; « ὑπομονή » vv. 3-4). Cette récurrence du « nous » donne par ailleurs au lecteur le sentiment de faire partie d'une communauté ayant le même destin et les mêmes privilèges : justifiés (vv. 1 et 9), réconciliés avec Dieu (vv. 1, 10-11) et ayant eu accès à la grâce (v. 2).

De plus, le terme « προσαγωγή » utilisé au verset 2 peut être aussi considéré comme une forme d'insistance non seulement sur les nouveaux privilèges des chrétiens mais aussi sur la rupture par rapport à un état antérieur : le fait d'« avoir eu accès à » renvoie à l'idée de l'entrée dans une nouvelle dimension, au franchissement d'une nouvelle étape, à un passage d'un avant à un maintenant. L'effet lyrique se trouve donc dans ce sentiment de ferveur et cette impression renvoyée aux destinataires qu'il est question de leurs nouveaux privilèges, de l'amour de Dieu pour eux, de leur bonheur exaltant en tant que justifiés, réconciliés, jouissant de la grâce, sauvés, bénéficiaires de l'Esprit saint (v. 5), mais aussi affligés (v. 3)[9].

L'affirmation selon laquelle les chrétiens célèbrent leur joie et leur bonheur dans l'affliction est une figure antithétique ou un oxymore qui introduit dans le texte un registre pathétique. Cette figure peut surprendre, mais elle permet à l'auteur d'introduire (sans pour autant heurter le lecteur) un autre thème important qui est l'affliction (« θλῖψις » deux fois au v. 3), la souffrance ou l'adversité auxquelles les chrétiens ont à faire face[10]. Il s'agit même d'une manière, pour l'auteur, de se servir du registre pathétique pour toucher aussi le lecteur dans des aspects moins gais de sa vie, mais tout en les glorifiant.

En définitive, nous voyons que, dans cette unité introductive jalonnée par un ensemble de registres (pathétique, lyrique, épique), le discours

---

il est acteur, il l'est en tant que récepteur (« ἐλάβομεν » v. 11), ou par l'intermédiaire de, par le biais de, grâce à, ou à cause de.

8 On observera que, après ces 11 premiers versets, le discours devient général, et il n'y a plus une seule occurrence de la première personne du pluriel dans tout le reste du chapitre.

9 Dans le reste du texte, cet effet lyrique sera évidemment porté à son apogée par la récurrence du « je » (« ἐγώ ») au chapitre 7, notamment aux versets 24-25.

10 Le thème de l'affliction, de la persécution ou de souffrance (glorifiante) sera repris sur le même ton au chapitre 8, notamment dans les 9 derniers versets.

de Paul se veut avant tout persuasif : il joue par-dessus tout sur le registre du *pathos* et a recours à toutes les fibres de la sensibilité comme la joie, la souffrance, le cœur, l'amour, la fierté (l'autoglorification), la colère, l'inimitié (l'adversité), le sang et la mort. Cette unité introductive constitue par ailleurs une annonce proleptique à la fois du ton et des principaux thèmes du discours (comme le péché, la faiblesse de l'homme, la mort, la victoire, la grâce, l'espérance, la foi, la réconciliation, la justification, l'amour de Dieu, la filiation, la persévérance, le salut et l'Esprit saint).

Nous avons également mis en évidence les éléments qui font progresser l'argumentation (« οὖν », « γάρ », « δέ », « διά »...) et qui déterminent la principale logique de pensée dans le texte (le rapport antériorité/postériorité, avant/maintenant et donc de l'opposition de l'ancien au nouveau)[11]. Cette introduction est en effet scandée par la présence d'une série d'oppositions, de rapprochements antithétiques, d'oxymores, lesquels se trouvent renforcés par des marqueurs d'amplifications, de gradations, de causalités (« διά », « γάρ », « ὅτι ») et aussi d'accumulations, d'hyperboles et de surenchères. L'ensemble de ces procédés révèle déjà la visée argumentative et le style épidictique qui seront maintenus et amplifiés dans le reste du discours. Mais il convient de relever que le principal outil de conviction dont Paul fait abondamment usage dans ce texte reste le paradoxe (marqué notamment par les formes adversatives « δέ » vv. 3, 5, 8 et 11) et la surenchère (« οὐ μόνον δέ, ἀλλὰ καί » (vv. 3 et 11), « πολλῷ...μᾶλλον » (vv. 9 et 10). Ces paradoxes et ces surenchères donnent au lecteur l'impression d'être transféré dans une sphère irrationnelle, non-humaine ou surhumaine qui peut être expliquée uniquement par la puissance salvatrice de l'amour de Dieu.

11 Douglas Moo, *Romans*, *op. cit.*, p. 318., souligne ainsi le parallélisme synonymique entre les versets 9 et 10 en faisant remarquer que les deux phrases expriment de manière générale la même idée, avec une construction similaire : opposition entre avant et maintenant ; passage d'une proposition mineure à une proposition majeure avec « πολλῷ μᾶλλον », suivie d'une surenchère avec une idée positive.

NARRATIO (5,12-19)

5, 12 Διὰ τοῦτο ὥσπερ δι' ἑνὸς ἀνθρώπου ἡ ἁμαρτία εἰς τὸν κόσμον εἰσῆλθεν καὶ
διὰ τῆς ἁμαρτίας ὁ θάνατος, καὶ οὕτως εἰς πάντας ἀνθρώπους ὁ θάνατος διῆλθεν,
ἐφ' ᾧ πάντες ἥμαρτον – 13 ἄχρι γὰρ νόμου ἁμαρτία ἦν ἐν κόσμῳ, ἁμαρτία δὲ
οὐκ ἐλλογεῖται μὴ ὄντος νόμου·
14 ἀλλὰ ἐβασίλευσεν ὁ θάνατος ἀπὸ Ἀδὰμ μέχρι Μωϋσέως καὶ ἐπὶ τοὺς μὴ ἁμαρτήσα-
ντας ἐπὶ τῷ ὁμοιώματι τῆς παραβάσεως Ἀδάμ, ὅς ἐστιν τύπος τοῦ μέλλοντος.
15 Ἀλλ' οὐχ ὡς τὸ παράπτωμα, οὕτως καὶ τὸ χάρισμα · εἰ γὰρ τῷ τοῦ ἑνὸς
παραπτώματι οἱ πολλοὶ ἀπέθανον, πολλῷ μᾶλλον ἡ χάρις τοῦ θεοῦ καὶ ἡ δωρεὰ
ἐν χάριτι τῇ τοῦ ἑνὸς ἀνθρώπου Ἰησοῦ Χριστοῦ εἰς τοὺς πολλοὺς ἐπερίσσευσεν.
16 καὶ οὐχ ὡς δι' ἑνὸς ἁμαρτήσαντος, τὸ δώρημα · τὸ μὲν γὰρ κρίμα ἐξ ἑνὸς εἰς
κατάκριμα, τὸ δὲ χάρισμα ἐκ πολλῶν παραπτωμάτων εἰς δικαίωμα. 17 εἰ γὰρ
τῷ τοῦ ἑνὸς παραπτώματι ὁ θάνατος ἐβασίλευσεν διὰ τοῦ ἑνός, πολλῷ μᾶλλον
οἱ τὴν περισσείαν τῆς χάριτος καὶ τῆς δωρεᾶς τῆς δικαιοσύνης λαμβάνοντες ἐν
ζωῇ βασιλεύσουσιν διὰ τοῦ ἑνὸς Ἰησοῦ Χριστοῦ.
18 Ἄρα οὖν ὡς δι' ἑνὸς παραπτώματος εἰς πάντας ἀνθρώπους εἰς κατ άκριμα,
οὕτως καὶ δι' ἑνὸς δικαιώματος εἰς πάντας ἀνθρώπους εἰς δικαίωσιν ζωῆς·
19 ὥσπερ γὰρ διὰ τῆς παρακοῆς τοῦ ἑνὸς ἀνθρώπου ἁμαρτωλοὶ κατεστάθησαν οἱ
πολλοί, οὕτως καὶ διὰ τῆς ὑπακοῆς τοῦ ἑνὸς δίκαιοι κατασταθήσονται οἱ πολλοί.

« 5,12 C'est pourquoi, comme par un seul homme le péché est entré dans le monde, et par le péché la mort, et qu'ainsi la mort s'est étendue sur tous les hommes, parce que tous ont péché, ... 13 car jusqu'à la loi le péché était dans le monde. Or, le péché n'est pas imputé, quand il n'y a point de loi. 14 Cependant la mort a régné depuis Adam jusqu'à Moïse, même sur ceux qui n'avaient pas péché par une transgression semblable à celle d'Adam, lequel est la figure de celui qui devait venir.
15 Mais il n'en est pas du don gratuit comme de l'offense ; car, si par l'offense d'un seul il en est beaucoup qui sont morts, à plus forte raison la grâce de Dieu et le don de la grâce venant d'un seul homme, Jésus-Christ, ont-ils été abondamment répandus sur beaucoup. 16 Et il n'en est pas du don comme de ce qui est arrivé par un seul qui a péché ; car c'est après une seule offense que le jugement est devenu condamnation, tandis que le don gratuit devient justification après plusieurs offenses. 17 Si par l'offense d'un seul la mort a régné par lui seul, à plus forte raison ceux qui reçoivent l'abondance de la grâce et du don de la justice régneront-ils dans la vie par Jésus-Christ lui seul.
18 Ainsi donc, comme par une seule offense la condamnation a atteint tous les hommes, de même par un seul acte de justice la justification qui donne la vie s'étend à tous les hommes. 19 Car, comme par la désobéissance d'un seul homme beaucoup ont été rendus pécheurs, de même par l'obéissance d'un seul beaucoup seront rendus justes. »

Notons tout d'abord les relations que la *narratio* entretient avec l'*exordium* : la transition est faite par « c'est pourquoi » (« Διὰ τοῦτο »), ce qui laisse donc entendre qu'il va s'agir d'une explication, mais il est difficile de savoir s'il s'agit d'une explication causale ou consécutive. Faut-il donc comprendre ce qui suit comme la cause ou la conséquence de ce qui précède ?

Certains commentateurs pensent qu'il s'agit de la récapitulation et de la conclusion de tout ce qui a été déjà dit depuis le début de l'épître[12]. Mais nous avons déjà montré que Paul a entamé un nouveau départ au début du chapitre 5, et donc que la transition avec tout ce qui précède a été déjà faite en 5,1.

D'autres commentateurs sont d'avis que cette section est une conséquence de la section précédente[13]. Mais vu que le ton explicatif et argumentatif du discours se poursuit dans la *narratio* au verset 13 avec « γάρ » et « δέ », on est en droit de penser que les versets 12-21 visent à expliquer les affirmations précédentes et donc que « Διὰ τοῦτο » comporte une valeur causale.

L'auteur entreprend ici l'exposition des faits qu'il cherche à établir. L'ensemble de ces faits est mis au service d'une idée centrale : il y a eu un avant et un après. En effet, cette narration est structurée par une double opposition logique et temporelle qui se trouve résumée dans l'idée suivante : dans la vie du chrétien, le règne de la grâce par la justice pour la vie éternelle a supplanté le règne du péché par la mort[14].

La première opposition – logique – se trouve entre, d'un côté, la condamnation ou la mort engendrée par le péché (l'offense, la désobéissance) et, de l'autre, la grâce ou le don gratuit de Dieu qui procure la justification, la réconciliation et la vie. La seconde opposition – temporelle – se trouve entre, d'une part, une *antériorité* à l'origine de laquelle se trouve un seul homme (Adam) qui, par une seule offense, a engendré le règne du péché et de la mort sur tous les hommes et, d'autre part, une postériorité à l'origine de laquelle se trouve aussi un seul homme (Jésus-Christ) qui, par un seul acte de justice ou d'obéissance, a engendré le règne de la grâce et donné la vie à tous les hommes.

---

12 F. Godet, *Commentary on St Paul's Epistle to the Romans*, New York, Funk & Wagnalls, 1983.

13 M. Stuart, *A Commentary on the Epistle to the Romans*, Andover, Warren F. Draper, 1862.

14 Cette idée centrale sera reprise et formulée en 5,20-21, dans ce que que nous aurons à présenter comme la *propositio*.

Mieux encore, l'argumentation paulinienne dans ce texte est notamment structurée en fonction d'un certain nombre de logiques qui lui donnent tout son sens. Il y a tout d'abord une logique de surenchère. C'est au verset 20 que cette logique est portée à son summum avec la surabondance (« ὑπερεπερίσσευσεν ») de la grâce là où le péché a abondé (« ἐπλεόνασεν »)[15]. Mais cette logique traverse aussi tout le texte et se matérialise notamment par la transition ou la médiation (« διά ») qui s'opère entre « un » à « beaucoup » ou à « tous » (les versets 12 et 15-19), et aussi par les nombreuses occurrences de conjonctions à valeurs additive (« καί » = « et », « même »), adversative (« δέ » = « mais ») ou encore comparative (« ὥσπερ … οὕτως » = comme … ainsi, ou « πολλῷ μᾶλλον » = « d'autant plus »), ce qui crée un effet d'accumulation, de gradation et d'amplification[16].

Au verset 12, par exemple, il est dit que, par un seul homme, le péché est entré dans le monde, et par le péché la mort, et ainsi la mort s'est répandue sur tous les hommes, parce que tous ont péché[17]. La surenchère ou l'amplification ici consiste en ce que l'on est passé du péché d'un seul au péché de tous, de la mort d'un seul à la mort de tous ou encore de la simple entrée du péché et de la mort à l'expansion généralisée du péché et de la mort[18]. De même, il est dit que l'offense d'un seul homme a engendré la mort de beaucoup et que la grâce venant d'un seul se répand sur tous (v. 15).

Notons que cette logique de surenchère se trouve aussi de manière un peu plus subtile dans l'usage de la notion du « péché » : Paul dresse ici une sorte de généalogie du « péché[19] » ; celui-ci était présent d'Adam

15 Dans le même sens, on peut relever la notion d'abondance, de surenchère ou d'exagération dans tout le texte, par exemple « τὴν περισσείαν τῆς χάριτος » v. 17 ; « εἰς τοὺς πολλοὺς ἐπερίσσευσεν » v. 15).

16 John Barclay souligne avec raison l'importance du champ sémantique du don et de l'abondance en Romains 5. Il fait ainsi remarquer que Romains 5,15-21 concentre pas moins de dix occurrences de termes ayant pour racines « χαρ » et « δωρ » et que les 3 versets 15-17 en comportent 8 à eux seuls. (Voir *Paul and the Gift*, Grand Rapids, Eerdmans, p. 495.)

17 On peut aussi observer la construction en chiasme dans le verset 12 : le péché produit la mort, tous meurent car tous ont péché.

18 Notons l'exagération ou l'hyperbole marquée par « καί » (« même ») au verset 14.

19 On peut noter qu'il y a dans le texte une personnification du « péché » (personnification est à différencier de personnalisation) : le péché règne (5,20 ; 6,13,14), il peut obéir (6,16-17), il paye un salaire (6,23), il saisit des opportunités (7,8,11), il trompe, il tue (7,11,13). De plus, comme le souligne D. Moo, *Romans*, *op. cit.*, p. 331, il y a une récurrence abondante

jusqu'à Moïse, mais avant Moïse il n'était pas imputé, ou son auteur n'était pas tenu pour responsable (5,13) ; tandis qu'après Moïse, avec l'arrivée de la Loi, le péché devient maintenant une offense imputable à son auteur. Pis encore, le péché a abondé avec l'arrivée de la Loi.

On peut donc dire que l'amplification est à la fois quantitative et qualitative : non seulement le péché s'est multiplié avec l'arrivée de la Loi, mais encore il a pris une autre dimension, celle de la désobéissance à la Loi ; son auteur peut donc être maintenant tenu pour responsable, coupable de désobéissance à la Loi qu'il connaît[20]. Le péché devient maintenant un acte personnel, alors qu'auparavant il était seulement générique et naturel. La surenchère consiste donc en ce qu'il y a maintenant non seulement amplification mais aussi personnalisation et aggravation du péché.

Cette première logique de surenchère ou d'amplification nous amène à considérer la présence dans l'argumentation paulinienne d'une autre logique que nous appellerons la logique de causalité numérique. Cette logique consiste dans la dialectique entre l'un et le multiple, le singulier et le pluriel, ou le rapport entre un et tous (plusieurs, beaucoup).

On peut en effet constater que, chez Paul, et dans ce texte en particulier, l'unité a un effet multiplicateur : c'est ainsi qu'à cause d'un seul pécheur tous deviennent pécheurs (v. 12)[21], par une seule offense on est arrivé à plusieurs offenses (vv. 17 et 18), à cause de la désobéissance d'un seul homme beaucoup ont été rendus pécheurs (v. 19), grâce à l'obéissance d'un seul beaucoup ont été rendus justes (v. 19), un seul acte de justice a entraîné la justification généralisée de tous les hommes (v. 18).

du mot « ἁμαρτία » : sur les 64 usages dans le corpus paulinien, 42 se trouvent dans notre passage, et tous sont au singulier.

20 Voir Rm 1,18-32 et 2,1.

21 Il est important de noter que la comparaison du verset 12 semble incomplète car il est difficile de trouver le deuxième membre de la comparaison. Certains commentateurs (voir ainsi D. Moo, *Romans*, *op. cit.*, p. 333) pensent qu'il s'agit effectivement d'une anacoluthe (une construction inachevée) ou que la comparaison concerne la manière dont la mort est entrée dans le monde (par le péché) et la manière dont la mort s'est répandue sur tous les hommes par le péché. Mais on peut aussi penser qu'il s'agit d'une comparaison entre un seul homme (qui a péché) et tous les hommes (qui, en conséquence, ont également péché), entre l'un et le multiple, tel que cela sera le cas dans toute cette section. Une autre possibilité consisterait à chercher le deuxième membre de la comparaison dans les versets qui suivent. Quoi qu'il en soit, il nous semble qu'on devrait suivre la même logique qui se trouve dans les autres comparaisons, à savoir : passage de l'unité à la multiplicité et renversement des valeurs en passant d'une chose négative à une chose positive. En effet, Paul procède aussi selon la logique des conséquences entre l'un et le multiple en établissant des rapports entre l'unité et la totalité (ou la multiplicité).

On peut oberver par ailleurs que cet effet multiplicateur se fait en fonction des genres et se produit à l'intérieur d'un même genre. Par conséquent, la logique de causalité numérique suppose aussi une logique de causalité générique[22]. Nous entendons par causalité générique le fait que, par le phénomène de l'effet multiplicateur, le même produit le même, ou le semblable produit le semblable. En effet, il y a, d'un côté, un péché qui produit des péchés, une offense qui produit des offenses, un mort (Adam) qui produit des morts (tous), et, de l'autre, un (seul) acte de justice ou d'obéissance (du Christ) qui donne la justice ou la justification (à tous).

Cette logique de causalité générique qui veut que le même ne puisse produire que le même suppose aussi la séparation complète de ces genres, et que, par exemple, l'on ne saurait être juste que par un acte originel ou fondateur de justice. D'où la nécessité, selon Paul, que l'ancien ordre des choses soit entièrement détruit pour que le nouveau puisse advenir[23]. Le règne de la grâce par la justice doit supplanter complètement le règne du péché et de la mort[24].

Mieux encore, si dans les versets 1-11 Paul a procédé par une série de paradoxes pour donner plus de poids à ses arguments, ici il procède par une série de parallélismes antithétiques ou de comparaisons négatives (vv. 12, 18, 19) en opposant le Christ à Adam. Il utilise un procédé qui consiste à renverser les situations : tout d'abord Adam (situation négative) puis le Christ (situation positive). Paul oppose ici l'universalité des conséquences (mauvaises) du péché d'Adam à l'universalité des conséquences (bonnes) de la justification du Christ. Cela nous amène à considérer une dernière logique intégrante à l'argumentation paulinienne : nous l'appellerons logique de rapprochement antithétique ou logique de transposition négative.

Nous entendons par logique de rapprochement antithétique ou de transposition négative le fait de rapprocher ou de mettre en parallèle deux phénomènes qui procèdent selon une même logique (ici l'effet

22 Précisons que par « genre », nous entendons le même type, la même catégorie, la même espèce (ce qui n'est pas à confondre avec genre masculin ou féminin).

23 On verra justement plus loin que la justification du chrétien passe nécessairement par sa « mort » (la mort à la chair, au péché, à la Loi) avant d'entrer dans le nouvel ordre de la vie.

24 Voir aussi A. Feuillet, « Le règne de la mort et le règne de la vie (Rom V, 12-21) », *RB* 77, 1970, p. 481-521.

multiplicateur) mais de manière inversée. Chez Paul, il s'agit en réalité d'une logique de transposition. Nous l'appelons logique de transposition négative car il s'agit de transférer le même phénomène d'une sphère à l'autre, mais de manière à ce que la seconde s'oppose à la première et annule son effet. C'est ainsi que, dans ce texte, Paul ne cesse de rapprocher et d'opposer simultanément la généralisation du péché et de la mort venant d'Adam et la généralisation de la grâce et de la vie venant du Christ[25].

Ce phénomène se matérialise dans le texte par l'utilisation récurrente d'une série d'outils de comparaison souvent associés à une négation, une opposition ou une amplification. Par exemple, au verset 18, il y a deux constructions parallèles (selon le modèle conduisant de l'unité à l'universalité, de « un » à « tous »), avec une comparaison antithétique qui porte sur l'acte d'Adam (offense) et ses conséquences, et l'acte du Christ (justice) et ses conséquences, mais avec un renversement de situation puisque le second acte annule le premier. Le verset 19 est construit selon le même modèle que le verset 18, si ce n'est qu'en 19 désobéissance remplace offense et obéissance remplace justice : mais ici, les conséquences universelles des deux actes semblent génériques (par solidarité naturelle)[26].

Il en résulte, comme conséquence de ces contrastes, non seulement un renversement des situations – de la condamnation (v. 16b) et de la mort (v. 17a) on est passé à la justice (v. 16b) et à la vie (v. 17b) – mais aussi une gradation (l'œuvre opérée par le Christ est de loin supérieure à celle opérée par Adam, si bien que celle-ci est annulée par la première)[27]. Notons aussi ici l'usage de la construction mineur-majeur (« πολλῷ μᾶλλον »), qui insiste sur le double degré qualitatif et quantitatif (v. 16).

Quelle est la fonction littéraire de cette section ? Certains commentateurs[28] considèrent qu'il s'agit là du « centre logique » de l'épître aux Romains. Ce passage semble en effet occuper une place capitale

---

25 Observons que si les correspondances dans le rapprochement antithétique sont souvent respectées (comme aux versets 18, 19, 21), il arrive aussi que Paul amplifie davantage l'effet multiplicateur (avec « πολλῷ μᾶλλον ») au deuxième membre de la comparaison pour montrer la supériorité du nouvel ordre des choses (versets 15 et 17).

26 Pour les parallélismes antithétiques, voir D. Moo, *Romans op. cit.*, p. 347.

27 Pour une exposition plus détaillée sur ces oppositions, voir J. Barclay, *Paul and the Gift*, *op. cit.*, p. 495-497.

28 A. Nygren, *Commentary on Romans*, Philadelphia, Fortress Press, 1944.

dans l'argumentation paulinienne : d'un côté, il fournit l'explication logique de l'assurance du salut du chrétien dont il était question précédemment ; de l'autre, on y retrouve la plupart des concepts dont Paul va se servir dans les chapitres 6 à 8 pour le reste de son argumentation : on apprend ici qu'il y a deux humanités opposés (en Adam et en Christ), qu'il y a deux règnes opposés (le règne du péché et de la mort, d'un côté ; le règne de la grâce et de la vie, de l'autre) qui peuvent exercer leur pouvoir sur l'individu.

En définitive, le but de cette narration serait de rappeler aux chrétiens que, à travers le baptême, ils ont subi un (rite de) passage, qu'ils ont été arrachés du royaume du péché et de la mort pour entrer dans le royaume de la justice et de la vie[29]. Mais en se référant notamment aux « ἵνα » des versets 19 et 20, on peut déjà affirmer que Paul place ici toute l'histoire du salut dans une perspective téléologique, avec pour finalité et point culminant « Jésus-Christ ».

PROPOSITIO (5,20-21)

> 5,20 νόμος δὲ παρεισῆλθεν ἵνα πλεονάσῃ τὸ παράπτωμα· οὗ δὲ ἐπλεόνασεν ἡ ἁμαρτία, ὑπερεπερίσσευσεν ἡ χάρις, 21 ἵνα ὥσπερ ἐβασίλευσεν ἡ ἁμαρτία ἐν τῷ θανάτῳ, οὕτως καὶ ἡ χάρις βασιλεύσῃ διὰ δικαιοσύνης εἰς ζωὴν αἰώνιον διὰ Ἰησοῦ Χριστοῦ τοῦ κυρίου ἡμῶν.
>
> « 5,20 Or, la loi est intervenue pour que l'offense abondât, mais là où le péché a abondé, la grâce a surabondé 21 afin que, comme le péché a régné par la mort, ainsi la grâce régnât par la justice pour la vie éternelle, par Jésus-Christ notre Seigneur. »

Ce passage – que nous considérons comme la *propositio* pour l'unité littéraire que constituent les chapitres 5 à 8 – constitue à la fois un résumé de ce qui a été développé dans la *narratio* et aussi le point nodal de la pensée de l'auteur en Romains 5-8. En effet, plutôt que de reformuler l'idée fondamentale selon laquelle il existerait deux humanités opposées ayant chacune à leur tête un homme (Adam d'un côté, et Jésus-Christ de l'autre), l'auteur opère ici un glissement pour arriver

29 Cette idée sera largement développée et prouvée dans la section suivante.

à l'affirmation de l'opposition de deux règnes : celui du péché et de la mort, d'un côté; celui de la grâce et de la justice, de l'autre. Cette opposition des deux règnes sera le principal objet de l'argumentation paulinienne au chapitre 6.

Par ailleurs, en affirmant qu'avec l'abondance du péché provenant de l'avènement de la Loi arrive aussi la surabondance de la grâce qui donne la justice et la vie éternelle, l'auteur reprend ici l'idée selon laquelle l'œuvre du Christ (la grâce), plus puissante que celle d'Adam (le péché), a supplanté cette dernière et annihilé ses conséquences (la mort). Mieux encore, cette *dispositio* contient une affirmation dont Paul mesure toute la gravité : la Loi avait pour finalité à la fois de contribuer à l'extension du règne du péché et aussi, avec l'abondance du péché, de faire advenir la grâce. C'est cette thèse que Paul va s'atteler à prouver dans les chapitres 6-8.

PREMIÈRE PREUVE (6,1-14)

6,1 Τί οὖν ἐροῦμεν; ἐπιμένωμεν τῇ ἁμαρτίᾳ, ἵνα ἡ χάρις πλεονάσῃ; 2 μὴ γένοιτο·
οἵτινες ἀπεθάνομεν τῇ ἁμαρτίᾳ, πῶς ἔτι ζήσομεν ἐν αὐτῇ; 3 ἢ ἀγνοεῖτε ὅτι ὅσοι
ἐβαπτίσθημεν εἰς Χριστὸν Ἰησοῦν εἰς τὸν θάνατον αὐτοῦ ἐβαπτίσθημεν;
4 συνετάφημεν οὖν αὐτῷ διὰ τοῦ βαπτίσματος εἰς τὸν θάνατον, ἵνα ὥσπερ ἠγέρθη
Χριστὸς ἐκ νεκρῶν διὰ τῆς δόξης τοῦ πατρός, οὕτως καὶ ἡμεῖς ἐν καινότητι ζωῆς
περιπατήσωμεν.
5 εἰ γὰρ σύμφυτοι γεγόναμεν τῷ ὁμοιώματι τοῦ θανάτου αὐτοῦ, ἀλλὰ καὶ τῆς
ἀναστάσεως ἐσόμεθα· 6 τοῦτο γινώσκοντες, ὅτι ὁ παλαιὸς ἡμῶν ἄνθρωπος συνε-
σταυρώθη, ἵνα καταργηθῇ τὸ σῶμα τῆς ἁμαρτίας, τοῦ μηκέτι δουλεύειν ἡμᾶς τῇ
ἁμαρτίᾳ· 7 ὁ γὰρ ἀποθανὼν δεδικα ίωται ἀπὸ τῆς ἁμαρτίας. 8 εἰ δὲ ἀπεθάνομεν
σὺν Χριστῷ, πιστεύομεν ὅτι καὶ συζήσομεν αὐτῷ· 9 εἰδότες ὅτι Χριστὸς ἐγερθεὶς
ἐκ νεκρῶν οὐκέτι ἀποθνήσκει, θάνατος αὐτοῦ οὐκέτι κυριε ύει. 10 ὃ γὰρ ἀπέθανεν,
τῇ ἁμαρτίᾳ ἀπέθανεν ἐφάπαξ· ὃ δὲ ζῇ, ζῇ τῷ θεῷ.
11 οὕτως καὶ ὑμεῖς λογίζεσθε ἑαυτοὺς [εἶναι] νεκροὺς μὲν τῇ ἁμαρτίᾳ ζῶντας
δὲ τῷ θεῷ ἐν Χριστῷ Ἰησοῦ.
12 Μὴ οὖν βασιλευέτω ἡ ἁμαρτία ἐν τῷ θνητῷ ὑμῶν σώματι εἰς τὸ ὑπακούειν
ταῖς ἐπιθυμίαις αὐτοῦ,
13 μηδὲ παριστάνετε τὰ μέλη ὑμῶν ὅπλα ἀδικίας τῇ ἁμαρτίᾳ, ἀλλὰ παραστήσατε
ἑαυτοὺς τῷ θεῷ ὡσεὶ ἐκ νεκρῶν ζῶντας καὶ τὰ μέλη ὑμῶν ὅπλα δικαιοσύνης τῷ
θεῷ· 14 ἁμαρτία γὰρ ὑμῶν οὐ κυριεύσει, οὐ γάρ ἐστε ὑπὸ νόμον ἀλλὰ ὑπὸ χάριν.

> « 6,1 Que dirons-nous donc ? Demeurerions-nous dans le péché, afin que la grâce abonde ? 2 Loin de là ! Nous qui sommes morts au péché, comment vivrions-nous encore dans le péché ? 3 Ignorez-vous que nous tous qui avons été baptisés en Jésus-Christ, c'est en sa mort que nous avons été baptisés ? 4 Nous avons donc été ensevelis avec lui par le baptême en sa mort, afin que, comme Christ est ressuscité des morts par la gloire du Père, de même nous aussi nous marchions en nouveauté de vie. 5 En effet, si nous sommes devenus une même plante avec lui par la conformité à sa mort, nous le serons aussi par la conformité à sa résurrection, 6 sachant que notre vieil homme a été crucifié avec lui, afin que le corps du péché fût détruit, pour que nous ne soyons plus esclaves du péché ; 7 car celui qui est mort est libre du péché. 8 Or, si nous sommes morts avec Christ, nous croyons que nous vivrons aussi avec lui, 9 sachant que Christ ressuscité des morts ne meurt plus ; la mort n'a plus de pouvoir sur lui. 10 Car il est mort, et c'est pour le péché qu'il est mort une fois pour toutes ; il est revenu à la vie, et c'est pour Dieu qu'il vit. 11 Ainsi vous-mêmes, regardez-vous comme morts au péché, et comme vivants pour Dieu en Jésus-Christ. 12 Que le péché ne règne donc point dans votre corps mortel, et n'obéissez pas à ses convoitises. 13 Ne livrez pas vos membres au péché, comme des instruments d'iniquité ; mais donnez-vous vous-mêmes à Dieu, comme étant vivants de morts que vous étiez, et offrez à Dieu vos membres, comme des instruments de justice. 14 Car le péché n'aura point de pouvoir sur vous, puisque vous êtes, non sous la loi, mais sous la grâce. »

Romains 6,1-14 constitue une première preuve de la thèse paulinienne énoncée en 5,20-21. Cette preuve s'amorce tout d'abord par une sorte de démonstration par l'absurde : en 6,1-3, par une série de questions, Paul essaie de tirer une fausse inférence de sa thèse (la grâce a surabondé là où le péché a abondé) ; puis il va réfuter cette fausse inférence en montrant qu'il serait absurde de conclure que l'on peut, parce que la grâce surabonde là où abonde le péché, se livrer ou rester dans le péché.

Voyons tout d'abord le rôle des questions rhétoriques et des raisonnements par l'absurde. On peut noter que les questions rhétoriques du verset 1 font appel à la raison ou même au bon sens du lecteur. La première (v. 1a) est typique chez Paul et sert généralement à introduire une démonstration contradictoire. La deuxième (v. 1b) introduit une sorte de raisonnement par l'absurde, typique aussi chez Paul, qui est souvent suivi d'un « Loin de là ! » (« μὴ γένοιτο » v. 2) pour insister sur l'absurdité de la situation.

On peut ainsi observer que, pour introduire le raisonnement par l'absurde, Paul tire lui-même, sous forme d'une question rhétorique, une fausse inférence de sa thèse avec l'idée qu'on pourrait rester dans le péché puisqu'il y a la grâce. Puis il rejette brusquement cette fausse inférence par un « μὴ γένοιτο », pour ensuite enchaîner avec deux autres questions rhétoriques qui insistent sur l'absurdité de cette fausse inférence.

La question rhétorique du verset 2 lui sert notamment à introduire l'idée fondamentale selon laquelle les chrétiens sont « morts au péché ». La question rhétorique du verset 3 va compléter et expliquer l'affirmation contenue dans la question rhétorique du verset 2. En effet, par l'expression « ἢ ἀγνοεῖτε ὅτι » (v. 3), Paul fait appel à la connaissance, à l'intelligence, voire au bon sens du lecteur, et présente cette connaissance comme étant évidente ou, en tout cas, comme devant être acquise par les destinataires. Pour Paul, en effet, ses destinataires sont censés savoir qu'être baptisé en Jésus-Christ c'est être baptisé *dans la mort* de Jésus-Christ (v. 3).

Par conséquent, l'usage des questions rhétoriques contribue non seulement à rendre le style plus vivant, mais suppose aussi une implication du lecteur (renforcée par ailleurs par l'usage de la première personne du pluriel « nous »), qui, du coup, se pose aussi les mêmes questions et est obligé de se rendre à l'évidence de l'absurdité de ces questions. La démonstration par l'absurde permet à Paul non seulement de préciser sa pensée mais aussi d'accentuer et de pousser plus loin la séparation radicale qu'il y a entre le royaume du péché et celui de la grâce.

Outre les questions rhétoriques et les raisonnements par l'absurde, une autre technique argumentative utilisée par l'auteur dans ce passage est l'allégorie[30]. Ainsi, en 6,3-11, pour convaincre le lecteur de la nécessité d'entrer dans le nouveau et de l'impossibilité de rester dans l'ancien, il assimile le baptême du chrétien à la mort et à la résurrection, à l'image de celles du Christ. Il y a eu un avant (avant le baptême) et un après (après le baptême). Cet avant et cet après sont inconciliables, car le chrétien, baptisé et mort avec le Christ (vv. 3-4a), est entré (ou doit entrer) dans une nouvelle vie, de la même manière que (« ὥσπερ … οὕτως ») le Christ, mort et ressuscité, est entré dans la gloire du Père (vv. 4b-5).

D'où la nécessité de savoir et de se rappeler que notre vieil homme a été crucifié avec le Christ (v. 6a) et que, le corps de péché ayant été détruit, nous ne sommes plus esclaves du péché (v. 6b). En effet, *tout comme* le Christ, mort et ressuscité, échappe à la domination de la mort (v. 9), le baptisé, mort avec le Christ, est libéré du péché, qui, du coup, n'a plus

30 Précisons ici que nous entendons par allégorie une manière d'exprimer une idée en utilisant une histoire qui doit servir de support comparatif. Ici, en Romains 6,3-11, Paul rappelle aux chrétiens leur expérience du baptême et l'assimile à la crucifixion du Christ.

de pouvoir sur lui (v. 7). Il y a l'idée d'un passage et d'un transfert : les chrétiens doivent se considérer comme morts au péché mais vivants pour Dieu en Jésus-Christ (v. 11) tout comme le Christ vit pour Dieu (v. 10). Le transfert est à la fois spatial (du péché au Christ) et temporel (du vieil homme à la nouveauté de vie).

Il est par ailleurs important de remarquer que Paul construit son argumentation sur l'association de deux concepts qui sont aussi deux principes logiques : la mort comme principe logique de libération (ici du péché, et plus loin de la Loi), et le baptême comme principe de conformité à la mort et à la résurrection de Jésus[31].

En effet, en écho au verset 2, Paul formule clairement au verset 7 le principe selon lequel la mort signifie libération (ici du péché). Il est important de noter le rôle de ce principe dans l'argumentation paulinienne, car, si l'on n'admet pas que la mort signifie libération du péché, toute l'argumentation s'écroule. De même, en écho aux versets 3-4a, Paul formule au verset 5 le principe nécessaire (la formulation est à la fois causale et conditionnelle) selon lequel, par le baptême, les chrétiens sont rendus conformes à Jésus-Christ ; et l'importance de ce principe est que, si l'on n'admet pas que le baptême signifie conformité à la mort et à la résurrection de Jésus, il est impossible de comprendre comment le chrétien est libéré du péché.

La formulation de ces principes permet donc à Paul de démontrer le mode sous lequel les chrétiens sont libérés du péché, et de formuler les recommandations éthiques subséquentes aux versets 11-14[32]. Relevons que Paul introduit en 6,14 le thème de la Loi, qui était absent depuis le début du chapitre 6 et qui sera central dans le chapitre 7. Par conséquent, le verset 14 représente non seulement une transition pour la prochaine phase de l'argumentation en 6,15-23, mais il constitue aussi, avec le verset 15, un rappel de l'affirmation paulinienne en 5,20 et une sorte d'amorce pour l'argumentation qui sera développée au chapitre 7.

---

31 Par le terme « principe », nous entendons ce qui commande, ici en l'occurrence ce qui commande l'argumentation, ce sur quoi l'argumentation se fonde. Le principe lui-même se passe de démonstration. Si, en Rm 7,1-6, Paul tente d'expliciter un tant soit peu le principe de « la mort comme libération de la Loi » par l'analogie avec le mariage, ici il se contente de l'affirmer. Notons par ailleurs que le caractère logique de ces deux principes se trouve renforcé par le fait qu'ils sont tous les deux introduits par « γὰρ ».

32 Notons le mélange dans les temps et les modes des verbes (passé, présent, futur, impératif), ce qui peut traduire à la fois l'opposition et le croisement entre ce qui a été, ce qui est et ce qui sera (ou doit être).

DEUXIÈME PREUVE (6,15-23)

6,15 Τί οὖν; ἁμαρτήσωμεν ὅτι οὐκ ἐσμὲν ὑπὸ νόμον ἀλλὰ ὑπὸ χάριν; μὴ γένοιτο
16 οὐκ οἴδατε ὅτ ᾧ παριστάνετε ἑαυτοὺς δούλους εἰς ὑπακοήν, δοῦλοί στε ᾧ ὑπακούετε, ἤτοι ἁμαρτίας εἰς θάνατον ἢ ὑπακοῆς εἰς δικαιοσύνην;
17 χάρις δὲ τῷ θεῷ ὅτι ἦτε δοῦλοι τῆς ἁμαρτίας ὑπηκούσατε δὲ ἐκ καρδίας εἰς ὃν παρεδόθητε τύπον διδαχῆς, 18 ἐλευθερωθέντες δὲ ἀπὸ τῆς ἁμαρτίας ἐδουλώθητε τῇ δικαιοσύνῃ
19 ἀνθρώπινον λέγω διὰ τὴν ἀσθένειαν τῆς σαρκὸς ὑμῶν. ὥ ερ γὰρ παρεστήσατε τὰ μέλη ὑμῶν δοῦλα τῇ ἀκαθαρσίᾳ καὶ τῇ ἀνομίᾳ εἰς τὴν ἀνομίαν, οὕτως νῦν παραστήσατε τὰ μέλη ὑ ῶν δοῦλα τῇ δικαιοσύνῃ εἰς ἁγιασμόν. 20 ὅτε γὰρ δοῦλοιἦτε τῆς ἁμαρτίας, ἐλεύθεροιἦτε τῇ δικαιοσύνῃ. 21 τίνα οὖν καρπὸν εἴχετε τότε ἐφ' οἷς νῦν ἐπαισχύνεσθε; τὸ γὰρ τέλος ἐκείνων θάνατος.
22 νυνὶ δέ, ἐλευθερωθέντες ἀπὸ τῆς ἁμαρτίας δουλωθέντες δὲ τῷ θεῷ, ἔχετε τὸν καρπὸν ὑμῶν εἰς ἁγιασμόν, τὸ δὲ τέλος ζωὴν αἰώνιον. 23 τὰ γὰρ ὀψώνια τῆς ἁμαρτίας θάνατος, τὸ δὲ χάρισμα τοῦ θεοῦ ζωὴ αἰώνιος ἐν Χριστῷ Ἰησοῦ τῷ κυρίῳ ἡμῶν.

« 6,15 Quoi donc ! Pécherions-nous, parce que nous sommes, non sous la loi, mais sous la grâce ? Loin de là ! 16 Ne savez-vous pas qu'en vous livrant à quelqu'un comme esclaves pour lui obéir, vous êtes esclaves de celui à qui vous obéissez, soit du péché qui conduit à la mort, soit de l'obéissance qui conduit à la justice ?
17 Mais grâces soient rendues à Dieu de ce que, après avoir été esclaves du péché, vous avez obéi de cœur à la règle de doctrine dans laquelle vous avez été instruits. 18 Ayant été affranchis du péché, vous êtes devenus esclaves de la justice.
19 Je parle à la manière des hommes, à cause de la faiblesse de votre chair. – De même donc que vous avez livré vos membres comme esclaves à l'impureté et à l'iniquité, pour arriver à l'iniquité, ainsi maintenant livrez vos membres comme esclaves à la justice, pour arriver à la sainteté. 20 Car, lorsque vous étiez esclaves du péché, vous étiez libres à l'égard de la justice. 21 Quels fruits portiez-vous alors ? Des fruits dont vous rougissez aujourd'hui. Car la fin de ces choses, c'est la mort.
22 Mais maintenant, étant affranchis du péché et devenus esclaves de Dieu, vous avez pour fruit la sainteté et pour fin la vie éternelle. 23 Car le salaire du péché, c'est la mort ; mais le don gratuit de Dieu, c'est la vie éternelle en Jésus-Christ notre Seigneur. »

Après avoir expliqué que la grâce, loin d'être encouragement au péché, est libération du péché, Paul montre ici, par la même méthode, que l'affranchissement de la tutelle de la Loi, loin de favoriser le péché, est l'occasion d'entrer dans une nouvelle ère d'obéissance à la justice pour la sainteté. En effet, au verset 15, Paul introduit, sous forme d'une question rhétorique, un raisonnement par l'absurde en tirant de sa thèse principale une autre fausse inférence. Puis, par son habituel « μὴ γένοιτο » (v. 15), l'apôtre rejette cette absurdité et ajoute une autre question renvoyant au bon sens ou à une connaissance élémentaire (v. 16), à savoir qu'il serait insensé de vouloir pécher parce que l'on est sous la grâce, et que, obéissance supposant esclavage, il serait absurde de choisir d'être esclave du péché en lui obéissant[33].

Il est important de noter que, de manière générale, les procédés argumentatifs rencontrés en 6,1-14 sont à peu près les mêmes que ceux rencontrés ici en 6,15-23 : dans les deux passages, après le « μὴ γένοιτο », on rencontre une autre question rhétorique renvoyant à une connaissance évidente (6,3 // 6,16). De même, dans chacun des passages, la phrase interronégative est suivie d'une section narrative (6,4 // 6,17-18). Puis vient une explication logique (6,5-10 // 6,19b-21) marquée par l'usage de conjonctions à valeurs causale, finale et consécutive (« διά », « γάρ », « ἵνα », « εἰς », « οὖν ») et des comparaisons (« ὥσπερ… οὕτως »). Enfin, les deux passages s'achèvent sur des considérations d'ordre éthique (6,11-14 // 6,19c + 22-23) qui se présentent comme une conséquence nécessaire du passage à la vie nouvelle[34].

De plus, on peut remarquer que l'argumentation paulinienne se construit à l'aide d'une série d'oppositions duales, lesquelles sont à la fois spatiales et temporelles : le chrétien passe d'un empire à l'autre (espace) et de l'ère ancienne à l'ère nouvelle (temps)[35]. Il y a en effet le langage du transfert : l'affranchissement de l'empire de la Loi et du péché se fait en même temps que le passage dans un autre empire, qui est celui de la justice, de Dieu et de la sainteté. Notons aussi que l'opposition entre les deux empires au chapitre 6 comporte, comme l'opposition entre les deux humanités au chapitre 5, une différence de nature qualitative : l'un produit la mort, et l'autre produit la vie éternelle.

---

33 Soulignons néanmoins un glissement de sens du verset 15 au verset 16 : au verset 15, il est question d'être soit sous la Loi soit sous la grâce, tandis qu'au verset 16, il est question d'être soit esclave du péché soit esclave de l'obéissance.

34 Relevons que l'argumentation du chapitre 6 s'achève comme celle du chapitre 5, avec emphase sur « Jésus-Christ notre Seigneur ».

35 Les oppositions temporelles sont non seulement marquées par l'usage des temps passé et présent (ou parfois même futur) mais aussi par l'usage de « τότε » et « νῦν » comme au verset 21, ou le « ὅτε » du verset 20 qui s'oppose au « νυνί » du verset 22.

En définitive, on peut dire que, dans ce passage, Paul s'évertue (par l'utilisation de divers techniques comme des questions rhétoriques, des raisonnements par l'absurde, des comparaisons, des parallélismes antithétiques, des oppositions spatiales et temporelles, des apostrophes, des interpellations, des allégories, des principes logiques etc.) de convaincre son lecteur de la caducité d'un régime (celui du péché), de l'absurdité de continuer de s'y soumettre, et de la nécessité de passer (ou de demeurer) sous le régime nouveau (celui du Christ).

TROISIÈME PREUVE (7,1-6)

7,1 Ἢ ἀγνοεῖτε, ἀδελφοί, γινώσκουσιν γὰρ νόμον λαλῶ, ὅτι ὁ νόμος κυριεύει τοῦ ἀνθρώπου ἐφ'ὅσον χρόνον ζῇ;
2 ἡ γὰρ ὕπανδρος γυνὴ τῷ ζῶντι ἀνδρὶ δέδεται νόμῳ· ἐὰν δὲ ἀποθάνῃ ὁ ἀνήρ, κατήργηται ἀπὸ τοῦ νόμου τοῦ ἀνδρός.
3 ἄρα οὖν ζῶντος τοῦ ἀνδρὸς μοιχαλὶς χρηματίσει ἐὰν γένηται ἀνδρὶ ἑτέρῳ· ἐὰν δὲ ἀποθάνῃ ὁ ἀνήρ, ἐλευθέρα ἐστὶν ἀπὸ τοῦ νόμου, τοῦ μὴ εἶναι αὐτὴν μοιχαλίδα γενομένην ἀνδρὶ ἑτέρῳ.
4 ὥστε, ἀδελφοί μου, καὶ ὑμεῖς ἐθανατώθητε τῷ νόμῳ διὰ τοῦ σώματος τοῦ Χριστοῦ, εἰς τὸ γενέσθαι ὑμᾶς ἑτέρῳ, τῷ ἐκ νεκ ρῶν ἐγερθέντι, ἵνα καρποφορήσωμεν τῷ θεῷ.
5 ὅτε γὰρ ἦμεν ἐν τῇ σαρκί, τὰ παθήματα τῶν ἁμαρτιῶν τὰ διὰ τοῦ νόμου ἐνηργεῖτο
ἐν τοῖς μέλεσιν ἡμῶν εἰς τὸ καρποφορῆσαι τῷ θανάτῳ· 6 νυνὶ δὲ κατηργήθημεν
ἀπὸ τοῦ νόμου, ἀποθανόντες ἐν ᾧ κατειχόμεθα, ὥστε δουλεύειν ἡμᾶς ἐν καινότητι πνεύματος καὶ οὐ παλαιότητι γράμματος.

« 7,1 Ignorez-vous, frères, – car je parle à des gens qui connaissent la loi, – que
la loi exerce son pouvoir sur l'homme aussi longtemps qu'il vit ? 2 Ainsi, une
femme mariée est liée par la loi à son mari tant qu'il est vivant ; mais si le mari
meurt, elle est dégagée de la loi qui la liait à son mari. 3 Si donc, du vivant de
son mari, elle devient la femme d'un autre homme, elle sera appelée adultère ;
mais si le mari meurt, elle est affranchie de la loi, de sorte qu'elle n'est point
adultère en devenant la femme d'un autre. 4 De même, mes frères, vous aussi
vous avez été, par le corps de Christ, mis à mort en ce qui concerne la loi, pour que vous apparteniez à un autre, à celui qui est ressuscité des morts, afin que
nous portions des fruits pour Dieu. 5 Car, lorsque nous étions dans la chair, les
passions des péchés provoquées par la loi agissaient dans nos membres, de sorte
que nous portions des fruits pour la mort. 6 Mais maintenant, nous avons été
dégagés de la loi, étant morts à cette loi sous laquelle nous étions retenus, de sorte que nous servons dans un esprit nouveau, et non selon la lettre qui a vieilli. »

Si Paul affirmait précédemment (6,14-15) que le chrétien n'est plus sous la Loi, il ne donnait aucune explication ni sur les raisons ni sur la manière dont la Loi a perdu son emprise sur le chrétien. Mais, dès le début du chapitre 7, il revient à cette affirmation et la présente comme une réalité évidente et familière pour son lecteur. En effet, une fois de plus, l'apôtre formule une question rhétorique qui insiste sur la connaissance que son lecteur devrait avoir de la Loi[36]. C'est sans doute en raison de cette familiarité de ses destinataires avec la question de la Loi que Paul peut formuler sous forme d'un principe général la conception selon laquelle la mort libère de la Loi[37].

Une autre technique argumentative utilisée ici par Paul pour démontrer que le chrétien baptisé, mort et ressuscité avec le Christ est entré dans une vie nouvelle est l'exemple analogique. En effet, en Romains 7,2-3, Paul prend l'exemple du mariage, où une femme mariée n'est liée par la loi à son mari que du vivant de celui-ci, mais où, affranchie de cette loi à la mort du mari, elle est libre de s'engager avec un autre homme (v. 3). Il en déduit, par analogie, que le chrétien qui vivait auparavant sous la Loi et qui est mort avec Christ est, du coup, dégagé de la Loi mosaïque.

Nombre de commentateurs ont souligné l'imperfection, le dysfonctionnement ou même l'inexactitude de cette analogie. En effet, si l'on s'en tient aux versets 2-4, en toute logique l'analogie ne semble pas tenir : on peut aisément remarquer que, dans l'exemple du mariage, la femme est libérée de la loi sans être passée par la mort, alors que le chrétien, pour être libéré de la Loi, a dû être mis à mort. Faut-il donc conclure, avec maints interprètes[38], que Paul a échoué dans sa démonstration et

---

36 Notons aussi que, comme en 6,3 et 6,16, cette référence à la connaissance évidente de la Loi est faite par le moyen d'une phrase interro-négative avec « Ἢ ἀγνοεῖτε ».

37 On relèvera que Paul a ici recours au même procédé qu'en 6,7, à savoir fonder une argumentation sur un principe général que l'on est censé admettre. Mais à une différence près, ici, Paul va prendre le soin d'illustrer ce principe avec l'analogie du mariage.

38 W. Barclay, *The Letter to the Romans*, Philadelphia, Westminster John Knox Press ; C. Barrett, *A Commentary*, *op. cit.*, 1957 ; E. Best, *The Letter of Paul*, *op. cit.*, 1967 ; E. Brunner, *The Letter to the Romans : a Commentary*, Londres, Westminster John Knox Press, 1938. Ch. Dodd, *The Epistle of Paul to The Romans*, Londres, Hodder and Stoughton, 1932 ; J. Dunn, *Romans 1-8*, Dallas, Word Books, 1988 ; H. M. Gale, *The Use of Analogy in the Letters of Paul*, Philadelphia, Westminster John Knox Press, 1964 ; F. Godet, *Commentary*, *op. cit.*, 1883 ; D. Moo, *Romans*, *op. cit.* ; Howard Rhys, *The Epistle to the Romans*, New York, Macmillan, 1969 ; J. Ziesler, *Paul's Letter to the Romans*, Londres, Trinity Press International, 1989.

qu'il serait déroutant, voire vain, de tenter de rétablir l'exactitude de l'analogie[39] ?

Signalons tout d'abord certains éléments qui passent inaperçus chez certains commentateurs dans leur analyse de l'analogie. Barrett[40], par exemple, écrit que l'analogie est imparfaite parce que « dans le mariage, le mari meurt et la femme est libre, dans la vie chrétienne, la Loi ne meurt pas (comme l'analogie l'exigerait) ». Dans le même sens, Douglas Moo écrit : « Si nous supposons que les détails de l'illustration dans les vv. 2-3 sont parallèles à l'application au verset 4, alors le "premier mari" doit représenter la Loi, le "second mari" Christ, et la femme le chrétien[41]. »

Mais ce qui passe inaperçu et qui est à l'origine de ces interprétations, c'est le fait que, dans l'exemple du mariage, Paul ne dit pas que la femme est libérée du mari (mort) mais qu'elle est libérée « de la loi » qui la liait à son mari. Et cette loi (civile ou religieuse) qui la liait à son mari n'est pas morte, la femme en est seulement libérée par le fait que son mari est mort. On voit donc clairement que l'analogie n'exige pas la mort de la Loi (mosaïque). Est-il possible de comprendre cette analogie selon le principe établi par Paul en 7,1, à savoir que l'individu, une fois mort, est libéré de la Loi ?

Certains commentateurs ont ainsi proposé diverses solutions pour appuyer la validité de cette analogie. John D. Earnshaw[42] propose de la comprendre d'une manière allégorique : le premier mariage représenterait l'union du chrétien avec le Christ avant sa mort, et le second mariage serait l'illustration de son union avec le Christ lors de sa résurrection. Earnshaw propose donc de voir les correspondances de l'analogie de la manière suivante : à la femme, à la loi et au premier mari correspondent respectivement le chrétien, la Loi mosaïque et le Christ. Neil Elliott[43] a, de manière générale, la même compréhension de l'analogie qu'Earnshaw, à la différence près que celui-ci ne voit aucune place pour la Loi dans

---

39 J. Ziesler, *Paul's Letter*, *op. cit.* Voir notamment page 172, où l'auteur affirme que « nous devrions probablement accepter le fait que l'analogie est inexacte sans essayer de trouver un niveau plus obscur où elle fonctionne bien ». Pour des positions similaires, voir aussi C. Dodd, *The Epistle*, *op. cit.*, p. 101 ; W. Barclay, *The Letter*, *op. cit.*, p. 92.

40 C. Barrett, *A Commentary*, *op. cit.*, p. 128.

41 D. Moo, *Romans*, *op. cit.*, p. 437.

42 John Earnshaw, « Reconsidering the Marriage Analogy in Romans 7,1-4 », *New Testament Studies* 40, 1994, p. 68-88.

43 N. Elliott, *The Rhetoric of Romans*, *op. cit.*

le second mariage (dans la vie du chrétien), tandis qu'Elliott reconnaît une place à la Loi dans les deux situations.

Il nous semble que la principale faiblesse de ces interprétations de l'analogie provient de l'omission ou de l'oubli de « διὰ τοῦ σώματος τοῦ Χριστοῦ » (7,4), c'est-à-dire du *corps du Christ comme moyen* par lequel le chrétien a été mis à mort à la Loi. Keith A. Burton[44] va en ce sens en considérant la « chair » du verset 5 comme le correspondant analogique du premier mari mort au verset 2. Si, en effet, la prise en compte du verset 5 paraît nécessaire, elle n'est pourtant pas suffisante. Il nous semble qu'il est capital non seulement de prendre en compte le rapport établi au verset 5 entre « la chair » et la Loi[45], mais aussi l'expression « διὰ τοῦ σώματος τοῦ Χριστοῦ », à savoir le corps du Christ comme moyen par lequel le chrétien a été mis à mort (verset 4), et également de se souvenir des deux principes déjà formulés au chapitre 6.

Il est en effet intéressant d'observer que le verset 4 du chapitre 7 fusionne les deux principes déjà établis au chapitre 6, à savoir que le chrétien est baptisé dans la mort du Christ, et, connaissant lui-même la mort (6,3-4), est libéré du péché (6,7) et de la Loi en (7,1), et aussi rendu conforme au Christ, c'est-à-dire mort et ressuscité (6,5). Le baptisé, étant mort et ressuscité avec le Christ, est dégagé de la Loi dont se servait la chair pour le maintenir dans le péché. Étant donc libéré de l'empire de la chair et du péché, il est maintenant libre de s'engager ou d'obéir à un autre seigneur[46].

Dès lors, en se référant à 7,5 où Paul exprime le rapport de la chair à la Loi, on peut se rendre compte que c'est la chair qui est morte (« lorsque nous étions dans la chair » en 7,5, et aussi 6,6, où il est dit que « le corps du péché fut détruit », ou 8,10, où il est dit que « si le Christ est en vous, le corps est mort ») et que, par là-même, le chrétien, dégagé de cette Loi qui provoquait et faisait agir dans ses membres les passions des péchés (7,5), est libre de vivre une nouvelle vie avec le Christ. Par conséquent,

---

44 K. Burton, *Rhetoric*, *op. cit.*

45 Il serait intéressant de rapprocher 7,5 de 7,23 pour comprendre le rapport entre la chair (le corps, les membres) et la Loi.

46 Nous pensons que cette logique ne peut se comprendre que si l'on tient compte, dans l'argumentation paulinienne (surtout développée en *Romains* 6), du rapport entre *ce qui est déjà fait* dans la vie du chrétien et *ce qu'il doit faire* (notons au chapitre 6 tous les verbes d'action qui concernent le nouveau baptisé : c'est lui qui doit choisir de se donner, se livrer à Dieu, une fois qu'il a été libéré).

l'analogie paulinienne est parfaitement valide si elle est comprise de la manière suivante : de même que la femme est libérée de la loi qui la liait à son mari dès lors que celui-ci est mort, le chrétien est libéré de la Loi qui le liait à la chair une fois que celle-ci (la chair) est morte.

Comprise de cette manière – le premier mari (mort) correspond à la chair (ou aux corps ou aux membres) dans laquelle la Loi provoquait les passions des péchés –, l'analogie nous permet de comprendre comment le chrétien peut être libéré de la Loi bien que celle-ci reste bien vivante. On peut aussi noter que cette compréhension de l'analogie correspond parfaitement au principe formulé en 7,1. C'est donc par le moyen de la chair, des membres (7,5) et du corps (compris comme corps de péché, voir 6, 6) que la Loi exerce son pouvoir sur l'homme. Ainsi peut-on voir comment cette analogie annonce, de manière proleptique, la description de la souffrance de l'« ἐγώ » subissant les assauts du péché dans sa chair et dans son corps de mort, et aussi sa délivrance grâce à l'intervention de l'esprit de vie.

QUATRIÈME PREUVE (7,7-12)

7,7 Τί οὖν ἐροῦμεν; ὁ νόμος ἁμαρτία; μὴ γένοιτο· ἀλλὰ τὴν ἁμαρτίαν οὐκ ἔγνων εἰ μὴ διὰ νόμου, τήν τε γὰρ ἐπιθυμίαν οὐκ ᾔδειν εἰ μὴ ὁ νόμος ἔλεγεν, Οὐκ ἐπιθυμήσεις. 8 ἀφορμὴν δὲ λαβοῦσα ἡ ἁμαρτία διὰ τῆς ἐντολῆς κατειργάσατο ἐν ἐμοὶ πᾶσαν ἐπιθυμίαν· χωρὶς γὰρ νόμου ἁμαρτία νεκρά. 9 ἐγὼ δὲ ἔζων χωρὶς νόμου ποτέ· ἐλθούσης δὲ τῆς ἐντολῆς ἡ ἁμαρτία ἀνέζησεν, ἐγὼ δὲ ἀπέθανον, 10 καὶ εὑρέθη μοι ἡ ἐντολὴ ἡ εἰς ζωὴν αὕτη εἰς θάνατον· 11 ἡ γὰρ ἁμαρτία ἀφορμὴν λαβοῦσα διὰ τῆς ἐντολῆς ἐξηπάτησέν με καὶ δι' αὐτῆς ἀπέκτεινεν. 12 ὥστε ὁ μὲν νόμος ἅγιος, καὶ ἡ ἐντολὴ ἁγία καὶ δικαία καὶ ἀγαθή.

« 7,7 Que dirons-nous donc ? La loi est-elle péché ? Loin de là ! Mais je n'ai connu le péché que par la loi. Car je n'aurais pas connu la convoitise, si la loi n'eût dit : Tu ne convoiteras point. 8 Et le péché, saisissant l'occasion, produisit en moi par le commandement toutes sortes de convoitises ; car sans loi le péché est mort. 9 Pour moi, étant autrefois sans loi, je vivais ; mais quand le commandement vint, le péché reprit vie, et moi je mourus. 10 Ainsi, le commandement qui conduit à la vie se trouva pour moi conduire à la mort. 11 Car le péché, saisissant l'occasion, me séduisit par le commandement, et par lui me fit mourir. 12 La loi donc est sainte, et le commandement est saint, juste et bon. »

Paul se propose d'expliquer ici comment la Loi, qui est sainte, juste, bonne et qui était censée conduire à la vie, se trouve finalement conduire à la mort. En effet, après avoir exposé comment le chrétien est libéré de la Loi, Paul entend montrer ici que la Loi, bien qu'occasionnant et aggravant le péché, n'est pas péché. Il prouve que le malheur de l'homme n'est pas dans la nature de la Loi, mais dans la relation entre la Loi, le péché et la mort. Relevons la structure dialectique de la pensée paulinienne : bien que constatant la relation conflictuelle entre la nature de la Loi et ses conséquences, Paul surmonte cette contradiction pour situer le problème à un autre niveau, à savoir dans la relation entre la Loi et le péché.

Il est par ailleurs remarquable que Paul réitère au verset 7 le style dialogique qui, par le biais de questions rhétoriques, l'amène à tirer une fausse inférence consistant à dire que la Loi serait péché. En effet, comme celles se trouvant en 6,1-2 et 6,15, cette nouvelle fausse inférence est introduite par une expression habituelle chez Paul : « que dirons-nous donc ? » (« *Τί οὖν* ἐροῦμεν ; »)[47] ; celle-ci est immédiatement rejetée par une autre expression coutumière à Paul : « loin de là ! » (« *μὴ* γένοιτο· »). Cette dernière expression est suivie d'une section narrative (comme après 6,1-2 et 6,15) où, dans les versets 8-9, Paul présente une sorte de généalogie du péché et de la mort. Enfin arrive (comme après 6,1-2 et 6,15) une section (vv. 10-12) avec des conclusions logiques marquées par des conjonctions à valeurs causale, finale ou consécutive (« γάρ », « διά », « εἰς », « ὥστε »).

On peut aussi s'étonner de la manière dont la première personne du singulier (« ἐγώ ») fait irruption dans le contexte d'une démonstration logique qui se voudrait impersonnelle[48]. Notons que le « je » (« ἐγώ ») a fait sa première apparition dès le verset 7 après un « mais » (« ἀλλά ») qui, accompagné d'une négation, a un rôle non seulement adversatif mais aussi restrictif. Il introduit ainsi la transposition de la relation bilatérale entre le péché et la Loi en une relation trilatérale entre le péché, la Loi et l'« ἐγώ ». On sait donc déjà, dès le verset 7, que la Loi n'est ni péché, ni la cause du péché, mais qu'elle a permis à l'« ἐγώ »

47 En 6,1, on rencontrait la même expression « Τί οὖν ἐροῦμεν ; », mais seulement « Τί οὖν » en 6,15.

48 En attendant d'étudier et d'interpréter l'usage que fait Paul de la première personne du singulier dans ce passage, nous utiliserons « ἐγώ » sous cette forme, en le personnifiant mais sans le personnaliser.

de connaître le péché. Et c'est précisément du fait que la Loi indique le péché à l'« ἐγώ » que le péché advient[49]. L'« ἐγώ » apparaît ainsi comme un élément neutre subissant les conséquences de la relation entre la Loi et le péché, et comme n'étant responsable de rien[50].

C'est ainsi que, l'« ἐγώ » déjà disculpé, l'apôtre rappelle au verset 10, comme une déduction de la narration des versets 8-9 et sous forme d'un paradoxe, que c'est bien le péché qui a détourné la Loi pour conduire l'« ἐγώ » à la mort. Puis, au verset 11, Paul reprend, mais en l'accentuant sous forme d'une causalité (avec « γάρ »), l'affirmation du verset 8a, tout en réaffirmant la conséquence de cette utilisation de la Loi par le péché, à savoir la mort de l'individu. Comme s'il s'agissait de faire le procès du péché, après l'avoir accusé à nouveau au verset 11, Paul prononce au verset 12, comme une conséquence (« ὥστε ») de ce qui précède, l'innocence complète de la Loi : celle-ci n'est responsable de rien, elle a simplement été abusée par le péché, mais elle est bien sainte, juste et bonne.

CINQUIÈME PREUVE (7,13-25)

> 7,13 Τὸ οὖν ἀγαθὸν ἐμοὶ ἐγένετο θάνατος ; μὴ γένοιτο ἀλλὰ ἡ ἁμαρτία, ἵνα φανῇ
> ἁμαρτία, διὰ τοῦ ἀγαθοῦ μοι κατεργαζομένη θάνατον ἵνα γένηται καθ' ὑπερβολὴν
> ἁμαρτωλὸς ἡ ἁμαρτία διὰ τῆς ἐντολῆς. 14 οἴδαμεν γὰρ ὅτι ὁ νόμος πνευματικός
> ἐστιν ἐγὼ δὲ σάρκινός εἰμι, πεπραμένος ὑπὸ τὴν ἁμαρτίαν. 15 ὃ γὰρ κατεργάζομαι
> οὐ γινώσκω οὐ γὰρ ὃ θέλω τοῦτο πράσσω, ἀλλ' ὃ μισῶ τοῦτο ποιῶ. 16 εἰ δὲ ὃ οὐ
> θέλω τοῦτο ποιῶ, σύμφημι τῷ νόμῳ ὅτι καλός. 17 νυνὶ δὲ οὐκέτι ἐγὼ κατεργάζομαι
> αὐτὸ ἀλλὰ ἡ οἰκοῦσα ἐν ἐμοὶ ἁμαρτία. 18 οἶδα γὰρ ὅτι οὐκ οἰκεῖ ἐν ἐμοί, τοῦτ'
> ἔστιν ἐν τῇ σαρκί μου, ἀγαθόν· τὸ γὰρ θέλειν παράκειταί μοι, τὸ δὲ κατεργάζε-
> σθαι τὸ καλὸν οὔ 19 οὐ γὰρ ὃ θέλω ποιῶ ἀγαθόν, ἀλλὰ ὃ οὐ θέλω κακὸν τοῦτο
> πράσσω. 20 εἰ δὲ ὃ οὐ θέλω [ἐγὼ] τοῦτο ποιῶ, οὐκέτι ἐγὼ κατεργάζομαι αὐτὸ

49 Notons la manière dont Paul, au verset 7b, se réfère au décalogue et prend l'exemple de l'interdiction de la convoitise sans le présenter comme un exemple : il l'introduit directement par « γάρ » en tant qu'une causalité. Il s'agit donc d'un exemple à la fois illustratif et argumentatif.

50 Il est intéressant de noter que, dans les versets 8b-9, en intercalant les idées de vie et de mort, Paul présente sous forme de chiasme la logique de la relation entre la Loi, le péché, et les conséquences sur l'« ἐγώ » : sans la Loi le péché est *mort*, moi je *vivais*, mais le péché *reprit vie* avec le commandement, et moi je *mourus*.

ἀλλὰ ἡ οἰκοῦσα ἐν ἐμοὶ ἁμαρτία. 21 Εὑρίσκω ἄρα τὸν νόμον τῷ θέλοντι ἐμοὶ ποιεῖν τὸ καλὸν ὅτι ἐμοὶ τὸ κακὸν παράκειται·
22 συνήδομαι γὰρ τῷ νόμῳ τοῦ θεοῦ κατὰ τὸν ἔσω ἄνθρωπον,
23 βλέπω δὲ ἕτερον νόμον ἐν τοῖς μέλεσίν μου ἀντιστρατευόμενον τῷ νόμῳ τοῦ νοός μου καὶ αἰχμαλωτίζοντά με ἐν τῷ νόμῳ τῆς ἁμαρτίας τῷ ὄντι ἐν τοῖς μέλεσίν μου.
24 ταλαίπωρος ἐγὼ ἄνθρωπος· τίς με ῥύσεται ἐκ τοῦ σώματος τοῦ θανάτου
τούτου; 25 χάρις δὲ τῷ θεῷ διὰ Ἰησοῦ Χριστοῦ τοῦ κυρίου ἡμῶν. ἄρα οὖν αὐτὸς ἐγὼ τῷ μὲν νοῒ δουλεύω νόμῳ θεοῦ, τῇ δὲ σαρκὶ νόμῳ ἁμαρτίας.

« 7,13 Ce qui est bon a-t-il donc été pour moi une cause de mort ? Loin de là ! Mais c'est le péché, afin qu'il se manifestât comme péché en me donnant la mort par ce qui est bon, et que, par le commandement, il devînt condamnable au plus haut point. 14 Nous savons, en effet, que la loi est spirituelle ; mais moi, je suis charnel, vendu au péché. 15 Car je ne sais pas ce que je fais : je ne fais point ce que je veux, et je fais ce que je hais. 16 Or, si je fais ce que je ne veux pas, je reconnais par là que la loi est bonne.
17 Et maintenant, ce n'est plus moi qui le fais, mais c'est le péché qui habite en moi. 18 Ce qui est bon, je le sais, n'habite pas en moi, c'est-à-dire dans ma chair : j'ai la volonté, mais non le pouvoir de faire le bien. 19 Car je ne fais pas le bien que je veux, et je fais le mal que je ne veux pas.
20 Et si je fais ce que je ne veux pas, ce n'est plus moi qui le fais, c'est le péché qui habite en moi. 21 Je trouve donc en moi cette loi : quand je veux faire le bien, le mal est attaché à moi. 22 Car je prends plaisir à la loi de Dieu, selon l'homme intérieur
23 mais je vois dans mes membres une autre loi, qui lutte contre la loi de mon entendement, et qui me rend captif de la loi du péché, qui est dans mes membres.
24 Misérable que je suis ! Qui me délivrera du corps de cette mort ?...
25 Grâces soient rendues à Dieu par Jésus-Christ notre Seigneur !... Ainsi donc, moi-même, je suis par l'entendement esclave de la loi de Dieu, et je suis par la chair esclave de la loi du péché. »

Reprenant l'affirmation selon laquelle la Loi est bonne, le verset 13 pose la question du paradoxe entre la nature de la Loi et ce qui a pu advenir à travers elle. Ayant déjà montré que ce n'est pas la Loi qui engendre le péché, mais que c'est celui-ci qui se sert de la Loi pour donner la mort, Paul va maintenant décrire la relation conflictuelle entre le péché et l'« ἐγώ ». L'objectif de Paul ici est de montrer que le problème n'est pas dans la Loi, mais qu'il réside dans la nature de l'« ἐγώ ». Une fois qu'il a mis la Loi hors de cause, Paul semble suggérer que la solution n'est pas dans l'abolition de la Loi, mais dans la transformation spirituelle de l'« ἐγώ ».

En effet, toujours selon la même méthode, par une question rhétorique Paul tire de ses affirmations précédentes une fausse inférence, à savoir que la Loi pourrait être cause de mort, puis il rejette brusquement cette idée par un « μὴ γένοιτο » (« loin de là ! »). Comme au verset 7, ce « μὴ γένοιτο » est suivi d'un « mais » (« ἀλλά ») adversatif, puis d'une séquence narrative en 13b, comme dans les vv. 7-8. Il est à noter que Paul insiste pour désigner le péché, comme en l'indexant, en tant que facteur de mort : « mais c'est le péché, afin qu'il se manifestât comme péché » (« ἀλλὰ ἡ ἁμαρτία, ἵνα φανῇ ἁμαρτία »). Par une sorte de contraste, il surenchérit en ajoutant que le péché s'est servi de ce qui est bon (la Loi) pour produire ce qui est mal ; et, finalement il prononce, d'une manière hyperbolique (« καθ' ὑπερβολήν »), la condamnation du péché.

Le verset 14 entreprend l'explication causale (« γάρ ») de cette condamnation hyperbolique du péché et la démonstration sur la nature charnelle et pécheresse de l'« ἐγώ ». À ce moment de sa démonstration, Paul a déjà déchargé la Loi de toute sorte d'accusation, et il peut dès lors affirmer, comme une connaissance certaine (« οἴδαμεν » = « nous savons »), que la Loi est de nature spirituelle (« πνευματικός » v. 14). On peut remarquer que, par un « δέ » adversatif, Paul oppose la nature de la Loi à celle de l'« ἐγώ ». Si, dans les versets 7-12, est établie une relation tripartite entre l'« ἐγώ », le péché et la Loi, à partir du verset 14, cependant, la Loi est définitivement mise hors de cause. Il reste donc la relation entre l'« ἐγώ » et le péché. Il s'agit maintenant d'innocenter l'« ἐγώ » et de mettre en accusation, une fois de plus, le péché dans la chair.

Ayant déjà affirmé au verset 14 que l'« ἐγώ », en opposition à la Loi qui est spirituelle, est « charnel, vendu au péché » (« ἐγὼ δὲ σάρκινός εἰμι, πεπραμένος ὑπὸ τὴν ἁμαρτίαν »)[51], il va montrer, à partir du verset 15, que l'« ἐγώ » est impuissant et que, malgré sa volonté de faire le bien, il est dominé par le pouvoir du péché dans sa chair. L'explication qui débute au verset 15 avec « γάρ » va se construire selon une série de contrastes insistant sur l'opposition (« ἀλλά ») entre ce que *veut faire* l'« ἐγώ » et ce qu'il *fait effectivement.*

De cette première opposition, Paul va tirer deux conclusions, lequelles visent directement à innocenter et décharger l'« ἐγώ », d'une part, et à accuser le péché d'autre part : tout d'abord, avec un « εἰ » syllogistique,

51 L'apposition entre les deux attributs de « ἐγώ » peut être considérée comme une explication synonymique : être charnel, c'est être vendu (asservi) au péché.

il déduit de l'affirmation selon laquelle l'« ἐγώ » ne fait pas ce qu'il veut que l'« ἐγώ » reconnaît la bonté de la Loi (v. 16)[52] ; puis, en conséquence, il déclare que l'« ἐγώ » n'est plus acteur, mais qu'il subit les actes du péché (v. 17). Comme le note Moo, le « νυνὶ δὲ » au début du verset 17 est plus logique que temporel[53]. La déduction du verset 17 sera reprise avec insistance dans les mêmes termes au verset 20.

Toutefois, entre temps, Paul aura ajouté avec certitude, comme une évidence (« je sais » = « οἶδα »), la précision selon laquelle, dans l'« ἐγώ », n'habite pas ce qui est bien ; et il aura aussi précisé que l'« ἐγώ » où le bien n'habite pas, c'est sa chair (« ἐν ἐμοί, τοῦτ' ἔστιν ἐν τῇ σαρκί μου » v. 18). Il aura formulé ou reformulé par ailleurs deux autres contradictions : tout d'abord que l'« ἐγώ » a la volonté mais (avec un « δέ » adversatif) qu'il n'a pas le pouvoir de faire le bien (v. 18), puis, reprenant avec insistance la contradiction du verset 15b, que l'« ἐγώ » ne fait pas le bien qu'il veut, mais (« ἀλλά » adversatif) qu'il fait le mal qu'il ne veut pas (v. 19).

Les versets 21-23 apparaissent à la fois comme une conclusion (avec « ἄρα ») et comme une explication de l'ensemble des contradictions déjà formulées : en effet, ici Paul explique que les contradictions dans l'« ἐγώ » sont déterminées par le fait que deux lois s'opposent : la Loi de Dieu ou de l'entendement, d'une part, la loi du péché qui est dans les membres, d'autre part. Mais on apprend aussi l'existence d'une autre contradiction : il y a un « homme intérieur » (« ἔσω ἄνθρωπος ») qui prend plaisir à la Loi de Dieu (v. 22) auquel serait opposé un homme extérieur (« je vois dans mes membres ») qui tient l'« ἐγώ » captif de la loi du péché (v. 23).

Présenté à la fois sous une forme exclamative et interrogative, le verset 24 apparaît comme le niveau paroxystique de l'opposition et de la lutte où, sous l'emprise du corps, l'« ἐγώ » pousse un cri de désespoir et d'impuissance. En réponse à cet appel au secours arrive l'expression de la délivrance et de la joie au verset 25a. Deux remarques sont à faire ici : tout d'abord, comme à la fin des chapitres 5 et 6, on trouve à la fin du chapitre 7 la référence à « Jésus-Christ », laquelle apparaît ici pour la première fois depuis le verset 4 ; il faut noter par ailleurs que le

52 Nous disons que « εἰ » revêt ici une valeur syllogistique car il engendre une conséquence logique et non une condition.

53 D. Moo, *Romans*, *op. cit.*, p. 484.

verset 25a n'est pas présenté comme une réponse directe à la question (« *qui* me délivrera... ? ») posée au verset 24, mais qu'il s'agit d'une exclamation exprimant le soulagement ou la délivrance.

S'agit-il d'une délivrance (passée ou présente ?) effective de l'« ἐγώ », laquelle mettrait un terme définitif à cette lutte interne ? Ou bien est-ce plutôt l'expression d'une consolation trouvée dans l'espérance d'une délivrance future ? Quoi qu'il en soit, la seconde partie du verset 25 réitère avec emphase (« moi-même » = « αὐτὸς ἐγώ »), sous forme d'une conclusion ou d'une récapitulation (« ainsi donc » = « ἄρα οὖν »), la dichotomie interne à l'« ἐγώ », en affirmant que celui-ci est un être simultanément soumis à la Loi de Dieu par l'entendement et à la loi du péché par la chair.

SIXIÈME PREUVE (8,1-17)

8,1 Οὐδὲν ἄρα νῦν κατάκριμα τοῖς ἐν Χριστῷ Ἰησοῦ· 2 ὁ γὰρ νόμος τοῦ πνεύμα-
τος τῆς ζωῆς ἐν Χριστῷ Ἰησοῦ ἠλευθέρωσέν με ἀπὸ τοῦ νόμου τῆς ἁμαρτίας
καὶ τοῦ θανάτου. 3 τὸ γὰρ ἀδύνατον τοῦ νόμου, ἐν ᾧ ἠσθένει διὰ τῆς σαρκός, ὁ
θεὸς τὸν ἑαυτοῦ υἱὸν πέμψας ἐν ὁμοιώματι σαρκὸς ἁμαρτίας καὶ περὶ ἁμαρτίας
κατέκρινεν τὴν ἁμαρτίαν ἐν τῇ σαρκί, 4 ἵνα τὸ δικαίωμα τοῦ νόμου πληρωθῇ
ἐν ἡμῖν τοῖς μὴ κατὰ σάρκα περιπατοῦσιν ἀλλὰ κατὰ πνεῦμα. 5 οἱ γὰρ κατὰ
σάρκα ὄντες τὰ τῆς σαρκὸς φρονοῦσιν, οἱ δὲ κατὰ πνεῦμα τὰ τοῦ πνεύματος.
6 τὸ γὰρ φρόνημα τῆς σαρκὸς θάνατος, τὸ δὲ φρόνημα τοῦ πνεύματος ζωὴ καὶ
εἰρήνη· 7 διότι τὸ φρόνημα τῆς σαρκὸς ἔχθρα εἰς θεόν, τῷ γὰρ νόμῳ τοῦ θεοῦ
οὐχ ὑποτάσσεται, οὐδὲ γὰρ δύναται·
8 οἱ δὲ ἐν σαρκὶ ὄντες θεῷ ἀρέσαι οὐ δύνανται. 9 ὑμεῖς δὲ οὐκ ἐστὲ ἐν σαρκὶ
ἀλλὰ ἐν πνεύματι, εἴπερ πνεῦμα θεοῦ οἰκεῖ ἐν ὑμῖν. εἰ δέ τις πνεῦμα Χριστοῦ οὐκ
ἔχει, οὗτος οὐκ ἔστιν αὐτοῦ. 10 εἰ δὲ Χριστὸς ἐν ὑμῖν, τὸ μὲν σῶμα νεκρὸν διὰ
ἁμαρτίαν, τὸ δὲ πνεῦμα ζωὴ διὰ δικαιοσύνην. 11 εἰ δὲ τὸ πνεῦμα τοῦ ἐγείραντος
τὸν Ἰησοῦν ἐκ νεκρῶν οἰκεῖ ἐν ὑμῖν, ὁ ἐγείρας Χριστὸν ἐκ νεκρῶν ζῳοποιήσει
καὶ τὰ θνητὰ σώματα ὑμῶν διὰ τοῦ ἐνοικοῦντος αὐτοῦ πνεύματος ἐν ὑμῖν. 12
Ἄρα οὖν, ἀδελφοί, ὀφειλέται ἐσμέν, οὐ τῇ σαρκὶ τοῦ κατὰ σάρκα ζῆν· 13 εἰ γὰρ
κατὰ σάρκα ζῆτε μέλλετε ἀποθνῄσκειν, εἰ δὲ πνεύματι τὰς πράξεις τοῦ σώματος
θανατοῦτε ζήσεσθε. 14 ὅσοι γὰρ πνεύματι θεοῦ ἄγονται, οὗτοι υἱοὶ θεοῦ εἰσιν. 15
οὐ γὰρ ἐλάβετε πνεῦμα δουλείας πάλιν εἰς φόβον, ἀλλὰ ἐλάβετε πνεῦμα υἱοθεσίας,
ἐν ᾧ κράζομεν, Αββα ὁ πατήρ· 16 αὐτὸ τὸ πνεῦμα συμμαρτυρεῖ τῷ πνεύματι
ἡμῶν ὅτι ἐσμὲν τέκνα θεοῦ. 17 εἰ δὲ τέκνα, καὶ κληρονόμοι· κληρονόμοι μὲν
θεοῦ, συγκληρονόμοι δὲ Χριστοῦ, εἴπερ συμπάσχομεν ἵνα καὶ συνδοξασθῶμεν.

« 8,1 Il n'y a donc maintenant aucune condamnation pour ceux qui sont en Jésus-Christ. 2 En effet, la loi de l'esprit de vie en Jésus-Christ m'a affranchi de la loi du péché et de la mort. 3 Car – chose impossible à la loi, parce que la chair la rendait sans force – Dieu a condamné le péché dans la chair, en envoyant, à cause du péché, son propre Fils dans une chair semblable à celle du péché, 4 et cela afin que la justice de la loi fût accomplie en nous, qui marchons, non selon la chair, mais selon l'esprit. 5 Ceux, en effet, qui vivent selon la chair, s'affectionnent aux choses de la chair, tandis que ceux qui vivent selon l'esprit s'affectionnent aux choses de l'esprit. 6 Et l'affection de la chair, c'est la mort, tandis que l'affection de l'esprit, c'est la vie et la paix ; 7 car l'affection de la chair est inimitié contre Dieu, parce qu'elle ne se soumet pas à la loi de Dieu, et qu'elle ne le peut même pas. 8 Or ceux qui vivent selon la chair ne sauraient plaire à Dieu. 9 Pour vous, vous ne vivez pas selon la chair, mais selon l'esprit, si du moins l'Esprit de Dieu habite en vous. Si quelqu'un n'a pas l'Esprit de Christ, il ne lui appartient pas. 10 Et si Christ est en vous, le corps, il est vrai, est mort à cause du péché, mais l'esprit est vie à cause de la justice. 11 Et si l'Esprit de celui qui a ressuscité Jésus d'entre les morts habite en vous, celui qui a ressuscité Christ d'entre les morts rendra aussi la vie à vos corps mortels par son Esprit qui habite en vous.
12 Ainsi donc, frères, nous ne sommes point redevables à la chair, pour vivre selon la chair. 13 Si vous vivez selon la chair, vous mourrez ; mais si par l'Esprit vous faites mourir les actions du corps, vous vivrez, 14 car tous ceux qui sont conduits par l'Esprit de Dieu sont fils de Dieu. 15 Et vous n'avez point reçu un esprit de servitude, pour être encore dans la crainte ; mais vous avez reçu un Esprit d'adoption, par lequel nous crions : Abba ! Père ! 16 L'Esprit lui-même rend témoignage à notre esprit que nous sommes enfants de Dieu. 17 Or, si nous sommes enfants, nous sommes aussi héritiers : héritiers de Dieu, et cohéritiers de Christ, si toutefois nous souffrons avec lui afin d'être glorifiés avec lui. »

Le chapitre 8 débute d'une manière emphatique avec « ἄρα νῦν » : « ἄρα » annonce le développement d'une déduction de ce qui précède, notamment de la délivrance prononcée ou annoncée en 7,25a ; « νῦν » comporte une valeur temporelle, mais, associé à « ἄρα » ici, il revêt aussi une valeur logique (en conséquence). On sait déjà que l'on entre non seulement dans une nouvelle phase de l'argumentation mais aussi dans une nouvelle ère où le chrétien a déjà l'assurance de triompher sur le péché.

Cette impression d'assurance est d'ailleurs renforcée par « Οὐδέν », mis en emphase en tête du chapitre, ce qui est une forme d'insistance sur la victoire définitive du chrétien. On peut aussi noter que le thème de la condamnation dont il était question en 5,16.18 réapparaît ici, et il sera répété en 8,34 qu'aucune condamnation n'est plus possible pour les chrétiens, ce qui crée un effet d'inclusion. Notons aussi que, même si la première personne du singulier réapparaît en 8,2 et 18, elle sera absente dans le reste du chapitre, et sera remplacée par les première ou troisième personnes du pluriel.

Le verset 2 fournit une explication causale (« γάρ ») de l'affirmation du verset 1, et Paul y introduit un nouveau concept, à savoir « la loi de l'esprit de vie en Jésus-Christ », laquelle affranchit les chrétiens de la loi du péché et de la mort dont il a été question dans les chapitres précédents. Introduit par un autre « γάρ » à valeur causale, le verset 3 explique pourquoi la justification du chrétien se trouve en Christ : c'est à cause du péché (« καὶ περὶ ἁμαρτίας »), et c'est en raison de l'affaiblissement de la Loi par le péché (« γὰρ ἀδύνατον τοῦ νόμου… διὰ τῆς σαρκός »). Cela amène l'apôtre à insister sur la portée téléologique (« ἵνα … πληρωθ ῇ ») de l'action divine tout en introduisant une nouvelle opposition (« μὴ … ἀλλά ») entre « nous » qui marchons selon l'Esprit, et ceux qui marchent selon la chair (v. 4).

Paul va ainsi décrire et opposer, dans les versets 5-6, deux modes de vie : la vie selon la chair et la vie selon l'Esprit. L'explication commence avec le « γάρ » du verset 5, et, d'emblée, Paul oppose frontalement les deux catégories : l'opposition est marquée dans le texte par un « δέ » adversatif qui montre qu'il n'y a pas de juste milieu possible entre les deux catégories. Et Paul insiste (avec un autre « γάρ » au verset 6) : l'opposition n'est pas seulement de nature, elle est aussi de conséquence, car, comme pour les deux humanités décrites au chapitre 5, ceux qui sont de la chair vont à la mort, et ceux qui sont de l'Esprit auront la vie et la paix.

Les versets 7-8 sont ensuite consacrés à caractériser l'affection de la chair et à expliquer les raisons (« διότι » au début du verset 7) pour lesquelles l'affection de la chair conduit à la mort. Paul se sert ici d'une forme de surenchère en précisant, quand il insiste sur la raison (« γάρ » en 7c) pour laquelle l'affection de la chair ne saurait plaire à Dieu, que c'est qu'elle ne le peut même pas. Par ailleurs, le verset 8 se présente comme la conséquence des affirmations générales du verset 7. Les deux versets sont unis par la conjonction de coordination « δέ », qui, ici, a un rôle non pas adversatif mais additif ou consécutif : au verset 7, le sujet des verbes est l'affection de la chair (cette affection est personnifiée), alors qu'au verset 8 il s'agit de ceux qui vivent selon la chair et qui ne peuvent pas plaire à Dieu.

Après avoir exposé les caractéristiques de la vie selon la chair, Paul va maintenant, dans les versets 9-11, décrire la vie selon l'Esprit et ses conséquences. Cette description commence par un « δέ » adversatif qui marque l'opposition à ce qui précède. Plus précisément, le « δέ » n'oppose pas seulement les deux descriptions, il oppose surtout les deux catégories : l'expression emphatique « ὑμεῖς δέ » qui débute le verset 9 insiste sur la différence de la catégorie dont il va être question par rapport à celle dont il était question précédemment. Notons que l'on rencontre immédiatement un « ἀλλά » adversatif qui oppose diamétralement les deux modes de vie : « ἐν σαρκί » et « ἐν πνεύματι ». Cette opposition est suivie d'une condition restrictive : « si du moins l'Esprit de Dieu habite en vous » (« εἴπερ πνεῦμα θεοῦ οἰκεῖ ἐν ὑμῖν » v. 9).

De cette condition restrictive, Paul va tirer, selon le même procédé accumulatif retrouvé par exemple dans l'argumentation du chapitre 5[54], une série de principes généraux qui sont tous introduits par un « εἰ ». Dans le premier principe, au verset 9b, le « εἰ » comporte une valeur conditionnelle. La condition d'appartenance à Christ est d'avoir en soi son Esprit. Le deuxième « εἰ », qui introduit le principe du verset 10, revêt une valeur syllogistique et exprime davantage une conséquence qu'une condition : la conséquence du fait que Christ est en vous, c'est la mort du corps et la vie de l'esprit. Le troisième « εἰ », au verset 11, comporte une valeur syllogistique voire analogique ou comparative : il pourrait même être remplacé par l'expression « ὥσπερ... οὕτως » comme en 6,4b et il a la même valeur que le « εἰ » de 6,5[55].

Dans les versets 12-13, Paul établit la conclusion de l'analyse contradictoire entre la vie selon la chair et la vie selon l'Esprit. Tout d'abord, au verset 12, il conclut une fois pour toutes et avec emphase (« ἄρα οὖν ») que le chrétien n'a plus rien à voir avec la chair envers laquelle, d'ailleurs, il a déjà acquitté sa dette. Pour saisir la logique du

---

54 Voir 5,3-5 par exemple. Il serait par ailleurs intéressant de constater que ce procédé accumulatif apparaît dans les deux cas dans un contexte positif où Paul exprime une certaine exultation liée à l'espérance du chrétien.

55 Il apparaît que, dans les deux passages, une analogie est établie entre la mort et la résurrection du Christ et la mort et le retour à la vie des chrétiens, sauf que l'élément opérant au chapitre 6 était le baptême alors que l'élément opérant au chapitre 8 est l'Esprit du Christ qui habite dans les chrétiens.

verset 12, il est important de se référer à Romains 6,16 et la conception paulinienne de l'esclavage : « vous êtes esclaves de celui à qui vous obéissez ». À la lumière de ce verset, l'absence de redevance du chrétien envers la chair en 8,12 implique logiquement qu'il n'a plus à obéir à la chair ou à servir la chair.

De surcroît, les affirmations en 8,13 confirment le rapprochement avec 6,16, car, tout comme en 6,16b il est dit que l'esclavage du péché conduit à la mort, Paul insiste en 8,13 sur le fait que la mort est une conséquence inévitable (« εἰ ») de la vie selon la chair. Notons en outre la construction en chiasme de 8,13 (vie-mort-mort-vie) à laquelle Paul oppose (« δέ ») les conséquences (les deux « εἰ ») des deux modes de vie, à savoir la mort si les chrétiens vivent selon la chair, et la vie si, par l'Esprit, ils font mourir le corps.

Les versets 14-17 se présentent à la fois comme l'explication logique du fait que les chrétiens vivront en ayant en eux l'Esprit du Christ. Le « γάρ » au début du verset 14 revêt une valeur causale : parce que les chrétiens sont conduits par l'Esprit de Dieu ils sont fils de Dieu. Il est intéressant de noter ici la subtilité dans la progression de l'argumentation paulinienne : après avoir utilisé l'image du mariage dans le chapitre 7 et l'image de l'esclavage, notamment dans le chapitre 6, pour expliquer le transfert du chrétien d'une seigneurie à une autre, maintenant Paul entend définir un autre statut pour le chrétien : celui-ci est automatiquement adopté et est devenu fils de Dieu en recevant l'Esprit de Dieu.

Et Paul d'insister au verset 15 (avec un autre « γάρ ») sur le fait que l'Esprit reçu par le chrétien n'est pas un esprit de servitude dans lequel, à la manière d'un esclave, il vivrait dans la crainte du maître. Le verset 16 a pour fonction de confirmer cette assurance que les chrétiens sont maintenant fils de Dieu. De cette assurance, Paul tire deux conséquences (v. 17) : la première (« εἰ δὲ τέκνα »), c'est qu'être fils de Dieu implique nécessairement d'être héritier de Dieu, et donc aussi d'être cohéritier du Fils, Jésus-Christ. Mais cette première déduction est elle-même conditionnée à une autre (« εἴπερ »), car être cohéritier du Christ signifie partager les mêmes privilèges que lui, à savoir sa glorification, ce qui suppose également de partager les mêmes souffrances que lui[56].

---

56 Notons que l'on retrouve ici dans les versets 17-18, comme un effet d'inclusion, les thèmes de la souffrance et de la gloire dont il était question au début du chapitre 5.

SEPTIÈME PREUVE (8,18-30)

8,18 Λογίζομαι γὰρ ὅτι οὐκ ἄξια τὰ παθήματα τοῦ νῦν καιροῦ πρὸς τὴν μέλλου-
σαν δόξαν ἀποκαλυφθῆναι εἰς ἡμᾶς. 19 ἡ γὰρ ἀποκαραδοκία τῆς κτίσεως τὴν
ἀποκάλυψιν τῶν υἱῶν τοῦ θεοῦ ἀπεκδέχεται· 20 τῇ γὰρ ματαιότητι ἡ κτίσις
ὑπετάγη, οὐχ ἑκοῦσα ἀλλὰ διὰ τὸν ὑποτάξαντα, ἐφ' ἐλπίδι 21 ὅτι καὶ αὐτὴ ἡ
κτίσις ἐλευθερωθήσεται ἀπὸ τῆς δουλείας τῆς φθορᾶς εἰς τὴν ἐλευθερίαν τῆς
δόξης τῶν τέκνων τοῦ θεοῦ.
22 οἴδαμεν γὰρ ὅτι πᾶσα ἡ κτίσις συστεν άζει καὶ συνωδίνει ἄχρι τοῦ νῦν· 23 οὐ
μόνον δέ, ἀλλὰ καὶ αὐτοὶ τὴν ἀπαρχὴν τοῦ πνεύματος ἔχοντες ἡμεῖς καὶ αὐτοὶ ἐν
ἑαυτοῖς στενάζομεν υἱοθεσίαν ἀπεκδεχόμενοι, τὴν ἀπολύτρωσιν τοῦ σώματος
ἡμῶν. 24 τῇ γὰρ ἐλπίδι ἐσώθημεν· ἐλπὶς δὲ βλεπομένη οὐκ ἔστιν ἐλπίς· ὃ γὰρ
βλέπει τίς ἐλπίζει; 25 εἰ δὲ ὃ οὐ βλέπομεν ἐλπίζομεν, δι' ὑπομονῆς ἀπεκδεχόμεθα.
26 Ὡσαύτως δὲ καὶ τὸ πνεῦμα συναντιλαμβάνεται τῇ ἀσθενείᾳ ἡμῶν· τὸ γὰρ
τί προσευξώμεθα καθὸ δεῖ οὐκ οἴδαμεν, ἀλλὰ αὐτὸ τὸ πνεῦμα ὑπερεντυγχάνει
στεναγμοῖς ἀλαλήτοις· 27 ὁ δὲ ἐραυνῶν τὰς καρδίας οἶδεν τί τὸ φρόνημα τοῦ
πνεύματος, ὅτι κατὰ θεὸν ἐντυγχάνει ὑπὲρ ἁγίων.
28 οἴδαμεν δὲ ὅτι τοῖς ἀγαπῶσιν τὸν θεὸν πάντα συνεργεῖ εἰς ἀγαθόν, τοῖς κατὰ
πρόθεσιν κλητοῖς οὖσιν. 29 ὅτι οὓς προέγνω, καὶ προώρισεν συμμ όρφους τῆς
εἰκόνος τοῦ υἱοῦ αὐτοῦ, εἰς τὸ εἶναι αὐτὸν πρωτότοκον ἐν πολλοῖς ἀδελφοῖς·
30 οὓς δὲ προώρισεν, τούτους καὶ ἐκάλεσεν· καὶ οὓς ἐκάλεσεν, τούτους καὶ
ἐδικαίωσεν· οὓς δὲ ἐδικαίωσεν, τούτους καὶ ἐδόξασεν.

« 8,18 J'estime que les souffrances du temps présent ne sauraient être comparées
à la gloire à venir qui sera révélée pour nous. 19 Aussi la création attend-elle
avec un ardent désir la révélation des fils de Dieu. 20 Car la création a été
soumise à la vanité – non de son gré, mais à cause de celui qui l'y a sou-
mise –, 21 avec l'espérance qu'elle aussi sera affranchie de la servitude de la
corruption, pour avoir part à la liberté de la gloire des enfants de Dieu. 22
Or, nous savons que, jusqu'à ce jour, la création tout entière soupire et souffre
les douleurs de l'enfantement. 23 Et ce n'est pas elle seulement ; mais nous
aussi, qui avons les prémices de l'Esprit, nous aussi nous soupirons en nous-
mêmes, en attendant l'adoption, la rédemption de notre corps. 24 Car c'est
en espérance que nous sommes sauvés. Or, l'espérance qu'on voit n'est plus
espérance : ce qu'on voit, peut-on l'espérer encore ? 25 Mais si nous espérons
ce que nous ne voyons pas, nous l'attendons avec persévérance. 26 De même
aussi l'Esprit nous aide dans notre faiblesse, car nous ne savons pas ce qu'il
nous convient de demander dans nos prières. Mais l'Esprit lui-même intercède
par des soupirs inexprimables ; 27 et celui qui sonde les cœurs connaît quelle
est la pensée de l'Esprit, parce que c'est selon Dieu qu'il intercède en faveur
des saints. 28 Nous savons, du reste, que toutes choses concourent au bien de
ceux qui aiment Dieu, de ceux qui sont appelés selon son dessein. 29 Car ceux

> qu'il a connus d'avance, il les a aussi prédestinés à être semblables à l'image de son Fils, afin que son Fils fût le premier-né entre plusieurs frères. 30 Et ceux qu'il a prédestinés, il les a aussi appelés ; et ceux qu'il a appelés, il les a aussi justifiés ; et ceux qu'il a justifiés, il les a aussi glorifiés. »

Même si le verset 18 reprend les thèmes de la souffrance et de la gloire dont il était question au verset 17, on peut constater une nette rupture dans l'argumentation, tant dans le ton que dans les nouvelles thématiques abordées. Il n'est plus question ici de l'opposition entre la vie selon la chair et la vie selon l'Esprit. Paul intervient directement à la première personne dans l'argumentation pour porter un jugement sur les souffrances qu'endurent les chrétiens présentement et sur la gloire qui leur est réservée. Cette irruption de l'auteur dans l'argumentation est censée renforcer son affirmation et rassurer le lecteur sur sa glorification future.

Le verset 18 a en effet pour fonction d'expliquer la déduction du verset 17b qui consistait à dire que le nouveau statut des chrétiens, en tant que fils de Dieu et cohéritiers du Christ, suppose qu'ils partagent la gloire mais aussi les souffrances du Christ. Paul intervient ici pour rassurer les chrétiens sur la grandeur de la gloire qui leur est réservée, laquelle n'est même pas comparable à leurs souffrances actuelles. Le verset 19, étant introduit par « γάρ », peut avoir un lien logique de causalité avec le verset 18. L'extraordinaire grandeur de la gloire dont il est question au verset 18 pourrait donc s'expliquer par le fait que cette gloire, comme cela est affirmé au verset 19, sera tellement grande qu'elle sera étendue à toute la création.

Le verset 19 établit donc que l'œuvre rédemptrice et salvatrice du Christ concernerait aussi l'ensemble de la création. Paul s'en explique au verset 20 (« γάρ ») en affirmant que la création est involontairement soumise à la vanité par le biais ou à cause de (« διά ») quelqu'un qui l'y a soumise. Puis il formule le vœu que la création, la manière des chrétiens, soit également affranchie de la servitude de la corruption en vue de (« εἰς ») bénéficier, elle aussi, de la gloire réservée aux enfants de Dieu. Notons ici la personnification de la création qui, à la manière des chrétiens, attend la gloire. De même, tout comme les chrétiens soupirent en eux-mêmes en attendant l'adoption et la rédemption de leur corps (v. 23), la création soupire et souffre des douleurs de l'enfantement (v. 22)[57].

57 Comme le souligne D. Moo (*Romans*, *op. cit.*, p. 555), cette association des chrétiens et de toute la création dans le soupir donne une impression de symphonie et confère une tonalité hymnique au passage.

Signalons par ailleurs un autre aspect de la subtilité de l'argumentation de Paul : alors que l'apôtre laissait clairement entendre en 8,14-17 que l'adoption des chrétiens est déjà effective par le fait que ceux-ci ont déjà pleinement en eux l'Esprit de Dieu, il affirme d'une manière tout aussi claire en 8,23 que « nous » avons seulement les prémices de l'Esprit et que « nous » sommes encore dans l'attente de l'adoption[58]. Retenons cet aspect du « déjà – pas encore » comme un élément fondamental dans l'argumentation paulinienne.

En effet, loin d'être une contradiction ou une simple une affirmation hasardeuse, le « déjà – pas encore » semble être parfaitement volontaire. C'est pourquoi, après avoir affirmé en 8,23 que les chrétiens sont encore dans l'attente de l'adoption, Paul prend le soin de s'expliquer (« γάρ ») aux versets 24-25 en faisant de l'espérance le principe ou le fondement même du salut. En outre, on retrouve ici, comme par un effet d'inclusion, les thèmes de l'espérance et de la persévérance dont il était question au chapitre 5.

Les versets 26-27 renforcent le caractère hymnique du passage en faisant intervenir l'Esprit qui se joint aux soupirs des chrétiens et intercède pour eux. Ces versets constituent une forme de surenchère ou d'insistance, marquée notamment par les expressions emphatiques « Ὡσαύτως δὲ καὶ τὸ πνεῦμα… » (« De même l'Esprit aussi… » v. 26a) et « ἀλλὰ αὐτὸ τὸ πνεῦμα » (« mais l'Esprit lui-même » v. 26c), lesquelles visent à rassurer davantage les chrétiens : ceux-ci savent désormais que, même lorsqu'ils ne peuvent pas formuler des prières, l'Esprit qui sonde leur cœur et connaît leur pensée se joint à leurs soupirs pour intercéder en leur faveur. Notons que l'on retrouve ici également le thème de la faiblesse dont il était question en 5,6.

Les versets 28-30 s'inscrivent dans la même logique de surenchère et d'accumulation d'arguments en vue de rassurer les chrétiens à propos de leur victoire définitive en dépit de la faiblesse (de la chair) à laquelle ils sont confrontés dans leur vie présente. En effet, le verset 28 commence

58 Si du moins on considère « τοῦ πνεύματος » comme un génitif partitif, et le contexte qui traite de l'attente et de l'espérance aussi bien que la logique de la pensée paulinienne renforcent cette interprétation. En effet, on a déjà appris en 8,15 que l'Esprit reçu par les chrétiens est un esprit d'adoption, or, ici en 8,23, de même qu'il est dit que les chrétiens ont reçu les prémices de l'Esprit, il est aussi dit qu'ils sont dans l'attente de l'adoption ; on est donc en droit de comprendre qu'ils n'ont pas encore reçu pleinement l'Esprit et donc que « τοῦ πνεύματος » est un génitif partitif.

par un « οἴδαμεν » qui introduit l'idée d'une certitude ou d'une assurance, non seulement pour Paul mais aussi pour les chrétiens, puisque la première personne du pluriel associe les chrétiens à cette connaissance certaine et évidente.

De plus, l'affirmation que « toutes choses concourent au bien de ceux qui aiment Dieu » peut être comprise comme une forme de surenchère inscrite dans la même démarche de conviction. Cette première surenchère sera accentuée par une série d'accumulations d'arguments (avec une succession de « καί » ou « δέ » à valeur additive) présentés sous forme d'une gradation en crescendo : ceux que Dieu a appelés, il les a aussi connus d'avance, prédestinés à être semblables à Christ, justifiés et glorifiés (v. 30). Le style rythmique et le caractère hymnique du verset 30 renforcent le sentiment, déjà présent en 5,1-11, que l'on est dans un contexte de liturgie, de dévotion et de ferveur.

PERORATIO (8,31-39)

8,31 Τί οὖν ἐροῦμεν πρὸς ταῦτα; εἰ ὁ θεὸς ὑπὲρ ἡμῶν, τίς καθ' ἡμῶν; 32 ὅς γε
τοῦ ἰδίου υἱοῦ οὐκ ἐφείσατο, ἀλλὰ ὑπὲρ ἡμῶν πάντων παρέδωκεν αὐτόν, πῶς οὐχὶ
καὶ σὺν αὐτῷ τὰ πάντα ἡμῖν χαρίσεται; 33 τίς ἐγκαλέσει κατὰ ἐκλεκτῶν θεοῦ;
θεὸς ὁ δικαιῶν· 34 τίς ὁ κατακρινῶν; Χριστὸς [Ἰησοῦς] ὁ ἀποθανών, μᾶλλον
δὲ ἐγερθείς, ὅς καί ἐστιν ἐν δεξιᾷ τοῦ θεοῦ, ὅς καὶ ἐντυγχάνε ὑπὲρ ἡμῶν. 35 τίς
ἡμᾶς χωρίσει ἀπὸ τῆς ἀγάπης τοῦ Χριστοῦ; θλῖψις ἢ στενοχωρία ἢ διωγμὸς ἢ
λιμὸς ἢ γυμνότης ἢ κίνδυνος ἢ μάχαιρα; 36 καθὼς γέγραπται ὅτι Ἕνεκεν σοῦ
θανατούμεθα ὅλην τὴν ἡμέραν, ἐλογίσθημεν ὡς πρόβατα σφαγῆς. 37 ἀλλ' ἐν
τούτοις πᾶσιν ὑπερνικῶμεν διὰ τοῦ ἀγαπήσαντος ἡμᾶς.
38 πέπεισμαι γὰρ ὅτι οὔτε θάνατος οὔτε ζωὴ οὔτε ἄγγελοι οὔτε ἀρχαὶ οὔτε
ἐνεστῶτα οὔτε μέλλοντα οὔτε δυνάμεις
39 οὔτε ὕψωμα οὔτε βάθος οὔτε τις κτίσις ἑτέρα δυνήσεται ἡμᾶς χωρίσαι ἀπὸ
τῆς ἀγάπης τοῦ θεοῦ τῆς ἐν Χριστῷ Ἰησοῦ τῷ κυρίῳ ἡμῶν.

« 8,31 Que dirons-nous donc à l'égard de ces choses ? Si Dieu est pour nous,
qui sera contre nous ? 32 Lui, qui n'a point épargné son propre Fils, mais
qui l'a livré pour nous tous, comment ne nous donnera-t-il pas aussi toutes
choses avec lui ? 33 Qui accusera les élus de Dieu ? C'est Dieu qui justifie !
34 Qui les condamnera ? Christ est mort ; bien plus, il est ressuscité, il est à
la droite de Dieu, et il intercède pour nous ! 35 Qui nous séparera de l'amour
de Christ ? Sera-ce la tribulation, ou l'angoisse, ou la persécution, ou la faim,

ou la nudité, ou le péril, ou l'épée? 36 Selon qu'il est écrit : C'est à cause de toi qu'on nous met à mort tout le jour, qu'on nous regarde comme des brebis destinées à la boucherie. 37 Mais dans toutes ces choses nous sommes plus que vainqueurs par celui qui nous a aimés. 38 Car j'ai l'assurance que ni la mort ni la vie, ni les anges ni les dominations, ni les choses présentes ni les choses à venir, ni les puissances, 39 ni la hauteur, ni la profondeur, ni aucune autre créature ne pourra nous séparer de l'amour de Dieu manifesté en Jésus-Christ notre Seigneur. »

De manière générale, presque tous les commentateurs qui considèrent Romains 5-8 comme une unité littéraire s'accordent aussi pour dire que Romains 8,31-39 constitue une forme de conclusion ou, en termes de rhétorique, une péroraison valant pour toute la section. En effet, en enchaînant une série de questions rhétoriques (vv. 31-35) et, parfois, en les réfutant, Paul affirme de manière répétée et avec emphase l'assurance de la victoire définitive des chrétiens.

Cette péroraison insiste par ailleurs sur l'idée d'adversité ou d'hostilité, mais aussi de triomphe sur l'adversité qui a jalonné les chapitres 5 à 8. Dans la continuité des versets 28-30, le principal acteur et garant de la victoire finale et définitive du chrétien est ici Dieu lui-même, auprès de qui Jésus-Christ, après l'Esprit dans les versets 26-27, intercède pour les chrétiens. On voit que, finalement, Paul, dans sa démarche de conviction, fait intervenir à la fois le Père, le Fils et l'Esprit en tant qu'acteurs dans la garantie de la victoire définitive des chrétiens.

On peut par ailleurs noter la surenchère qui caractérise les questions et la progression de l'argumentation : tout d'abord, Dieu est placé par-dessus tout ; en conséquence, rien ne peut s'opposer aux chrétiens, puisque c'est Dieu qui agit en eux et pour eux ; et du fait que Dieu a donné son propre Fils pour le salut des chrétiens, Paul déduit *a fortiori* qu'il leur donnera également toutes choses. S'ajoutent deux questions et autant de réfutations qui relèvent du registre de la plaidoirie, à savoir que personne ne peut accuser les chrétiens. En effet, ils ont le juge, en l'occurrence Dieu qui justifie, de leur côté. De même, personne ne peut les condamner, car ils ont déjà payé pour leurs forfaits par la mort du Christ qui, *a fortiori*, est ressuscité pour être maintenant leur intercesseur (*leur avocat*) auprès de Dieu (*leur justificateur*).

Et Paul de conclure en portant le triomphe des chrétiens à son climax en déclarant que ceux-ci sont, par Dieu qui les a aimés, plus que vainqueurs (« ὑπερνικῶμεν ») de toutes puissances ennemies[59]. L'apôtre surenchérit jusqu'à donner à cette victoire une dimension cosmique qui s'inscrit à la fois dans le temps (« ni les choses présentes ni les choses à venir » = « οὔτε ἐνεστῶτα οὔτε μέλλοντα » v. 38) et dans l'espace (« ni la hauteur ni la profondeur » = « οὔτε ὕψωμα οὔτε βάθος » v. 39). Mais notons bien que cette victoire que Paul célèbre ici consiste notamment en ce qu'aucune force ennemie ne peut séparer les chrétiens de l'amour de Dieu ; elle est ainsi présentée comme étant avant tout l'œuvre de l'amour de Dieu. Par conséquent, plus qu'une célébration de la victoire définitive des chrétiens justifiés, cette péroraison constitue un hymne à la puissance salvatrice de l'amour de Dieu.

---

59 Nous pensons que l'expression hyperbolique de cette victoire sur toutes les puissances hostiles en Romains 8,37-39 est à mettre en relation avec l'affirmation paulinienne selon laquelle « le Dieu de paix écrasera bientôt Satan » sous les pieds des chrétiens (Romains 16,20). Pour une étude détaillée sur la figure de « Satan » dans la pensée paulinienne, voir D. R. Brown, *The God of this Age : Satan in the Churches and Letters of the Apostle Paul*, Tübingen, Mohr Siebeck, 2015.

L'IDENTITÉ DE L'« ἘΓΏ » EN ROMAINS 7,7-8,2 COMME FONDEMENT DE L'ANTHROPOLOGIE PAULINIENNE

L'identité de l'« ἐγώ » qui s'exprime en Romains 7,7-8,2 est déterminante pour la compréhension des enjeux anthropologiques dans le discours paulinien. Au-delà de la question de savoir si l'« ἐγώ » doit être compris dans un sens littéral (renvoyant à la personne même de Paul) ou dans un sens figuratif, le débat autour de l'identité de l'« ἐγώ » est aussi directement lié à celui sur l'identité des destinataires de l'épître aux Romains. En effet, une des idées fondamentales que nous défendrons dans cette étude est que l'« ἐγώ » en Romains 7, s'il doit avoir un autre référent que la personne même de l'auteur, est à comprendre en rapport avec l'identité des destinataires de la lettre.

Un autre aspect du débat porte sur la possibilité que l'« ἐγώ » s'exprimant dans les versets 7-13 puisse avoir un référent différent de celui qui s'exprime dans les versets 14-25. Ces considérations se fondent sur le fait que, dans les versets 7-13, l'« ἐγώ » s'exprime au passé, tandis que, dans les versets 14-25, il s'exprime au présent et au futur. Tout en analysant séparément les deux passages, nous montrerons la nécessité qu'il y ait une continuité de l'identité de l'« ἐγώ », et que celui-ci, bien que renvoyant à des temps différents, soit le même dans tout le chapitre.

Par ailleurs, quel que soit le référent que l'on puisse attribuer à l'« ἐγώ » en Romains 7, l'usage de la première personne ne nous impose-t-il pas tout d'abord de considérer la dimension personnelle, subjective et lyrique du discours ? Il importera finalement de soulever la question de la fonction de l'« ἐγώ », de l'usage de la première personne pour décrire une réalité qui se veut à la fois personnelle et universelle : pourquoi Paul, au lieu de dire « nous », « ils », « il », les juifs, ou « l'homme », choisit-il d'utiliser la pemière personne du singulier (« ἐγώ ») ?

L'« ἘΓΩ » EN ROMAINS 7,7-13

De manière générale, quatre hypothèses sont envisagées pour l'interprétation de l'« ἐγώ » en Romains 7,7-13 : il est considéré comme relatant soit l'histoire de Paul lui-même, soit celle des juifs (sous la Loi), soit celle d'Adam, soit celle de l'humanité entière[1]. Considérant le fait que Paul lui-même s'est tenu pour avoir été un modèle en termes de la pratique de la Loi et donc que son expérience en relation avec la Loi peut être représentative de celle de tout juif sous la Loi, nous allons considérer que l'hypothèse selon laquelle l'« ἐγώ », dans ce passage, se réfère à Paul (avant sa conversion) comme étant équivalente à celle qui consisterait à dire que l'« ἐγώ » ici se réfère à tout juif sous la Loi.

De même, si l'on considère que, selon l'épître aux Romains, et le chapitre 5 en particulier, l'humanité entière partage l'expérience de la chute d'Adam, l'on peut considérer que les deux hypothèses selon lesquelles l'« ἐγώ » en Romains 7,7-13 se réfère soit à Adam, soit à l'humanité toute entière, se réduisent à une seule. En conséquence, nous allons réduire à deux les quatre hypothèses généralement étudiées : la première présentant l'« ἐγώ » comme se référant à l'histoire de Paul ou à celle de tout juif en relation avec la Loi ; la seconde présentant l'« ἐγώ » comme renvoyant à la situation d'Adam et à celle de tout humain face à la prise de conscience de l'interdit.

L'« ἘΓΩ » COMME RELATANT L'HISTOIRE DE PAUL ET CELLE DE TOUT JUIF SOUS LA LOI

La façon la plus naturelle de comprendre l'usage de la première personne du singulier en Romains 7,7-13 serait que l'auteur soit en train de relater une expérience personnelle. En ce sens, l'« ἐγώ » représenterait Paul lui-même qui, en Romains 7,7-13, se réfèrerait (en faisant d'ailleurs usage de l'aoriste) à des événements précis de son histoire. C'est ainsi que de nombreux commentateurs voient dans ce passage une description d'événements vécus par Paul en tant que juif sous la Loi. S'appuyant sur 2 Corinthiens 5,17, où Paul parle de nouveauté de vie pour ceux

1 L'« ἐγώ » étant ici considéré comme une figure rhétorique impersonnelle.

qui sont en Christ, Werner Kümmel y voit une coupure nette établie par Paul entre sa vie d'avant sa conversion et sa vie d'après[2]. De même, Martin Franzmann suggère que « Paul est en train de parler de son passé en tant que juif[3] ».

De manière plus précise, d'autres commentateurs interprètent ces versets comme évoquant le passage de Paul de l'enfance à l'âge adulte. Le verset 9a relaterait la période de l'enfance où Paul aurait été dispensé de la charge de la Loi et le verset 9b correspondrait au passage à la vie adulte où Paul serait soudainement tombé sous la coupe de la Loi[4]. C'est en ce sens que Charles Barrett interprète les versets 9-10 comme étant « le moment où le garçon (l'enfant) juif devient "un fils du commandement" et assume sa responsabilité devant la Loi. Avec sa nouvelle responsabilité légale, le péché a pris sa place dans l'expérience du garçon (de l'enfant)[5] ».

Toujours dans un sens autobiographique, Robert Gundry voit dans ce passage, et notamment dans la notion de « désir » ou de « convoitise » (« ἐπιθυμία »), une référence à des désirs sexuels qui se seraient éveillés en Paul dans son adolescence[6].

Par ailleurs, tout en attribuant aux événements décrits par l'« ἐγώ » une portée autobiographique, d'autres commentateurs interprètent le passage en des catégories psychologiques. Paul aurait décrit ici les événements qui se sont produits vers la fin de sa période d'innocence, en fonction notamment de la connaissance de la Loi et de la conscience du péché. Ainsi, le psychologue Antoon Vergote[7] a proposé une analyse psychologique de Romains, laquelle a été suivie par un certain nombre

2 W. Kümmel, *Römer 7 und die Bekehrung des Paulus*, Leipzig, Hinrichs, 1929, p. 76-78. La position de Kümmel a été entre autres reprise par M. Black, *Romans*, Grand Rapids, Eerdmans, 1973, p. 16-22.

3 M. Franzmann, *Concordia Commentary : Romans*, St. Louis, Concordia Publishing House, 1968, p. 125-126.

4 Cette période de la vie de Paul correspondrait donc à la période d'avant la *bar mitzvah* qui se produit vers l'âge de 12 ou 13 ans et où tout jeune juif s'affirme en tant qu'homme pouvant se soumettre à la Loi, en tant que « fils du commandement » ; voir W. Davies, *Paul and Rabbinic Judaism*, Philadelphia, Fortress Press, 1980, p. 26-25.

5 C. Barrett, *A commentary*, *op. cit.*, p. 143-144.

6 R. Gundry, « The Moral Frustration of Paul before his Conversion : Sexual Lust in Romans 7,7-25 », in *Pauline Studies*, éd. D. Hagner et M. Harris, Grand Rapids, Eerdmans, 1980, p. 228-245.

7 A. Vergote, « Vie, loi et clivage du Moi dans l'épître aux Romains 7 », in : *Exégèse et Herméneutique*, éd. T. Barthes, P. Beauchamps P., Paris, Seuil, 1971.

d'exégètes. Parmi ces derniers, on peut notamment citer Gerd Theissen, qui affirme : « s'il y a des textes pauliniens qui peuvent être interprétés psychologiquement, ce sont bien ces chapitres (Romains 7 et 8)[8] ».

En effet, Theissen considère que Romains 7,7-25 révèle un conflit que Paul aurait vécu dans son subconscient : les versets 7-13 renverraient à une période où Paul avait « une conscience incomplète du péché », et les versets 14-25 laisseraient percevoir la présence du fameux trio freudien : « le Moi » (= l'« ἐγώ »), « le Surmoi » (= la Loi) et le « Ça » (= la chair). Le conflit de Romains 7 consisterait donc en ce que le « Moi » (ou l'« ἐγώ ») se révolte contre le « Ça » (ou la chair) sous l'influence du « Surmoi » (ou la Loi).

De leur côté, William Sanday et Arthur Headlam identifient les événements de Romains 7,7-13 à une époque se situant avant que Paul soit parvenu à « la conscience de la Loi[9] », et Adolf Deissmann, pour sa part, parle d'une « expérience de son enfance » par laquelle Paul serait resté « clairement marqué dans son âme même à un âge avancé[10] ».

Un autre type d'interprétation autobiographique de Romains 7,7-13 consiste à dire que Paul y relate une expérience qu'il a vécue au moment de sa rencontre avec le Christ et de sa conversion sur la route de Damas. C'est la position de Michaël P. Middendorf, qui, considérant que Paul prononce ce discours après sa conversion, à un moment où il bénéficie de l'éclairage de l'Évangile sur la Loi, affirme que c'est seulement après la révélation du Christ dont il a bénéficié que Paul a pu concevoir la Loi comme étant un instrument au service du péché[11].

Middendorf souligne, en effet, que Paul, dans sa vie de Pharisien, ne voyait nullement en la Loi un instrument de péché et de mort, et donc qu'il a pu avoir cette conception seulement après que Christ lui eut été révélé. C'est en ce sens que Middendorf conclut : « Le "je" est Paul, un homme qui autrefois trouvait sa fierté dans l'observance de la Loi. Mais le "je" est aussi le Paul qui, à travers l'intervention dramatique de Jésus-Christ dans sa vie, est parvenu à reconnaître que "la Loi

8 G. Theissen, *Psychological Aspects of Paul's Theology*, Philadelphia, Fortress Press, 1987.

9 W. Sanday, A. Headlam, *A Critical and Exegetical Commentary on the Epistle to the Romans*, New York, Charles Scribners Sons, 1920.

10 A. Deissmann, *St. Paul : a Study in Social and Religious History*, Londres, Hodder and Stoughton, 1912.

11 M. Middendorf, *The I in the Storm. A Study of Romans* 7, Saint Louis, Concordia Academic Press, 1997, p. 158-171.

exerce sa seigneurie sur un homme aussi longtemps qu'il vit". Après sa conversion, il a dû clairement se rendre compte qu'il était lui-même le juif sous la Loi, le juif sans Christ[12]. »

D'autres commentateurs prétendent que l'« ἐγώ » en Romains 7,7-13, au-delà de la personne même de Paul, s'applique à tout juif dans son rapport à la Loi. Au travers de sa propre expérience, Paul aurait tenté d'expliquer comment le peuple d'Israël a vécu l'expérience de la Loi. C'est en ce sens que Douglas Moo avance l'idée que l'« ἐγώ » se réfère à l'expérience d'Israël quant à la Loi[13], et que Paul serait en train de parler au nom de toute la nation d'Israël, notamment lors de la réception de la Loi au Mont Sinaï[14]. Pour Moo donc, l'« ἐγώ » est une figure collective, « un corps collectif » englobant tout Israël[15], Paul compris. Au travers de l'usage de l'« ἐγώ », Paul se serait identifié « lui-même au peuple d'Israël, à l'expérience de son propre peuple[16] ».

À l'inverse, certains commentateurs, tout en acceptant l'idée selon laquelle l'usage de la première personne du singulier peut comporter une dimension rhétorique et supra-individuelle, persistent à affirmer que l'« ἐγώ » est, dans une grande mesure, autobiographique. C'est ainsi que Jan Lambrecht écrit : « Paul est en train d'écrire à propos des choses qu'il a aussi vécues et endurées, que ce soit dans son fanatisme pharisaïque (passé) ou son ardeur chrétienne (présente). Il a dû y avoir aussi en lui des conflits et des tensions[17]. » Dans le même sens, Willem K. Grossouw affirme : « Paul n'aurait pas pu décrire en Romains 7 la situation humaine d'une manière aussi authentique et dramatique s'il ne l'avait pas expérimentée[18]... »

Maints interprètes rejettent catégoriquement l'idée que l'« ἐγώ » en Romains 7,7-13 puisse se référer à Paul ou à n'importe quel juif. Ce rejet se fonde notamment sur le fait qu'aucun texte scripturaire ne confirme l'idée que les juifs voyaient l'arrivée de la Loi comme ce qui vient mettre fin à leur vie. De plus, certains commentateurs mettent en

12 M. Middendorf, *The I in the Storm*, *op. cit.*, p. 171.

13 D. Moo, « Israël and Paul in Romans 7-12 », *NTS* 32, 1986, p. 123.

14 D. Moo, « Israël and Paul in Romans 7-12 », art. cité, p. 129-130.

15 D. Moo, « Israël and Paul in Romans 7-12 », art. cité, p. 128.

16 D. Moo, « Israël and Paul in Romans 7-12 », art. cité, p. 129.

17 J. Lambrecht, *The Wretched "I" and Its Liberation : Paul in Romans 7 and 8*, Louvain, Peeters Press, 1992, p. 78.

18 W. Grossouw, « De verscheurde mens van Romeinen zeven », in : *Vriendengave. Berdadus Kardinaal Alfrink aangeboden*, Utrecht, 1964, p. 68-80.

doute l'idée selon laquelle une *bar mitzvah* aurait été pratiquée à l'époque de Paul. C'est en ce sens que Kümmel affirme qu'il est « impensable » d'imaginer qu'un juif puisse se considérer vivant en dehors de la Loi, et fait valoir que la *bar mitzvah* n'existait pas à l'époque de Paul mais qu'elle a été instituée au Moyen-Âge[19].

Quant à l'interprétation psychologique du passage, Richard Longenecker soutient que la mort qui s'est produite avec l'arrivée de la Loi ne saurait être interprétée comme la fin de l'innocence paisible de l'enfance et la prise de conscience de la culpabilité[20]. Pour ce qui concerne l'idée selon laquelle l'« ἐγώ » se réfèrerait à Paul en tant que membre d'un « corps collectif » qui est la nation d'Israël, certains commentateurs s'y opposent catégoriquement pour la simple raison que les caractéristiques de l'« ἐγώ » dans ce passage sont tout à fait contraires à la manière dont Paul décrit ailleurs Israël[21].

L'« ἘΓΩ » EN ROMAINS 7, 7-13 COMME UNE FIGURE D'ADAM ET DE L'HUMANITÉ

Une autre interprétation possible de l'« ἐγώ » en Romains 7, 7-13 consiste à considérer ce passage comme un récit allégorique de la chute d'Adam, telle qu'elle est racontée en Genèse 2-3. Adam, dont il était question au chapitre 5, prendrait ici la parole au travers de l'« ἐγώ », et au nom de toute l'humanité. Cette interprétation peut s'appuyer sur une série de correspondances entre les deux passages, notamment l'idée d'une époque sans loi, celle de la séduction et de la convoitise conduisant au péché. Nombreux sont les commentateurs qui, s'appuyant sur ces correspondances, estiment que l'« ἐγώ » en Romains 7,7-13 ne peut que se référer à Adam[22].

---

19 W. Kümmel, *Römer 7*, *op. cit.*, 1929, p. 81.

20 R. Longenecker, *Paul. Apostle of Liberty*, New York, Harper & Row, 1964.

21 R. Bultmann, « Romans 7 and Paul's Anthropology », in : *The Old and New Man in the Letters of Paul*, Richmond, Westminster John Knox Press, 1967. Voir aussi W. Kümmel, *Römer 7*, *op. cit.*, p. 85.

22 Voir notamment S. Lyonnet, « "Tu ne convoiteras pas" (Romans VII.7) », in : *Neotestamentica et Patristica, Novum Testamentum Supplements*, vol. 6, Leiden, Brill, 1962, p. 157-165 ; *Idem* (1963), « L'histoire du salut selon le chapitre 7 de l'épître aux Romains », *Bib* 43, p. 130-142 ; G. Bornkamm, « Sin, Law and Death : An Exegetical Study of Romans 7 », in : *Early Christian Experiences*, Londres, SCM Press, 1969 ; Hans Hübner, *Law in Paul's Thought*, Edinburg, T. & T. Clark, 1984, p. 70-76 ; J. Espy, « Paul's "Robust Conscience" Reexamined », *NTS* 31, 1985 ; C. Grappe, « Qui me délivrera de ce corps de mort ? L'Esprit de vie ! Romains 7, 24 et 8, 2 comme éléments de typologie adamique », *Bib* 83, 2002, p. 372-392.

En ce sens, Stanislas Lyonnet écrit : « Dans les deux cas (Genèse 2-3 et Romains 7), nous avons devant nous les mêmes personnes : (1) un homme, représentant de la race humaine et en qui cette race est entièrement incluse, si bien que cette race peut, de manière assez appropriée, être désigné par un *egô* ("Je") ; (2) un commandement particulier, "*entolê*", au singulier chez Paul aussi bien qu'en Genèse ; (3) le péché personnifié, *hê hamartia*, qui joue un rôle analogue à celui du serpent en Genèse[23] ».

Käsemann, pour sa part, estime qu'Adam est le seul à pouvoir dire : « Sans la Loi je vivais, mais quand le commandement vint, le péché s'est vivifié et moi je mourus[24] ». Käsemann va jusqu'à dire que « méthodologiquement, le point de départ devrait être qu'il y a une histoire supposée dans les versets 9-11 et que l'événement décrit ne peut au sens strict que se référer à Adam[25] ». Käsemann insiste : « Il n'y a rien dans ce passage qui ne corresponde pas à Adam et à Adam seul. » Notons que, plus loin, il ajoute néanmoins que ces événements décrivent une vérité générale applicable à « tous ceux qui se trouvent sous l'ombre d'Adam[26] ». Toute l'humanité après Adam et avant le Christ aurait donc été condamnée, de manière implacable, à reproduire l'histoire de la chute d'Adam[27].

L'interprétation de Kümmel selon laquelle l'« ἐγώ » serait une figure rhétorique visant à « représenter toute personne pour illustrer d'une manière vivante quelque chose d'universel[28] » peut aussi entrer dans ce cadre. En effet, Kümmel considère que Paul a employé la première personne du singulier pour décrire « des expériences humaines générales[29] ». Cependant, bien que Kummel rejette l'idée que l'« ἐγώ » puisse se référer directement à Paul ou à Adam, en affirmant qu'il représente une réalité « universelle », il inclut indirectement Paul et Adam dans cette universalité qui n'est autre que l'humanité.

En revanche, la principale objection qui a souvent été soulevée contre l'idée selon laquelle l'« ἐγώ » en Romains 7,7-13 pourrait se référer à Adam

---

23 S. Lyonnet, « L'histoire du salut selon le chapitre 7 de l'épître aux Romains », *Bib* 43, 1963, p. 130-142.

24 E. Käsemann, *Commentary on Romans*, Grand Rapids, Eerdmans, 1980, p. 196.

25 E. Käsemann, *Commentary on Romans*, *op. cit.*, p. 196.

26 E. Käsemann, *Commentary on Romans*, *op. cit.*, p. 196.

27 E. Käsemann, *Commentary on Romans*, *op. cit.*, p. 197.

28 W. Kümmel, *Römer 7*, *op. cit.*, 1929, p. 89.

29 W. Kümmel, *Römer 7*, *op. cit.*, 1929, p. 89.

est qu'il est clairement question, dans ce passage, de la Loi mosaïque et non pas de l'interdiction faite à Adam[30]. En effet, non seulement Paul parle clairement de la Loi, dont il veut à la fois montrer la valeur et la caducité dans son influence sur le chrétien, mais il précise explicitement qu'il s'agit ici du Commandement (v. 9b).

De ce point de vue, il est difficile de soutenir que Paul ne fait pas ici directement référence à la Loi mosaïque. Et même si la convoitise pourrait indirectement trouver sa place dans le récit de la chute d'Adam en Genèse 2-3, on est bien obligé d'admettre que Paul a directement affaire ici avec la Loi mosaïque. De plus, si certains commentateurs s'appuient sur la conception midrashique selon laquelle la Torah existait bien avant la création et que l'interdiction imposée à Adam était aussi une forme de la Torah[31], cette idée se trouve contredite par les affirmations pauliniennes en Romains 5,13-14 selon lesquelles la Loi n'est venue qu'avec Moïse.

Par ailleurs, à cela peut s'ajouter l'argument de Theissen[32] selon lequel le récit de la chute d'Adam est fait d'un point de vue extérieur tandis que celui qui est proposé en Romains 7,7-11 se produit à l'intérieur de l'« ἐγώ ». En effet, il n'y a ici aucune référence à Ève, au serpent, à l'arbre, au fruit etc. Theissen ajoute aussi le fait que, dans Romains 7,7-11, le péché est décrit en termes de processus intérieur (« ἐν ἐμοί » v. 8), tandis que, en Genèse 2-3, Adam est présenté comme étant personnellement innocent et que c'est le serpent qui apporte au monde la connaissance du péché[33].

De son côté, Middendorf considère que le seul lien textuel qui existe entre les deux textes serait l'idée de tromperie ou de séduction retrouvée en Romains 7,11 (« ἐξηπάτησέν ») et en Genèse 3,13 (« ἠπάτησέν »)[34]. Mais Middendorf voit ici un lien insuffisant pour considérer qu'il y ait correspondance entre les deux passages. Il s'appuie sur 1 Timothée 2,13-14, où il y a une référence explicite à la chute et où Paul précise que

30 Parmi les commentateurs qui ont catégoriquement réfuté l'identification de l'« ἐγώ » en Romains 7,7-13 à Adam figure D. Moo, « Israël and Paul », art. cité, notamment p. 123-125.

31 Voir, par exemple, *Midrash Rabbah : Genesis*, tr. Harry Freedman et Maurice Simon, Londres, Soncino, 1939, p. 56, où la Torah est présentée comme existant bien avant la création du monde.

32 G. Theissen, *Psychological Aspects*, *op. cit.*, p. 202-203.

33 G. Theissen, *Psychological Aspects*, *op. cit.*, p. 203.

34 M. Middendorf, *The I in the Storm*, *op. cit.*, p. 171.

ce n'est pas Adam qui a été séduit mais bien Ève. Il en conclut que, si l'on admet que l'« ἐγώ » de Romains 7,7-13 représente Adam, l'on doit aussi supposer que, de manière paradoxale, Paul tire des conclusions contradictoires du même texte de la Genèse.

En guise de conclusion à cette analyse de l'identité de l'« ἐγώ » en Romains 7,7-13, l'on peut tout d'abord retenir que, quelle que soit le référent que l'on puisse voir dans l'« ἐγώ », on est bien obligé d'admettre que, d'une manière ou d'une autre, il comporte aussi une dimension subjective et que Paul, qu'il ait aussi à l'esprit l'histoire de tous les juifs ou le récit de la chute d'Adam, se trouve également impliqué dans le drame qui est le lot de l'« ἐγώ ». De plus, on ne saurait ignorer qu'il y a effectivement de fortes similarités entre le récit de la chute d'Adam et celui de la mort de l'« ἐγώ » en Romains 7,7-13. Mais de là à affirmer avec certitude, à l'instar de Käsemann, que le référent est Adam et ne peut être qu'Adam, c'est trouver dans le texte ce qui est pourtant loin d'être aussi évident qu'il ne le prétend.

Sans aller jusqu'à dire que Paul fait ici parler Adam, on pourrait tout au plus se limiter à affirmer avec Theissen que, dans ce passage, l'« ἐγώ » se présente comme une appropriation ou une « intériorisation » par Paul de l'histoire adamique[35]. Paul pourrait donc avoir été amené à s'inspirer du récit de la chute d'Adam où, d'ailleurs, celui-ci, comme l'« ἐγώ », semble être presque innocent dans le drame qui lui est fatal[36]. En définitive, on peut dire que, dans son explication ou sa démonstration logique sur l'avènement du péché et de la mort, Paul opère une transposition de ce qui s'est passé avec la transgression de l'interdit par Adam à ce qui a pu se passer avec la transgression de la Loi mosaïque.

Soulignons ici, pour finir, de manière provisoire, cette idée que nous développerons plus loin : ce qui est en cause ici, ce n'est ni l'« ἐγώ », ni même la Loi dont certains font le sujet central de ce passage, mais le péché. L'objectif de Paul ici est de mettre la Loi et l'individu (l'« ἐγώ »)

---

35 G. Theissen, *Psychological Aspects*, *op. cit.*, p. 206.

36 Si le rapprochement avec le récit de la chute d'Adam peut, dans une certaine mesure, s'avérer légitime, elle ne constitue toutefois pas une clé pour la compréhension du texte, laquelle, rappelons-le, relève avant tout de la logique. Paul ne fait qu'expliquer ici sous forme narrative ce qu'il n'a jamais cessé d'affirmer (donc ce que l'on savait déjà ; voir, par exemple, Rm 3,21c ; 5,20a ; 6,14), à savoir que la Loi favorise le péché ou y donne lieu. Comment, en effet, pécherait-on contre la Loi en l'absence de (la connaissance de) cette dernière ? Le récit ici ne sert donc qu'à nous expliquer le processus par lequel la Loi est transformée en instrument de péché.

hors de cause, et de rendre le péché directement responsable de son propre avènement et de la mort de l'individu. C'est en ce sens que le verset 13 peut être considéré à la fois comme une conclusion (à ce qui précède) et une introduction (à ce qui suit) en insistant sur cette idée : c'est le péché lui-même (et non pas la Loi) qui a conduit l'individu (l'« ἐγώ ») à pécher « afin qu'il se manifestât (pour ce qu'il est, c'est-à-dire) comme péché » (« Ἀλλὰ ἡ ἁμαρτία, ἵνα φανῇ ἁμαρτία »).

L'« ἘΓΩ » EN ROMAINS 7,14-25

L'enjeu de la question de l'identité de l'« ἐγώ » en Romains 7,14-25 réside dans le fait de savoir si l'« ἐγώ » se réfère à la situation de l'auteur au moment où il parle ou s'il s'agit d'une référence à sa vie passée de juif sous la Loi. En effet, s'il apparaît clair que les événements décrits dans les versets 7-13 se réfèrent au passé, le temps présent utilisé en Romains 7,14-8,2 donne à penser que l'auteur pourrait être en train de décrire une expérience vivante et vécue au moment de l'énonciation du discours.

À ces deux hypothèses d'interprétation est souvent associée la question suivante : l'« ἐγώ » en Romains 7,14-25 décrit-il la situation d'un non-chrétien ou celle d'un chrétien ? Cette question suppose que si, dans ce passage, l'« ἐγώ » renvoie à une expérience de l'auteur avant sa conversion, cette expérience pourrait être celle de n'importe quel non-chrétien ; par ailleurs, si l'« ἐγώ » renvoie ici à une expérience présente de l'apôtre, vécue au moment où il parle, cela suppose que n'importe quel chrétien pourrait également s'approprier une telle expérience. Nous voyons donc que les quatre hypothèses que nous venons de mentionner peuvent se résumer à deux : l'« ἐγώ » comme Paul avant sa conversion ou comme tout non-chrétien, l'« ἐγώ » comme Paul après sa conversion ou comme tout chrétien[37].

Une autre hypothèse qui est parfois envisagée consiste à voir dans l'usage de l'« ἐγώ » une forme rhétorique ou impersonnelle qui ne se réfère à personne en particulier ou qui désigne tout le monde[38]. Bien

---

37 Ces quatre hypothèses sont évidemment à distinguer de celles que nous avons considérées plus haut pour l'étude de l'« ἐγώ » dans Romains 7,7-13.

38 W. Kümmel, *Römer 7*, *op. cit.*, p. 132 : « Personne ou tout le monde (n')est le sujet. »

que les commentateurs qui avancent cette hypothèse rejettent l'idée que Romains 7 puisse renvoyer à une expérience spécifique de Paul, il est tout de même contradictoire d'avancer que l'« ἐγώ » puisse représenter l'universalité du genre humain et en exclure celui-là même qui l'a prononcé. L'on voit donc que toute extrapolation de l'interprétation de l'identité de l'« ἐγώ » au-delà d'une référence à son auteur doit aussi, d'une manière ou d'une autre, inclure en tout premier lieu Paul lui-même.

L'« ἘΓΩ » COMME SE RÉFÉRANT À PAUL AVANT SA CONVERSION OU À TOUT NON-CHRÉTIEN

Cette hypothèse consiste à voir dans l'« ἐγώ » de Romains 7,14-25 une référence à Paul dans sa vie de Pharisien avant sa rencontre avec Christ et suppose par ailleurs que les versets 7-13 correspondent à la période de l'enfance de Paul. Les commentateurs qui voient dans Romains 7,14-25 une référence à la vie de Paul avant sa conversion se répartissent en deux groupes : certains pensent que Paul décrit dans ce passage le regard qu'il portait sur sa vie de Pharisien avant sa conversion ; d'autres affirment qu'il s'agit du regard que Paul porte sur sa vie passée après sa conversion. Tout dépend donc du point de vue de l'« ἐγώ », de la situation ou du temps de l'énonciation.

C'est ainsi que Sanday et Headlam considèrent que Romains 7,14-25 décrit une expérience de Paul avant sa conversion[39], et telle qu'il l'a vécue et comprise à cette période de sa vie. Pour sa part, Heinrich Weinel y voit une description d'une période dramatique dans la vie de Paul, laquelle correspondrait à l'époque où il était Pharisien et persécuteur de l'Église[40]. Par ailleurs, William D. Davies soutient que Paul serait probablement en train de décrire en Romains 7,14-25 l'expérience de sa lutte contre les forces du mal[41]. Davies affirme même que Paul décrit son expérience en ayant à l'esprit la doctrine des « deux penchants » (avec des inclinations bonnes et mauvaises : un *yetzer tob* et un *yetzer hara*) dont les traces se retrouvent dans les textes de Qumran[42] et dans le judaïsme paratestamentaire contemporain de Paul.

D'autres commentateurs, tout en considérant également que l'« ἐγώ » de Romains 7,14-25 renvoie à Paul avant sa conversion, précisent qu'il

39 W. Sanday, A. Headlam, *A Critical and Exegetical Commentary*, *op. cit.*, p. 186.
40 Heinrich Weinel, *St Paul the Man and His Work*, New York, G. P. Putnam, 1906.
41 W. Davies, *Paul and Rabbinic Judaism*, Philadelphia, Fortress Press, 1980.
42 1QS 3,13-4,26.

s'agit ici d'un regard que Paul jette sur sa vie passée une fois qu'il a rencontré le Christ. C'est en ce sens que Johan C. Beker[43] écrit : « En Romains 7, Paul regarde de manière rétrospective la condition objective de son ancienne vie juive. » De son côté, Theissen affirme que Romains 7,17-24 constitue « un regard rétrospectif sur un état non-régénéré[44] ». Il soutient que, d'un point de vue psychologique, ce qui est décrit dans ces versets constitue un « processus progressif de prise de conscience d'un ancien conflit inconscient avec la Loi[45] ».

Par ailleurs, certains commentateurs qui soutiennent que l'« ἐγώ » renvoie à Paul avant sa conversion y voient également une représentation de tout homme non-régénéré ou une figure de l'humanité adamique, de l'humanité sans le Christ. C'est ainsi que James Stewart affirme que Romains 7 décrit « l'expérience d'une vie nécessitant toujours d'être régénérée[46] ». Dans le même sens, Johannes Weiss écrit : « Quel but la nouvelle naissance et la rédemption auraient pu avoir si elles ne pouvaient pas changer la condition malheureuse de conflit intérieur et d'esclavage[47] ? »

Notons par ailleurs que certains commentateurs[48], influencés surtout par Kümmel[49], prétendent que Romains 7 comporte un double arrière-fond culturel : d'un côté, un arrière-fond biblique et juif où, par une allusion à Genèse 2-3, Paul chercherait à rappeler au juif qu'il se situe dans l'humanité adamique, et donc qu'il est au même niveau que le reste de l'humanité (provenant d'Adam) ; de l'autre, un arrière-fond grec et hellénistique qui permettrait à Paul de reproduire l'idée d'*akrasia*

---

43 J. C. Beker, *Paul the Apostle : The Triumph of God in Life and Thought*, Philadelphia, Fortress Press, 1980, p. 241.

44 G. Theissen, *Psychological Aspects*, *op. cit.*, 1987, p. 222 et 265.

45 G. Theissen, *Psychological Aspects*, *op. cit.*, 1987, p. 234.

46 J. Stewart, *A Man in Christ : The Vital Elements of St. Paul's Theology*, New York, 1975, p. 99.

47 J. Weiss, *The History of Primitive Christianity*, New York, 1937, p. 515, n. 4.

48 W. Kümmel, *Römer 7*, *op. cit.*, 1929 ; S. Lyonnet, « L'histoire du salut selon le chapitre 7 de l'épître aux Romains », *Bib* 43, 1963 ; J. Lambrecht, *The Wrectched"I" and its Liberation*, *op. cit.*, 1992 ; G. Shogren, « The Wretched Man of Romans 7,14-25 as Reductio ad absurdum », *EVQ* 72, 2000, p. 119-134 ; S. Romanello, *Una legge buona ma impotente. Analisi retorico-letteraria di Rm 7,7-25 nel suo contesto*, Bologna, 2000 ; J.-N. Aletti, « La loi sainte au service du péché », in : *Israël et la Loi dans la lettre aux Romains*, Paris, Cerf, 1998, p. 136-165 ; id., « Rm 7.7-25 encore une fois : enjeux et propositions », *NTS* 48, 2002, p. 358-376.

49 W. Kümmel, *Römer 7*, *op. cit.*

retrouvée dans la *Médée* (lignes 1079-1080) d'Euripide, et aussi dans les *Entretiens* d'Épictète (un auteur contemporain de Paul). L'apôtre rendrait ainsi son discours accessible à la fois aux chrétiens d'origine juive et à ceux d'origine grecque.

À ce point de notre analyse, il est important de souligner que, lorsque ces commentateurs, Kümmel en particulier, formulent une interprétation purement rhétorique de l'« ἐγώ » et affirment que celui-ci ne se réfère à personne en particulier ou bien qu'il se réfère à tout le monde (toute l'humanité sans Christ)[50], ils rejoignent indirectement, parfois involontairement, la position qui consiste à dire que l'« ἐγώ » renvoie à Paul et à tout non-chrétien. Car, même en admettant avec Kümmel que l'« ἐγώ » ne renvoie pas à une expérience spécifique de Paul, l'on est bien obligé de reconnaître qu'il ne pouvait pas s'exclure de ce qu'il présente comme une réalité nécessaire et universelle.

Soulignons que la position de Kümmel a été suivie dans une plus ou moins grande mesure par de nombreux commentateurs. Bultmann, par exemple, voit dans Romains 7 la formulation parfaite, par Paul, de ce que peut être l'existence humaine sans le Christ[51]. Il affirme que l'objectif de Paul dans ce passage est de montrer à quel point le péché et la Loi déterminent la nature humaine[52]. Selon Bultmann, celle-ci est caractérisée par le fait que l'homme veut la vie mais qu'il se trouve conduit à la mort en raison du fait que la Loi l'a induit en erreur en lui faisant croire qu'il peut devenir juste devant Dieu par l'observation de la Loi[53]. L'objectif de Paul en Romains 7,14-25 serait de montrer l'impossibilité pour l'homme de se justifier lui-même.

Notons par ailleurs que de nombreuses objections ont été faites à l'hypothèse selon laquelle l'« ἐγώ » de Romains 7,14-25 se réfèrerait à Paul avant sa conversion ou à tout individu non-chrétien. En effet, même en se plaçant maintenant d'un point de vue chrétien, Paul révèle que, dans sa vie de Pharisien, il était en parfaite harmonie avec la Loi, qu'il prétend d'ailleurs avoir réussi à mettre en pratique mieux que personne. On peut aisément remarquer que des passages tels que Philippiens 3,5-6 ou Galates 1,13-14 s'écartent complètement de l'idée de lutte tragique présente en

50 W. Kümmel, *Römer 7*, *op. cit.*, 1929, p. 134.
51 R. Bultmann, *Theology*, *op. cit.*, vol. 1, 1951, p. 191.
52 R. Bultmann, « Romans 7 and Pauline Anthropology », in : *The Old and New Man in the Letters of Paul*, Richmond, 1967, p. 41.
53 R. Bultmann, *The Old and New Man*, *op. cit.*, 1967, p. 35 et 43.

Romains 7 où l'« ἐγώ » est déchiré entre sa volonté et son plaisir de pratiquer la Loi, d'un côté, et, de l'autre, son incapacité naturelle (en raison de sa nature charnelle et vouée à l'esclavage du péché) de la pratiquer[54].

En effet, comme le souligne Leenhardt, « la conversion de Paul ne fut pas celle d'un cœur rongé de remords pour ses désobéissances, mais plutôt celle d'une âme fière et orgueilleuse devant Dieu de son obéissance à la Loi[55] ». Et Middendorf[56], pour sa part, de préciser que jamais Paul n'aurait considéré ou vécu la Loi comme une « Loi de péché » (7,23.25). Bien au contraire, il y voyait une source de justice dont il n'avait pas à rougir (Romains 9,30-10,5 ; Philippiens 3,6). Avant sa conversion, Paul pensait effectivement qu'il était capable de mettre toute la Loi en pratique, et il vivait en accord avec les règles strictes de la Loi, selon « la tradition de (ses) pères » (Actes 22,3 ; 23,6 ; 26,5 ; Galates 1,14).

Pour ce qui concerne la proposition de Davies de rapprocher Romains 7 de la doctrine des « deux penchants » en l'homme telle que l'attestent des textes de Qumran, des commentateurs s'y sont opposés en raison du fait que cette conception n'a pas vraiment d'équivalent en Romains 7 et que, pour Paul, tandis que l'attraction vers le mal réside en l'homme, le désir de faire le bien semble venir du dehors, de la connaissance de la Loi[57]. Quant à l'interprétation psychologique proposée par Theissen, certains commentateurs l'ont rejetée en avançant l'idée que Paul s'engage ici dans un débat théologique concernant la Loi qui n'a aucun rapport avec la psychologie. C'est en ce sens que Beker écrit : « Nous ne pouvons pas revenir à des spéculations au sujet de la psyché de Paul qui se trouverait par derrière les textes[58]. »

Enfin, une dernière objection majeure à l'hypothèse selon laquelle l'« ἐγώ » de Romains 7,14-25 se réfèrerait à la période antérieure à la conversion de Paul est le fait que, après avoir appelé à la délivrance au verset 24 et rendu grâce à Dieu par Jésus-Christ au verset 25a, Paul

54 On pourrait d'ailleurs faire des objections similaires à l'idée que l'« ἐγώ », dans ce passage, renvoie, au-delà de Paul, à tous les non-chrétiens. Comment concilier, en effet, la description que fait Paul sur la dépravation généralisée et la perversion de toute l'humanité, à la fois païenne et juive (Romains 1,18-3,23), avec l'ardent désir de faire le bien et le plaisir à la Loi de Dieu qui animent l'« ἐγώ » de Romains 7,14-25 ?

55 F. Leenhardt, *L'épître de Saint Paul aux Romains*, Genève, Labor et Fides, 1995, p. 104.

56 M. Middendorf, *The I in the Storm*, *op. cit.*, p. 173-175.

57 C. Barrett, *A Commentary*, *op. cit.*, p. 148 ; J. C. C., *Paul the Apostle*, *op. cit.*, 1957, 1980, p. 237.

58 J. C. Beker, *Paul the Apostle*, *op. cit.*, p. 237.

conclut en 25b sur l'antagonisme qui a marqué les versets 14 à 24 et laisse entendre que, même étant délivré, il subsiste encore en lui une lutte contre l'esclavage du péché. Les commentateurs qui soutiennent que l'« ἐγώ » de Romains 7,14-25 renvoie à la période d'avant la conversion de Paul sont allés jusqu'à réorganiser le passage et à placer le verset 25b avant le verset 24. Telle est, par exemple, la proposition de James Moffatt qui prétend « restaurer le verset 25b à sa position logique et première[59] ».

L'« ΈΓΩ » COMME SE RÉFÉRANT À PAUL APRÈS SA CONVERSION OU À TOUT CHRÉTIEN

L'hypothèse selon laquelle l'« ἐγώ », en Romains 7,14-25, peut renvoyer à Paul après sa conversion est souvent présentée comme « la façon la plus naturelle de lire » le passage[60]. En effet, le temps présent utilisé dans les versets 14-25, à l'inverse du récit à l'aoriste dans les versets 7-13, donne à penser que l'usage emphatique de l'« ἐγώ » renvoie à une réalité présente[61]. Bien plus, certains commentateurs insistent sur le fait qu'il n'y a aucune raison qui pourrait contraindre à abandonner une telle interprétation. C'est en ce sens que Franzmann écrit : « Le "Je" emphatique doit renvoyer à Paul lui-même comme il est au moment où il écrit [...]. S'il n'est pas compris comme Paul au moment où il parle, comme une expérience présente, le cri du verset 24 "Misérable homme que je suis..." est théâtral et inapproprié. »

En effet, l'un des arguments majeurs utilisé en faveur de la thèse selon laquelle l'« ἐγώ » renvoie à Paul après sa conversion est la dimension personnelle du « je » et l'insistance avec laquelle l'auteur s'implique dans cette confession. C'est en ce sens que Middendorf propose d'analyser l'implication de la personne de Paul dans son usage de l'« ἐγώ » en

---

59 J. Moffatt, *A New translation of the Bible Containing the Old and the New Testament*, New York, Harper & Row, 1935, p. 194. Voir aussi R. Bultmann, « Glossen in Römerbrief », *Theologische Literaturzeitung* 72, 1947, pour qui le verset 25b serait une glose tardive.

60 J. Espy, « Paul's "Robust Conscience" Reexamined », *NTS* 31, 1985, p. 168. Voir aussi J. Murray, *The Epistle*, *op. cit.*, p. 257 ; M. Middendorf, *The I in the Storm*, *op. cit.*, 1997, p. 36.

61 En plus de J. Espy, « Paul's "Robust Conscience" Reexamined », art. cité, p. 172-175 et de J. Murray, *The Epistle*, *op. cit.*, p. 258-264, c'est également l'avis de : J. Dunn, « Rom 7,14-25 in the Theology of Paul », *TZ* 31, 1975, p. 257-273 ; R. C.H. Lensky, *The Interpretation of St Paul's Epistle to the Romans*, Minneapolis, Augsburg, 1961, p. 473-474 ; M. Franzmann, *Concordia Commentary*, *op. cit.*, 1968, p. 134-137 ; A. Nygren, *Commentary*, *op. cit.*, 1949, p. 284-303.

procédant à une comparaison entre l'usage de la première personne dans d'autres textes pauliniens et celui de Romains 7[62].

De plus, Middendorf suggère de comparer le portrait que fait Paul (l'apôtre) de lui-même par ailleurs avec les caractéristiques de l'« ἐγώ » en Romains 7. Il souligne que l'un des faits qui a souvent été négligé est que Paul, même se proclamant « apôtre des Gentils » (Romains 11,13 ; 15,16, 20), s'est toujours considéré comme un Israélite (Romains 9,3 ; 11,1, 14 ; 2 Corinthiens 11,22), et que, bien que se déclarant non sous la Loi (1 Corinthiens 9,20), il a toujours maintenu sa connexion avec la Loi qu'il n'a jamais reniée (1 Corinthiens 9,21), au point qu'il a pu se présenter comme suit : « Hommes frères, je suis Pharisien, fils de Pharisiens » (Actes 23,6). De ces passages, Middendorf déduit qu'il ne serait pas étrange que Paul, en Romains 7, se fasse lui-même l'avocat de la Loi tout en en établissant les limites.

Mieux encore, Middendorf se réfère à d'autres passages comme, par exemple, 2 Corinthiens 12 où, dans un récit lyrique, comme par pudeur, Paul commence par parler de lui-même à la troisième personne (vv. 2-4) avant de s'impliquer directement à la première personne (vv. 5-6). Et là où, surtout, cette confession fait penser à celle de Romains 7, c'est lorsque l'auteur parle de ses faiblesses en raison du fait qu'il lui « a été mis une écharde » dans sa chair pour que la puissance de Dieu puisse se manifester dans ses faiblesses (vv. 7-10). D'ailleurs, on ne peut s'empêcher ici de constater que la prière évoquée en 2 Corinthiens 12,8-9a et celle de Romains 7,24-25a semblent avoir toutes les deux un objet commun : (l'écharde dans) la chair ou (le péché dans) le corps de mort.

En effet, si, en Romains 7, il peut paraître difficile de reconnaître que Paul ou un chrétien puisse considérer sa chair comme esclave du péché, il est tout aussi étonnant de voir, en 2 Corinthiens 12, Paul affirmer qu'il lui a été mis « une écharde » ou « un ange de Satan » dans sa « chair[63] ». Middendorf s'appuie sur cette confession et aussi sur d'autres passages (comme : « Je traite durement mon corps et je le tiens assujetti de peur d'être moi-même désapprouvé… » 1 Corinthiens 9,27) pour affirmer que, durant toute son existence, Paul a conçu sa vie comme une lutte contre sa chair, laquelle se trouve aussi au centre de Romains 7[64].

---

62 M. Middendorf, *The I in the Storm*, *op. cit.*, p. 175-184.

63 Relevons aussi que, dans les deux passages, il n'est pas mentionné que la demande de Paul a été directement exaucée, mais qu'il y a seulement une évocation de la grâce de Dieu.

64 De manière générale, et au-delà de la référence à la chair ou au corps, on peut aussi souligner que Paul a conçu sa vie spirituelle comme une lutte ou une course (voir 1

Dans le même sens, certains commentateurs[65], sans voir dans l'« ἐγώ » de Romains 7,14-25 une référence directe à Paul (après sa conversion), l'interprètent comme une figure rhétorique représentant l'humanité chrétienne encore aux prises avec la chair et avec le péché. Ces commentateurs fondent leur interprétation notamment sur l'identité des destinataires de l'épître. En effet, s'appuyant sur le fait que Paul précise en Romains 7,1 qu'il « parle à des hommes qui connaissent la Loi », ils affirment que les destinataires de la lettre étaient des judéo-chrétiens qui auraient été tentés d'accorder une certaine importance à l'observance de la Loi pour leur salut, et/ou des pagano-chrétiens qui auraient été séduits par les pratiques juives pour y trouver une certaine sagesse[66].

La référence à l'identité des destinataires de l'épître aux Romains permettrait ainsi de comprendre que l'« ἐγώ » désigne ceux à qui s'adresse l'auteur, c'est-à-dire des chrétiens, judéo-chrétiens et/ou pagano-chrétiens, lesquels auraient été tentés de trouver la justification par la pratique de la Loi, donc par leurs propres moyens, par la chair. L'« ἐγώ » serait donc une figure représentant les chrétiens vivant non pas selon l'Esprit, mais selon la chair.

De même, s'agissant de l'application de l'« ἐγώ » aux chrétiens en général, certains commentateurs, comme Dunn, Middendorf, M.C. Pate et R. Banks, attirent l'attention sur le fait que ce qui a surtout été à l'origine de l'identification de l'« ἐγώ » avec un non-chrétien est une mauvaise interprétation de Romains 6. Ils soulignent, en effet, que, contrairement à une interprétation de ce chapitre qui voit dans la justification l'absence d'influence du péché sur les chrétiens, ces derniers, parce qu'ils restent

---

Corinthiens 9,26-27 ; Philippiens 3,12-14 ou encore Romains 8,31-39) en vue d'atteindre la perfection ou de remporter le prix de la vocation céleste.

65 A. Pitta, *Lettera ai Romani*, Milano, 2001 ; J. Ashton, *The religion of Paul the Apostle*, Londres, Yale University Press, 2000 ; Glenn Holland, « The Self Against the Self in Romans 7,7-25 », in : *The Rhetorical Interpretation of Scripture*, Sheffield, 1999, p. 269-271 ; D. Garlington, *Faith, Obedience and Perseverance. Aspects of Paul Letter to the Romans*, Tübingen, 1994 ; S.-K. Stowers, *A Rereading of Romans : Justice, Jews, and Gentiles*, New Haven, Yale University Press, 1994 ; J. Dunn, *Romans I*, *op. cit.*, 1988.

66 En effet, des témoignages historiques (venant de Flavius Josèphe – *Antiquités juives*, 18, 81-83 –, de Tacite – *Annales*, 2.85.4 – et de Suétone – *Vie des Douze Césars : Tibère* 36) rapportent que les communautés chrétiennes de Rome à l'époque de Paul étaient essentiellement constituées de juifs, et étaient parfois même considérées comme des sectes du judaïsme. Quant aux pagano-chrétiens qui en faisaient partie, ils étaient généralement des craignant-Dieu qui gravitaient autour des cercles juifs de l'époque. D'où le fait que Paul pouvait aussi considérer qu'ils connaissaient la Loi.

dans la chair, doivent continuellement affronter les assauts du péché. Ils insistent aussi sur le fait que la délivrance du chrétien par rapport au pouvoir du péché, de la Loi ou de la mort ne signifie pas que le péché, la Loi et la mort sont déjà complètement anéantis.

C'est ainsi que Robert Banks écrit très justement : « Bien que, de manière absolue, logiquement, chronologiquement et théologiquement, il existe dans la section entière de Romains 5-8 des distinctions entre le péché et la justification, entre la Loi et la Grâce, entre la chair et l'Esprit, entre la mort et la vie, *d'un point de vue empirique*, le péché, la chair, la Loi et la mort affectent toujours le chrétien dans sa vie courante[67]. »

Dans le même sens, Middendorf note que, si les chrétiens ont bien été délivrés du pouvoir du péché et de la mort, et si leur existence n'est plus déterminée par la chair, « cela ne veut pas dire que les chrétiens cessent de vivre dans la chair, que le péché ne joue plus aucun rôle dans (n'a plus aucune influence sur) la vie chrétienne, ni que la perspective de la mort soit complètement éliminée. Au contraire, Paul reconnaît que les chrétiens continuent de vivre "dans le corps mortel" (6,12) où le péché continue d'œuvrer. Paul parle (aussi) de "la faiblesse de la chair" (6,19) et recommande aux chrétiens de ne pas livrer leurs membres (6,19) à l'esclavage du péché[68] ».

De ces passages, Middendorf déduit : « Paul reconnaît que le chrétien justifié ou libéré du péché est désormais engagé dans un conflit contre celui qui, autrefois, le possédait complètement. Sa bataille a lieu contre le péché qui ne règne plus mais qui s'efforce de reprendre le pouvoir (sur le chrétien) en utilisant les "membres" charnels comme instruments d'iniquité[69]. » Ainsi, s'appuyant sur le fait que les chrétiens restent dans la chair, Middendorf conclut que l'« ἐγώ » de Romains 7, qui se définit d'ailleurs comme essentiellement charnel, peut être identifié à un chrétien qui, bien que libéré du péché, se trouve toujours engagé dans un combat continu à cause de « l'influence de la chair pécheresse dans la vie chrétienne[70] ».

Notons que les conclusions de Middendorf s'inspirent aussi de celles de Dunn, qui écrit : « Paul n'a pas enseigné que la conversion-initiation

67 R. Banks, « Romans 7,25a : An Eschatological Thanksgiving ? », *ABR* 26, 1979, p. 40 (c'est nous qui soulignons).
68 M. Middendorf, *The I in the Storm*, *op. cit.*, p. 204.
69 M. Middendorf, *The I in the Storm*, *op. cit.*, p. 205.
70 M. Middendorf, *The I in the Storm*, *op. cit.*, p. 224.

apporte une délivrance complète et définitive de la chair, ou une victoire immédiate et finale sur le pouvoir du péché (comme cela a pu être déduit d'une lecture superficielle de Romains 6,1-11 ou 7,1-6). Au contraire, la vie chrétienne est caractérisée par une guerre spirituelle[71]. »

Un autre argument majeur avancé par les tenants de la thèse selon laquelle l'« ἐγώ » renvoie aux chrétiens en général est que le langage et le discours utilisés dans ce passage sont difficilement concevables dans la bouche d'un non-chrétien, tel que ce dernier est conçu par Paul. En ce sens, Cranfield affirme qu'« une lutte aussi sérieuse que celle qui est décrite ici peut seulement se produire là où l'Esprit de Dieu est présent et actif[72] ». Pour sa part, Espy, s'appuyant notamment sur Romains 6 qui laisse entendre que l'être humain, avant d'être délivré par Christ, est embourbé dans l'esclavage du péché, conclut que les caractéristiques de l'« ἐγώ » ne sont pas applicables à « un homme qui n'est pas sous la Grâce » et que l'« ἐγώ » ne saurait renvoyer à Paul avant sa conversion, ni à n'importe quel autre non-chrétien[73].

Une telle idée se trouve également chez Dunn[74], pour qui l'« ἐγώ » est un chrétien en Christ qui fait partie du nouvel âge mais qui, en même temps, se retrouve toujours dans la chair. Nous aurons à revenir sur cette idée, mais soulignons déjà qu'elle est fortement appuyée par le fait que l'« ἐγώ » se définit lui-même comme étant essentiellement charnel, en opposition à la Loi de Dieu qui est spirituelle (7,14). Cette opposition entre la chair et l'Esprit (retrouvée aussi dans la première partie du chapitre 8 et notamment en Galates 5,16-22) est également utilisée par Nygren[75] pour affirmer que l'« ἐγώ » renvoie à un chrétien dans la chair.

Soulignons que les commentateurs qui s'opposent à la thèse selon laquelle l'« ἐγώ » de Romains 7,14-25 peut renvoyer à Paul ou aux chrétiens avancent que la justification et la nouvelle naissance apportent un changement si radical dans la vie du chrétien que celui-ci doit échapper

71 J. Dunn, *Romans 1-8*, *op. cit.*, p. 146.

72 C. Cranfield, *A Critical and Exegetical Commentary on the Epistle to the Romans*, Edinburg, T. & T. Clark, vol. 1, 1975, p. 346.

73 J. Espy, « Paul's "Robust Conscience" Reexamined », *NTS* 31, 1985, p. 168. Voir aussi J. Murray, *The Epistle*, *op. cit.*, p. 257.

74 J. Dunn, « Rom 7,14-25 in the Theology of Paul », *TZ* 31, 1975, p. 262. Voir aussi M. Pate, *The End of the Age Has Come : The Theology of Paul*, Grand Rapids, 1995, p. 110-113.

75 A. Nygren, *Commentary*, *op. cit.*, p. 294.

complètement au pouvoir du péché, de la chair et de la Loi. Ils reconnaissent néanmoins que Paul admet la possibilité que lui ou les chrétiens puissent pécher, mais soutiennent que le péché ou la chair ne sauraient exercer un pouvoir sur Paul (ou sur tout autre chrétien) tel que cela se passe pour l'« ἐγώ » dans ce passage. Paul ou tout chrétien ne sauraient être qualifiés de « charnel », « vendu au péché », « prisonnier de la Loi du péché », à l'instar de l'« ἐγώ ».

C'est en ce sens que John A.T. Robinson écrit : « Il n'y pas une seule expression en Romains 7 (jusqu'à la parenthèse du verset 25) qui soit caractéristique d'un chrétien – aucune mention du Christ ou de l'Esprit[76]. » De même, Sanday et Headlam[77], et surtout Kümmel[78], insistent de manière radicale sur l'impossibilité que l'« ἐγώ » puisse renvoyer à Paul (l'apôtre) ou à tout autre chrétien. Et Lambrecht, pour sa part, de conclure péremptoirement : « En Romains 7, Paul a décrit sa situation préchrétienne, et non pas sa situation chrétienne. Nous autres, chrétiens de nos jours, ne pouvons être d'accord avec le *simul justus et peccator* luthérien (simultanément juste et pécheur). L'adage, au moins dans la façon dont la plupart des commentateurs le comprennent, est incorrect et, de plus, dangereux[79] ».

En guise de conclusion à cette analyse critique de l'identité de l'« ἐγώ » en Romains 7,14-25, nous pouvons faire les remarques suivantes : comment penser qu'un discours aussi poignant qui s'achève sur un appel au secours et sur une exclamation exprimant la gratitude pour la délivrance (actuelle ou future) puisse être complètement dépersonnalisé ? Même en admettant l'hypothèse de Kümmel selon laquelle l'« ἐγώ » est impersonnel et peut représenter tout le monde, l'on est bien obligé d'admettre que Paul, son auteur, s'y trouve inclus (le premier)[80]. Finalement, il apparaît que, plus qu'une démonstration rationnelle, le discours de l'« ἐγώ » se veut être une confession, un aveu de faiblesse, voire une expression d'un sentiment de détresse, d'affliction, de douleurs profondes et tragiques.

Mieux encore, il nous semble que la prise en compte du fait que l'auteur est pleinement impliqué dans le discours de l'« ἐγώ » permet

---

76 J.A.T. Robinson, *Wrestling with Romans*, Philadlephia, Westminster John Knox Press, 1979.

77 W. Sanday, A. Headlam, *A Critical and Exegetical Commentary*, *op. cit.*, p. 186.

78 W. Kümmel, *Römer 7*, *op. cit.*, p. 89.

79 J. Lambrecht, *The Wretched "I" and Its Liberation*, *op. cit.*, p. 90.

80 W. Kümmel, *Römer 7*, *op. cit.*, p. 132.

aussi de rendre raison de l'unité des versets 7-25 et de confirmer l'idée de la nécessité que l'« ἐγώ » soit le même dans tout le passage. En effet, il apparaît absurde de penser que l'« ἐγώ » des versets 7-13 puisse avoir une identité différente de celui des versets 14-25. C'est ainsi que nous avons insisté sur le fait que, même si le récit des versets 7-13 s'apparente, à bien des égards, à celui de la chute d'Adam, l'une des objections majeures à l'idée d'identifier l'« ἐγώ » de ces versets à Adam est le fait qu'il semble difficile de pouvoir opérer la même identification dans les versets 14-25 et donc de trouver la même identité pour l'« ἐγώ » dans tout le chapitre[81].

Mais, à travers l'« ἐγώ », faut-il voir Paul le Pharisien ou Paul l'Apôtre ? De surcroît, l'« ἐγώ », au-delà de Paul, représente-il un juif sous la Loi ou un juif converti ? Un non-chrétien ou un chrétien ? Telles sont les principales caractéristiques de l'analyse traditionnelle de l'identité de l'« ἐγώ » en Romains 7. Mais est-on, pour autant, obligé de rester dans le cadre de l'opposition dualiste entre chrétien / non-chrétien, juif converti / juif sous la Loi etc. pour saisir l'identité de l'« ἐγώ » de Romains 7 ? Par ailleurs, l'analyse de Romains 7 ne souffre-t-elle pas du fait qu'une importance exagérée est trop souvent accordée à la question de la Loi, au détriment d'une autre question, pourtant centrale (notamment depuis le chapitre 6), qui est celle du péché, et dont la réponse se trouve au chapitre 8 ?

81 En effet, rien dans le récit de la Genèse ne correspond à l'antagonisme ou à la lutte entre l'« ἐγώ » et le péché (dans la chair) que l'on a en Romains 7,14-25. Le seul point de rapprochement possible avec la Genèse est la mention de l'esprit de vie (8,2) qui vient libérer du corps de mort (7,24b). Ceci peut, en effet, faire penser au souffle de vie qui vient animer le corps d'Adam. Mais ce rapprochement nécessiterait que l'on associe Romains 8,2 au discours de l'« ἐγώ » en 7,7-25. Voir C. Grappe, « Qui me délivrera de ce corps de mort ? L'Esprit de vie ! Romains 7, 24 et 8, 2 comme éléments de typologie adamique », *Bib* 83, 2002, p. 372-392.

L'« ἘΓΩ » EN ROMAINS 7,7-8,2, DANS LE CONTEXTE DE ROMAINS 6,1-8,13, comme renvoyant à tout individu nécessitant, réclamant et recevant le secours de l'Esprit pour lutter contre le péché dans la chair

L'idée fondamentale sur laquelle repose la thèse que nous allons développer ici est que Paul, de Romains 6,1 à 8,13, est en train de traiter essentiellement de la question du péché, et plus précisément du péché dans la chair. Et cela suppose que, en Romains 7, la question de la Loi est d'une importance secondaire, que Paul en parle non seulement pour la mettre au service de son exposé sur l'action du péché dans la chair mais aussi pour mettre la Loi définitivement hors de cause.

Cette thèse suppose par ailleurs que le corps (« σῶμα »), bien que, généralement, il ne comporte pas toujours (et loin de là !) une connotation négative chez Paul, constitue, dans son usage en Romains 6,1-8,13, le siège du péché et que, comme la chair, il est toujours utilisé dans ce passage avec une connotation négative. De ce point de vue, il est intéressant de noter que le corps (des chrétiens), à chacune de ses occurrences en Romains 6,1-8,13, est toujours accompagné de la notion de péché et/ou de mort : « le corps de péché » (6,6), « le péché dans le corps mortel » (6,12), (délivrer) « de ce corps de mort » (7,24), « le corps est mort à cause du péché » (8,10), « vos corps mortels » (8,11), « vous faites mourir les actions du corps » (8,13).

De même, bien que Paul n'emploie pas toujours les « membres » (« μέλη ») avec une connotation négative et qu'il les considère même souvent (ainsi que le « corps » d'ailleurs) comme pouvant/devant être mis au service de Dieu (c'est le cas en 6,13c, 19c), de manière générale, en Romains 6,1-8,13, il laisse entendre que les « membres » (« μέλη ») peuvent faire l'objet d'asservissement par le péché (voir notamment 6,13a, 19a et surtout 7,5). Il apparaît donc que, dans ce passage, Paul considère que le corps (« σῶμα »), les membres (« μέλη ») et, bien évidemment, la chair (« σάρξ ») constituent le lieu d'action privilégié du péché.

LE PÉCHÉ DANS LA CHAIR COMME FIL CONDUCTEUR DE ROMAINS 6,1-8,13

Nous nous proposons ici de montrer que le fil conducteur du discours paulinien en Romains 6,1-8,13 est la question du péché agissant dans la chair (et aussi dans le corps et les membres) et que, par conséquent, il est nécessaire de prendre en compte cette question pour déterminer l'identité de l'« ἐγώ » en Romains 7. Nous avons déjà établi que, dans la première section du chapitre 6 (les versets 1-14), Paul formule le principe de la participation des chrétiens à la mort et à la résurrection du Christ à travers le baptême. De ce principe, Paul déduit une conséquence fondamentale : « nous sommes morts au péché » (v. 2).

Mais que veut dire Paul par l'affirmation selon laquelle les chrétiens baptisés sont morts au péché ? L'explication de cette affirmation, ici dans le chapitre 6, se trouve au verset 6 : « notre vieil homme a été crucifié avec Christ, afin que le corps du péché fût détruit, et que nous ne soyons plus esclaves du péché ». Paul traduit ainsi la mort du chrétien au péché à travers le baptême en la crucifixion du vieil homme, de laquelle résulte une double conséquence : la destruction du « corps de péché » et la cessation de l'esclavage du péché. Aussi la fin de l'asservissement au péché passe-t-elle par la destruction du « corps de péché ». Nous sommes donc ici en présence d'une annonce proleptique de ce qui sera le thème de Romains 6,15-23 (et aussi plus ou moins indirectement du chapitre 7), à savoir l'esclavage du péché dans ou par le corps, les membres et la chair[82].

En effet, dès Romains 6,12, Paul commence à présenter le péché comme une puissance pouvant régner dans/sur le « corps mortel » des chrétiens (6,12), ou encore susceptible d'asservir leurs membres (vv. 13a, 19b). Mais ne perdons pas de vue que, en Romains 6-8, l'objectif de Paul n'est pas d'affirmer le pouvoir du péché mais bien la cessation du pouvoir et de l'esclavage du péché par la destruction du « corps de péché ». Et si, au début du chapitre 6, Paul faisait du baptême le moyen par lequel

82 Relevons que, dans le chapitre 6, Paul n'utilise jamais la notion de « σάρξ » (mais seulement « σῶμα », « μέλη »), tandis qu'il l'utilise quatre fois au chapitre 7 (vv. 5, 14, 18, 25) et abondamment au chapitre 8 (dans les versets 3 à 13 notamment). Il nous semble par ailleurs que l'on peut considérer comme des équivalents à la chair les expressions à connotation très négative comme : « le corps de péché » (« τὸ σῶμα τῆς ἁμαρτίας » 6,6) et « le corps mortel » (« ἐν τῷ θνητῷ σώματι » 6,12) ; à comparer avec 2 Corinthiens 4,11 (« ἐν τῇ θνητῇ σαρκί »).

s'opère le transfert du chrétien de la domination du péché à celle du Christ, en 6,14 il affirme que le péché n'exerce plus son pouvoir sur les chrétiens en raison du fait qu'ils ne sont plus sous la Loi. Paul annonce donc déjà que la Loi est directement impliquée dans l'asservissement des humains par le péché.

C'est de cela qu'il va être question au chapitre 7. Tout d'abord, dans les versets 1-6, Paul essaie de démontrer de manière analogique que le chrétien n'est plus sous le pouvoir de la Loi. De manière presque unanime, cette analogie est connue et acceptée comme étant invalide. En effet, Paul prend l'exemple d'une femme qui est liée à son mari par la loi du mariage et qui s'en trouve libérée une fois que le mari est mort. Puis il compare cette situation à celle du chrétien qui, mis à mort par le corps du Christ, se trouve libéré de la Loi (mosaïque). Il conclut que, de même que la femme libérée de la loi du mariage à la mort de son mari peut en épouser un autre, le chrétien, mis à mort à la Loi (mosaïque) par le corps du Christ, n'est plus sous le pouvoir de cette Loi et est libre de passer sous la seigneurie du Christ.

Nous avons déjà montré, lors de l'analyse littéraire de cette section, ce qui fait que, en dépit des apparences, l'analogie fonctionne bel et bien dans la logique paulinienne. Reprenons ici brièvement cette logique : tout d'abord, notons que la conclusion selon laquelle le chrétien mort au travers du corps du Christ est libre de la Loi respecte le principe formulé en 7,1, à savoir qu'une loi n'a de pouvoir que sur les vivants et que l'on y échappe une fois que l'on est mort. À présent, la question qui se pose est la suivante : que veut dire Paul quand il affirme en 7,4 que les chrétiens ont été mis à mort par le corps du Christ ? Cette affirmation devient compréhensible quand on se réfère à celle de 6,6 où il est dit que « notre vieil homme a été crucifié avec lui (Christ), afin que le corps du péché fût détruit… ».

Maintenant, si l'on se réfère à 7,5, on peut observer que Paul y fournit une explication sur le *modus operandi* de l'exercice du pouvoir de la Loi : « Lorsque nous étions dans la chair, les passions des péchés provoquées par la Loi agissaient dans nos membres… » On voit donc que c'est dans la chair et dans les membres que le péché, excité par la Loi, a prise sur l'individu ; et l'on comprend maintenant que celui dont le « corps de péché », la « chair » ou les « membres » (où agit le péché) ont été mis à mort, autrement dit celui qui ne vit pas/plus selon la chair, est libre du péché et de la Loi qui provoque le péché[83]. On voit donc que, même dans ces versets (7,1-6) où il semble être essentiellement question de la Loi, la question du péché agissant dans la chair est centrale.

Si nous considérons à présent les versets 7-12, nous nous trouvons en présence d'un récit expliquant l'affirmation (maintes fois répétée) selon laquelle la Loi provoque ou donne lieu au péché. Mais ce qui est nouveau ici, c'est que Paul prend l'exemple du dixième commandement, en rapport avec la convoitise ou le désir (« ἐπιθυμία »), pour expliquer le fonctionnement général de la relation de la Loi au péché. Mais pourquoi Paul prend-il l'exemple de ce commandement et ne s'appuie-t-il pas sur un autre ? Et pourquoi prend-il le risque d'affaiblir toute son argumentation en faisant comme si toute la Loi mosaïque était réduite à ce seul commandement sur l'interdiction de la convoitise ?

Notre suggestion est que Paul se sert du dixième commandement comme d'un exemple argumentatif en raison du fait que la question qui l'intéresse ici est celle du péché dans la chair ou dans le corps et que la notion de désir (« ἐπιθυμία ») est directement reliée à la chair ou au corps[84]. Ici aussi, il convient de souligner que, même si Paul présente la Loi comme instrument de péché, son but est de mettre la Loi hors de cause pour braquer le projecteur sur le péché agissant dans la chair. Dans ce passage, la Loi n'est donc pas l'acteur principal ; elle est présentée comme un complice, ou tout au plus un allié, mais c'est bien le péché qui est l'acteur central et qui dirige l'opération d'asservissement de l'individu à travers sa chair. C'est ce qui d'ailleurs apparaît très clairement dans les versets 13-25.

En effet, dès le verset 13, après avoir exonéré la Loi, Paul enfonce le péché et porte sa condamnation à son comble. Le péché est d'autant plus condamnable qu'il a abusé de ce qui est bon, du commandement qui est saint et juste (v. 12). Mieux encore, arrivé au verset 14, la Loi étant déjà innocentée, on pourrait penser que l'auteur accuse l'« ἐγώ »

83 Nous reviendrons à cette idée qui est confirmée en Romains 8,9-11 et que l'on peut résumer ainsi : ne pas vivre selon la chair, c'est vivre selon l'Esprit, et vivre selon l'Esprit c'est avoir en soi l'Esprit de Dieu ou du Christ ; et avoir Christ en soi a comme conséquence la mort du corps à cause du péché (phénomène d'incompatibilité). Ce sera donc à l'Esprit du Christ de rendre la vie au corps mortel.

84 Nous n'entendons pas la relation entre le corps (ou la chair) et le désir (« ἐπιθσμια ») seulement en termes de désirs sexuels, comme l'a suggéré R. Gundry, « The Moral Frustration of Paul before his Conversion : Sexual Lust in Romans 7,7-25 », in : *Pauline Studies*, éd. D. Hagner et M. Harris, 1980, p. 228-245.

(s'accuse) en mettant en opposition directe l'« ἐγώ » qui est charnel et la Loi qui est spirituelle. Mais c'est sans compter que Paul va ajouter que la nature ou l'essence (« εἰμι ») charnelle de l'« ἐγώ » consiste en ce que celui-ci est « vendu au péché ». Cest ainsi que Paul annonce la lutte (qui sera exposée dans les versets 15-25) entre l'« ἐγώ » et le péché qui est dans sa chair (vv. 18, 25), dans ses membres (v. 24) ou dans son corps de mort (v. 24).

Le reste du chapitre est, en effet, dominé par une complainte de l'« ἐγώ » qui, déchiré entre sa volonté de faire le bien et l'emprise du péché (habitant en lui et l'entraînant à faire le mal v. 20), se trouve réduit à un observateur presque passif (« βλέπω… » v. 23, « Εὑρίσκω… » v. 21) de ses propres actions et de la guerre qui fait rage en lui entre la Loi de son entendement et « une autre loi dans ses membres » (« ἕτερον νόμον ἐν τοῖς μέλεσίν μου » v. 23a), laquelle le « rend captif de la loi du péché » qui est aussi dans ses membres (« αἰχμαλωτίζοντά με ἐν τῷ νόμῳ τῆς ἁμαρτίας τῷ ὄντι ἐν τοῖς μέλεσίν μου » v. 23b).

Si l'« ἐγώ » est bel et bien doté d'une volonté active[85], il s'avoue cependant complètement impuissant et incapable d'agir face à la domination du péché qui habite en lui, et, précise-t-il, dans sa chair (« ἐν τῇ σαρκί μου » v. 18). Dominé par la chair et le péché, l'« ἐγώ » ne sait même pas ce qu'il fait (vv. 14b-15a), il se voit agir, ou mieux : il n'agit pas, il est agi. En effet, l'« ἐγώ » répète avec insistance que ce n'est pas lui qui agit, mais que c'est le péché habitant en lui qui dirige toutes ses actions (vv. 17, 20).

De même, si l'« ἐγώ » a bien une vie intérieure dans laquelle il est libre de se délecter de la Loi de Dieu (v. 22a), il est par ailleurs prisonnier de la loi du péché qui est dans ses membres (« ἐν τοῖς μέλεσίν μου » v. 23). Cette situation intenable amène finalement l'« ἐγώ » à crier sa misère et à appeler à être délivré de « ce corps de mort », lequel n'est autre que son propre corps (« ἐκ τοῦ σώματος τοῦ θανάτου τούτου » v. 24)[86]. Et même si l'action de grâces du verset 25a peut être interprétée

85 Voir les nombreuses occurrences du verbe « θέλειν », à la fois sous forme affirmative (il veut d'une manière décidée : « θέλω » vv. 15, 19a ou « θέλοντι » 21) et négative (il refuse ou s'oppose catégoriquement : « οὐ θέλω » vv. 16, 19b, 20).

86 Comme nous l'avons déjà souligné pour les expressions « le corps de péché » (« τὸ σῶμα τῆς ἁμαρτίας » 6,6) et « dans le corps mortel » (« ἐν τῷ θνητῷ σώματι » 6,12), on peut considérer comme un équivalent à la chair l'expression à connotation très négative « ce corps de mort » (« ἐκ τοῦ σώματος τοῦ θανάτου τούτου » 7,24). Sans compter le « corps du

comme l'expression d'un soulagement (pour la délivrance présente ou future), l'« ἐγώ » finit par constater qu'il reste, par sa chair, soumis à la loi du péché, et ce, malgré son allégeance à la Loi de Dieu par son entendement (v. 25b).

Le verset 25a est souvent considéré comme la réponse à la question du verset 24. Pourtant, on peut observer qu'il ne constitue nullement une réponse à cette question et qu'il n'est rien d'autre qu'une expression de gratitude. Il nous semble que la réponse à la question qui a été formulée en 7,24 se trouve bien plutôt en Romains 8,2. En effet, de quoi l'« ἐγώ » veut-il être délivré en 7,24 ? De « ce corps de mort ». De quoi l'« ἐγώ » est-il délivré/libéré en 8,2 ? De « la loi du péché et de la mort ». Et qui, finalement, le délivrera/libèrera de la loi du péché et de la mort ? « L'Esprit de vie en Jésus-Christ. » Il apparaît donc que l'« ἐγώ » en Romains 7,7-8,2 représente celui qui, affligé par les assauts du péché dans la chair, le corps ou les membres, réclame la délivrance de la mort (provoqué par le péché) et retrouve la vie par le moyen de l'Esprit du Christ[87].

L'« ἘΓΩ » COMME FIGURE INCLUSIVE

S'il y a une chose qui est certaine en ce qui concerne l'« ἐγώ » de Romains 7, c'est qu'il est profondément affecté par la chair. En effet, comme nous l'avons vu, l'« ἐγώ » s'est lui-même défini en 7,14 comme étant charnel ; et, plus loin, en 7,18, en disant que ce qui est bien n'habite pas en lui, c'est-à-dire dans sa chair, l'« ἐγώ » s'identifie, d'une certaine manière, à la chair (v. 18a). Une autre manière d'interpréter cette affirmation est que, si l'auteur estime nécessaire d'apporter cette précision (« τοῦτ' ἔστιν ἐν τῇ σαρκί μου »), il entend aussi suggérer qu'il n'est pas que la chair.

En effet, s'il est important de prendre en compte la place de la chair (du corps ou des membres) dans ce texte, il est tout aussi crucial de noter que l'« ἐγώ » se présente sous une double dimension. Il y a, d'un côté,

---

Christ » (« τοῦ σώματος τοῦ χριστοῦ ») du verset 4, nous avons ici, au verset 24, la seule occurrence de « σῶμα » au chapitre 7, alors que nous y trouvons quatre occurrences de « σάρξ » (5, 14, 18, 25) et trois de « μέλη » (5, 23a, 23c). Les trois termes comportent une connotation péjorative dans toutes leurs occurrences au chapitre 7.

87 Voir S. Vollenweider, *Freiheit als neue Schöpfung. Eine Untersuchung zur Eleutheria bei Paulus und in seiner Umwelt*, Göttingen, 1989.

sa dimension spirituelle qui s'exprime par sa volonté de faire le bien et sa délectation de la Loi de Dieu, et, de l'autre, sa dimension matérielle ou factuelle (ce qui se fait) qui s'exprime par l'action du péché à travers sa chair, ses membres ou son corps (de mort). Seule la prise en compte de cette double dimension peut nous permettre de rendre compte de l'identité complète de l'« ἐγώ » de Romains 7.

En fait, il nous semble que ce qui a souvent donné lieu à des interprétations dualistes (chrétien/non-chrétien, Paul avant/après sa conversion, etc.) est l'insistance sur une seule dimension et la négligence de l'autre. Ainsi, les commentateurs qui insistent uniquement sur la dimension charnelle de l'« ἐγώ » estiment qu'il est impossible que celui-ci puisse représenter des chrétiens[88], tandis que ceux qui privilégient la dimension spirituelle de l'« ἐγώ » affirment que l'ardeur spirituelle qui le caractérise ne saurait s'appliquer à des non-chrétiens[89].

Cependant, le fait que l'« ἐγώ » se considère comme étant charnel ne nous autorise pas à affirmer qu'il représente nécessairement un non-chrétien. Ne sont-ils pas chrétiens, ceux à qui s'adressent les exhortations de Romains 6 ? Et pourtant, Paul laisse entendre qu'ils doivent rester vigilants face aux assauts du péché qui menace de régner dans leur « corps mortel ». En fait, les exhortations de Romains 6 s'adressent à des chrétiens se laissant – ou susceptibles de se laisser –, au travers de leurs membres ou de leur corps, retomber dans l'asservissement au péché. Par conséquent, rien ne nous autorise à affirmer que l'« ἐγώ » de Romains 7 qui affronte les assauts du péché dans sa chair et ses membres n'est pas un chrétien.

De même, la description de l'« ἐγώ » comme étant un homme misérable, affligé dans sa chair par le péché, ne nous autorise pas non plus à

---

88 Voir notamment J.-N. Aletti, « La loi sainte au service du péché », *Pontificio Istituto Biblico*, Rome ; id., « Rm 7.7-25 encore une fois : enjeux et propositions » ; id., *Israël et la Loi*, *op. cit.* ; S. Romanello, *Una legge buona ma impotente. Analisi retorico-letteraria di Rm 7,7-25 nel suo contesto*, Bologna, Edizioni Dehoniane Bologna, 2002 ; G. Shogren, « The Wretched Man of Romans 7,14-25 as Reductio ad absurdum », *EVQ* 72, 2000 ; J. Lambrecht, *The Wretched « I » and its Liberation*, *op. cit.* ; S. Lyonnet, « L'histoire du salut selon le chapitre 7 de l'épître aux Romains », *Bib* 43, 1962, p. 130-142 ; W. Kümmel, *Römer 7*, *op. cit.*

89 Voir notamment A. Pitta, *Lettera ai Romani*, Milano, Edizioni Paoline, 2001 ; J. Ashton, *The religion of Paul*, *op. cit.* ; G. Holland, « The Self Against the Self in Romans 7.7-25 », in : *The Rhetorical Interpretation of Scripture*, Sheffield, Sheffield Academic Press, 1999 ; D. Garlington, *Faith, Obedience and Perseverance. Aspects of Paul Letter to the Romans*, Tübingen, Mohr Siebeck, 1994 ; S.-K. Stowers, *A Rereading*, *op. cit.* ; J. Dunn, *Romans I*, *op. cit.*

dire qu'il représente un non-chrétien. Est-il si aisé pour un homme sans le Christ de reconnaître sa misère ? Paul lui-même reconnaissait-il sa misère avant de rencontrer Christ ? Ne poussait-il pas, au contraire, sa fierté ou son arrogance de Pharisien jusqu'à vouloir détruire l'Église du Christ ? Et le même Paul, devenu le chrétien et l'apôtre que l'on connaît, ne s'affligeait-il pas du fait qu'il a été mis *dans sa chair* « une écharde » ou « un ange de Satan » le rendant ainsi conscient de ses faiblesses ? On voit bien que le fait que le péché a prise *sur la chair* de l'« ἐγώ » de Romains 7 ne fait pas nécessairement de celui-ci un non-chrétien.

À l'inverse, l'ardeur spirituelle de l'« ἐγώ », sa volonté acharnée de faire le bien, voire sa délectation de la Loi de Dieu ne nous autorisent pas non plus à dire qu'il s'agit là nécessairement de la figure d'un chrétien. Paul lui-même ne se vantait-il pas de son zèle en tant que Pharisien et d'avoir cherché à mettre la Loi en pratique mieux que personne avant sa conversion ? Pour comprendre le fait que l'ardeur spirituelle de l'« ἐγώ » et sa volonté acharnée de faire le bien n'en font pas nécessairement un chrétien, on pourrait, à titre d'analogie, illustrer cette situation par le récit de la conversion de Corneille que nous trouvons en Actes 10[90].

Corneille y est, en effet, présenté comme un homme qui était « pieux et craignait Dieu, avec toute sa maison ; il faisait beaucoup d'aumônes au peuple, et priait Dieu continuellement » (v. 2). Pourtant, cet homme est dépeint comme n'étant ni juif ni chrétien ; il est simplement présenté comme un païen. Il sera même considéré comme étant le premier païen à être converti par le ministère de l'apôtre Pierre. Or, à l'instar de l'« ἐγώ » en Romains 7,7-8,2, sa prière est exaucée et il reçoit l'Esprit saint. Les lecteurs de Romains 7 qui considèrent que l'« ἐγώ » ne saurait représenter un non-chrétien auraient été tout aussi étonnés que les accompagnateurs de Pierre le sont en voyant que l'Esprit saint est donné à un païen, et ce, avant son baptême (vv. 44-48).

Il apparaît donc tout à fait possible que l'« ἐγώ » qui désire ardemment faire le bien, qui se délecte de la Loi de Dieu et qui finit par recevoir l'Esprit de vie en Jésus-Christ (8,2) puisse représenter le cheminement d'un non-chrétien qui, comme Corneille, dans sa volonté acharné de faire

---

90 Précisons que nous utilisons ce récit de Actes 10 comme une analogie, uniquement à titre illustratif pour faire comprendre la possibilité qu'il puisse exister un individu qui n'a pas encore rencontré le Christ mais qui, comme l'« ἐγώ », est animé d'une grande ferveur et d'une volonté acharnée de faire le bien.

le bien, parvient finalement à rencontrer Christ. D'où notre affirmation selon laquelle l'« ἐγώ », en Romains 7,7-8,2, ne saurait représenter une figure exclusive (qu'il s'agisse de chrétiens ou de non-chrétiens), mais se veut, dans sa double dimension charnelle et spirituelle, une figure inclusive.

En définitive, peut se reconnaître dans l'« ἐγώ » de Romains 7 tout individu qui, conscient de l'opposition en lui entre sa volonté de faire le bien et les contraintes liées à son humaine réalité, réclame la délivrance et se voit finalement libéré du péché et de la mort par l'intervention de l'Esprit de vie. Certes, cet individu peut être la figure du chrétien (en général), qui, malgré sa vive spiritualité, se voit continuellement harassé par le péché, précisément en raison du fait qu'il vit encore dans la chair. Cette position reste plausible puisqu'elle n'est pas en contradiction avec la théologie paulinienne : celle-ci présente le chrétien comme celui qui, bien que (en principe) vainqueur du péché et de la mort à travers la Croix du Christ, doit continuer à affronter les assauts du péché et attendre la rédemption de son corps[91].

D'ailleurs, Romains 5-8 peut être abordé sous cet angle, puisque les chrétiens y sont présentés comme pouvant se réjouir de leur justification acquise, de l'espérance et de la certitude de retrouver la gloire et la victoire définitive sur toutes les forces adverses (5,1-11 et 8,28-39), mais aussi comme devant lutter et rester vigilants face aux assauts du péché dans la chair (6,1-8,13) en attendant la plénitude de l'Esprit, l'adoption complète et la rédemption de leur corps (8,14-27).

Cependant, il nous faut bien admettre l'aspect non-exclusif de l'« ἐγώ », et aussi le fait que Paul n'a pas choisi de présenter l'expérience décrite en Romains 7 sous la forme des catégories de chrétien ou non-chrétien, juif ou non-juif etc. L'« ἐγώ », au-delà de la personne de son auteur, doit pouvoir inclure à la fois le juif observateur de la Loi (qui, comme Paul le Pharisien, finit par trouver la vraie source de justification en Christ), le chrétien (qui, comme l'apôtre Pierre, bien que spirituel, reste sous la menace de la chair[92], ou même comme l'apôtre Paul, se plaint de la

---

91 Qui est celle de M. Pate, *The End of the Age Has Come : The Theology of Paul*, Grand Rapids, Zondervan, 1995, p. 110-113 ; J. Espy, « Paul's "Robust Conscience" Reexamined », *NTS* 31, 1985, p. 161-188 ; J. Dunn, « Rom 7,14-25 in the Theology of Paul », *TZ* 31, 1975, p. 257-273 ; J. Murray, *The Epistle*, *op. cit.*, 1959 ; A. Nygren, *Commentary*, *op. cit.*

92 À titre d'analogie, l'on pourrait considérer que Pierre, tel qu'il est présenté en Matthieu 16,13-23 (et dans bien d'autres passages), pourrait être la figure du chrétien qui, même d'une spiritualité et d'un zèle extraordinaires, reste sous la menace de la chair. Dans ce

présence, dans sa chair, d'un « ange de Satan »), et tout simplement le non-chrétien qui (comme Corneille, un païen menant une vie pieuse) se voit accorder l'Esprit saint.

De ce qui précède, il apparaît finalement que l'« ἐγώ » est la figure de l'humanité (déjà en Christ ou seulement potentiellement en Christ, comme le sont Corneille ou Paul avant leur conversion), une humanité qui veut le bien et refuse le mal, qui lutte contre la mort et le péché dans la chair, et qui finalement, comme le corps mort d'Adam[93], se voit/verra vivifiée, libérée du péché et de la mort, grâce à la réception de l'Esprit de vie en Jésus-Christ.

---

passage, on retrouve les « deux visages » de Pierre : au verset 17, Jésus affirme que Pierre ne parle pas sous la dictée de la chair et le sang mais de Dieu lui-même, et, au verset 23, Jésus l'appelle « Satan » car ce n'est pas Dieu qui parle à travers lui.

93 Même si l'interprétation qui voit dans l'« ἐγώ » une figure d'Adam prête le flanc à de sérieuses objections, on ne peut s'empêcher de rapprocher les deux expressions « corps de mort » (7,24) et « Esprit de vie » (8,2) au fait qu'il est dit en Genèse 2,7 que Dieu a vivifié le corps d'Adam en lui insufflant une haleine de vie (*rwh* en hébreux signifie à la fois souffle/vent et esprit). Cette remarque a été développée par C. Grappe, « Qui me délivrera de ce corps de mort ? L'Esprit de vie ! Romains 7, 24 et 8,2 comme éléments de typologie adamique », *Bib* 83, 2002, p. 372-392. S'appuyant notamment sur des relectures de Genèse 2,7 dans des textes comme 4Q 381, 4Q 418, Testament d'Abraham 18,11 où apparaissent les expressions « corps de mort » et « esprit de vie », il voit une possibilité que Paul ait pu être en contact avec ces textes et s'en inspirer. Cette hypothèse paraît d'autant plus vraisemblable que ce type de relecture du récit de la Genèse a aussi été reproduit par Philon, un contemporain de Paul (*Quis rerum divinarum heres sit*, § 56-58 ; *Legum Allegoriae* I,31-32, III : 78). L'importance de ces rapprochements réside dans le fait que Paul pourrait s'inspirer du schéma de la création du récit de la Genèse (le souffle / l'Esprit de vie qui donne la vie au corps de mort) pour décrire la nouvelle création.

DEUXIÈME PARTIE

LES ENJEUX ANTHROPOLOGIQUES DANS LE CADRE DU DISCOURS PAULINIEN SUR LA JUSTIFICATION EN ROMAINS 5-8

INTRODUCTION

Alors même qu'il considère que la justification n'est pas nécessairement le centre de la pensée paulinienne, Douglas Moo écrit : « La justification par la foi est d'une importance vitale dans l'épître aux Romains et dans la théologie paulinienne parce qu'elle exprime, dans le domaine de l'anthropologie, un élément crucial de l'œuvre divine en Christ, à savoir la grâce[1]. » Dans le même sens, Moo insiste sur le fait que « la justification par la foi est le réflexe anthropologique de la conviction fondamentale de Paul selon laquelle ce que Dieu a fait en Christ pour les êtres humains pécheurs est entièrement une question de grâce[2] ».

En effet, la justification (« δικαίωσις ») apparaît être, dans l'épître aux Romains, un concept fondamental[3]. On peut ainsi observer que, dans les chapitres 1 à 4, en trois occasions (1,16-17 ; 3,1-8 ; 3,21-26), Paul affirme avec emphase que la justification du chrétien s'est produite avec « la révélation (ou la manifestation) de la justice de Dieu » (« δικαιοσύνη θεοῦ »). L'énigme réside ici dans le fait de savoir si, par « δικαιοσύνη θεοῦ », Paul parle d'une justice intrinsèque à la nature de Dieu, que celui-ci aurait conférée à l'homme pour le justifier, ou si la manifestation de la justice divine consiste dans son action envers l'humanité.

En fait, que veut dire Paul quand il affirme que la justice de Dieu s'est révélée dans l'Évangile avec l'avènement du Christ ? Faut-il comprendre que Dieu a manifesté sa justice en montrant sa nature juste en Christ ? Faut-il concevoir la justice divine comme un état, une qualité inhérente

1 D. Moo, *Romans*, *op. cit.*, p. 26.

2 D. Moo, *Romans*, *op. cit.*, p. 85.

3 Les 8 premiers chapitres de cette lettre ne contiennent pas moins de 42 occurrences (26 dans la section 1,18-4,25 et 16 dans les chapitres 5-8) de termes comportant la racine « δικ », comme « δικαιοσύνη » (justice, caractère de ce qui est juste), « δίκαιος » (juste, légal, en harmonie avec le droit), « δικαιόω » (justifier, déclarer ou traiter comme juste, défendre), « δικαίωμα » (acte de justice), « δικαίωσις » (le fait de rendre justice à, justification), etc. Voir H. Liddell, R. Scott, *Greek English Lexicon*, 7e éd., New York, Harper & Brothers, 1883, p. 371.

à la nature divine ou comme l'exercice d'une action juste de la part de Dieu ? Autrement dit, peut-on parler de la justice divine *per se* ? Ou bien faudrait-il parler d'une justice divine seulement dans le cadre de la relation entre Dieu et l'humanité ? Finalement, si de la manifestation de la justice divine en Jésus-Christ résulte la justification des chrétiens, quel est, pour Paul, le sens de cette justification pour l'homme justifié ?

De manière générale, les débats autour de l'interprétation de l'expression « δικαιοσύνη θεοῦ » se structurent autour des catégories « génitif subjectif » ou « génitif objectif ». En effet, selon que l'on interprète « δικαιοσύνη θεοῦ » comme un « génitif subjectif » ou un « génitif objectif », deux interprétations prévalent : les exégètes qui voient dans « δικαιοσύνη θεοῦ » un génitif subjectif conçoivent le salut comme provenant de la nature de la puissance divine. Dans ce cadre, la foi n'est pas un moyen de salut, mais un résultat de la justice divine. Par ailleurs, les exégètes qui voient dans « δικαιοσύνη θεοῦ » un génitif objectif conçoivent le salut comme une possibilité humaine et la justice comme un don que l'être humain reçoit par la foi dans le cadre d'une relation avec Dieu.

Soulignons tout d'abord que, depuis les pères apostoliques jusqu'à la Réforme, il existait deux interprétations principales de l'expression « δικαιοσύνη θεοῦ ». Pendant les premiers siècles du christianisme, la justice de Dieu était associée à la notion latine de *meritum* et supposait l'idée qu'un homme pouvait avoir du mérite devant Dieu par le moyen de ses œuvres. Ambroise, même en combattant la doctrine de la justice par les œuvres de Pélage, admettait l'idée que certaines œuvres sont nécessaires pour atteindre la justification. Tertullien, pour sa part, ajoutait à l'idée de mérite le concept de *satisfactio*, lequel suppose que l'être humain a l'obligation de plaire à Dieu. Mais l'interprétation prédominante durant cette période renvoyait à la justice distributive et impartiale de Dieu[4].

Cependant, avec Augustin se met en place le cadre dans lequel évolue le débat sur le concept sur la justice de Dieu et la justification de l'homme pendant tout le Moyen-Âge. En effet, dépassant le contexte polémique du pélagianisme, Augustin élabore sa propre doctrine de la justification. McGrath souligne que la principale innovation dans la doctrine d'Augustin sur la justification est que celui-ci, se fondant

4 Pour plus de detail, voir A. McGrath, *Iustitia Dei : A History of the Christian Doctrine of Justification, From the Beginnings to 1500*, vol. I, Cambridge, Cambridge University Press, 1986.

sur Romains 9,10-29, conçoit l'élection de l'homme par Dieu dans le cadre d'une prédestination éternelle[5]. En ce sens, Augustin identifie la justice de Dieu à la grâce de Dieu elle-même, et la réponse de l'homme de foi à l'offre de la grâce est elle-même comprise comme étant un don de la part de Dieu.

En effet, pour Augustin, l'homme serait incapable de répondre, de lui-même, à la grâce divine, sa volonté étant biaisée et affaiblie par le péché. Cette volonté, captive du péché, ne désire même pas la justification, car elle est tout simplement incapable de la désirer. La justification est donc la pure activité de la grâce divine. Et l'homme, une fois justifié par Dieu, voit sa volonté passer de l'état de *liberum arbitrium captivum* à l'état de *liberum arbitrium liberatum*. Notons enfin que, pour Augustin, si la justification est un don reçu de Dieu, elle est considérée comme produisant un changement dans l'être humain, le rendant juste, capable de bonne volonté[6]. D'où la portée morale et éthique de la justification chez Augustin.

S'opposant frontalement à l'interprétation de « δικαιοσύνη θεοῦ » dans le sens d'un génitif subjectif, Martin Luther fut le premier à interpréter l'expression « δικαιοσύνη θεοῦ » dans le sens d'un génitif objectif. Il l'explique comme la seule justice qui compte aux yeux de Dieu et que l'humanité possède en tant que don gratuit venant de Dieu. Commentant Romains 1,17, Luther écrit : « La justice de Dieu est ce par quoi nous devenons dignes de son grand salut, ou à travers quoi nous sommes (considérés) justes devant Lui[7]. » Pour Luther, en effet, la justice que le chrétien reçoit de Dieu n'est ni une propriété de l'individu, ni une propriété divine mais le résultat d'un verdict. Cette justice revêt donc un caractère légal car elle est prononcée par Dieu qui est le Juge[8].

Pour Luther donc, le chrétien n'est pas déclaré juste parce qu'il a été trouvé juste, mais il est déclaré juste, en Jésus-Christ, par la miséricorde divine. C'est ainsi que Luther écrit à propos de Romains 8,33-34 : « Car si

5 A. McGrath, *Iustitia Dei*, *op. cit.*, p. 25.

6 Relevons que, d'après Augustin, la justice d'un acte est définie à la fois en fonction de la substance de l'action elle-même (*officium*) et de sa motivation profonde (*finis*). Voir notamment le chapitre 9 de : Augustin, *Concerning the City of God Against the Pagans*, tr. H. Bettenson, Harmondsworth, Penguin Books, 1984.

7 M. Luther, *Commentary on the Epistle to the Romans*, Grand Rapids, Eerdmans, 1964, p. 24-25.

8 Cette justice est qualifiée par Luther de « forensique », c'est-à-dire que ce verdict est prononcé dans le cadre d'un « forum » ou d'une cour de justice.

le cœur du chrétien en Christ l'accuse et le réprimande et témoigne contre lui qu'il a fait le mal, il se détournera immédiatement du mal et prendra refuge en Christ et dira : "Christ a fait assez pour moi. Il est juste. Il est ma défense ; il est mort pour moi. Il a fait de sa justice ma justice, et je suis juste maintenant avec la même justice que lui[9]." » Il s'agit donc ici du processus de justification que Luther appelle un « joyeux échange », par lequel le Christ prend le péché du chrétien et lui confère sa justice.

Reprenant la position de Luther d'un point de vue anthropologique et existentialiste, Rudolf Bultmann comprend le concept paulinien de la justification comme étant une possibilité qu'a l'homme en vue du salut. Par cette affirmation, Bultmann entend que l'individu ne possède pas la justice comme un bien lui appartenant ou comme une qualité éthique. Pour Bultmann, la justification est un don, elle ne peut être atteinte par l'effort humain. L'expression « δικαιοσύνη θεοῦ » chez Paul renvoie à « la justice provenant de Dieu et conférée à l'humanité comme un don par la grâce gratuite de Dieu[10] ». La justification divine signifie que l'être humain a été déclaré juste par Dieu « non pas dans la mesure où il peut être innocent, mais dans la mesure où il a été *reconnu* innocent[11] ».

Par ailleurs, Bultmann soutient que l'usage paulinien de « δικαιοσύνη θεοῦ » est en parfait accord avec son usage dans la tradition juive, notamment dans la signification formelle de « δικαιοσύνη θεοῦ[12] ». Il souligne ainsi que la justice en Romains 2,13 et en Genèse 15,6 comporte une signification légaliste, dans le sens où la justice est imputée. De même, rapprochant Romains 2,13 de Galates 5,5, où la justice (ou la justification) est présentée comme une espérance, et s'appuyant sur les temps futurs en Romains 3,20 et 30, 5,19, il insiste sur la portée eschatologique de la notion de « δικαιοσύνη θεοῦ » chez Paul. Bultmann considère aussi que la notion de la justification chez Paul comporte une dimension légale renforcée notamment par l'idée d'adoption que l'on retrouve par exemple en Romains 8,23 et en Galates 4,5.

Mais, selon Bultmann, ce qui distingue l'usage paulinien de l'expression « δικαιοσύνη θεοῦ » de son usage dans la tradition juive est que « ce qui est pour la plupart des juifs uniquement une question

9 M. Luther, *Commentary*, *op. cit.*, p. 25.
10 R. Bultmann, *Theology*, *op. cit.*, 1951, p. 285.
11 R. Bultmann, *Theology*, *op. cit.*, p. 272.
12 R. Bultmann, « DIKAIOSYNÊ THEOU », *JBL*, 83, 1964, p. 12-16.

d'espoir est pour Paul une réalité présente – ou, mieux, est aussi une réalité présente[13] ». Il souligne le fait que, selon Paul, Dieu prononce déjà, dans le présent, son verdict eschatologique et que l'événement eschatologique est déjà une réalité présente. Bultmann considère ainsi les chapitres 5 à 8 de l'épître aux Romains comme le lieu de la démonstration paulinienne sur la tension présent-futur de la justification et du salut.

En débat avec l'interprétation de Bultmann, Ernst Käsemann soutient que le concept de la justice divine, loin d'être inventé par Paul[14], est une expression toute faite dans le judaïsme apocalyptique. Aussi voit-il l'origine littéraire de l'expression « δικαιοσύνη θεοῦ » dans la tradition judaïque, à commencer par le Deutéronome (33,21), en passant par le *Testament de Dan* (6,10), pour arriver aux documents de Qumran (1*QS* 11,12). Du rapprochement avec l'Ancien Testament et le judaïsme en général, Käsemann déduit que « δικαιοσύνη θεοῦ » représente chez Paul l'expression de l'activité divine, non pas de manière auto-centrique, mais en vue de la révélation de Dieu lui-même[15].

Par ailleurs, si Käsemann rejoint Bultmann dans son affirmation selon laquelle la justice divine doit être interprétée dans une perspective anthropologique, il se refuse à la concevoir uniquement comme un don individuel. « Fondamentalement, écrit-il, la justice de Dieu ne renvoie pas, dans la compréhension de Paul, à l'individu et ne doit pas être comprise exclusivement dans le contexte de la doctrine de l'homme[16]. » En fait, Käsemann voit dans la justice divine chez Paul « l'activité salvatrice de Dieu[17] », et l'affirmation de « la souveraineté de Dieu sur le monde qui se révèle de manière eschatologique en Jésus[18] ».

Considérant les affirmations pauliniennes dans une perspective apocalyptique, Käsemann estime que la justice de Dieu se manifeste dans le fait que la puissance divine est agissante dans le monde, et aussi dans le fait que Dieu a, de manière triomphale, replacé le monde sous sa souveraineté[19]. En réponse aux critiques adressées à sa vision cosmique

13 R. Bultmann, *Theology*, *op. cit.*, p. 279.

14 Käsemann souligne la présence de l'expression « δικαιοσύνη θεοῦ » en Matthieu 6,33 et en Jacques 1,20.

15 E. Käsemann, *New Testament*, *op. cit.*, p. 174.

16 E. Käsemann, *New Testament*, *op. cit.*, p. 180.

17 E. Käsemann, *New Testament*, *op. cit.*, p. 172.

18 E. Käsemann, *New Testament*, *op. cit.*, p. 180.

19 E. Käsemann, *New Testament*, *op. cit.*, p. 182.

de la justice divine, Käsemann écrit : « Que la grâce et la justice de Dieu se rapportent au monde et visent non seulement un certain nombre de chrétiens mais aussi une nouvelle création me semble une vérité irréductible si le message chrétien doit être la fondation de quelque chose de plus qu'une simple piété privée[20]. »

D'autres exégètes, se situant dans la lignée de Käsemann, ont insisté sur l'idée de création liée à la justice divine. C'est en ce sens que Peter Stuhlmacher conçoit l'expression « δικαιοσύνη θεοῦ » comme renvoyant à l'intervention du Créateur dans le monde[21] : il s'agirait donc d'un « pouvoir cosmique et d'un mode de manifestation du Dieu Créateur dans le monde[22] ». De même, Marion L. Soards[23], s'appuyant exclusivement sur les écrits pauliniens, insiste sur la dimension apocalyptique de la justice divine et soutient la position de Käsemann en affirmant que toutes les occurrences de l'expression « δικαιοσύνη θεοῦ » chez Paul ramènent à l'idée de la « puissance salvatrice de Dieu qui est à l'œuvre dans le monde en vue du salut[24] ».

Parmi les opposants aux thèses de Käsemann et aussi de Bultmann, l'on peut retenir notamment les exégètes appartenant au courant appelé « La Nouvelle Perspective[25] ». Nous allons essayer de présenter ici, succinctement, les positions des plus remarquables d'entre eux, tels que Krister Stendahl, Edward P. Sanders, Heikki Räisaänen, James D.G. Dunn et aussi, dans une certaine mesure, Nicholas T. Wright.

Partant de l'hypothèse selon laquelle il y aurait une continuité ou une harmonie entre la pensée de l'Ancien Testament, celle du judaïsme du premier siècle et celle de Paul, Stendahl affirme que la doctrine paulinienne de la justification n'est pas de nature sotériologique mais plutôt ecclésiologique. Selon lui, Paul n'était pas préoccupé par la question du péché ni par aucune sorte de question morale, mais plutôt par l'avènement de la victoire de Dieu dans son projet de réunion des juifs et des païens en un seul peuple (Romains 14-15).

---

20 E. Käsemann, *Perspectives on Paul*, Philadelphia, Fortress Press, 1969, p. 78.

21 P. Stuhlmacher, *Gerechtigkeit Gottes bei Paulus*, Göttingen, Vandenhoek & Ruprecht, 1965.

22 P. Stuhlmacher, *Gerechtigkeit*, *op. cit.*, 1965, p. 77.

23 M. Soards, « Käsemann's 'Righteousness' Reexamined », *CBQ* 49, 1987, p. 264-269 ; id., « The Righteousness of God in the Writings of the Apostle Paul », *BTB* 15, 1985, p. 104-109.

24 M. Soards, « Käsemann's 'Righteousness' », art. cité, p. 107.

25 G. P. Waters, *Justification and the New Perspective on Paul : A Review and Response*, Phillipsburg, Presbyterian and Reformed Publishing, 2004.

À l'instar de Stendahl, Sanders part de l'hypothèse selon laquelle l'apôtre était en accord avec le judaïsme d'un point de vue sotériologique et soutient que, chez Paul, l'usage de l'expression « δικαιοσύνη θεοῦ » n'aurait pas une signification unique[26]. Il souligne le fait que, selon lui, Paul ne prend pas vraiment soin de distinguer l'usage « légaliste (ou juridique) » de « δικαιοσύνη » de son usage « participationniste ». C'est ainsi que Sanders affirme que la pensée fondamentale de Paul sur la justification est d'abord caractérisée par l'idée d'une « participation au Christ[27] ».

Suivant l'affirmation de Sanders selon laquelle Paul tiendrait des propos incompatibles sur la Loi mosaïque, Räisänen expose ce qu'il considère comme les limites de la conception paulinienne de la Loi[28]. Räisänen soutient que Paul a construit sa pensée sur des prémisses erronées parce qu'il aurait réduit la Torah à une loi morale et n'aurait pas fait de distinction entre « loi cultuelle » et « loi morale ». De plus, Räisänen affirme que Paul se trompait dans sa vision des juifs selon laquelle ces derniers croyaient pouvoir trouver la justification dans l'accomplissement de la Loi. Räisänen en conclut que la conception paulinienne de la justification se trouve faussée en raison du fait que cette conception est fondée sur la prémisse erronée selon laquelle les juifs cherchaient la justification dans la Loi.

Toujours dans le courant de la Nouvelle Perspective, Dunn, s'opposant à Sanders et Räisänen, part de l'hypothèse selon laquelle la notion paulinienne de la justification n'est pas fondamentalement légaliste (« *forensic* ») comme dans la culture grecque, mais qu'elle est plutôt relationnelle et « transformatrice » comme dans la culture hébraïque[29]. Dunn définit ainsi la « δικαιοσύνη θεοῦ » comme le fait que Dieu respecte les engagements qu'il a pris envers lui-même de créer le genre humain, d'appeler Abraham et de choisir Israël comme son peuple. Définissant la justice de Dieu comme essentiellement relationnelle, Dunn considère que « δικαιοσύνη θεοῦ » ne renvoie pas à une justice que Dieu aurait dans sa nature, mais à la fidélité de Dieu à son peuple.

---

26 E. Sanders, *Paul and Palestinian Judaism : A Comparison of Patterns of Religion*, Londres, SCM Press, 1977.

27 E. Sanders, *Paul and Palestinian Judaism*, *op. cit.*, p. 495.

28 H. Räisänen, *Paul and the Law*, *op. cit.*

29 J. Dunn, « The New Perspective on Paul », *BJRL* 65, 1983, p. 95-122. Voir aussi *The Romans Debate*, *op. cit.*, p. 299-308.

Dans la lignée de Dunn, Wright interprète la justification comme étant la déclaration divine selon laquelle la personne justifiée fait déjà partie du peuple de Dieu. De plus, interprétant, à l'instar de Käsemann, « δικαιοσύνη θεοῦ » dans une perspective eschatologique, Wright affirme que le point culminant de la justification se produira au moment du jugement dernier, mais que, dans un certain sens, le jugement s'est déjà produit dans la mort et la résurrection de Jésus. Aussi souligne-t-il que « la justification dans le temps présent se fonde sur ce que Dieu a déjà accompli en Christ, et anticipe le verdict futur ». À cela il ajoute que « Dieu justifie dans le présent, à l'avance du dernier jour, tous ceux qui croient en Jésus comme Messie et Seigneur (Rom 3,21-31 ; 4,13-25 ; 10,9-13)[30] ».

La principale critique adressée à l'interprétation de la justice de Dieu proposée par Wright a été formulée par John Piper[31]. La première limite que ce dernier voit dans l'interprétation de Wright est que celui-ci se borne à dire ce que *fait* la justice de Dieu, au lieu de dire ce qu'elle *est*. Piper souligne : « Wright définit la justice de Dieu en disant qu'il *respecte* son alliance, qu'il *juge* impartialement, qu'il *règle* le problème du péché, et qu'il *défend* la cause de ceux qui sont sans secours. Aucune de ces choses ne dit ce qu'*est* la justice, mais elles disent certaines choses que la justice *fait*[32]. »

C'est ainsi que, pour tenter de définir ce qu'est la justice divine, Piper écrit : « Il n'y a aucun livre de lois ou de règlements que Dieu consulte pour savoir ce qui est juste. Il a écrit le livre. Ce que nous trouvons dans l'Ancien Testament et chez Paul est que Dieu définit le juste en termes de (Dieu) *lui-même* [...]. Ainsi, ce qui est juste... est ce qui honore la gloire de Dieu[33]. » C'est ainsi que, s'appuyant sur des passages de l'Ancien Testament (Ésaïe 48,9-11, 43,25 ; Psaumes 79,9), Piper définit la justice de Dieu comme une qualité intrinsèque à Dieu lui-même, comme le respect pour sa gloire ou la fidélité à son nom.

Dans cette présentation des grandes phases de l'évolution du débat sur l'interprétation de « δικαιοσύνη θεοῦ », il nous semble que l'on peut relever trois éléments fondamentaux qui, jusqu'ici, n'ont pas été

30 N. Wright, « The Shape of Justification », http://www.thepaulpage.com/Shape.html (consulté le 10/10/2020).

31 J. Piper, *The Future of Justification : A Response to N.T. Wright*, Wheaton, Crossway, 2007.

32 J. Piper, *The Future of Justification op. cit.*, p. 62 (c'est l'auteur qui souligne).

33 J. Piper, *The Future of Justification op. cit.*, p. 64 (c'est l'auteur qui souligne).

suffisamment pris en compte dans le débat sur l'usage paulinien de « δικαιοσύνη θεοῦ ».

On peut tout d'abord noter que les interprétations analysées précédemment ne placent pas l'expression « δικαιοσύνη θεοῦ » dans le cadre de la dynamique historico-logique du discours paulinien. En conséquence, ces interprétations négligent le fait que, dans les textes pauliniens, la justice divine est associée ou mise en opposition (logique et temporelle) aux notions de péché et de Loi.

Par ailleurs, les interprétations de la « δικαιοσύνη θεοῦ » paulinienne présentées précédemment, qui situent le débat essentiellement au niveau de l'opposition structurelle entre la prétention de justification par la Loi que Paul attribue aux juifs et la justification par la foi qu'il revendique, ne semblent pas prendre en compte suffisamment la place centrale de la notion de péché dans les chapitres 1 à 8 de l'épître aux Romains. S'il est vrai que, dans l'épître aux Galates par exemple, Paul traite essentiellement de l'opposition entre justification par la foi et justification par la Loi, dans l'épître aux Romains, et dans les chapitres 1 à 8 en particulier, l'opposition majeure ne nous semble pas se trouver entre la Loi et la grâce (ou entre Moïse et le Christ), mais plutôt entre le péché et la grâce (ou entre Adam et le Christ).

Enfin, il nous semble que les interprétations de « δικαιοσύνη θεοῦ » analysées précédemment, quand elles prennent en compte la connotation vétérotestamentaire dans l'usage paulinien de « δικαιοσύνη θεοῦ », n'accordent pas suffisamment d'importance à la place fondamentale de la figure d'Abraham dans l'argumentation paulinienne. La question qui doit être posée ici est la suivante : Abraham est-il, dans le cadre de l'argumentation paulinienne, un simple exemple, un modèle, un prototype de justification par la foi que les chrétiens devraient imiter, ou bien est-il, pour Paul, celui en qui la promesse de la justification par la foi (qui se réalise avec l'avènement du Christ) a été faite ? Finalement, quelle est la signification de la justice d'Abraham, laquelle devient l'héritage de tous les chrétiens ?

PÉCHÉ, LOI ET JUSTICE DE DIEU

Romains 5-8 et le caractère historico-logique du discours paulinien sur la justification

Précisons d'emblée ce que nous entendons par cadre historico-logique dans l'argumentation paulinienne. On peut aisément remarquer, notamment à partir de Romains 5,14, que Paul conçoit l'histoire de l'homme et de l'action divine dans l'histoire en trois grandes périodes : d'Adam jusqu'à Moïse, de Moïse à Jésus-Christ, et après Jésus-Christ. À ces trois personnages représentatifs des trois grandes périodes de l'histoire correspondent aussi trois grands avènements, lesquels représentent des concepts fondamentaux de la pensée paulinienne : l'avènement du *péché*, l'avènement de la *Loi* et l'avènement de la *grâce*. Ces trois grandes périodes historiques, désignées tantôt par les personnages représentatifs, tantôt par les concepts correspondants, jalonnent la pensée paulinienne et contribuent à structurer son argumentation.

Cependant, il nous semble que, selon Paul, et dans l'épître aux Romains en particulier, ces trois grandes périodes historiques constituent une seule histoire, laquelle est l'histoire de la justification. Paul résume ainsi l'histoire de l'humanité comme l'histoire de la justification : depuis Adam et après l'asservissement de l'humanité par le péché, Dieu s'est engagé, à travers la promesse à Abraham, à intervenir pour racheter l'humanité de l'asservissement du péché ; cette intervention s'est coordonnée en deux phases majeures, d'abord par la Loi et ensuite par le Christ. À partir de cette première constatation, nous allons émettre ici trois hypothèses qui nous permettront d'élaborer notre interprétation de l'usage paulinien de « δικαιοσύνη » :

– Le concept de « δικαιοσύνη » chez Paul, et dans l'épître aux Romains en particulier, doit être associé aux concepts de péché et de Loi tout en s'inscrivant dans le cadre historico-logique de l'argumentation paulinienne.

– De plus, toujours selon cette articulation historico-logique, il est nécessaire de prendre en compte le fait que Paul, notamment dans son usage du concept d'esclavage, présente le péché (ou Adam) – et non pas la Loi (ou Moïse), qui occupe une position intermédiaire – comme la principale figure antithétique (opposant) de « δικαιοσύνη ».
– Le concept de « δικαιοσύνη » chez Paul dépend fondamentalement du rôle de la figure d'Abraham dans l'argumentation paulinienne et de la connotation hébraïque de la notion de la justice divine.

À travers l'exploration de ces trois hypothèses, nous tenterons de montrer que, dans le cadre de la pensée paulinienne, la justification qui résulte de la manifestation de la justice divine représente la délivrance et la glorification des chrétiens.

L'ASSOCIATION HISTORICO-LOGIQUE ENTRE PÉCHÉ (ADAM), LOI (MOÏSE) ET « ΔΙΚΑΙΟΣΥΝΗ » (LE CHRIST)

Voyons tout d'abord comment Paul conçoit, en Romains 5,12-21, l'articulation historico-logique de ces trois phases de l'histoire du salut. L'objectif de Paul dans ce passage est non seulement de comparer et d'opposer *ce qu'a fait* Adam à *ce qu'a fait* le Christ, mais aussi de montrer la supériorité de l'œuvre du Christ par rapport à celle d'Adam. Il est important d'observer que, contrairement à 1 Corinthiens 15,21-22 et 45-49, où la comparaison porte essentiellement sur la personne d'Adam (apportant la mort) et la personne du Christ (apportant la vie), dans Romains 5,12-21, et dans les versets 15-20 en particulier, la comparaison porte sur l'œuvre d'Adam et l'œuvre du Christ. C'est ainsi qu'on rencontre dans ce passage des oppositions conceptuelles entre péché ou offense (« ἁμαρτία » ou « παράπτωμα ») d'une part, grâce ou justification (« χάρισμα » ou « δικαίωσις ») d'autre part.

Ainsi, Paul procède par deux types de logiques. Il y a tout d'abord la logique de comparaison insistant sur les similarités ou les différences entre l'œuvre du Christ et celle d'Adam. Les similarités sont marquées par « ὥσπερ… οὕτως » ou « ὡς… οὕτως ». Les différences sont marquées par « οὐχώς… οὕτως ». Mais il est important de remarquer que, qu'il s'agisse d'insister sur des différences ou sur des similarités, les comparaisons ne sont que formelles : elles ne visent qu'à renverser une situation. Nous avons déjà défini ce type de procédé comme une forme de parallélisme antithétique ou transposition négative. En effet, si, dans la forme, l'œuvre du Christ procède selon la même logique que celle d'Adam[1], dans le fond, les résultats de l'œuvre d'Adam et de celle du Christ s'opposent diamétralement[2].

Mieux encore, au-delà de l'opposition temporelle et logique entre l'œuvre d'Adam et celle du Christ, l'argumentation paulinienne vise à mettre l'accent sur la supériorité de l'œuvre du Christ par rapport à celle d'Adam. En effet, la supériorité de l'œuvre du Christ par rapport à celle d'Adam est introduite dans le texte par le biais d'une sorte d'*argumentum a minori ad maius* avec la structure « εἰ γὰρ… πολλῷ μᾶλλον[3] ». On peut aussi voir que, par le rapprochement des contraires, il s'agit de montrer non seulement que l'œuvre du Christ a dépassé celle d'Adam, mais aussi et surtout qu'elle l'a supplantée et a annulé son effet : la justification et la vie ont succédé à la condamnation et à la mort. D'où aussi la surenchère au verset 20 : « la grâce a *surabondé* là où le péché a *abondé* ».

Ces considérations sur Romains 5,12-21 nous montrent comment, chez Paul, la grâce ou la justification est associée au péché sur un double plan : tout d'abord sur un plan historique ou temporel, car tout comme

---

1 Nous avons analysé plus haut cette logique que nous avons appelée *logique de causalité numérique*, laquelle suppose un *effet multiplicateur* (le fait de passer de un à tous ou à plusieurs).

2 Dans « Adam and Christ according to Paul », *Pauline Studies*, 1980, S.-H. Quek affirme que la clé pour comprendre le style de Paul est la Septante et voit dans ce type de raisonnement la forme semi-hellénistique du *Satzparallelismus*. Pour appuyer cette affirmation, il se réfère notamment à E. Norden, *Die Antike Kunstprosa*, Leipzig, Teubner, 1898, et à R. Schütz, *Der Parallele Bau der Satzglieder im Neuen Testamentum*, Göttingen, Vandenhoeck & Ruprecht, 1920.

3 Dans « Adam and Christ according to Paul », *Pauline Studies*, 1980, S.-H. Quek signale : « Concernant la formule "εἰ γὰρ …πολλῷ μᾶλλον", il faut noter que, alors que les conjonctions "εἰ γάρ" ont virtuellement une signification causale, nous devons distinguer "causalité" dans un sens logique (comme nous voyons en Romains 5) et "causalité" dans la réalité (on ne peut pas dire qu'Adam a amené Christ à agir comme il l'a fait). » Cette affirmation nous paraît infondée, car il est évident que, dans l'argumentation paulinienne, c'est le péché (ce qu'a fait Adam) qui a rendu nécessaire l'œuvre du Christ. En effet, qu'est-ce qui justifierait l'œuvre du Christ si ce n'est d'annuler la mort entraînée par le péché (Adam) ? Paul affirme très clairement en Romains 6,9-10 que « Christ est mort pour le péché », et afin d'annuler le pouvoir de la mort.

le Christ a succédé à Adam, la justification et la vie ont succédé à la condamnation et à la mort ; puis sur un plan logique, car, chez Paul, la justification et la grâce non seulement supposent la précédence du péché mais aussi sont conçues en opposition au péché et à son effet (la condamnation et la mort). D'où le rapport inversement proportionnel que suppose la logique paulinienne de causalité numérique : « tout comme, par *une seule offense*, la condamnation (qui donne la mort) s'étend à *tous les hommes*, de même, par *un seul acte de justice*, la justification qui donne la vie s'étend à *tous les hommes* » (v. 18).

Par ailleurs, le rapport historico-logique entre le péché et la justification se traduit par la séparation de l'humanité en deux règnes. À ce propos, le verset 17 s'avère important notamment en raison de la double occurrence du verbe « régner », la première à l'aoriste (« ἐβασίλευσεν ») et la seconde au futur (« βασιλεύσουσιν »). Il est à relever que, lorsque Paul exprime au passé l'exercice du règne de la mort, il entend par là que le règne du péché et de la mort ne prévaut plus (ou ne devrait plus prévaloir) dans la vie du chrétien, mais que, depuis l'avènement du Christ, c'est le règne de la grâce qui domine. Par conséquent, dans la vie du chrétien, il y a (ou il devrait y avoir) prédominance ou prépondérance du règne de la vie et de la justice sur le règne du péché et de la mort.

On voit donc que Paul n'insiste pas tant, en réalité, sur la succession dans le temps des deux règnes que sur la prédominance dans le temps des deux règnes (dans la vie du chrétien). De ce point de vue, on peut comprendre que, pour Paul, le règne de la mort et du péché a prévalu depuis Adam jusqu'au Christ – la Loi n'ayant fait que l'étendre. Mais, avec l'avènement du Christ, si le règne du péché et de la mort continue de se manifester, il est potentiellement vaincu, et c'est le règne de la grâce et de la justice qui prévaut (domine). Cette remarque est capitale car la distinction de ces deux règnes nous amène nécessairement à nous demander si ces derniers s'exercent en même temps, ou bien s'ils se succèdent dans le temps[4].

---

4 D'autant que le texte lui-même pourrait prêter à confusion, car, dans les comparaisons de Rm 5,12-21, si aux versets 12, 14, 18 la logique de la causalité numérique suppose le passage d'un seul à tous, cette même logique de causalité numérique suppose, aux versets 15, 16, 19, le passage d'un seul à plusieurs ou beaucoup (« πολλοί »). Nous pensons que la distinction entre « πάντες » et « πολλοί » devrait être ici considérée comme étant négligeable, car Paul se serait contredit en affirmant l'universalité du péché et de la grâce d'un côté, et en laissant entendre de l'autre que le péché et la grâce seraient limités à une

Répétons-le : s'il est clair que, pour Paul, il y a succession des deux règnes – puisque le règne de la justice et de la grâce est advenu seulement avec le Christ –, *cette succession s'exprime surtout en termes de prédominance ou de prépondérance.* Ce qui veut dire que la succession de la prédominance du règne de la justice et de la vie à la prédominance du règne du péché et de la mort n'exclut pas l'idée de la coexistence simultanée des deux règnes. Car *le règne du péché et de la mort continue de subsister, malgré la prédominance ou la prépondérance du règne de la justice et de la vie.* Chez Paul donc, et en Romains 5-8 en particulier, *les deux règnes sont conçus non seulement en termes de succession dans le temps, d'antériorité-postériorité, mais aussi en termes de simultanéité.*

Romains 6 exprime aussi très clairement cette double relation entre le règne du péché et de la mort d'une part et celui de la justice et de la vie d'autre part. En effet, Paul montre clairement la succession dans le temps des deux règnes dans la vie du chrétien en insistant sur l'impossibilité pour celui-ci (vivant dans le règne de la justice et de la vie) de rester sous l'empire du péché. Pour ce faire, Paul présente le baptême du chrétien comme le point crucial (une sorte de frontière) où s'est opéré le passage du chrétien de l'empire du péché à l'empire de la grâce et de la justice : par le baptême, le chrétien est, à l'image du Christ, mort et ressuscité. Paul insiste particulièrement sur la séparation du temps d'avant le baptême et le temps d'après le baptême.

Puis, à travers l'image de l'esclavage, Paul indique très clairement, notamment aux versets 20-22, qu'il y a eu le temps d'avant (celui de la soumission à l'esclavage du péché) et le temps de maintenant (celui de la soumission à l'esclavage de Dieu ou de la justice). Mais, par ricochet, en mettant en garde les chrétiens contre la possibilité que le péché puisse régner dans leur « corps mortel » (v. 12), Paul reconnaît la subsistance de l'empire du péché, même si ce dernier ne prévaut pas (ou ne devrait pas prévaloir) dans la vie du chrétien. Il convient donc de retenir que le règne du péché subsiste, même s'il a été dépassé et ne prédomine plus dans la vie du chrétien.

Cela nous amène à considérer le rapport logique entre les deux règnes. En effet, dans l'argumentation paulinienne, plus qu'une relation

---

partie de l'humanité. Il apparaîtrait donc que seuls importent dans ce texte la logique de la causalité numérique (passage de l'unité à la multiplicité) et le rapport inversement proportionnel entre les conséquences de l'œuvre d'Adam et les conséquences de l'œuvre du Christ (dans l'opposition des deux règnes, Paul oppose toujours « πάντες » à « πάντες » et « πολλοί » à « πολλοί », mais jamais « πάντες » à « πολλοί » ou vice-versa).

de succession et de coexistence, les deux règnes entretiennent aussi une relation d'opposition frontale. Le fondement de cette opposition se trouve dans le fait que chacun des deux règnes prend naissance à partir d'un acte originel posé par leur représentant respectif (le péché pour Adam, et la justice ou la grâce pour le Christ)[5]. Et de même que les deux règnes s'opposent, les deux actes originels s'opposent par nature, le second étant conçu en vue de dépasser le premier et d'annuler son effet (« οὗ δὲ ἐπλεόνασεν ἡ ἁμαρτία, ὑπερεπερίσσευσεν ἡ χάρις » v. 20).

Par ailleurs, nous avons déjà montré que l'opposition entre Adam et le Christ se fait aussi selon le principe de la causalité générique (le même engendre le même). Il en résulte ici, au niveau de l'opposition entre les deux règnes, que les membres d'un règne partagent les caractéristiques du représentant de ce règne, comme s'ils avaient été directement engendrés par les représentants respectifs des deux règnes. Relevons que certains commentateurs attirent l'attention sur des difficultés d'interprétation de Romains 5,12 où il est dit que, à partir d'Adam, le péché et la mort se sont étendus à toute l'humanité. Une première interprétation s'inscrit dans la lignée de celle de Pélage qui prétendait que, si tous ont péché, c'est par imitation ou répétition du péché d'Adam ; celui-ci ne serait que le premier pécheur mais tout le reste de l'humanité aurait suivi son mauvais exemple et subirait les conséquences de ses propres péchés, et non pas de celui d'Adam[6].

Une autre interprétation consiste à dire que toute l'humanité pèche par participation au péché d'Adam. Les commentateurs qui défendent ce point de vue s'appuient notamment sur le livre de 4 Esdras 3,7.21.26 ; 4,30 et 7,118 pour affirmer que, si tous les hommes pèchent et meurent, c'est parce qu'ils participent et héritent du péché d'Adam. On peut effectivement noter que, dans le parallélisme antithétique que Paul dresse entre Adam et le Christ, aussi bien en Romains 5 qu'en 1 Corinthiens 15, Adam est clairement celui qui amène la mort à l'humanité tout comme le Christ est celui qui, plus qu'anéantir les pouvoirs de la mort, amène

5 À ce propos, D. Martyn Lloyd-Jones écrit : « Dieu a toujours traité avec le genre humain à travers une tête ou un représentant. L'histoire entière de la race humaine peut être résumée en termes de ce qui s'est passé à cause d'Adam, et ce qui s'est passé et se passera encore à cause du Christ. » (*Romans*, Edinburgh, The Banner of Truth, 1995, vol. 4, p. 178.) Dans le même sens, A. Nygren affirme : « Adam et le Christ représentent les têtes respectives de deux éons. Adam est la tête de l'ancien éon, l'âge de la mort ; le Christ est la tête du nouvel éon, l'âge de la vie. » (Voir *Commentary*, *op. cit.*, p. 210.)

6 Cette interprétation de Romains 5,12 est aussi appuyée par J. Murray (*The Epistle*, *op. cit.*, vol. 1, p. 182s.) et C. Barrett (*A commentary*, *op. cit.*, p. 111).

la vie. Retenons donc que chez Paul, il y a l'idée de filiation directe, de co-héritage de chacune des humanités avec leur représentant respectif[7] : de même qu'il y a solidarité entre Adam et sa postérité, il y a aussi solidarité entre le Christ et tous ceux qui, en Christ, et par le moyen de la justification, sont devenus ou sont appelés à devenir fils de Dieu. On peut ainsi observer que le parallélisme antithétique entre les deux représentants des deux humanités, Adam et le Christ, suppose aussi que ces derniers transfèrent à ceux qu'ils représentent, de manière automatique, les conséquences de leur œuvre respective, sans que les représentés n'aient rien fait pour le mériter[8].

L'ARTICULATION HISTORICO-LOGIQUE DE LA LOI (MOÏSE) ENTRE LE PÉCHÉ (ADAM) ET LA GRÂCE (LE CHRIST)

Si, en Romains 5,12-21, il est principalement question de l'opposition entre Adam et le Christ, ou plus précisément de l'opposition entre ce qu'a *fait* Adam et ce qu'a *fait* le Christ, nous trouvons, dans les versets 13, 14 et 20, des références à Moïse ou à la Loi qui expliquent comment est articulée la figure de Moïse dans l'opposition entre Adam et le Christ, ou comment la Loi est articulée entre le péché et la grâce[9]. En effet, à la

7 Dans le cas du Christ, voir Romains 8,14-17. Plus loin, nous étudierons à part entière la notion de filiation chez Paul.

8 C'est en ce sens que Lloyd-Jones écrit : « regarde-toi en Adam : tu es déclaré pécheur bien que tu n'aies rien fait ; regarde-toi en Christ, et tu vois que tu es déclaré juste bien que tu n'aies rien fait » (voir *Romans*, *op. cit.*, p. 274). Dans le même sens, C. Hodge souligne que « la désobéissance d'Adam était le fondement du fait qu'ils (les hommes) sont placés dans la catégorie des pécheurs et que l'obéissance du Christ est le fondement sur lequel les nombreux doivent être placés dans la catégorie des justes » (voir *Commentary on the Epistle to the Romans*, New York, A. C. Armstrong, 1896, p. 173).

9 En ce qui concerne la place de Moïse et de la Loi entre Adam et le Christ, Stott (*The Message of Romans*, p. 157) rejoint Nygren (*Commentary*, *op. cit.*, p. 224) dans l'affirmation suivante : « Devrions-nous distinguer trois âges, régis par les noms d'Adam, Moïse et Christ ? Mais non, ce serait une mésinterprétation totale du rôle de la loi. Adam et Christ sont… tellement diamétralement opposés qu'il ne laisse aucune place pour un tiers. » Nous aurons à montrer dans les pages qui suivent que la stratégie de Paul n'est pas d'ignorer le rôle de Moïse et de la Loi, mais qu'il distingue bien la période de Moïse au Christ comme une période à part entière, tout en cherchant à limiter la portée de la Loi (telle que certains juifs pouvaient la considérer), et que cette limitation est à la fois

fois historiquement et logiquement, l'avènement de Moïse et de la Loi est présenté comme une phase intermédiaire et nécessaire entre Adam et le Christ et aussi comme une étape charnière dans l'histoire du salut. C'est ainsi que, aux versets 13a et 14a, il y a une très forte insistance sur le fait qu'une période de temps importante s'est écoulée entre Adam et Moïse.

Cependant, avant d'analyser cette articulation logique et historique de l'avènement de la Loi dans l'histoire du salut, il est capital d'observer ici que, dans ce texte, si Paul parle de la Loi, c'est en association avec le péché, et que la Loi n'est pas l'objet principal de son propos. Il est aussi important de relever que la référence à Moïse ou à la Loi occupe une place secondaire et apparaît, dans les versets 13-14, comme une sorte de digression ou une pause dans l'argumentation principale. Comme si, dans ce texte, il s'agissait de mettre Moïse et la Loi dans l'ombre pour braquer le projecteur sur le Christ et son œuvre d'anihilation des pouvoirs du péché et de la mort.

En fait, Paul entend mettre l'accent ici sur deux réalités : il y a tout d'abord la succession historique des personnages (Adam, Moïse, le Christ), ainsi que du règne qu'ils représentent respectivement (le péché, la Loi et la grâce) ; il y a ensuite le fait que l'empire d'Adam (avec le péché et la mort comme agents) s'est prolongé au-delà de l'avènement de Moïse et de la Loi et ne s'est trouvé déchu qu'avec l'avènement du Christ. Comme si le règne de la Loi était devenu presqu'insignifiant et qu'il était englobé par l'empire du péché et de la mort qu'il était pourtant censé évincer. Comme si, finalement, selon Paul, la représentation de l'humanité se résumait *successivement* à Adam et au Christ.

Il pourrait par ailleurs paraître surprenant que, dans ce texte, Paul présente Adam comme étant « la figure de celui qui devait venir » (« τύπος τοῦ μέλλοντος » v. 15c), c'est-à-dire une préfiguration du Christ. En effet, l'on s'attendrait plus naturellement à ce que Moïse (ou la Loi) soit la préfiguration du Christ (ou de la grâce), comme Paul le laisse entendre d'ailleurs dans l'épître aux Galates, aux chapitres 3 et 4 en particulier[10]. Mais, dans ce texte, l'on peut comprendre l'attribution de ce rôle de préfiguration du Christ attribué à Adam comme faisant partie de l'insistance

---

temporelle et fonctionnelle. Par ailleurs, contre la position de Stott-Nygren, Moïse et la Loi semblent bien constituer selon Paul (Romains 5,13-15) une rupture ou une révolution importante dans le règne du péché et de la mort, même si cela n'a pas suffi à y mettre fin.

10 Un lecteur familier de l'évangile de Jean pourrait aussi être tenté d'attribuer ce rôle de préfiguration du Christ à Moïse (voir Jean 3,14).

sur l'opposition entre deux humanités ou leurs représentants respectifs, lesquels, par des méthodes similaires (selon la double logique de causalités générique et numérique), ont produit des résultats contraires (selon la logique de rapprochement antithétique ou de transposition négative).

Pour comprendre cette apparente minoration du rôle de Moïse et de la Loi, il convient d'analyser la vision paulinienne de la Loi d'un point de vue historique. Dans l'épître aux Romains tout d'abord, les six premiers versets du chapitre 7 insistent clairement sur l'opposition temporelle (antériorité/postériorité) entre la Loi et la grâce (Christ). On comprend ici que Paul voit dans l'avènement du Christ la fin du règne de la Loi et l'arrachement des chrétiens à cet ancien règne pour les faire passer au règne de la grâce. C'est d'ailleurs ce qu'il répète avec insistance en Romains 7,6 par l'affirmation selon laquelle « *maintenant*, nous avons été dégagés de la Loi [...] de sorte que nous servons dans un esprit nouveau, et non pas selon la lettre qui a vieilli ».

Par ailleurs, s'il est un écrit paulinien qui insiste avec une extrême clarté sur la fin du règne de la Loi, c'est l'épître aux Galates. Au chapitre 3, par exemple, Paul affirme que la Loi a été donnée pour un temps, « *jusqu'à ce que* vînt la postérité » à qui la promesse avait été faite, en l'occurrence le Christ. Cette affirmation laisse entendre que, avec l'avènement du Christ, *la Loi a fait son temps*, sa mission est arrivée à son terme et que, par conséquent, tout pouvoir auquel prétendrait la Loi serait illégitime. Devant mener jusqu'à Christ, *la Loi doit céder sa place au Christ, avec l'avènement de celui-ci.*

Mais, en Galates 4, Paul va encore plus loin en comparant la Loi à un tuteur ou un administrateur qui doit gérer l'héritage d'un enfant. Celui-ci doit rester sous l'autorité de ses tuteurs « *jusqu'au temps fixé* par son père » (v. 2). Et Paul de déduire de cette analogie que « lorsque nous étions enfants, nous étions sous l'esclavage des rudiments du monde ; mais *lorsque les temps ont été accomplis*, Dieu a envoyé son Fils, né d'une femme, né sous la Loi, afin qu'il rachetât ceux qui étaient sous la Loi, afin que nous reçussions l'adoption ». On voit donc que, chez Paul, il y a une association entre Christ et la Loi conçue sous le mode de succession et d'opposition temporelles, car l'avènement de la Loi est conçu comme un événement mineur dans l'attente d'un événement majeur qui est l'avènement du Christ.

Voyons maintenant comment se fait, d'un point de vue logique, l'articulation de la Loi (de Moïse) entre le péché (Adam) et la grâce (le

Christ). La première question qui mérite d'être posée est la suivante : quelle est la raison d'être de l'avènement de la Loi selon Paul ? Autrement dit, d'où vient, aux yeux de Paul, la nécessité de la Loi ? Précisons le sens de cette question : il s'agit d'essayer de comprendre ce qui, aux yeux de Paul, a été à l'origine de l'avènement de la Loi, ce qui a, logiquement, rendu sa présence nécessaire : en d'autres termes, quelle est la relation logique que Paul établit entre la Loi et la situation d'avant la Loi ? Quelles circonstances ont fait appel à la Loi ou l'ont rendue nécessaire ?

Si l'on se limitait à l'épître aux Romains, et notamment aux chapitres 5 et 7, on pourrait se laisser entraîner à penser que non seulement la situation de l'humanité antérieure à la Loi ne nécessitait pas la Loi, mais aussi et surtout que la Loi a aggravé la situation de l'humanité. En effet, dans Romains 5 et 7, Paul ne cesse d'insister sur le fait que la situation postérieure à la Loi était de loin pire que la situation qui lui était antérieure. C'est ainsi qu'il affirme : « *jusqu'à* la Loi le péché était dans le monde, mais le péché n'est pas imputé quand il n'y a point de Loi » (5,13) ; ou encore : « *étant autrefois sans Loi*, je vivais ; mais *quand le commandement vint*, le péché reprit vie, et moi je mourus » (7,9).

On pourrait comparer cette présentation paulinienne de la période d'avant la Loi (depuis Adam jusqu'à Moïse) à la description de la période de l'âge d'or de l'histoire de l'humanité présentée par certains poètes, historiens ou philosophes païens : on trouve, par exemple, dans les *Métamorphoses* d'Ovide (1.89-92), l'idée qu'il a existé une époque où régnaient la justice et la vérité, ce qui rendait la loi inutile. Cette conception se rapproche des textes pauliniens en ce que Paul semble laisser entendre que le péché de l'être humain ne lui était pas imputé, quel qu'ait pu être son comportement avant la Loi (5,13). En effet, Paul semble vouloir dire que l'être humain, avant l'avènement de la Loi, n'était responsable de rien, et que, en l'absence de la connaissance du bien et du mal (de la Loi), l'individu vivait innocemment, dans une parfaite insouciance.

Pourtant, là où Paul diffère de cette conception de l'âge d'or de l'humanité, c'est que, pour lui, cette période sans la Loi était caractérisée par le règne de l'injustice avec ses principaux agents : le péché et la mort[11].

11 Pour un développement plus détaillé de cette comparaison, voir M. de Boer, *The Defeat of Death*, Sheffield, Sheffield Academic Press, 1988. Voir aussi L. Martyn, « Nomos plus Genitive Noun in Paul : The History of God's Law », in : *Early Christianity and Classical Culture*, Leiden, Brill, 2003, p. 575-587.

Selon Paul, donc, l'innocence qui régnait pendant la période d'avant la Loi (entre Adam et Moïse) n'était qu'apparente. Le péché et la mort régnaient en maître et sans partage, et asservissaient l'humanité entière, même « ceux qui n'avaient pas péché par une transgression semblable à celle d'Adam » (5,14)[12]. On voit ici que Paul laisse clairement entendre qu'il existait avant la Loi une situation dramatique où toute l'humanité était assujettie à l'empire du péché et de la mort.

Par ailleurs, on peut noter que le rôle et la place de la Loi dans le projet divin de justification (ou dans l'histoire du salut) apparaissent plus nettement quand on se réfère à l'épître aux Galates. En effet, dans le chapitre 3 de cette lettre, Paul, insistant sur la justification par la foi et non pas par la grâce, s'interroge directement sur *la raison d'être de la Loi* (« *Tí οὖν ὁ νόμος;* », v. 19). À cette question, il apporte une réponse claire et précise quant à l'articulation logique et chronologique de l'avènement de la Loi entre l'avènement du péché et l'avènement de la grâce : pour Paul, la Loi a été donnée *« à cause des transgressions »* (*« τῶν παραβάσεων*[13] *χάριν »*). Il convient de souligner ici que « χάριν » peut aussi signifier « pour », « en vue de », et prendrait ainsi une valeur finale[14]. Dans ce cas, l'expression « τῶν παραβάσεων χάριν » signifierait « pour les (en vue des) transgressions ».

Relevons que la traduction de « χάριν » par « en vue de » peut supposer que la finalité de la Loi serait de donner lieu au péché. Cette interprétation peut sembler en accord avec Romains 5,20a, où il est dit que « la Loi est intervenue pour que l'offense abondât ». Toutefois, il est aussi important de noter que, chez Paul, il y a la *fonction intentionnelle* de la Loi (ce qu'elle était censée faire) et sa *fonction effective* (ce qu'elle a fait réellement sous l'influence du péché). Il nous semble que, pour Paul, la *fonction intentionnelle* de la Loi était de mettre un terme

12 S'agissant de cette précision apportée par Paul, comme le suggère J. Murray (*The Epistle*, *op. cit.*, p. 187), il est possible que Paul ait eu à répondre à une doctrine rivale prétendant que la mort vient du fait que tous les hommes pèchent par un péché semblable à celui d'Adam.

13 Notons que le terme « παράβασις » (que l'on retrouve aussi en Romains 2,23 ; 4,15 ; 5,14 ; 1 Timothée 2,14 ; Hébreux 2,2 ; 9,15) est un terme qui, dans son sens légal, signifie « trangression » mais qui renvoie plus précisément à l'idée d'une déviation, d'une légère altération ou au fait de passer à côté. Voir ses différents usages chez H. Liddell, R. Scott, *Greek English Lexicon*, *op. cit.*, p. 1124.

14 Voir H. Liddell, R. Scott, *Greek English Lexicon*, *op. cit.*, p. 1715. Voir aussi S. Légasse, *L'épître de Paul aux Galates*, Paris, Cerf, 2000, p. 253-254.

au pouvoir du péché (et de la mort) qui « a régné depuis Adam jusqu'à Moïse » (5,14). Mais il s'avère que la *fonction effective* de la Loi a été de faire abonder le péché.

C'est exactement ce que Paul déplore en Romains 7,7-14, où il accuse le péché d'avoir détourné (le Commandement) la Loi (sainte, bonne et spirituelle) de sa fonction ou finalité intentionelle (conduire à la vie) et de l'avoir transformée en un instrument pour administrer la mort. C'est en ce sens que l'apôtre se résout à constater : « Ainsi, le Commandement qui conduit à la vie se trouva pour moi conduire à la mort ». Cette distinction peut nous permettre de comprendre que, lorsque, en Galates 3,19, Paul explique la raison d'être de la Loi (« *Τί οὖν ὁ νόμος;* ») en lien avec les transgressions (« τῶν παραβάσεων χάριν »), il ne parle pas de la *fonction effective* de la Loi (faire abonder le péché), mais plutôt de sa *fonction intentionelle* (mettre un terme au règne du péché). Et quand nous traduisons « τῶν παραβάσεων χάριν » par « à cause des transgressions », nous ne voulons pas seulement dire que, pour Paul, la Loi était censée mettre un terme à une situation antérieure (où le péché régnait en maître), mais il nous semble que sa *fonction intentionnelle* consistait aussi et surtout à donner un cadre, des limites ou des bornes pour prévenir les transgressions futures.

En ce sens, même si l'on traduit « τῶν παραβάσεων χάριν » par « pour les transgressions », la finalité (intentionnelle) du don de la Loi ne serait pas de produire les transgressions mais de mettre un terme au règne du péché. De plus, cette affirmation paulinienne, en Galates 3,19, qui fait des transgressions la raison d'être de la Loi (sa *cause finale* ou ce sans quoi elle ne serait pas nécessaire), se trouve dans un contexte où elle est directement liée à la promesse faite à Abraham. En fait, Paul prétend que, suite à la promesse faite à Abraham, la Loi « a été donné ensuite (ajoutée) à cause des (pour les) transgressions, jusqu'à ce vînt la postérité à qui la promesse avait été faite ». Comme si, après la promesse faite à Abraham, il devait y avoir un cadre, des bornes pour empêcher les transgressions dans l'attente de l'avènement du Christ. Mais Paul reconnaît que, dans la réalité, la Loi était incapable de remplir cette fonction (Galates 3,21b) et a, au contraire, fait abonder les transgressions.

Il importe donc ici de s'interroger sur cette apparente contradiction, chez Paul, selon laquelle la Loi est venue *à cause* des transgressions. En effet, expliquer la raison d'être de la Loi par les transgressions, c'est aussi prétendre qu'il y a eu des transgressions avant la Loi. Or, comment peut-on parler de transgressions avant l'avènement de la Loi ? Affirmer qu'il y a eu des transgressions avant l'avènement de la Loi, c'est aussi insinuer qu'il y avait des lois à transgresser. Paul lui-même affirme explicitement en Romains 4,15b que « là où il n'y a point de Loi, il n'y a point non plus de transgression ». Donc, par l'affirmation selon laquelle « la Loi a été donnée à cause des transgressions », Paul voudrait-il dire que, avant l'avènement de la Loi mosaïque, les être humains disposaient naturellement de lois qu'ils ont transgressées ?

On peut progresser dans la compréhension de cette apparente contradiction si l'on considère les propos de Paul en Romains 5,14. Comment comprendre, en effet, que les êtres humains vivant entre Adam et Moïse aient pu pécher et commettre des transgressions avant l'avènement de la Loi ? Faut-il donc supposer qu'ils ont eu des principes ou des lois qu'ils devaient respecter mais qu'ils ont au contraire transgressés ? Quoi qu'il en soit, il importe de retenir que la Loi mosaïque n'est pas intervenue dans un contexte où régnaient la paix et la justice, mais, bien au contraire, dans un contexte de transgressions et d'injustices, où elle était censée instruire l'homme sur la volonté divine et contrer la puissance de l'empire du péché et de la mort.

Toujours en ce qui concerne l'articulation de la Loi entre le péché et la grâce, il convient aussi de s'interroger sur ce qui, selon Paul, d'un point de vue logique, a rendu nécessaire le passage de la Loi à la grâce. On peut tout d'abord noter le contraste surprenant qu'établit Paul entre la fonction intentionnelle de la Loi et sa fonction réelle ou effective. En effet, à la lecture de l'épître aux Romains, on peut observer progressivement que Paul ne cesse, de façon catégorique, d'associer la Loi au péché, comme si la Loi supposait naturellement le péché, ou encore comme si la Loi était la condition logique de l'existence du péché[15].

Une première de ces affirmations catégoriques sur l'association du péché et de la Loi se trouve en Romains 3,20b où Paul, pour démontrer sa thèse selon laquelle l'on ne saurait être justifié par la Loi, affirme, sans même une esquisse d'explication, que « c'est par la Loi que vient la connaissance du péché ». Plus loin, en Romains 4,15, Paul semble entamer une explication de sa pensée sur le rapport entre la Loi et le

15 Sur cette question, voir Leon Morris, « Law and the Cause of Sin in the Epistle to the Romans », *HeyJ 28*, 1987, p. 285-291.

péché en affirmant que « là où il n'y a point de loi, il n'y a point non plus de transgression ». Si cette dernière affirmation suppose la même réalité que celle de Romains 3,20, elle relève plutôt de la simple logique (car on ne saurait transgresser qu'une loi) tandis que, en Romains 3,20, on assiste à un saut qui fait passer de la connaissance du péché à la réalisation effective du péché.

Cependant, arrivé au chapitre 5, Paul établit un double rapport entre le péché et la Loi : il y a tout d'abord un rapport qualitatif, lequel consiste en ce que le péché commis avec la présence ou la connaissance de la Loi devient imputable (5,13b) au pécheur, et aussi plus grave de conséquence car le pécheur, connaissant la Loi, peut être logiquement tenu pour responsable ; il y a ensuite un rapport quantitatif entre la Loi et le péché, car, selon Paul, l'arrivée de la Loi serait l'occasion de la multiplication des péchés. En effet, en 5,20a, Paul affirme que « la Loi est intervenue pour que l'offense abondât… ». On trouve donc ici l'idée, en apparence illogique mais diamétralement opposée à la conception de la Loi dans l'Ancien Testament[16], selon laquelle la Loi, loin de limiter le péché, favoriserait sa prolifération.

Par ailleurs, faut-il comprendre que la finalité première de la Loi (« ἵνα »), telle qu'elle est exprimée en 5,20a, était de faire abonder le péché ? Il faut bien noter ici que ce texte (5,20a) contient deux affirmations lourdes de conséquences : il y a certes la question de la multiplication des péchés avec l'arrivée de Loi, mais, mieux encore, il y a aussi la question de la finalité de la Loi. En effet, dire que la Loi a donné lieu à la multiplication des péchés est une chose, mais c'en est une autre d'affirmer que c'était là sa finalité. Comment donc comprendre l'affirmation paulinienne selon laquelle « la Loi est intervenue *afin que ("ἵνα")* l'offense abondât » ?

On pourrait en effet s'attendre à l'affirmation contraire, qui consisterait à dire que la Loi est intervenue pour mettre fin au pouvoir du péché ou au moins pour le limiter, mais Paul voit dans la finalité de la Loi l'abondance ou la multiplication du péché[17]. Paul entend-il vraiment que la fonction première de la Loi était de faire abonder le péché ?

16 Voir notamment le psaume 119, Lévitique 18,5 ou encore Deutéronome 27-28.

17 On pourrait ainsi mettre en relations Romains 5,20a avec Romains 7,9, où la Loi est présentée comme une force vivifiante pour le péché, à la seule diférence que, en Romains 7, on a l'impression que ce n'était pas là la fonction intentionnelle de la Loi (elle a juste

Ou bien, ne faudrait-il pas considérer que, en Romains 5,20, Paul parle de la finalité effective de la Loi, en opposition avec sa finalité essentielle qui était de mettre fin au règne du péché ?

Avant d'analyser cette question, il importe de comprendre le mécanisme par lequel le péché se multiplie avec la Loi. En Romains 6,14, par une affirmation non moins surprenante que celle de 3,20, Paul laisse entendre que le péché exerce son pouvoir sur l'homme par le moyen de la Loi. En effet, on pourrait comprendre aisément l'idée que le péché n'aura point de pouvoir sur le chrétien du fait qu'il est sous la grâce, puisqu'il est passé de l'empire du péché à l'empire de la grâce. Mais avec la précision « (le péché n'aura point de pouvoir sur vous), *car vous n'êtes pas sous la Loi…* », il apparaît que la Loi est directement impliquée dans l'asservissement de l'homme par le péché. Mais Romains 6,14, ainsi que 5,20, 4,15 et 3,20 ne sont que l'amorce d'une idée que Paul va développer en détail en Romains 7.

En effet, si, dans le chapitre 6, Paul explique en détail comment le chrétien a été libéré de l'empire du péché, il consacre les six premiers versets du chapitre 7 à expliquer la libération du chrétien de la Loi. Mais il est important de ne pas perdre de vue que cette libération du chrétien de l'empire de la Loi, décrite en 7,1-6, ne se fait que par la libération (plus globale) du chrétien de l'empire du péché. Et dans les deux cas, le principe de cette libération est la mort du chrétien. Il ne s'agit pas là, notons-le, de deux morts différentes, mais d'une seule et même mort du chrétien, telle qu'elle a été décrite au début du chapitre 6 par le moyen du baptême. Mourir au péché, c'est aussi mourir à la Loi, car, pour Paul (Romains 6,14), c'est par le moyen de la Loi que le péché exerce son pouvoir sur l'être humain[18].

D'ailleurs, il est intéressant d'observer que, au début du chapitre 7, Paul se contente d'évoquer la mort du chrétien sans l'expliquer : au verset 4, Paul se limite à dire que le chrétien a été mis à mort par le corps du Christ, une affirmation qui renvoie aux 11 premiers versets du chapitre 6 où le principe de la conformation du chrétien à la mort et à la résurrection du Christ a été formulé. Pour les rapports logiques entre

---

été abusée par le péché), tandis qu'en Romains 5 il apparaît clair que la finalité de la Loi était de faire abonder le péché.

18 En ce sens, l'affirmation de Romains 6,14 est à mettre en relation avec celle de 1 Corinthiens 15,56 selon laquelle « la puissance du péché, c'est la Loi » (« ἡ δὲ δύναμις τῆς ἁμαρτίας ὁ νόμος »).

le péché et la Loi, l'importance des six premiers versets du chapitre 7 est de montrer que le chrétien, en mourant au péché, se trouve aussi mort à la Loi. Comme si, en se libérant d'un « seigneur » (le péché), on se libérait aussi de son « valet » (la Loi). En effet, Paul reprend en Romains 7,5 l'idée qui était sous-jacente en 6,14, à savoir que le péché se sert de la Loi pour agir dans la chair de l'individu.

Paul va cependant réaffirmer cette idée en Romains 7,7-13 pour expliquer le fonctionnement du rapport entre la Loi et le péché. Voulant écarter tout malentendu pouvant provenir de ses affirmations précédentes et aussi éviter tout risque de confusion entre la Loi et le péché, Paul prend le soin d'établir une distinction claire entre la Loi et le péché. Loin d'être identique au péché, la Loi est présentée comme un outil au service du péché. Tout d'abord, Paul reprend au verset 7b l'affirmation rencontrée en 3,20b, à savoir que c'est par le biais de la Loi que vient la connaissance du péché. Mais ce qui est nouveau dans ce passage, c'est que, au verset 7c, Paul va se référer directement au dixième commandement de la Loi mosaïque et faire de l'interdiction de la convoitise un argument fondamental.

Certes, Paul ne dit pas que la convoitise n'existait pas avant la Loi. Celle-ci ne fait qu'apporter la connaissance de la convoitise à l'individu, ou, mieux, la Loi ne fait que désigner la convoitise en tant qu'interdit. Mais cela veut-il dire que la convoitise existait avant la formulation de son interdiction par la Loi ? Et si, de toute évidence, l'on est obligé d'admettre que la convoitise, ainsi que d'ailleurs le meurtre, le vol, l'adultère (etc.) existaient bel et bien avant la formulation de leur interdiction par le décalogue, ces actes étaient-ils considérés comme des « péchés » ? Pour répondre à cette question, il est nécessaire de se rappeler Romains 5,13-14, où Paul affirme notamment : « jusqu'à la Loi le péché était dans le monde, mais le péché n'est pas imputé quand il n'y a point de Loi ».

On voit donc que, selon Paul, le péché existait bel et bien avant la Loi, mais n'était pas imputable à l'individu, dans l'exacte mesure où celui-ci n'a pas péché en transgressant une loi qui lui aurait été explicitement formulée. D'où le sens de l'affirmation paulinienne en Romains 4,15 : « là où il n'y a point de loi, il n'y a point non plus de transgression ». Comment faut-il donc comprendre l'existence de la convoitise (ou tous les autres actes qui font l'objet d'une interdiction dans le décalogue) avant la Loi ? Il convient d'admettre que la convoitise, dont la Loi n'a fait qu'apporter la connaissance, existait bel et bien avant la Loi, mais qu'elle était considérée non pas comme un péché relevant d'une désobéissance ou d'une transgression, mais comme relevant de l'héritage du péché d'Adam.

En quoi donc la Loi, en révélant l'interdit ou en apportant la connaissance du péché, peut-elle favoriser le péché ? C'est ce que Paul va expliquer dans les versets 8 et 11 de Romains 7. Dans ces versets, en effet, Paul explique pour la première fois dans sa lettre son affirmation maintes fois renouvelée selon laquelle la Loi donne lieu au péché. Ici, il ne s'agit pas seulement du principe logique qui consiste à dire que la Loi donne lieu à la désobéissance ou à la transgression (et pour qu'il y ait transgression, il faut qu'il y ait loi), mais d'un processus beaucoup plus complexe où le péché utilise la Loi pour séduire l'individu et l'inciter à transgresser la Loi[19].

En effet, la Loi est ici présentée comme le moyen ou l'instrument dont se sert le péché dans son œuvre d'asservissement et de mise à mort de l'individu. Aussi nous semble-t-il intéressant de relever le langage utilisé par Paul pour décrire le péché à l'œuvre : à la manière d'un stratège, il saisit l'occasion de la présence de la Loi ou du Commandement (v. 11a) ; par ce même Commandement, il séduit l'individu (v. 11b) ; toujours par ce même Commandement, il produit en lui toutes sortes de convoitises (v. 8b) ; enfin, par ce même Commandement, il le tue (v. 11c).

On voit que Paul établit un enchaînement causal et logique entre le péché, la Loi et la mort. Cet enchaînement causal est d'ailleurs accentué dans les versets 9 et 10, où Paul présente la Loi comme à la fois ce qui donne vie au péché et ce qui est à l'origine de la mort de l'individu. Il est important d'observer ici que ces deux conséquences de la venue de la Loi ne se produisent pas de manière simultanée ou parallèle, mais plutôt de manière successive. Relevons qu'au verset 9, Paul présente l'ordre des événements sous une forme logique et successive : « quand le Commandement vint, le péché reprit vie, et moi je mourus » (v. 9b). Ce qui est en jeu ici est de comprendre que ce n'est pas la Loi qui a directement tué l'individu, mais que c'est le péché qui s'est servi de

19 Selon R. Bultmann, si la Loi donne lieu au péché, c'est dans le sens où l'individu tente d'établir sa propre justice au travers de la Loi. C'est cette tentative d'établir sa propre justice qui, paradoxalement, porte le péché à son comble (*Theology*, *op. cit.*, vol. 1, p. 264). Cette interprétation a été particulièrement critiquée par H. Ridderbos, *Paul : An Outline of His Theology*, Grand Rapids, Eerdmans, 1966.

la Loi pour se vivifier ou se fortifier, et donc que c'est le péché qui, par le moyen de la Loi, a conduit l'individu à la mort. C'est ainsi que Paul affirme que « le Commandement qui conduit à la vie s'est trouvé conduire à la mort » pour l'individu (v. 10)[20].

Telle est donc cette apparente contradiction qui semble s'établir entre la fonction intentionnelle de la Loi (donner la vie) et sa fonction effective (donner la mort). En effet, si l'on devait se limiter à Romains 3,20, 4,15, 5,20, 6,14 et 7,7-14a, où la Loi est clairement présentée comme une occasion pour le péché, et où la Loi (ou le Commandement), malgré sa nature sainte (« ἅγιος »), juste (« δικαία »), bonne (« ἀγαθή » et spirituelle (« πνευματικός »), a été si impuissante que le péché l'a transformée en alliée dans son œuvre d'asservissement mortel de l'individu, on pourrait se résoudre à conclure que la Loi a été un échec total. Mais ce serait oublier le fait que, selon Paul, l'avènement et l'histoire de la Loi entrent dans le cadre d'une histoire plus vaste qui est celle de la justification et du salut.

En effet, en maintes occasions (Romains 3,31 ; 10,4), Paul insiste sur le fait que l'avènement de la grâce ou de la justification ne constitue pas l'anéantissement ou le reniement de la Loi, mais sa confirmation. Dans le même sens, il précise que « Christ est la fin de la Loi pour la justification de tous ceux qui croient » (« *τέλος* γὰρ νόμου Χριστὸς » 10,4). Ces passages de l'épître aux Romains laissent entendre que la Loi s'inscrit dans une perspective téléologique et trouve son plein accomplissement en Christ. Cela veut aussi dire que non seulement la Loi ne devait trouver son vrai sens qu'en Christ mais aussi qu'elle n'existait pas pour elle-même mais était un instrument en vue d'une fin, laquelle est l'avènement du Christ[21]. En fait, il nous semble qu'une

---

20 Il n'est pas sans intérêt de s'interroger sur l'origine de cette conception paulinienne de la Loi. Comme nous l'avons déjà souligné, elle est diamétralement opposée à celle que nous offre l'Ancien Testament, et il est aussi difficile de trouver dans l'Ancien Testament une quelconque allusion au fait que la Loi peut conduire l'homme à davantage de péchés et à la mort. Il reste donc la possibilité que Paul puisse emprunter cette idée à la littérature païenne et qu'il puisse être tenté de l'adapter à la Loi mosaïque. En effet, la conception en vertu de laquelle la Loi, loin de conduire à la justice, est plutôt un instrument de la tyrannie se trouve chez Isocrate (*Areopagiticus* 40) et chez des auteurs contemporains de Paul comme Sénèque (*De Clementia* I.23.I) ou Tacite (*Annales* 3.26-28). Par ailleurs, des textes comme certains passages de 4 Esdras (3,7, 22) pourraient aussi être rapprochés de la conception paulinienne de la Loi.

21 Pour le débat sur la signification du mot « τέλος », voir : R. Badenas, *Christ, the End of the Law*, *op. cit.* ; P. Meyer, « Romans 10,4 and the End of the Law », in : *The Divine Helmsman*, *op. cit.*

interprétation exacte du terme « τέλος » dans son association à la Loi chez Paul devrait prendre en compte à la fois sa dimension temporelle et aussi téléologique. Ainsi, quand Paul affirme en Romains 10,4 que « Christ est la fin de la Loi », celle-ci est à comprendre comme trouvant son terme, son aboutissement avec l'avènement du Christ, mais aussi son accomplissement, sa perfection, sa réalisation dans la personne même du Christ.

Ces observations sont d'ailleurs confirmées par les affirmations pauliniennes sur la fonction de la Loi dans l'épître aux Galates : la Loi y est présentée comme un pédagogue devant conduire à Christ *en vue de* la justification par la foi (3,24), comme une sorte de gardien sous lequel les hommes étaient placés *en vue de* la foi qui devait être révélée (3,23), ou encore comme un tuteur qui devait préparer « le fils » *en vue de* sa maturité (Galates 4,1-2). Comment maintenant concilier ces affirmations avec celles de Romains, et notamment celles du chapitre 7 qui présentent la Loi comme ayant échoué dans sa mission de donner la vie ? Faut-il comprendre que, selon Paul, cette déviation de la Loi était aussi inscrite dans le plan divin de justification et que, aussi bonne soit-elle, la Loi n'était pas destinée à donner la vie ?

Paul semble apporter une réponse à cette interrogation en Galates 4,21b par l'affirmation suivante : « s'il eût été donné une Loi *qui pût donner la vie, la justice* viendrait réellement de la Loi ». Si cette affirmation semble contraster avec celle de Romains 7,10 selon laquelle le Commandement qui conduit à la vie se trouva pour l'individu conduire à la mort, on est enclin à considérer que Galates 4,21b est plus conforme à la conception paulinienne de la Loi où celle-ci est généralement conçue comme ayant une fonction provisoire dans l'histoire du salut, laquelle était de conduire au Christ. D'ailleurs, n'est-il pas possible d'interpréter les propos de Romains 7,10 comme l'illusion de l'individu qui croit pouvoir trouver la vie dans la Loi, laquelle s'avère être pour lui une cause de mort ?

Mieux encore, l'opposition fondamentale (« δέ ») exprimée en Romains 7,14 entre la nature spirituelle de la Loi et l'essence (« εἰμι ») charnelle de l'individu n'est-elle pas une indication relative à l'impossibilité pour la Loi d'agir sur une nature si différente de la sienne ? Et le Christ, pour délivrer l'homme du péché et apporter la justification et la grâce, ne devait-il pas prendre « une chair semblable à celle du péché » (Rom 8,3b) ? Paul dit clairement, en effet, en Romains 8,3a, qu'il était « *impossible à la Loi* » de libérer du péché « parce que la chair la rendait sans force », et donc que c'est en raison même de l'incapacité de la Loi d'apporter la justification que la grâce s'est avérée nécessaire. On peut donc comprendre que, selon Paul, dans le plan divin de justification, la Loi n'était pas conçue en vue de donner la vie.

C'est alors que, si nous revenons à Romains 5,20, la relation logique et téléologique entre la Loi et la grâce devient compréhensible : « la Loi est intervenue *pour que* l'offense abondât, mais, là où le péché a abondé, la grâce a surabondé ». Par conséquent, on voit que, selon Paul, l'avènement de la Loi est présenté comme un facteur aggravant, à la fois préparant et rendant nécessaire l'avènement de la grâce. La présence de la Loi s'explique donc *en raison du* péché (causalité) et *en vue de* l'avènement du Christ (finalité). Aussi peut-on dire que, selon Paul, la Loi s'inscrit, à la fois d'un point de vue logique et temporel, dans le plan divin de la justification, et que dans la Loi se trouvaient déjà les germes de la grâce[22].

22 Voir T. Schreiner, « The abolishment and the Fulfillment of the Law in Paul », *JSNT* 35, 1989, p. 47-74.

« ΔΙΚΑΙΟΣΥΝΗ »,
DANS LA CONCEPTION PAULINIENNE DE L'ESCLAVAGE

comme l'antithèse de l'alliance péché-Loi

Nous trouvons dans les chapitres 6-8 de l'épître aux Romains, notamment en 6,12-23, une description du péché comme étant un pouvoir qui réduit l'homme en esclavage, un pouvoir qui transforme la Loi en alliée dans son œuvre asservissante de l'être humain, mais aussi et surtout un pouvoir duquel l'être humain a été affranchi et délivré pour être mis au service de Dieu et de la justice[1]. Il convient de souligner tout d'abord ici l'importance de l'épître aux Romains, notamment des chapitres 6 à 8, en rapport avec l'usage de la terminologie de l'esclavage dans le corpus paulinien.

En effet, parmi les quarante-huit occurrences des termes relatifs à l'esclavage dans le corpus paulinien[2], vingt-et-une se trouvent dans

1 Même si nous n'allons pas exposer en détail ici la question de la personnification du péché chez Paul, on ne peut s'empêcher de remarquer l'importance de cette personnification dans la conception paulinienne du péché comme puissance asservissante. La principale question qui se pose ici consiste à savoir si nous devons considérer cette personnification comme ayant une valeur rhétorique ou métaphorique ou si nous devons concevoir le péché comme étant réellement une puissance agissante, rentrant dans le monde par le biais d'Adam, envahissant l'humanité entière pour l'asservir, régnant dans les corps des individus, abusant de la Loi pour les séduire et les tuer. J. Dodson, dans *The "Powers" of Personification : Rhetorical Purpose in the Book of Wisdom and the Letter to the Romans*, New York, Walter de Gruyter, 2008, affirme que, en personnifiant le péché, Paul expose la cause du mal dans le monde. Dodson prétend que, en rendant le péché responsable de la situation actuelle du monde, Paul met Dieu hors de cause et exonère la Loi. Dodson se réfère aussi à *2 Hénoch* 30,14-15, *Siracide* 15,11-14, 17, Platon (*République* 379b ; *Timée* 69c), Philon d'Alexandrie (*De confusione linguarum* 179, *De mutatione nominum* 30) pour affirmer qu'il était tout à fait courant dans certaines traditions juives aussi bien que dans certaines philosophies grecques que l'on présentât Dieu comme innocent de l'introduction du mal dans le monde.

2 Nous ne prenons pas en compte les lettres attribuées à Paul mais dont l'authenticité est contestée : elles contiennent un total de seize occurrences (4 en Ephésiens, 4 en

l'épître aux Romains, dont neuf dans le chapitre 6 et six autres dans les chapitres 7 et 8[3]. On voit donc que les chapitres 6 à 8 de l'épître aux Romains, lesquels constituent une part importante de la doctrine paulinienne de la justification et du salut, contiennent le plus grand nombre d'occurrences de la terminologie de l'esclavage dans tout le corpus paulinien[4].

En effet, en Romains 6, Paul affirme que, à travers le baptême, « le corps du péché a été détruit pour que nous ne soyons plus esclaves du péché » (v. 6), que « celui qui est mort, est libre du péché » (v. 7), que le péché ne devrait pas assujettir les chrétiens ou régner dans leurs « corps mortels » (v. 12), que « le péché n'aura point de pouvoir » sur les chrétiens (v. 4), que l'on peut être « soit esclave du péché qui conduit la mort, soit esclave de l'obéissance qui conduit à la justice » (v. 16), que les chrétiens ont été « affranchis de l'esclavage du péché » pour devenir « esclaves de la justice » (vv. 17a, 18), que, de même que nous avions « livré nos membres comme esclaves à l'impureté et à l'iniquité », nous devons livrer « maintenant nos membres comme esclaves à la justice » (v. 19), que, lorsque nous étions « esclaves du péché », nous étions « libres à l'égard de la justice » (v. 20), mais que, « maintenant, nous sommes affranchis du péché et devenus esclaves de Dieu » (v. 22a).

De plus, en Romains 7, Paul décrit un individu « vendu au péché » (v. 14), dépossédé de toute capacité de faire le bien qu'il veut (v. 18b), voyant ses actions gouvernées, non pas par lui-même, mais par « le péché qui habite » en lui (vv. 17, 20), et par « une autre loi » qui « lutte contre la loi de l'entendement » et qui le « rend captif de la loi du péché » (v. 23.). Cet individu constate, impuissant, que ses membres sont assujettis à une loi, qui le rend « captif de la loi du péché » (v. 23). Face à ce constat, il se voit contraint d'appeler au secours en vue de la délivrance du corps sous l'emprise du péché (v. 24). Enfin, le chapitre 7 s'achève sur la constatation définitive selon laquelle l'individu est doublement

Colossiens, 2 en 1 Timothée, 2 en 2 Timothée, 4 en Tite). Pour les occurrences dans les autres lettres incontestées de Paul, il y a en 7 en 1 Corinthiens, 2 en 2 Corinthiens, 12 en Galates, 3 en Philippiens, 1 en 1 Thessaloniciens et 2 en Philémon.

3 Les six autres occurrences de la terminologie de l'esclavage dans l'épître aux Romains se trouvent en 1,1 ; 9,12 ; 12,11 ; 14,4.18 ; 16,18.

4 Pour une étude détaillée sur l'usage de la terminologie de l'esclavage, voir J. Byron, *Slavery Metaphor in Early Judaism and Pauline Christianity : A Traditional-Historical and Exegetical Examination*, Tübingen, Mohr Siebeck, 2003.

esclave : esclave de la Loi de Dieu par l'entendement, esclave de la loi du péché par la chair (v. 25b).

Mais le chapitre 8 débute d'une manière emphatique sur le fait que, « pour ceux qui sont en Jésus-Christ, il n'y a plus aucune condamnation » (v. 1) en raison du fait que la Loi de l'Esprit de vie en Jésus-Christ les a « affranchis de la loi du péché et de la mort » (v. 2). Mieux encore, la notion de l'esclavage fait place à celle de l'adoption, car les chrétiens n'ont pas « reçu un esprit de servitude pour être encore dans la crainte » d'un maître, mais ont « reçu un Esprit d'adoption ». Et cette adoption ne concerne pas seulement les chrétiens, car Paul formule aussi l'espoir que toute la création, qui avait été « soumise à la vanité[5] – non de son gré mais à cause de celuiqui l'y avait soumise » (v. 20)[6], sera elle aussi « affranchie de l'esclavage de la corruption[7], pour avoir part à la liberté de la gloire des enfants de Dieu » (v. 21).

Une première observation qui mérite d'être faite à partir de ces passages où il est fait mention de l'asservissement de l'être humain par le péché concerne la nature et l'origine de cet asservissement. Tout d'abord, qu'est-ce qu'être esclave pour Paul ? Nous avons ici une définition claire de la notion paulinienne de l'esclavage : on est (ou devient) esclave de ce à quoi (ou celui à qui) l'on obéit (6,16b). L'idée sous-jacente dans ce principe est que l'être humain est, d'une manière ou d'une autre, esclave, pourvu qu'il se dédie à une obéissance quelconque, que ce soit celle du péché ou celle qui conduit à la justice[8]. Comme

5 Qu'entend Paul ici par la soumission à la vanité (« ματαιότης ») ? Il n'est pas déraisonnable de penser que ce terme renvoie à la mort ou à la corruption (« φθορά »), puisqu'il est aussi dit que la création, qui a été soumise à la vanité, sera délivrée de la servitude de la corruption. Mieux encore, en considérant l'usage de « φθορά » en 1 Corinthiens 15,42 et 50, où la corruption renvoie à la corruptibilité de la chair, il est tout à fait possible que, dans le cadre de l'opposition chair/Esprit du chapitre 8, cette vanité à laquelle la création a été soumise désigne aussi la chair. Pour d'autres usages de « ματαιότης », voir Ephésiens 4,17 ou 2 Pierre 2,18. Pour plus de détails sur la signification de « ματαιότης », voir H. Liddell, R. Scott, *Greek English Lexicon*, *op. cit.*, 1883, p. 924.

6 Adam ? Le péché ? Dieu ?

7 On pourrait rapprocher la « φθορά » (que nous traduisons par « corruption ») en Romains 8,21 de la double occurrence de « φθορά » en 1 Corinthiens 15,42 et 50. Il apparaît en effet que, dans les deux passages, « φθορά » désigne plus précisément la mort. Pour les différentes significations de « φθορά », voir H. Liddell, R. Scott, *Greek English Lexicon*, *op. cit.*, 1883, p. 1668.

8 D. Moo (*Romans*, *op. cit.*, p. 415) expose le débat sur le fait que, en Romains 6,16, Paul oppose le péché à l'obéissance, et non pas le péché à Dieu ou à la justice. En effet, l'une des explications qui a longtemps prévalu (Käsemann, Godet etc.) est que « ὑπακοή » se réfèrerait à un acte

le note Stott[9], le fait que Paul affirme que l'on peut être esclave de l'obéissance est une manière d'insister sur le fait que l'essence même de l'esclavage est l'obéissance.

Par ailleurs, une autre caractéristique de l'esclavage du point de vue de Paul est son exclusivité. En effet, Paul conçoit l'esclavage comme un phénomène exclusif : à la manière du Jésus lucanien (Luc 16,13), l'apôtre entend que l'on ne saurait être esclave de deux maîtres en même temps. D'où l'usage de « ἤτοι…ἤ » au verset 16 insistant sur le fait que l'individu doit clairement choisir son maître, celui à qui il obéit. Cependant, s'agissant de l'esclavage du péché, on serait tenté d'expliquer l'origine de l'esclavage de l'être humain au péché conformément à la définition paulinienne de l'esclavage. En effet, on pourrait penser avec Ziesler que Paul conçoit l'esclavage de l'humanité au péché en termes de choix volontaire[10]. Mais cela n'est pas aussi simple.

Pour comprendre l'origine, chez Paul, de l'asservissement de l'être humain par le péché, il convient de se demander si, selon l'apôtre, l'être humain a délibérément choisi d'obéir au péché, ou si, au contraire, il s'est trouvé, *de facto*, obéissant au péché. Romains 6,12-13 et 16ac pourraient nous conduire dans le sens de la première possibilité. Mais ce serait ignorer le fait que ces recommandations (à l'impératif) exhortant à ne pas se livrer

de foi plutôt qu'à un acte moral. Cette interprétation est surtout fondée sur Romains 1,5, où figure l'expression « ὑπακοὴν πίστεως ». Moo, pour sa part, pense que cette interprétation est trop éloignée du texte et de l'intention paulinienne dans ce passage, et suggère que Paul veut mettre l'accent sur la signification de l'obéissance dans la vie chrétienne, en opposition à toute idée de libertinisme que pourrait supposer la libération de l'esclavage du péché. Même considérée comme étant éloignée du texte, l'idée que « ὑπακοή » renverrait à l'obéissance de la foi ne nous semble pas ici incongrue. En effet, comme il s'agit d'une obéissance qui conduit à la justice (« ὑπακοῆς εἰς δικαιοσύνην »), il est permis de penser que Paul renvoie à l'obéissance de la foi qui donne la justice, à l'image d'Abraham à qui justice a été imputée pour avoir manifesté de l'obéissance par la foi. Par ailleurs, on pourrait même dire que, de même qu'il y a presqu'une relation de synonymie entre le péché et la mort (la seconde étant l'implication ou la conséquence immédiate du premier), il y a presqu'une relation de synonymie, dans le contexte de Romains 6,16c, entre l'obéissance et la justice (ici la seconde étant aussi l'implication ou la conséquence immédiate de la première). En ce sens, Dodd (*The Epistle*, *op. cit.*, p. 97) signale avec raison que, en 5,19, Paul a déjà décrit la justice (ou justification) du Christ comme étant le fruit de l'obéissance, en opposition à la désobéissance d'Adam.

9 J. Stott, *The Message of Romans*, 1974, p. 183.

10 Voir J. Ziesler, *Paul's Letter to the Romans*, Londres, Trinity Press International, 1989, p. 139. L'auteur compare la conception paulinienne de l'esclavage avec celle qui existait dans le monde gréco-romain où des individus pauvres choisissaient volontairement de se mettre au service d'un maître dans le but d'être nourris et logés. Nous étudierons plus loin les rapprochements possibles entre la conception paulinienne de l'esclavage et celui pratiqué dans le monde gréco-romain.

au péché s'adressent ici à des chrétiens qui ont déjà été arrachés à l'empire du péché, mais qui sont toujours sous le coup de la menace de l'empire du péché et qui pourraient être tentés[11], comme l'écrit Jewett, de devenir « des instruments volontaires dans le système de domination » du péché[12].

En effet, dans ces versets, Paul est en train de répondre aux questions rhétoriques formulées en 6,1-2, à savoir l'absurdité qu'il y aurait dans le fait que le chrétien demeurât ou retombât sous la coupe du péché dont il a été délivré par la mort au travers du baptême. Par conséquent, de Romains 6,12-13 et 16ac, on peut déduire que, pour l'humanité en Christ qui a été libérée de l'esclavage du péché, la possibilité de retomber dans l'esclavage du péché subsiste, mais que cette humanité semble avoir, selon Paul, la capacité de choisir son maître[13]. Mais si l'humanité en Christ affranchie peut lutter contre l'esclavage du péché, qu'en est-il de l'humanité sans le Christ ? Cette dernière choisit-elle la domination du péché, ou est-elle, *de facto*, soumise à l'esclavage du péché ?

Romains 5,12-21, une fois de plus, est indispensable pour comprendre l'origine, selon Paul, de l'assujettissement de l'humanité au péché[14]. S'il n'y a, dans ces versets, aucune référence directe à la notion de l'esclavage, il est à noter que Paul y décrit la conquête et la domination de l'humanité par le péché au travers d'Adam. Comme le souligne Murray, quand Paul déclare que le péché est entré dans le monde, il renvoie à l'origine de la

11 Notamment à cause du « corps ». Nous y reviendrons plus loin.

12 R. Jewett, *Romans*, *op. cit.*, p. 409.

13 Nous étudierons plus loin les conséquences de la libération de l'esclavage du péché.

14 Dodson (*The "Powers" of Personification*, *op. cit.*, p. 125) prétend qu'il y a une évolution ou une progression dans la manière dont Paul conçoit l'exercice du pouvoir du péché sur l'être humain : dans le chapitre 5, le péché exercerait une influence externe, et les hommes seraient esclaves du péché, non pas en tant que celui-ci agit en eux, mais en tant qu'il les domine de l'extérieur. Si Dodson pense que Paul conçoit le péché comme un pouvoir externe (« external ruler ») au chapitre 5, il prétend qu'il y aurait une progression et que le péché deviendrait au chapitre 6 un pouvoir interne (« internal power »), lequel agirait dans l'individu lui-même. Nous aurons à montrer que, si les constatations de Dodson sont exactes, il ne s'agit pas du tout d'une progression ou d'une évolution dans la conception paulinienne du péché, mais que tout simplement le péché est considéré dans les deux chapitres sous deux angles différents. Au chapitre 5, Paul traite du rapport entre le péché et l'humanité entière (et notamment d'Adam au Christ). Le chapitre concerne donc la question de l'universalité de la domination du péché. Par contre, au chapitre 6, Paul se soucie particulièrement du rapport des chrétiens déjà baptisés avec le péché. Il est ici question du risque d'un retour volontaire des chrétiens à l'asservissement du péché, auquel ils ont été arrachés. Par conséquent, quant aux liens entre les chapitres 5 et 6 (en rapport avec le péché), on pourrait dire que Paul passe de la domination universelle du péché sur toute l'humanité (provenant d'Adam) au risque que l'humanité en Christ (déjà arrachée à l'asservissement au péché) puisse retomber dans cet esclavage.

domination du péché sur l'humanité, et le monde ici signifie « la sphère de l'existence humaine », laquelle est envahie par le péché[15].

Par ailleurs, il est capital de relever que Paul n'affirme pas qu'Adam a apporté le péché dans le monde, mais que *le péché est entré* (de lui-même et comme un conquérant) dans le monde par le biais d'Adam (v. 12). De cette conquête victorieuse de l'humanité entière par le péché à travers Adam a résulté l'établissement du « règne » du péché et de son corollaire, la mort[16], tel que Paul l'évoque dans les versets 17 et 21. Adam n'est donc ici qu'un intermédiaire, celui par qui l'assujettissement de l'humanité au péché s'est produit[17]. Mais c'est le péché qui, comme un stratège, s'est emparé de l'humanité dès le commencement, avec le premier homme[18], plaçant ainsi sous sa coupe toute l'humanité descendant de lui[19].

15 J. Murray, *The Epistle*, *op. cit.*, p. 181.

16 Sur les relations entre le péché et la mort chez Paul, voir T. Barosse, « Death and Sin in Saint Paul's Epistle to the Romans », *CBQ* 15, 1953, p. 438-459.

17 On pourrait se demander en quel sens Paul prétend qu'Adam a été le lieu où le péché est entré dans le monde. Paul est-il en train d'accuser Adam d'avoir permis au péché d'entrer dans le monde ou voit-il en Adam une victime du péché ? Y aurait-il une coopération volontaire entre l'humanité et le péché, comme l'écrit Dodson à propos des chapitres 5 et 6 (*The "Powers" of Personification*, *op. cit.*, p. 129-130) ? Romains 7 semble nous dire que le péché est entièrement responsable de son œuvre, qu'il est à la fois à l'origine de la conception et de l'exécution du projet d'apporter la mort à l'humanité. Par conséquent, comme l'« ἐγώ » en Romains 7, Adam pourrait avoir été trompé par le péché, lequel a abusé de l'interdiction divine pour tuer l'humanité.

18 Notre affirmation ici va à l'encontre de la position de B. Longenecker (*The Triumph of Abraham's God*, Nashville, Abingdon Press, 1998, p. 41), qui affirme que l'être humain agit de concert et de manière volontaire avec le péché et que les transgressions personnelles et la puissance externe du péché sont « inextricablement liées et se renforcent mutuellement ». Dans le même sens, Dodson écrit à propos de la personnification du péché et de la mort dans Romains 5,12 : « à travers la personnification, Paul met en évidence la relation entre une force abstraite d'un mal externe et les actes concrets de l'humanité mauvaise. Par conséquent, des aspects cosmologiques et anthropologiques sont combinés – le péché est entré parce que l'humanité a péché ; le péché propose et le pécheur accepte. Alors ici, la rédemption n'est pas la délivrance de la dictature du mal, mais plutôt de la démocratisation du mal » (*The "Powers" of Personification*, *op. cit.*, p. 127-128). Par ailleurs, Dodson précise que c'est seulement en Romains 7,9-25 que l'être humain est présenté comme « victime du péché », et que, en Romains 6, il « est illustré que les êtres humains acceptent la domination du péché et s'offrent eux-mêmes à cela » (p. 128.). Une fois de plus, il nous semble que la méprise de Dodson vient du fait qu'il ne prend pas en compte le fait que, en Romains 5,12-21, il est question de l'humanité en général (venant d'Adam), qui hérite de la domination du péché, alors que, en Romains 6, il s'agit uniquement des chrétiens qui, déjà libérés de l'esclavage du péché, pourraient être tentés de s'y laisser entrainer à nouveau.

19 Voir B. R. Gaventa, « The Cosmic Power of Sin in Paul's Letter to the Romans : Toward a Widescreen Edition », *Interpretation* 58, 2004, p. 22-40.

Nous pouvons donc rejoindre Dodd dans son interprétation selon laquelle, en Adam, l'humanité dans son intégralité est assujettie au péché[20]. On pourrait dire aussi que, comme dans tout système esclavagiste, les descendants d'un esclave sont naturellement esclaves : ils sont esclaves du fait même qu'ils naissent d'un esclave. On voit donc que, pour Paul, l'esclavage du péché est un fait naturel qui s'impose à l'être humain. Contre sa volonté, celui-ci se voit « vendu au péché » (7,14)[21]. Face à un destin qu'il n'a pas choisi, l'individu se trouve donc impuissant et livré à son sort, celui-ci lui étant dicté par l'empire du péché[22].

Mais Paul laisse entendre que Dieu a, de son côté, conçu un plan, déjà en Adam (« la figure de celui qui devait venir » 5,14c), pour reconquérir l'humanité et la libérer de l'esclavage du péché. On pourrait même être autorisé à dire que, pour Paul, dès le départ, avec l'asservissement de l'humanité en Adam par le péché, Dieu a prévu la rédemption de l'humanité en Jésus-Christ. En effet, en affirmant qu'Adam est une préfiguration du Christ, Paul entend que Dieu a déjà prévu l'avènement du Christ en Adam, voire que, avant même que le péché exécute son plan d'asservissement de l'humanité en Adam, Dieu a déjà conçu un plan de délivrance de l'humanité en Christ.

De plus, à partir de la comparaison entre Adam et le Christ, on peut comprendre que le plan divin de libération de l'empire du péché comporte une dimension collective ou universelle. Car, de même que l'humanité a été universellement assujettie au péché en Adam, en Christ, l'humanité entière est (au moins *potentiellement*) ou devra être aussi libérée de l'assujettissement du péché. C'est en ce sens que Dodd écrit : « le salut n'est plus qu'une question de libérer un individu de sa culpabilité : il

20 C. Dodd, *The Epistle*, *op. cit.*, p. 80.

21 De naissance, c'est-à-dire que l'homme est esclave du péché parce qu'il est né d'Adam, le premier à être assujetti au péché.

22 Dodson (*The "Powers" of Personification*, *op. cit.*, p. 135) laisse entendre que l'« ἐγώ » de Romains 7 pourrait avoir une part de responsabilité dans son asservissement par le péché et que « néanmoins il y a une partie de l'"ἐγώ" qui résiste et regrette le travail du péché et ses désirs, si bien qu'il a besoin d'être délivré non pas seulement du péché mais aussi de sa propre chair ». Il nous semble que Dodson néglige le fait que l'« ἐγώ » de Romains parle de sa propre chair non seulement comme d'un élément hostile mais aussi comme si elle ne lui appartenait pas, comme s'il s'agissait d'un élément qui lui était étranger (appartenant au péché). Par conséquent, il nous semble clair que Paul présente ici l'« ἐγώ » comme n'ayant aucune responsabilité dans son malheur, comme étant complètement dévoué à faire le bien, et comme voulant, non pas partiellement, mais complètement, s'opposer au péché et en être délivré.

s'agit de couper à la racine le mal collectif qui sous-tend les transgressions individuelles. C'est ce qui, selon Paul, a été réalisé en Christ[23] ».

Par ailleurs, d'un point de vue historique, Paul semble dire que le plan divin de délivrance de l'humanité de l'esclavage du péché a été conçu en deux phases : la première phase de ce plan de libération a été mise en place avec l'avènement de la Loi. Mais le péché s'est saisi de la Loi et l'a transformée en un allié pour se vivifier et tuer l'être humain[24]. Et l'homme, qui croyait échapper à l'esclavage du péché en se soumettant à l'autorité de la Loi, s'est trouvé, au contraire, doublement esclave, à la fois de la Loi et du péché. Car la Loi, en laquelle il espérait trouver justification et salut, a été transformée en un instrument au service du péché, vassalisée par le péché[25].

Ainsi, l'avènement de la Loi, loin de soulager la situation de l'homme dans son asservissement au péché, l'a aggravée. Paul va jusqu'à affirmer que, avant la Loi, malgré l'asservissement de l'homme par le péché, l'individu vivait. En quel sens peut-on comprendre que, avant la Loi, le péché était mort et que l'individu vivait ? C'est que, pour Paul, avec la Loi vient la connaissance du péché et la conscience de la responsabilité. D'où la prédominance de l'« ἐγώ » en Romains 7,7-25.

En effet, quand Paul affirme que, avant la Loi, l'individu vivait, mais que la Loi vient vivifier le péché et tuer l'individu, il n'entend pas que le péché et la mort ne régnaient pas avant la Loi mais que, avant la Loi, l'individu, bien que placé sous l'empire du péché et de la mort, n'en avait nullement conscience et n'en était pas tenu responsable[26]. Il vivait tel l'enfant dans l'innocence de la méconnaissance du bien et du mal. Mais la Loi apportant cette connaissance du bien et du mal, l'individu charnel croit pouvoir être juste en réalisant ce bien et en évitant ce mal comme le prescrit la Loi, et c'est ici même qu'il trouve la mort[27].

C'est en ce sens que Romains 7,14-25 présente l'individu déchiré entre le bien qu'il veut faire et le mal qui s'attache à lui, victime d'une guerre entre

---

23 C. Dodd, *The Epistle*, *op. cit.*, p. 82.

24 C'est en ce sens que C. Barrett (*A commentary*, *op. cit.*, p. 151) écrit que l'individu de Romains 7 pousse ce cri à cause de la Loi, laquelle était « le dernier espoir du genre humain », mais qui, loin d'être une source de réconfort et de justification, s'est avérée être une source d'accusation et de mort.

25 Romains 7,9-10 est à mettre en relation avec 1 Corinthiens 15,56b, où il est dit que « la puissance du péché, c'est la Loi » (« ἡ δὲ δύναμις τῆς ἁμαρτίας ὁ νόμος »).

26 Voir Romains 5,13-14.

27 Nous aurons à montrer que, pour Paul, la volonté de l'individu de se justifier lui-même par la pratique de la loi relève de la chair, et plus précisément de *la vanité de la chair.*

la loi de son entendement qui veut pratiquer la Loi de Dieu, d'une part, et, d'autre part, une autre loi, dans ses membres, qui le rend captif de la loi du péché (7,23). Dans ce conflit, l'individu se trouve enclavé, doublement prisonnier et déchiré entre ce que lui réclame son essence charnelle et pécheresse (7,14) et ce que lui demande la Loi de Dieu, laquelle, diamétralement opposée à la nature charnelle de l'individu, est de nature spirituelle.

Mais la question qui se pose ici est la suivante : si l'avènement de la Loi a favorisé le processus conduisant à la mort de l'individu, la Loi qui devait mener à la vie est-elle un échec ? Bien au contraire ! Comme par effet de contraste, la nature spirituelle (divine) de la Loi a contribué à révéler à l'individu sa nature charnelle et pécheresse (Romains 7,4). C'est en ce sens que J.M. Boice écrit : « la première bonne chose que fait la Loi est de révéler que nous sommes pécheurs[28] ». Ainsi, pour Paul, l'abondance du péché au travers de la Loi n'a fait que rendre nécessaire la surabondance de la grâce en Christ (Romains 5,20)[29], et l'incapacité de la Loi de donner la vie n'a fait qu'orienter l'humanité vers la justification par la foi (Galates 3,21b).

Bien qu'utilisée par le péché pour enfoncer l'humanité dans l'esclavage et lui administrer la mort, la Loi, pour Paul, dans son incapacité à donner la vie, n'était pas en soi un échec ; elle n'était qu'une première phase dans le plan d'intervention divine en vue de la libération de l'humanité de l'esclavage du péché[30]. C'est en ce sens que Sanders considère que,

---

28 J. M. Boice, *Romans*, Volume 2 : *The Reign of Grace, Romans 5,1-8,39*, Grand Rapids, Baker Book House, 1992.

29 À propos du verset 20 et de la venue ou de l'entrée de la Loi, l'on peut apprécier les remarques de Dodson (*The "Powers" of Personification*, *op. cit.*, p. 144-145) : « Il est frappant que Paul ne présente pas la Loi comme directement envoyée ou donnée par Dieu, mais comme entrant activement de par sa propre initiave. Tout comme le péché est entré (εἰσῆλθεν) dans le monde, et comme la mort s'est étendue (διῆλθεν) sur toute l'humanité, de même la Loi est entrée (παρεισῆλθεν). Au lieu de dire que Dieu a directement donné la Loi, Paul personnifie la Loi en utilisant παρεισέρχομαι, un mot qui peut être appliqué à une personne qui entre dans un lieu en cachant sa vraie identité et son vrai personnage. » Dodson appuie cette remarque sur le fait que Plutarque (*Vies* XXIII) a appliqué ce verbe à Coriolan, qui s'est lui-même déguisé pour se rendre derrière les lignes ennemies et provoquer une guerre avec Rome. Dans le même sens, Polybe (*Histoires* I.VII.1-7) utilise ce verbe pour se référer à des mercenaires qui entrent dans Messène en se faisant passer pour des amis, mais uniquement dans le but de tuer des hommes et d'enlever des femmes. Dodson en conclut que Paul utilise ici dans le même sens le verbe παρεισέρχομαι, lequel se trouve d'ailleurs dans un seul autre endroit dans la Bible, en Galates 2,4, où Paul dénonce par ailleurs des faux enseignants qui se font passer pour des amis des chrétiens de Galatie en vue de les asservir.

30 À propos du rôle de la Loi, Moo considère qu'il existe trois possibilités : la Loi pourrait avoir pour fonction soit de définir le péché, soit d'exposer la nature et le pouvoir du

chez Paul, il y a une « double conviction selon laquelle la Loi ne sauve pas » mais qu'en même temps « elle a dû faire partie du plan global de Dieu[31] ». Alors en quel sens peut-on comprendre que la Loi, partie intégrante du plan divin pour le salut de l'humanité, a contribué à la multiplication du péché ? Dieu pourrait-il avoir voulu sauver l'humanité par la vivification et la multiplication du péché ?

Il semble que Paul veut nous dire que la vivification et la multiplication du péché par la Loi n'ont fait que rendre intenable la souffrance de l'humanité dans l'esclavage du péché et accélérer sa délivrance en Christ[32]. En ce sens, Dodson écrit admirablement : « Paul laisse entendre au lecteur que la Loi était toujours en train de travailler en tant qu'infiltrée. Bien que la Loi ait eu l'air d'être une amie du péché, elle était vraiment sainte ; elle a trahi le péché et a exposé ses manières insidieuses afin que l'Ego puisse enfin comprendre la raison de son impuissance à faire le bien qu'il désire[33]. »

Comme si, en donnant au péché l'opportunité d'utiliser la Loi pour tuer l'individu, Dieu avait voulu donner l'occasion au péché de porter sa domination sur l'humanité à son comble, jusqu'à l'absurde, en sorte que l'homme puisse prendre conscience de la situation insoutenable de l'esclavage du péché, de son incapacité à s'en défaire, de l'impossibilité de trouver la vie et la justification dans la Loi, et, à la manière de l'« ἐγώ » en Romains 7, ressentir la nécessité d'une aide, s'en remettre à quelqu'un d'autre, appeler au secours (7,24)[34], et trouver la délivrance de l'esclavage imposé par « la loi du péché et de la mort » grâce à « l'esprit de vie en Jésus-Christ » (8,2).

---

péché, soit de permettre à l'individu (à l'« ἐγώ ») d'expérimenter littéralement le péché (*Romans*, *op. cit.*, p. 433-434).

31 E. Sanders, *Paul, the Law and the Jewish People*, Londres, SCM Press, 1983, p. 151.

32 Pour la notion de souffrance, voir Romains 5,1-11 en écho avec Romains 8,18s. Nous aurons à y revenir plus loin.

33 J. Dodson, *The "Powers" of Personification*, *op. cit.*, 2008, p. 141.

34 Dans le même sens, Cranfield (*A Critical and Exegetical Commentary*, *op. cit.*, p. 294) va même jusqu'à affirmer que la mort « n'est ni un soldat, ni une servante ni un instrument du péché », mais que « la mort est plutôt le signe de l'autorité de Dieu, qu'elle a été employée et voulue non pas par le péché mais par Dieu ». Dodson, pour sa part (*The "Powers" of Personification*, *op. cit.*, p. 126), s'oppose à cette affirmation de Cranfield, et voit la mort comme étant un partenaire du péché, travaillant pour le péché et contre l'œuvre de Dieu. Ne faudrait-il pas plutôt distinguer le dessein apparent de Dieu de son dessein réel ? Ne devrait-on pas plutôt dire, toujours dans le sens de la personnification, que le péché a eu l'illusion de se servir de la Loi pour tuer l'être humain, alors que, en réalité, il n'a fait que contribuer, à son insu, à l'accomplissement du plan divin ?

LE BAPTÊME COMME MOYEN DE LIBÉRATION DE L'ASSERVISSEMENT AU PÉCHÉ ET À LA LOI

Il convient tout d'abord de relever que le principe fondamental de la libération de l'asservissement au péché et à la Loi est la mort. Il s'agit de la mort de l'individu au péché, laquelle est aussi la mort de l'individu à la Loi[35]. S'agissant de la libération de l'asservissement au péché, Paul affirme avec force que « celui qui est mort est libre du péché » (6,7)[36]. Et comment la mort de l'individu libéré du péché se produit-elle ? La mort qui permet la libération de l'esclavage du péché suppose le principe selon lequel, par le baptême, l'individu, à l'image du Christ mort et ressuscité, se trouve mort à son ancienne vie et ressuscité pour une nouvelle vie[37].

C'est ainsi que Paul affirme en Romains 6,6 : « notre vieil homme a été crucifié avec lui (Christ), afin que le corps du péché fût détruit et *que nous ne soyons plus esclaves du péché* ». On voit donc que, selon Paul, dans le baptême, il y a participation du chrétien à la mort et à la résurrection du Christ[38]. Ainsi, grâce à ce principe de participation du chrétien baptisé à la crucifixion et résurrection du Christ[39], Paul établit que le

35 Voir H. Moule, « Death 'to Sin', 'to Law' and 'to the World' : A Note on Certain Datives », in : *Mélanges bibliques en hommages au R.P. Béda Rigaux*, éd. A. Descamps, A. de Halleux, Paris, Duculot, 1970, p. 367-375.

36 On peut être surpris de constater que Paul utilise ici au verset 7 le verbe « δικαιόω » pour expliquer la libération du chrétien de l'esclavage du péché par le moyen de la mort (dans le baptême). Romains 6,7 pourrait ainsi se traduire par : « celui qui est mort est acquitté/justifié/libéré du péché ». Sur les relations entre la conception paulinienne du baptême et les religions à mystères, voir Günter Wagner, *Pauline Baptism and the Pagan Mysteries*, Londres, 1962. Sur l'association du baptême au concept de justification, voir Lorenzo Lorenzi, *Battesimo e Giustizia in Rom 6 e 8*, Roma, Abbazia S. Paolo fuori le mura, 1974.

37 Voir J. Barclay, *Paul and the Gift*, *op. cit.*, p. 500-503.

38 Il conviendrait aussi de s'interroger sur la portée symbolique du baptême dans le cadre de ce changement. Le baptême est-il un simple rituel ou faut-il y voir une signification plus profonde si bien que le chrétien est effectivement mort et ressuscité à l'image du Christ ?

39 Sur la participation du chrétien dans la mort et la résurrection du Christ, voir D. Dupont, *Σὺν Χριστῷ, L'union avec Christ suivant Paul*, Paris, Desclée de Brouwer, 1957 ; R. Tannehill, *Dying and Rising with Christ. A Study in Pauline Theology*, Berlin, Töpelmann, 1966 ; E. Schweizer, « Dying and Rising with Christ », *NTS* 14, 1967-1968,

chrétien est mort au péché et donc qu'il ne vit plus dans l'esclavage du péché. Dans le baptême, le chrétien participe à la mort du Christ, voit son « corps de péché détruit » et son « vieil homme cruxifié », accède à la condition d'homme nouveau et échappe à la domination du péché[40].

Avant d'analyser la signification de cette mort au travers du baptême, on notera ici que Paul applique ce même principe de la mort pour la libération du chrétien de l'empire de la Loi. Ce principe est formulé en Romains 7,1 sous la forme suivante : « la loi exerce son pouvoir sur l'homme aussi longtemps qu'il vit ». Et après avoir comparé cette situation à celle d'une femme mariée dont le mari est mort, Paul va revenir en 7,4 à l'affirmation fondamentale déjà formulée en 6,6, à savoir que, à travers la crucifixion du Christ, le chrétien a lui aussi été mis à mort. La crucifixion du corps du Christ a été aussi la crucifixion du corps du chrétien, de sorte que, à l'instar de sa libération du péché formulée en 6,6, le chrétien puisse être aussi libéré de la domination de la Loi.

En affirmant que la mort du chrétien à la Loi au travers du corps du Christ lui permet d'appartenir à un autre[41], Paul laisse entendre que le chrétien était non seulement esclave du péché mais encore esclave de la Loi (« l'on est esclave de ce à quoi on l'obéit »). On voit donc qu'il s'agit ici toujours du processus de libération de l'esclavage, en l'occurrence, dans ce passage, de la domination de la Loi, et aussi que la libération par rapport au pouvoir de la Loi se fait sous le même mode (par la mort) que la libération par rapport au pouvoir du péché. Cependant, si Paul ne

p. 1-14 ; A. J. M. Wedderburn, « Some Observations on Paul's use of the Phrases 'in Christ' and 'with Christ' », *JSNT* 25, 1985, p. 83-97 ; D. Marguerat, « La mystique de l'apôtre Paul », in : *Paul de Tarse. Congrès de l'ACFEB Strasbourg, 1995*, éd. J. Schlosser, Paris, Cerf, 1996, p. 79-97 ; U. Schnelle, « Transformation und Partizipation als Grundgedanken paulinischer Theologie », *NTS* 47, 2001, p. 58-75 ; U. Luz, « Paul as a Mystic », in : *The Holy Spirit and Christian Origins : Essays in Honor of James D. G. Dunn*, éd. G.N. Stanton, B. Longenecker, S.C. Barton, Grand Rapids, Eerdmans, 2004, p. 131-143 ; M. Wolter, *Paulus*, *op. cit.*, p. 227-259 notamment.

40 S.K. William, *Jesus' Death as Saving Event. The Background and Origin of a Concept*, Missoula, Scholars Press, 1975.

41 J. Dunn voit dans le baptême une incorporation dans le corps du Christ (« Salvation Proclaimed : VI. Romans 6,1-11 : Dead and Alive », *ExpTim* 93, 1982, p. 361). Dans le même sens, on peut comprendre que cette mise à mort à la Loi au travers du corps du Christ comme une référence au baptême, et donc que la mort à la Loi par le corps du Christ, dont il est question en 7,1-6, est la mort au péché par le baptême (lequel est pour Paul une participation à la crucifixion du Christ) décrite en 6,1-11. Le péché et la Loi étant étroitement associés dans l'exercice de leur pouvoir sur l'être humain (6,14), la mort au péché signifie donc aussi la mort à la Loi.

précise pas en 7,1-6 que la mort à la Loi s'est produite par l'intermédiaire du baptême, il est aisé de comprendre que la mort dont il est question en 7,1-6 est celle-là même dont il était question en 6,1-11.

En effet, dans les deux cas, c'est au travers de la crucifixion du Christ que s'est produite la mort du vieil homme du chrétien. Il apparaît que c'est parce que le chrétien est libéré de l'asservissement au péché par la mort dans le baptême qu'il est aussi libéré de l'empire de la Loi. C'est donc par la mort dans le baptême que le chrétien, participant à la mort du Christ, se trouve simultanément délivré de l'asservissement au péché et de l'empire de la Loi[42].

Mais pourquoi Paul fait-il de la mort une condition nécessaire à la double libération de l'asservissement au péché et de l'empire de la Loi ? Avant d'essayer de comprendre la portée de cette question, il importe de souligner que Paul ne présente pas la mort dans le baptême comme un symbole ou une simple imitation de la crucifixion et de la résurrection du Christ mais comme une participation effective du chrétien à la mort et la résurrection du Christ[43]. En d'autres termes, il nous semble que, pour Paul, le baptême du chrétien n'est pas une simple métaphore de la crucifixion et de la résurrection du Christ, mais qu'il correspond à une réalité au sein de laquelle le chrétien prend effectivement part à la mort du Christ.

En effet, Paul précise que c'est dans la mort du Christ que les chrétiens ont été baptisés (6,3), qu'ils ont été ensevelis avec lui (le Christ) par le baptême en sa mort (6,4a) et que, dans ce baptême dans la mort

---

42 C'est d'ailleurs pour cela que, en Romains 7,7-13, Paul montre que la Loi est elle-même mise au service du péché. On peut donc comprendre que, lorsque le chrétien, par la mort dans le baptême, est libéré de l'asservissement au péché, il est aussi automatiquement libéré de l'empire de la Loi (elle-même asservie par le péché).

43 De ce point de vue, on peut apprécier l'analyse d'Engberg-Pedersen : « [...] cela (l'invitation que Paul fait aux chrétiens *à se regarder* comme morts au péché et vivants pour Dieu) peut être compris de deux manières. Ou bien ils (les chrétiens) devraient se voir comme étant *quelque chose qu'ils ne sont pas effectivement* – ils ne sont pas littéralement morts ; et le péché reste dans le corps physique, lequel demeure aussi tel quel ; ils devraient se voir *comme s'ils étaient* mort au péché. Ou bien ils (les chrétiens) devraient se voir comme étant *quelque chose qu'ils sont effectivement* – morts au péché et vivants pour Dieu. Puisque le péché est lié au corps physique, cela voudra dire qu'ils *sont* morts – ou au moins qu'ils sont en train de mourir littéralement et physiquement. De ces deux options, il semble clair que la seconde saisit mieux la pensée de Paul. Le baptême paulinien n'était pas juste un 'symbole' de la mort du Christ. C'était un rituel dans lequel les choses qui se produisaient voulaient dire que le corps de chair et de sang commençait à dépérir tandis que le même corps, désormais revêtu de l'Esprit, commençait à se fortifier ». (Voir *Cosmology and Self in the Apostle Paul : The Material Spirit*, Oxford, Oxford University Press, 2010, p. 54-55.)

du Christ, « notre vieil homme a été crucifié avec lui (le Christ), afin que le corps du péché fût détruit et que nous ne soyons plus esclaves du péché » (6,6). Comme on peut l'observer, Paul insiste avec force sur le fait que le chrétien baptisé participe à la mort du Christ, et aussi que, dans le baptême, le chrétien a bien connu la mort, et notamment *la mort de son vieil homme ou la destruction de son corps de péché.*

Pour comprendre l'importance, dans l'argumentation paulinienne, de la réalité de la mort du vieil homme du chrétien par le baptême, il suffirait d'imaginer que cette mort ne soit qu'une figure ou une simple image. L'on se rendrait compte alors que l'affirmation paulinienne selon laquelle les chrétiens sont libérés de l'asservissement au péché par la mort dans le baptême est vide de sens. En effet, si l'asservissement au péché est bien réel, il faut bien que la mort qui permet la libération de cet asservissement soit tout aussi réelle. Mais ce n'est pas tout.

Il convient également de se rappeler ici que, en Romains 5,12-21, Paul présente la mort non seulement comme une conséquence ou un corollaire du péché mais aussi comme étant une puissance ou un empire qui, à la manière de l'empire du péché, a régné sur l'humanité depuis Adam. On peut comprendre que le baptême, au chapitre 6, est pour le chrétien non seulement le moyen de libération de l'asservissement au péché mais aussi le moyen pour échapper au pouvoir de la mort. C'est ainsi que Paul affirme que l'ensevelissement du chrétien avec Christ par le baptême a pour finalité de lui permettre de parvenir à une nouveauté de vie, à l'instar du Christ ressuscité des morts (6,4).

Notons que Paul ne dit pas que le chrétien baptisé est ressuscité mais qu'il marche[44] en nouveauté de vie (6,4b). Pourtant, en affirmant que la mort n'a plus de pouvoir sur le Christ ressuscité (6,9), que si les chrétiens sont devenus une même plante avec Christ[45] par la conformité à sa mort, ils le seront aussi par la conformité à sa résurrection (6,5),

44 Le verbe « περιπάτεῖν », que nous traduisons ici par « marcher », peut être considéré comme une métaphore que l'on pourrait rendre également par « vivre ». Voir par exemple Romains 8,4 ; Marc 7,5 ; 2 Thess 3,6. Notons que « περιπάτεῖν » peut aussi comporter l'idée de « processus » et prendre le sens de « progresser ». Pour les différents usages de « περιπάτεῖν », voir H. Liddell, R. Scott, *Greek English Lexicon*, *op. cit.*, 1883, p. 1193-1994.

45 L'expression « σύμφυτοι γεγ όναμεν », que nous traduisons par « devenir une même plante avec », suppose le fait de « grandir ensemble » et d'« avoir un lien de parenté ». Elle pourrait aussi se traduire par « être de la même famille », « être de la même origine », « être semblable par *nature* ». Voir la signification de « σύμφυτος » chez H. Liddell, R. Scott, *Greek English Lexicon*, *op. cit.*, 1883, p. 1469.

et aussi que les chrétiens morts avec le Christ vivront aussi avec lui (v. 6,8)[46], l'apôtre laisse entendre que le chrétien baptisé et marchant en nouveauté de vie est non seulement délivré de l'asservissement au péché et du l'empire de la Loi, mais qu'il échappe aussi au pouvoir de la mort[47]. Comme si de la délivrance de l'empire du péché résultait automatiquement la délivrance du pouvoir de la mort[48].

L'EXERCICE DE L'ESCLAVAGE DU PÉCHÉ *PAR* LE CORPS, LA CHAIR ET LES MEMBRES[49]

Il est important de noter que, pour Paul, le péché exerce sa puissance asservissante sur l'être humain au travers de son corps, de sa chair ou de ses membres. En effet, en Romains 6-8, Paul présente le corps[50], les membres et la chair comme ce par quoi le péché a prise sur l'individu. L'apôtre semble même considérer que, même en Christ, l'homme ne cesse, par son corps et sa chair, d'être l'objet des assauts du péché, et donc qu'il ne sera complètement victorieux que lorsque le corps sera, lui-aussi, racheté (Romains 8,23). En effet, une lecture attentive de Romains 6-8 permet de réaliser que le thème central du discours paulinien réside dans l'intervention du Christ pour contrer l'exercice de la puissance du péché, lequel se fait notamment au travers du corps ou de la chair.

46 Ce verset peut être rapproché des affirmations pauliniennes en 1 Corinthiens 15, où la mort est présentée comme une condition nécessaire à la vie nouvelle (la résurrection).

47 Notons la similarité ou le parallélisme synonymique entre les expressions « ἡμεῖς ἐν καινότητι ζωῆς περιπατήσωμεν » (6,4) // « δουλεύειν ἡμᾶς ἐν καινότητι πνεύματος » (7,6).

48 Ceci est à mettre en relation avec 1 Corinthiens 15,56a, où Paul affirme que « l'aiguillon de la mort, c'est le péché ».

49 Précisons d'emblée que nous ne sommes pas en train d'affirmer ici que ces trois notions (« σῶμα », « μέλη », « σάρξ ») sont des synonymes chez Paul, la principale différence étant la suivante : en Romains 6,1-8,13, alors que le corps et les membres (bien que soumis aux assauts du péché) peuvent être mis au service de Dieu, la chair semble être essentiellement dévouée, voire assimilée au péché.

50 Le corps (des chrétiens), à chacune de ses occurrences *en Romains 6,1-8,13*, est toujours accompagné de la notion de péché et/ou de mort : « le corps de péché » (6,6), « le péché dans le corps mortel » (6,12), (délivrer) « de ce corps de mort » (7,24), « le corps est mort à cause du péché » (8,10), « vos corps mortels » (8,11), « vous faites mourir les actions du corps » (8,13).

C'est en ce sens que, en Romains 6,6, Paul déclare que notre vieil homme a été crucifié avec le Christ « afin que le corps du péché fût détruit, pour que nous ne soyons plus esclaves du péché ». Il apparaît évident que Paul établit ici une relation logique (de finalité) entre la destruction du corps du péché et la cessation de l'esclavage du péché. Ce qui laisse entendre que l'abolition de l'esclavage du péché passe d'abord par la destruction du corps du péché. Mais si Paul déclare (au passé) que le corps du péché a été détruit en raison de la participation des chrétiens à la crucifixion du Christ, il laisse aussi entendre que le péché n'a pas abandonné ses initiatives pour dominer le corps et que les chrétiens doivent veiller à ce que leurs membres se trouvent au service de la justice et non plus au service du péché.

C'est ainsi que, dans les exhortations de Romains 6,11-23, Paul recommande aux chrétiens de veiller à ce que le péché ne règne pas dans leur « corps mortel » (v. 12a). Notons que, dans ce verset, le sujet du verbe est le péché, ce qui veut dire que c'est bien le péché qui prend l'initiative de la (re)conquête du corps. Mais Paul recommande aussi aux chrétiens de ne pas livrer leurs « membres au péché comme des instruments (ou des armes) d'iniquité » (v. 13a), et il leur rappelle que, lorsqu'ils étaient esclaves du péché, ils livraient leurs « membres comme esclaves à l'impureté et à l'iniquité » (v. 19). De ces versets, il apparaît que, pour Paul, c'est au travers du corps ou des membres que le péché exerce son pouvoir d'asservissement sur l'individu.

De même, en Romains 7,1-6, l'apôtre montre clairement que c'est dans la chair ou dans nos membres que s'opérait l'action du péché par le moyen de la Loi. C'est en ce sens que, au verset 5, il affirme : « lorsque nous étions dans la chair, *les passions des péchés advenant par la Loi agissaient dans nos membres* ». On voit donc que, même dans son usage de la Loi pour administrer la mort à l'individu, le péché conserve toujours son terrain d'action privilégié qui est la chair (le corps, les membres).

Par ailleurs, on peut observer que, en Romains 7,7-11, Paul se réfère au commandement interdisant la convoitise pour expliquer comment le péché se sert de la Loi pour tuer l'être humain. Pourquoi utiliser l'interdiction de la convoitise pour expliquer l'action du péché dans la chair, les membres et le corps ? Il nous semble que l'apôtre cherche à insister sur le fait que la convoitise est la source du péché[51], et aussi sur

51 Notons que cette conception de la convoitise (comme source de péché) figure également en *Apocalypse d'Abraham* 24,8.

l'étroite relation entre le péché et le corps, car la convoitise (ou le désir = « ἐπιθυμία ») relève essentiellement du corps. Il apparaît donc que, selon Paul, le péché fait du corps (l'origine des désirs ou convoitises) le siège à partir duquel il opère son œuvre d'asservissement.

Une telle affirmation est confirmée par Romains 7,23, où Paul présente l'affrontement dans l'individu de deux lois, la loi de son entendement (ou la Loi de Dieu) et « *la loi du péché qui est dans ses membres* » (7,23). Il apparaît clairement ici que, selon Paul, les membres (le corps ou la chair) sont régis par leur propre loi qui n'est autre que la loi du péché. Et l'individu, déchiré par cette lutte entre ces deux lois en lui, ne fait que constater ou observer (« βλέπω » v. 23, « Εὑρίσκω » v. 21) impuissamment *l'action de la loi du péché dans son corps*. Comme s'il était dépossédé de son propre corps, comme si celui-ci était devenu pour lui une entrave. D'où son appel au secours pour la délivrance du « corps » en 7,24[52].

On remarquera par ailleurs que le chapitre 7 s'achève sur la conclusion selon laquelle l'individu est doublement esclave : esclave de la Loi de Dieu par son entendement, et par sa chair esclave du péché (7,25b). *A priori*, l'on pourrait être tenté de dire que l'individu dont il est question ici ne pourrait être un chrétien, car il est à la fois esclave de Dieu et esclave du péché. Mais ce serait oublier que l'esclavage du péché s'exerce par la chair et que le chrétien, bien que libéré de l'esclavage du péché, est toujours affecté par la chair, et donc sujet à l'influence du pouvoir du péché. C'est seulement en tenant compte du fait que, pour Paul, c'est par la chair, le corps et les membres que le péché a prise sur l'individu que l'on peut comprendre toute la portée de Romains 7,25b.

Sinon, l'affirmation selon laquelle l'individu est à la fois esclave de la Loi de Dieu (par son esprit) et esclave de la loi du péché (par sa chair)

52 À propos de la lutte entre la Loi de l'entendement et la loi du péché dans le corps, et aussi le dualisme qui caractérise ce passage, B. Clark (*Delight for a Wretched Man*, Darlington, Evangelical Press, 1993, p. 45-46) écrit : « Les dualités et les tensions révélées sont causées par la tension qui existe dans la vie chrétienne entre la volonté et l'action, entre les aspirations et les accomplissements. Cela résulte du double statut de celui qui, d'un côté, appartient à Christ et au nouvel ordre du monde et, de l'autre, parce qu'il est encore dans ce monde et dans la chair, appartient dans une certaine mesure à l'ancien ordre du monde. Le conflit est le résultat de sa double situation dans les deux ordres du monde ; c'est ce dualisme qui oblige Paul à aspirer à la délivrance eschatologique totale au verset 25. Son cri n'est pas un cri de désespoir, mais de frustration et d'impatience, [...] d'attente de la rédemption du corps [...]. À travers Christ, la victoire est déjà acquise, si bien que nous pouvons attendre impatiemment avec confiance le jour de la rédemption complète et finale. »

serait en parfaite contradiction avec le principe paulinien selon lequel l'on ne peut avoir deux maîtres en même temps (6,16). À moins que l'on suppose que ces deux esclavages agissent de concert sur l'individu. On serait, en effet, tenté de dire que la Loi de Dieu et la loi du péché, dont l'individu est doublement esclave, agissent de façon coordonnée et que, la Loi s'étant trouvée au service du péché (7,7-13), l'individu asservi à la Loi (de Dieu) se trouve enfoncé dans l'asservissement au péché. Il en résulterait que l'individu, en servant la Loi (vassalisée par le péché), sert aussi le péché, et qu'il aurait donc deux maîtres dont l'action en lui serait coordonnée.

Mais telle n'est pas, nous paraît-il, la situation que Paul décrit ici : il s'agit bien d'une situation conflictuelle où deux lois, la Loi de Dieu (ou de l'entendement) et la loi du péché dans ses membres sont en lutte dans l'individu (7,23)[53]. Mais la question sous-jacente à cette analyse est la suivante : selon Paul, cette lutte contre la loi du péché et contre la chair concerne-t-elle aussi le chrétien ? En réponse à cette question, l'idée qui nous semble prédominer dans ce texte est que le chrétien, bien qu'il soit, principiellement et par l'Esprit, victorieux contre la chair et le péché, reste constamment sous la menace d'une résurgence des pouvoirs de la chair et de l'esclavage du péché. D'où le sens des mises en garde formulées par l'apôtre en Romains 6,12-13 et 8,13.

Nous voyons donc que, même délivré de l'esclavage du péché par la chair et le corps, le chrétien est appelé à faire mourir constamment les actions du corps et à rester sous la bannière de l'Esprit et du Christ. Et c'est seulement si le Christ et l'Esprit de Dieu habitent dans le chrétien qu'il peut triompher de la chair. Ainsi, pour Paul, la condition *pour faire mourir les actions du corps ou pour ne pas vivre selon la chair* (sous la coupe

53 Une fois de plus, il est important de rappeler que, même si la chair (ainsi que les membres et le corps de mort) de l'individu se trouve esclave du péché et coopère avec le péché, l'on ne saurait imputer, à la manière de Dodson (*The "Powers" of Personification, op. cit.*, p. 133), une quelconque responsabilité à l'individu qui d'ailleurs prend plaisir à la Loi de Dieu et lutte avec acharnement contre la domination de *la loi du péché dans ses membres*. De plus, comme nous l'avons déjà souligné, la structure de Romains 7,7-25 se veut celle d'une plaidoirie contre le péché. En effet, dans un premier temps (7,7-12), Paul décharge la Loi de toute responsabilité dans la mort de l'individu, puis il accuse *le péché qui opère dans la chair de l'individu* tout en dédouanant celui-ci de toute responsabilité. D'où l'affirmation claire de l'« ego » selon laquelle il ne sait pas ce qu'il fait, qu'il n'est pas maître de ses actions mais que c'est le péché qui habite en lui qui gouverne ses actions (« οὐκέτι ἐγὼ κατεργάζομαι αὐτὸ ἀλλὰ ἡ οἰκοῦσα ἐν ἐμοὶ ἁμαρτία », vv. 17 et 20).

de la chair) est qu'il se trouve dans le chrétien la présence de l'Esprit (8,11) ou du Christ (8,10).

Enfin, s'il est un passage qui atteste clairement le fait que le corps – même chez le chrétien libéré de l'esclavage du péché – n'est *pas encore* délivré ou racheté de l'esclavage, c'est Romains 8,23 où Paul déclare que nous sommes en train d'attendre « *la rédemption (la délivrance) de notre corps*[54] ». Il est nécessaire d'insister sur le mot « ἀπολύτρωσις » (« *rédemption* » ou « *délivrance* ») que Paul utilise ici[55]. Que l'on traduise le terme « ἀπολύτρωσις » par « rédemption » ou par « délivrance », il convient de se poser la question suivante : selon Paul, *de quoi* attendons-nous que le corps soit racheté ou délivré ?

Nous savons bien que le mot rachat ou rédemption fait partie du champ lexical de l'esclavage et suppose la libération d'un esclave sur paiement d'une rançon. Donc, quand Paul affirme ici que les chrétiens sont dans l'attente (eschatologique) de la rédemption ou de la délivrance de leur corps, n'est-il pas en train de suggérer que *le corps n'est pas encore racheté ou délivré de l'esclavage du péché ?* Paul ne définit-il pas l'essence charnelle (« ἐγὼ δὲ σάρκινός εἰμι » 7,14b) de l'individu comme étant « vendue au péché » (« πεπραμένος ὑπὸ τὴν ἁμαρτίαν » 7,14c)[56] ? D'où la nécessité d'un « *rachat* du corps » lors de la victoire finale (eschatologique).

54 Rappelons que nous n'établissons pas une relation de synonymie entre « σῶμα » et « σάρξ » : alors que cette dernière est toute entière vouée (ou même identifiée) au péché, le « σῶμα » paulinien, bien qu'instrumentalisé par le péché, sera, dans un temps eschatologique, racheté ou délivré (de l'esclavage du péché).

55 Notons que le terme « ἀπολύτρωσις », que nous traduisons ici par « rédemption », peut aussi signifier « délivrance ». C'est notammeent le cas en Luc 21,28. Mais « ἀπολύτρωσις » désigne généralement l'acte de payer une rançon, ou la rédemption par paiement d'une rançon. Les verbes « ἀπολυτρόω » ou « ἀπολύω » signifient généralement « relacher sur paiement d'une rançon » ou racheter. Voir les autres usages de « ἀπολύτρωσις » en Rm 3,24 ; 1 Cor 1,30 ; Eph 1,7.14 ; 4,40 ; Col 1,14 ; Héb 9,15 ; 11,35. Pour les différents usages de « ἀπολύτρωσις », et « ἀπολύω », voir H. Liddell, R. Scott, *Greek English Lexicon*, *op. cit.*, 1883, p. 189.

56 On pourrait même affirmer ici que 7,14c (« πεπραμένος ὑπὸ τὴν ἁμαρτίαν ») n'est pas seulement mis en apposition à 7,14b (« ἐγὼ δὲ σάρκινός εἰμι ») dans une relation de complémentarité, mais qu'il s'agit aussi d'une relation de synonymie : être charnel, c'est aussi être vendu au péché. Par ailleurs, il convient de noter que Paul pourrait être le premier à utiliser l'expression « πεπραμένος ὑπὸ τὴν ἁμαρτίαν ». D'après Jewett (*Romans*, *op. cit.* p. 461), l'occurrence de cette expression en Romains 7,14 est la première dans la littérature grecque.

LE TRANSFERT DE L'ASSERVISSEMENT AU PÉCHÉ (DU RÈGNE DE LA MORT) AU SERVICE DE LA JUSTICE (AU RÈGNE DE LA VIE)

Nous savons que, pour Paul, la libération de l'esclavage ne se fait que sous le mode de la rédemption, de passage d'un esclavage à un autre : un esclave ne sort de l'influence d'un maître que s'il est racheté par un autre. La conception paulinienne de l'esclavage suppose donc qu'un esclave libéré ne devient pas libre d'une manière absolue mais qu'il passe sous la tutelle exclusive d'un autre maître. C'est ainsi que, en Romains 6,13.16.18 et 19-20, Paul insiste sur le fait que le chrétien, étant libéré de l'empire du péché, appartient maintenant au règne de la justice, dont les principes sont diamétralement opposés à ceux du règne du péché[57]. Il est donc important de souligner que, chez Paul, la liberté du chrétien, une fois sorti de l'esclavage du péché, n'est pas absolue. Bien loin de là !

En fait, la libération du chrétien qui repose sur le principe de la participation, par le baptême, à la mort et à la résurrection (la vie) du Christ, a comme conséquence le fait que l'individu est transféré non seulement du statut de vieil homme à celui d'homme nouveau mais aussi de l'empire du péché et de la mort au règne de la grâce, de la justice et de la vie. Pour Paul, il s'agit de deux empires complètement distincts, voire opposés. Et l'opposition entre ces deux règnes se manifeste dans la vie du chrétien à la fois sur un plan temporel (il passe de son ancienne vie d'esclave du péché à sa nouvelle vie de serviteur de la justice) et logique (les deux règnes ayant leurs principes de vie respectifs, le chrétien libéré du règne du péché pour entrer dans le règne de la justice doit se conformer aux principes du nouveau règne).

C'est en ce sens que, en Romains 6,12-23, Paul insiste sur le fait que les chrétiens n'ont plus aucun rapport avec l'empire du péché et qu'ils

---

57 Ici, le concept de « justice » ne renvoie pas strictement et uniquement à une dimension morale de la vie chrétienne. Comme l'écrit Dodson (*The "Powers" of Personification*, *op. cit.*, p. 155), « la personnification paulinienne de "*dikaiosunê*" présente la justice comme plus qu'une conduite (morale) correcte mais comme une force qui exerce de l'autorité sur le chrétien ».

doivent uniquement se conformer aux principes de vie du règne de la justice : « de même que vous avez livré vos membres comme esclaves à l'impureté et à l'iniquité, en vue de l'iniquité, ainsi, maintenant, livrez vos membres comme esclaves à la justice, en vue de la sainteté » (6,19b). L'idée que Paul cherche à établir ici est qu'il est impossible que le chrétien serve deux maîtres à la fois. De la même manière que, lorsque les chrétiens étaient esclaves du péché, ils appartenaient complètement à l'esclavage du péché, une fois devenus esclaves de la justice ou « esclaves de Dieu[58] », ils doivent donc être complètement libres à l'égard du péché (6,22a).

Il s'agit donc pour le chrétien de faire un choix clair, sans mélange, sachant que l'esclavage du péché produit des fruits honteux et conduit à la mort (6,21,23a) et que l'esclavage de Dieu ou de la justice a pour fruit la sainteté et conduit à la vie éternelle (6,22b,23b)[59]. Cette opposition radicale entre le péché et la justice se retrouve en Romains 8,10, où elle est associée à deux autres oppositions, celle entre le corps et l'esprit, et celle entre la mort et la vie. Paul y précise, en effet, que les conséquences du fait que le Christ se trouve dans le chrétien, c'est que « le corps est mort à cause du péché », et « l'esprit est vie à cause de la justice[60] ».

58 On peut noter que, en 6,22, l'expression « esclaves de la justice » est remplacée par « esclaves de Dieu », ce qui renvoie donc à une même réalité. Cela montre par ailleurs que « δικαιοσύνη » est ici une figure personnifiée.

59 Il faut noter que si, en Romains 6,23, le don gratuit (« χάρισμα ») est lié à la vie éternelle (« ζωὴ αἰώνιος »), en Romains 5,16, le même don gratuit (« χάρισμα ») est lié à la justification (« δικαίωμα »).

60 On pourrait aussi comparer cette opposition entre péché et justice chez Paul à des passages de l'Ancien Testament (comme Proverbes 13,6 et 14,33 ou Psaumes 15,11) dans lesquels péché et justice sont mis en opposition. Sur ce point, voir A. Feuillet, « Les attaches bibliques des antithèses pauliniennes dans la première partie de l'Épitre aux Romains (1-8) », in : *Mélanges bibliques en hommages au R.P. Béda Rigaux*, éd. A. Descamps et A. de Halleux, Paris, Duculot, 1970, p. 323-349.

DU STATUT D'ESCLAVE AU STATUT DE FILS GLORIFIÉ

En outre, une interprétation correcte du texte paulinien quant à la libération du chrétien de l'esclavage du péché ne saurait se limiter aux affirmations de Romains 6. En effet, dans ce chapitre, il est dit que le chrétien est passé d'un esclavage à un autre. Si l'on s'y limitait, on pourrait être tenté d'en déduire que le chrétien justifié (ou esclave de la justice) aurait un statut d'esclave et que sa justification ne consisterait qu'en ce qu'il a changé de maître. Bien que correcte, cette interprétation s'avère limitée si l'on considère que Romains 8 fait aussi partie intégrante de la doctrine paulinienne de la justification.

En effet, Romains 8 apparaît comme l'aboutissement logique de la pensée développée dans les chapitres 5 à 7, et, à ce titre, constitue le couronnement de la doctrine paulinienne de la justification dans l'épître. En Romains 8, Paul laisse entendre que les chrétiens justifiés, ayant reçu l'Esprit de Dieu, sont maintenant fils de Dieu (v. 14), et que l'Esprit qu'ils ont reçu n'est pas un esprit de servitude ou d'esclavage qui les maintiendrait dans la crainte (d'un maître), mais, bien au contraire, un esprit qui leur permet d'appeler Dieu « Père » (8,15)[61].

Faut-il tenir ces affirmations pour détachées, indépendantes de celles du chapitre 6, ou faut-il au contraire les considérer dans la continuité du chapitre 6, comme un ajout, un complément ? Il convient également de savoir, comparativement à la filiation du peuple d'Israël, ce que représente pour Paul l'adoption des païens qui croient en Christ. Sur cette question, Moo écrit : « À la fois en Romains et en Galates, Paul est clair sur le fait que le langage esclave/fils/héritier peut être appliqué plus généralement au statut de tous les gens qui sont inclus dans le cadre de l'histoire du salut[62]. » En effet, il nous semble que les affirmations du chapitre 8 sur

61 Cette formulation de l'adoption se trouve également en Galates 4,3-7, où, après avoir parlé du peuple d'Israël qui était placé sous la garde de la Loi jusqu'à l'avènement du Christ, Paul s'adresse directement aux pagano-chrétiens, lesquels servaient auparavant toutes sortes de faux dieux (4,8), pour leur dire que maintenant ils ne sont plus esclaves, mais que, parce qu'ils ont reçu l'Esprit du Fils, ils ont été adoptés et sont devenus fils de Dieu.

62 D. Moo, *Romans*, *op. cit.*, p. 533. Pour une étude détaillée de la question de l'adoption chez Paul, voir : James Scott, *Adoption as Sons of God. An Exegetical Investigation into the*

le fait que les chrétiens ne sont pas esclaves mais fils sont à considérer comme complémentaires de celles du chapitre 6.

Cependant, il est fondamental de prendre en compte la dimension eschatologique de l'adoption des chrétiens dans la doctrine paulinienne de la justification. En effet, en Romains 8,14-17, s'il est clairement dit que les chrétiens ont reçu l'Esprit par le moyen duquel ils ont été également adoptés, plus loin, en 8,23, il est tout aussi clairement dit que les chrétiens n'ont reçu que les prémices de l'Esprit et qu'ils sont dans l'attente de l'adoption[63]. Dans le même sens, au verset 24, Paul complète son affirmation par une autre assertion, apparemment paradoxale, selon laquelle « c'est en espérance que nous avons été sauvés[64] ». Nous avons ici une insistance sur l'assurance d'un salut déjà réalisé, alors que ce salut fait encore l'objet d'une « espérance ».

Mieux encore, en Romains 8,17, Paul affirme que les chrétiens, en tant qu'enfants de Dieu et cohéritiers de Christ, peuvent bénéficier de la gloire du Christ. Au verset 18, il est clairement dit qu'il s'agit d'une « gloire à venir qui sera révélée » pour les chrétiens, en contraste avec les souffrances qu'ils endurent dans le présent. En outre, au verset 22, Paul formule le vœu ou l'espérance que la création puisse être, elle aussi, « affranchie de la servitude de la corruption » pour qu'elle puisse prendre part (dans le futur) à « la liberté de la gloire des enfants de Dieu ».

Cependant, au verset 30, il est clairement question de la glorification des chrétiens au passé. Paul précise en effet que ceux que Dieu « a prédestinés, il les a aussi appelés, ceux qu'il a appelés, il les a aussi justifiés, et ceux qu'il a justifiés, il les a aussi glorifiés ». L'ensemble de ces actions sont exprimées à l'aoriste, ce qui peut se comprendre comme suit : Dieu a posé ces actions à un temps donné dans le passé, mais une fois pour

---

Backgroung of ΥΙΟΘΕΣΙΑ in the Corpus Paulinum, Tübingen, Mohr Siebeck, 1992 ; B. Byrne, *'Sons of God' – Seed of Abraham'. A Study of the Idea of Sonship of God of All Christians in Paul Against the Jewish Background*, Rome, Pontifical Biblical Institute, 1979.

63 Sur la dimension eschatologique de la réception de l'Esprit et de l'adoption, voir G. Vos, « The Eschatological Aspect of the Pauline conception of the Spirit », in : *Redemptive History and Biblical Interpretation*, Phillipsburg, Presbyterian & Reformed Publishing, 1980, p. 91-125 ; I. de la Potterie, « Le chrétien conduit par l'Esprit dans le cheminement eschatologique (Romains 8,14) », in : *The Law of the Spirit in Romans 7 and 8*, éd. L. Lorenzi, Rome, Saint Paul's Abbey, 1974, 1976, p. 210-215.

64 Cette affirmation est à mettre en relation avec celle de Galates 5,5, où Paul parle de la justification en termes d'espérance (« ἡμεῖς γὰρ πνεύματι ἐκ πίστεως ἐλπίδα δικαιοσύνης ἀπεκδεχόμεθα »).

toutes, c'est-à-dire qu'elles sont valables à la fois dans le passé, le présent et le futur. La glorification serait donc un acte qui s'est produit dans le passé et qui demeure valide pour le présent et le futur[65].

Par ailleurs – et cela nous semble tout aussi important –, la glorification apparaît, dans ce verset, comme l'aboutissement ou le couronnement des actions divines pour le salut du chrétien. On peut d'ailleurs se demander si les actions divines (la prédestination, la vocation, la justification, la glorification) exprimées en Romains 8,30 se sont produites successivement ou simultanément. Les nombreuses récurrences du « καί » (« aussi ») pourraient plaider en faveur de la simultanéité et suggérer l'idée que, dans le plan divin, ceux qui ont été prédestinés ont été également, dans le même temps et par l'acte même de la prédestination, appelés, justifiés et glorifiés.

De la même manière que les héritiers d'Abraham bénéficient de la justice imputée à celui-ci (avant même qu'ils viennent à l'existence), la justification et la glorification de ceux qui ont été prédestinés et appelés pourraient donc avoir été scellées, dans le plan divin, avant même qu'ils viennent à l'existence. Mais que la prédestination, la vocation, la justification et la glorification soient simultanées ou successives, on ne peut nier que Paul établit une association logique entre ces actions et surtout le fait que la glorification apparaît comme le couronnement de l'ensemble des autres actions.

Il apparaît en effet qu'il n'y a pas de justification sans glorification, puisque ceux que Dieu a justifiés, il les a *aussi* glorifiés. Faut-il comprendre que, tout comme la glorification se présente en tant qu'un événement devant se réaliser dans le futur (Romains 8,17-18, 21), la justification comporte elle aussi une dimension future ? Si, dans l'épître aux Romains, Paul est clair quant au fait que la justification est déjà réalisée, comment comprendre son affirmation dans l'épître aux Galates selon laquelle « nous attendons de la foi, par l'Esprit, l'espérance de justice » (5,5) ? Ne faut-il pas considérer que la justification, telle que Paul l'a conçue, est un événement déjà pleinement réalisé en Christ, mais bénéficiant sans cesse à de nouveaux chrétiens et devant se parachever à l'horizon des derniers jours ?

---

65 Pour une étude plus détaillée sur cette question, voir C. H. Giblin, *In Hope of God's Glory : Pauline Theological Perspectives*, New York, Herder and Herder, 1970 ; M. Loane, *The Hope of Glory : An Exposition of the Eighth Chapter in the Epistle to the Romans*, Londres, Hodder and Stoughton, 1968.

LES ARRIÈRE-PLANS POSSIBLES DE LA CONCEPTION PAULINIENNE DE L'ESCLAVAGE

Ces considérations sur l'exercice du pouvoir asservissant du péché sur l'être humain ne seraient pas complètes sans une analyse des influences qui ont pu s'exercer sur la conception paulinienne de l'esclavage du chrétien par le péché. L'une des principales hypothèses explorées sur l'origine de la conception paulinienne de l'esclavage dans l'épître aux Romains est que Paul aurait utilisé l'esclavage du péché comme une métaphore en référence à l'esclavage qui sévissait dans l'Empire romain. Selon cette hypothèse, Paul se serait servi de cette métaphore en raison du fait que les destinataires de sa lettre étaient familiers des pratiques courantes de l'esclavage. Il apparaît même qu'un certain nombre de chrétiens dans la communauté romaine étaient eux-mêmes esclaves.

C'est en ce sens qu'Adolph Deissmann compare l'usage de la terminologie de l'esclavage chez Paul avec les descriptions de la manumission sacrée retrouvées dans le sanctuaire de Delphes dédié à Apollon. Situé au nord de Corinthe, ce temple accueillait régulièrement des cérémonies de libération d'esclaves par manumission. En effet, il existait dans l'Empire romain une pratique de libération d'esclaves qui consistait en ce que l'esclave libéré était considéré comme racheté par Apollon, si bien que, même libéré, il devenait l'esclave d'Apollon. Ce second esclavage était fictif : le dieu ne faisant pas usage de ses droits sur son esclave, ce dernier se trouvait parfaitement affranchi[66]. Comme, chez Paul, la libération de l'esclavage du péché suppose un transfert au service de Dieu, Deissmann conclut que la pratique de la manumission dans l'Empire romain est à l'origine de la conception paulinienne de l'esclavage.

Si plusieurs autres commentateurs[67] ont repris, à leur façon, cette comparaison dressée par Deissmann, cette dernière a été presque

66 A. Deissmann, *Light From the Ancient East : The New Testament Illustrated by Recently Discovered Texts of The Greco-Roman World*, Grand Rapids, Eerdmans, 1975, p. 332-340.

67 Comme W. Westermann, « The Freedman and the Slaves of God », *Proceedings of the American Philosophical Society*, 92, 1948, p. 56-64. On peut noter que, à l'inverse de Deissman, Westermann affirme que la vente de l'esclave à Apollon n'était pas fictive mais représentait une sorte de vente à crédit.

complètement abandonnée après la critique de Franz Bömer[68], qui a montré que Deissmann avait exagéré ce parallélisme et que les terminologies utilisées pour les deux esclavages n'étaient pas compatibles. D'autres commentateurs, comme Bruce N. Kaye[69], admettent la possibilité que Paul ait été en contact avec les pratiques de l'esclavage dans le monde gréco-romain, mais s'interrogent sur le degré d'influence de ces pratiques sur la terminologie qu'il emploie.

Par ailleurs, d'autres interprètes encore ont exploré l'hypothèse qui consiste à dire que Paul se serait inspiré de l'histoire d'Israël et du livre d'Exode pour élaborer sa conception de l'esclavage de l'être humain par le péché. C'est en ce sens que James M. Scott[70] voit dans la mention des héritiers en Romains 8,17 une allusion à la figure d'Abraham dont il est aussi question en Romains 4. Il en déduit que l'adoption des chrétiens en 8,15 provient de la tradition juive, et notamment de la formule de 2 Samuel 7,14. En rapport avec l'esclavage, Scott soutient que la conception paulinienne de la libération de l'esclavage a aussi des implications eschatologiques, lesquelles s'étendent à l'affranchissement de toute la création.

À l'instar de Scott, Sylvia Keesmaat[71] trouve en Romains 8 des allusions à l'Exode. Pour interpréter Romains 8,14-17, elle propose de se servir de l'image de « l'Esprit de Dieu qui conduit sans peur », que Paul aurait puisée dans la Septante[72]. Keesmaat souligne par ailleurs qu'à chaque fois que Paul utilise le mot « esclavage » (« δουλεία ») en tant que contraire de la liberté, c'est toujours avec une connotation négative. Elle met cette remarque en relation avec le fait que, dans la Septante, où est utilisé 46 fois le mot « *douleia* », ce dernier a toujours la même connotation négative. Enfin, Keesmaat voit dans le « Abba Père » de Romains 8,15 une allusion aux lamentations d'Israël en temps de crise.

---

68 F. Bömer, *Untersuchungen über die Religion der Sklaven in Griechenland und Rom*, Wiesbaden, Steiner, 1958. Nous nous appuyons sur J. Byron, *Slavery Metaphors*, *op. cit.*, 2003. Sur cette question, voir aussi S. Bartchy, *First-Century Slavery and the Interpretation of 1 Corinthians 7,21*, Missoula, Scholars Press, 1973.

69 B. Kaye, *The Thought Structure of Romans With Special Reference to Chapter 6*, Austin, Scholars Press, 1979, p. 129-132.

70 J. Scott, *Adoption as Sons of God : An Exegetical Investigation into the Background of ΥΙΟΘΕΣΙΑ in the Pauline Corpus*, Tübingen, Mohr Siebeck, 1992.

71 S. Keesmaat, Paul *and his Story : (Re)-interpreting the Exodus Tradition*, Sheffield, Sheffield Academic Press, 1999.

72 Ex 15,13 ; Ps 22,3-4 ; 104,37, 42-45.

De cela, Keesmaat conclut que Paul serait en train de comparer la vie du chrétien avec l'Exode d'Israël.

Dans le même sens, Frank Thielman[73], identifiant les chapitres 1 à 11 de l'épître aux Romains à l'histoire d'Israël, voit dans les chapitres 5 à 8 une partie de cette histoire, laquelle correspondrait à la sortie d'Égypte pour arriver en Canaan. Ainsi, les notes de réjouissance en 5,1-11 ainsi que le chapitre 6 correspondraient à la sortie d'Égypte, le chapitre 7 correspondrait à la dispensation de la Loi et à l'échec d'Israël dans l'application de la Loi, et le chapitre 8 représenterait une période eschatologique couronnée par l'intervention de la justice divine et de l'Esprit Saint, et aussi par la restauration finale d'Israël.

Suivant les conclusions de Thielman, N.T. Wright soutient que Paul se sert de l'histoire d'Israël pour construire son argumentation dans l'épître aux Romains[74]. Reprenant les conclusions de Keesmaat, Wright voit, en effet, un « Nouvel Exode » dans les chapitres 3 à 8 et affirme que, « dans le judaïsme en général, n'importe quelle histoire à propos d'esclaves et de la manière dont ils sont devenus libres doit être vue comme une allusion aux événements de l'Exode[75] ». C'est ainsi que Wright identifie le péché à Pharaon et à l'Égypte, qui avaient asservi le peuple d'Israël, et voit dans la présentation du baptême et de la libération de l'esclavage du péché au chapitre 6 la traversée de la mer Rouge et la libération du peuple d'Israël de l'esclavage d'Égypte.

Allant dans le même sens que Wright, John Byron conclut lui aussi que Paul serait influencé par les images de l'esclavage dans le livre d'Exode[76]. Byron explique cette possibilité par le fait que, « étant donné qu'il s'agit d'expliquer comment les chrétiens deviennent esclaves de Dieu, Paul aurait assez naturellement puisé sa description de son propre héritage en tant que juif[77] ». Renvoyant au principe paulinien selon lequel l'esclavage suppose l'appartenance exclusive à un seul maître et que la libération d'un maître suppose le transfert d'un maître à l'autre,

73 F. Thielman, « The Story of Israël and the Theology of Romans 5-8 », in : *Society of Biblical Literature 1993 Seminar Papers*, éd. E.H. Lovering, Atlanta, Scholars Press, 1993, p. 227-249.

74 N. Wright, « New Exodus, New Inheritance : the Narrative Substructure of Romans 3-8 », in : *Romans and the People of God : Essays in Honor of Gordon D. Fee on the Occasion of His 65th Birthday*, Grand Rapids, Eerdmans, 1999.

75 N. Wright, *Romans and the People of God*, *op. cit.*, p. 27.

76 J. Byron, *Slavery Metaphors*, *op. cit.*

77 J. Byron, *Slavery Metaphors*, *op. cit.*, 2003, p. 217.

Byron souligne que la conception de l'esclavage chez les juifs supposait aussi que ces derniers devinssent esclaves de Dieu après l'Exode, et que, pour eux, la sortie d'Égypte ne signifiait pas libération de l'esclavage mais un transfert d'un maître à l'autre.

Byron s'appuie par ailleurs sur le fait que la littérature juive contemporaine de Paul mentionne l'idée selon laquelle l'obéissance volontaire au péché a comme conséquence l'impossibilité d'obéir à Dieu. Il renvoie à la *Lettre d'Aristée* (256-257)[78], qui prétend que la seule manière de se prémunir des passions pécheresses est d'être asservi à Dieu. Il en appelle aussi à Philon[79], qui croyait que tous les êtres humains sont esclaves dans leur âme, qu'ils doivent finalement choisir de servir soit leurs passions soit Dieu et qu'un transfert de l'esclavage au péché à l'esclavage à Dieu est possible.

Avant même de s'interroger sur l'adéquation ou les correspondances dans le parallélisme entre l'esclavage tel que le décrit Paul et celui pratiqué dans le monde gréco-romain d'une part, ou celui retrouvé dans l'Exode d'autre part, il faut répondre aux questions suivantes : l'usage de la terminologie de l'esclavage chez Paul peut-il être réduit à une image ou à une métaphore, ou bien Paul croit-il que l'esclavage au péché ou à Dieu est une réalité ? L'affirmation paulinienne selon laquelle l'être humain est esclave du péché ou esclave de Dieu renferme-t-elle un certain degré de réalité, ou faut-il se limiter à y voir une simple image ou une métaphore empruntée à l'esclavage dans le monde gréco-romain ou à l'Exode ?

En effet, supposer que Paul pourrait être en train de se référer à l'esclavage dans le monde gréco-romain ou à l'Exode conduirait à penser qu'il utilise la terminologie de l'esclavage en tant que simple image ou métaphore pour décrire la réalité humaine en relation avec le péché et la réalité du chrétien dans ses relations avec Dieu. Certains commentateurs[80] s'appuient sur Romains 6,19 (Paul y précise qu'il utilise un langage humain à cause de la faiblesse de la chair) pour affirmer que l'usage paulinien de la terminologie de l'esclavage n'est qu'une métaphore. Ces interprètes voient dans cette précision de Romains 6,19 la formulation

78 *Letter of Aristeas*, traduit par R.J.H. Schutt, in : *The Old Testament Pseudepigrapha*, vol. 2, Garden City, Doubleday, 1985, p. 7-34.

79 *Philo of Alexandria*, tr. par David Runia, Leiden, Brill, 2001.

80 D. Daube, *The New Testament and Rabbinic Judaism*, Londres, The Athlone Press, 1956, p. 154, 283 et 294 ; C. Dodd, *The Epistle*, *op. cit.*, p. 98.

d'une excuse par laquelle Paul chercherait à éviter d'offenser ses lecteurs, pour qui l'esclavage pourrait représenter une réalité douloureuse.

D'autres, comme Byron[81], tout en affirmant la portée métaphorique de la terminologie de l'esclavage employée par Paul, suggèrent que, comme en Romains 6,13, il se sert des images empruntées au domaine de l'esclavage et utilise un langage militaire (les membres comme armes au verset 13) pour décrire la façon dont le péché peut se servir du corps de l'être humain. Et Byron de conclure : « Paul n'est pas en train de s'excuser d'user de la terminologie de l'esclavage ou même d'emprunter une image au domaine militaire. Il est en train d'expliquer l'image crue relative à la façon dont les membres du corps de quelqu'un sont sous contrôle, comme s'ils devaient être manipulés soit par le péché, soit par la justice[82]. »

À l'instar de Byron, il nous semble donc que, par la précision qu'il apporte en Romains 6,19, Paul ne s'excuse nullement car il justifie l'usage de son langage humain par la faiblesse de la chair de ses lecteurs. Mais pourquoi Paul qualifie-t-il son langage d'humain (« ἀνθρώπινον λέγω ») ? Existerait-il un langage autre qu'humain, que Paul pourrait utiliser ? En se sentant obligé de fournir cette précision, Paul n'exprime-t-il pas le fait que son langage humain est inadapté à la réalité qu'il décrit, mais qu'il l'utilise néanmoins parce qu'il est conforme à la chair (en raison de la faiblesse charnelle de ses lecteurs)[83] ? Et ce langage inadapté utilisé par Paul ne serait-il pas qualifié d'humain par opposition à la nature spirituelle de la réalité qu'il décrit[84] ? Loin de s'excuser auprès de ses lecteurs pour son « langage humain », Paul ne serait-il pas en train de dire qu'il se sert du « langage humain » comme un pis-aller pour

---

81 J. Byron, *Slavery Metaphors*, *op. cit.*, p. 210-211.

82 J. Byron, *Slavery Metaphors*, *op. cit.*, p. 211.

83 À ce propos, Barett affirme que Paul vise « la faiblesse de la nature humaine, laquelle ne peut saisir la vérité profonde à moins que cela soit présenté dans des analogies humaines » (*Romans*, p. 132). Dans le même sens, L. Morris écrit : « La nature humaine manque de discernement spirituel, et Paul craint évidemment que certains de ses lecteurs ne soient pas disposés à comprendre les vérités spirituelles » (*The Epistle to the Romans*, Grand Rapids, Eerdmans, 1988, p. 264).

84 On pourrait d'ailleurs comparer cette précision (apportée par Paul sur l'inadaptation du langage utilisé pour décrire la relation entre le péché et l'être humain) avec certaines affirmations d'auteurs anciens qui considéraient que les tropes, à moins qu'ils soient utilisés soigneusement, sont dangereux dans la mesure où ils peuvent susciter des confusions au lieu d'aider à la clarification (voir Platon, *Le Phèdre*, 256d1 *sq.* ; Cicéron, *De Oratore* 3.53.205 ; Dion Chrysostome, *L'Olympique* XII.1-6).

s'adapter à la faiblesse de la chair de ses lecteurs ? Toutes ces questions nous amènent à la conclusion selon laquelle l'esclavage du péché, dans le langage paulinien, est plus qu'une simple métaphore : il correspond à une réalité que seul le langage humain peut exprimer, mais qui dépasse largement la sphère humaine.

En effet, une première dimension de l'esclavage qu'exerce le péché est la non-appartenance de l'individu à lui-même mais son appartenance au règne du péché. C'est en ce sens que Paul affirme en Romains 7,14 que l'individu est « *vendu* au péché ». Par ailleurs, Paul précise que la libération du pouvoir de la Loi implique que le chrétien appartient maintenant à un autre, à celui qui est ressuscité des morts (7,4). Cela veut dire que, avant d'être morts au péché, les chrétiens appartenaient au péché. Relevons également le langage d'appartenance en 8,9b où il est dit que « si quelqu'un n'a pas l'Esprit du Christ, il ne lui *appartient* pas ». Cela sous-entend donc que celui qui n'a pas l'Esprit du Christ relève d'une autre appartenance.

Une autre dimension de la réalité de l'esclavage du péché sur l'individu est l'absence d'auto-détermination. C'est ainsi que, en Romains 7,13-25, Paul insiste sur le fait que l'individu fait le contraire de ce qu'il veut et que c'est le péché qui détermine ses actions. On peut donc conclure que, par l'affirmation selon laquelle l'être humain est esclave du péché, Paul entend que l'individu, ou tout au moins sa chair, ses membres ou son corps mortel, est placé sous le contrôle du péché. Par conséquent, on retrouve dans l'esclavage du péché les deux principales caractéristiques de tout esclavage : *la non-appartenance à soi* et *l'absence d'auto-détermination.* Ainsi, l'esclavage du péché décrit par Paul est plus qu'une image, il comprend aussi les réalités de l'esclavage[85].

Par ailleurs, la réalité de l'esclavage du péché dans la conception paulinienne réside dans le fait que Paul définit clairement un principe général de l'esclavage : « on est esclave de celui à qui l'on obéit » (6,16b).

---

85 Nous prenons ici le contre-pied des affirmations de S. Westerholm, qui écrit : « Bien que Paul ait pu sans aucun doute croire à l'existence de forces démoniaques et qu'il ait pu penser que l'humanité sans le Christ est, dans un certain sens, sujette à leur pouvoir, il n'attribue pas spécifiquement le fait que l'homme pèche à des pouvoirs démoniaques, ou ne décrit pas la rédemption comme étant une délivrance de ces pouvoirs. » (« Paul's Anthropological 'Pessimism' in its Jewish Context », in : *Divine and Human Agency in Paul and its Cultural Environment*, éd. J. Barclay et S.J. Gathercole, Londres, T & T Clark International, 2006, p. 79.)

Partant de ce principe, obéissance au péché implique asservissement au péché, et obéissance à Dieu ou à la justice implique asservissement à Dieu ou à la justice. Et, pour Paul, on ne saurait avoir deux maîtres : ou bien quelqu'un obéit au péché et il est esclave du péché, ou bien il obéit à Dieu (ou à la justice) et il est esclave de Dieu (ou de la justice). On peut noter que, ici aussi, Paul ne semble pas définir un principe particulier de l'esclavage, lequel serait valable uniquement dans la situation du chrétien dans ses relations au péché ou à Dieu. Il s'agit bien d'un principe général, valable pour toutes sortes d'esclavages.

Revenons à présent sur la pertinence des parallélismes dont nous avons parlé précédemment. Remarquons tout d'abord que, s'agissant des comparaisons avec l'esclavage pratiqué dans le monde gréco-romain, on ne saurait nier le fait que, comme tous ses contemporains, Paul était très familier de la réalité de ces pratiques esclavagistes. D'ailleurs, il ne cesse d'y revenir dans ses lettres, y compris pour traiter le cas de chrétiens qui étaient socialement de réels esclaves.

À ce titre, la lettre à Philémon illustre la conception paulinienne de la libération du chrétien de l'esclavage du péché. Tout d'abord, l'apôtre y suggère la possibilité d'une rançon pour libérer Onésime et il envisage même de payer ses dettes éventuelles envers son maître (v. 19). Tout comme dans l'épître aux Romains, Paul affirme que Dieu a donné son Fils, Jésus-Christ, comme rançon et qu'il a payé au prix du sang la rédemption et la justification des chrétiens (Romains 3,24-25a). On remarquera aussi que la libération d'Onésime de l'esclavage de Philémon ne suppose pas une liberté absolue : l'apôtre suggère, au moins implicitement, que ce qu'il voudrait, en réalité, c'est qu'Onésime fût attaché à ses services (v. 13).

En fait, plus qu'une demande de libération, il s'agit d'une demande de transfert et, éventuellement, de rédemption que Paul formule dans sa lettre. L'apôtre précise d'ailleurs que, s'il n'a pas retenu Onésime à son service et l'a renvoyé à Philémon en dépit de son souhait de le garder, c'est parce qu'il n'a rien voulu faire sans l'avis de Philémon (il a voulu un transfert en bonne et due forme) et qu'il a désiré que le bienfait de son correspondant fût volontaire et non pas contraint (v. 14)[86]. On voit

86 L'apôtre, en voulant que le bienfait de Philémon ne soit pas forcé mais volontaire, pense-t-il vraiment qu'un maître peut libérer son esclave s'il n'y est pas contraint ? Paul ne chercherait-il pas plutôt à induire l'idée que Philémon, en tant que chrétien, en tant que

donc clairement ici que la libération que Paul réclame pour Onésime ne signifie pas que celui-ci deviendrait complètement indépendant mais que Paul formule une demande implicite de le prendre à son service.

Mais ce n'est pas tout : avant même de renvoyer Onésime à Philémon, Paul l'a déjà déclaré libre. En fait, Philémon n'aura pas à libérer son esclave quand celui-ci lui sera parvenu, mais il l'accueillera, selon les recommandations de l'apôtre, « non plus comme un esclave, mais comme un frère bien-aimé… » (v. 16a). De fait, Paul libère Onésime de l'esclavage de Philémon par le fait même qu'il demande à celui-ci de le recevoir comme un frère. Il s'agit là d'une déclaration performative, laquelle devient acte par le fait même qu'elle a été prononcée. Il s'agit aussi d'une déclaration contraignante puisque l'apôtre conditionne sa demande à son amitié pour lui (v. 17). Qui plus est, en prétendant que Philémon se doit lui-même à lui (v. 19b), Paul semble estimer qu'il a l'autorité nécessaire pour formuler une telle requête.

On peut en déduire que, pour Paul, contrairement à ce qui se passe dans la pratique de la manumission, le maître ne libère pas son esclave de gaieté de cœur ou de son plein gré, mais le fait uniquement s'il y est contraint. De même, nous avons vu que c'est par la force, dans un conflit victorieux et tels des héros, que Dieu, son Fils et l'Esprit ont libéré les chrétiens de l'esclavage du péché dans la chair.

Mieux encore, avant même de renvoyer Onésime à Philémon, non seulement Paul le déclare libre et le considère comme un frère, mais il suggère aussi l'idée de la filiation d'Onésime : celui-ci est son « enfant », qu'il a « engendré » (v. 10). On voit donc que, comme dans le cas des chrétiens qui passent non seulement d'un service à l'autre mais aussi du statut d'esclave à celui de fils, Paul affirme qu'Onésime, qu'il souhaite prendre à son service, est son fils qu'il a engendré (spirituellement) dans les chaînes. Là aussi, le passage à un second maître suppose la filiation ou l'adoption.

Par ailleurs, on ne peut s'empêcher de relever toutes les précautions de langage prises par Paul pour s'adresser à Philémon en vue de la libération d'Onésime, alors qu'il prétend lui-même qu'il pourrait s'en passer et prescrire directement à Philémon ce qu'il lui convient de faire

frère, ne devrait pas être un maître comme les autres ? Ou bien voudrait-il simplement laisser entendre que s'il ne libère pas lui-même Onésime par la force, c'est pour exprimer son respect envers son ami, même s'il pourrait se prévaloir de l'autorité qu'il a sur lui ?

(vv. 8-9a). On peut penser que toutes ces précautions de langage supposent notamment le fait que l'esclavage dans l'Empire romain était accepté par tous comme un fait courant, presque normal. Cette hypothèse se trouve renforcée par le fait que Paul ne demande la libération d'Onésime ni pour des raisons morales ou légales, ni même pour des raisons religieuses (pas même au nom de Jésus-Christ, comme on pourrait s'y attendre), mais qu'il adresse sa demande uniquement au nom de son amitié avec Philémon et de l'autorité qu'il a sur lui.

Tout cela nous montre que Paul était plutôt familier des pratiques esclavagistes de son temps. S'il est tout à fait possible que Paul, dans l'épître aux Romains, applique les principes et les pratiques de l'esclavage en vigueur dans le monde gréco-romain à la vie du chrétien, l'on ne saurait nier également que l'un ou l'autre aspect de cet esclavage a pu influencer la conception paulinienne de l'asservissement au péché ou à Dieu.

D'ailleurs, il serait intéressant de rapprocher la conception paulinienne de l'esclavage de celle des philosophes stoïciens de son époque, comme Épictète[87] (lui-même esclave, comme son nom l'indique). En effet, celui-ci considérait que l'esclavage exercé par son maître n'était que sur son corps, et que, spirituellement (de par son esprit), il était pleinement libre. Épictète réalisait que là où son maître pouvait dominer son corps et en faire tout ce qu'il voulait, il ne pouvait rien contre son esprit. Considérant ce qui ne dépendait pas de lui comme lui étant étranger, Épictète voyait dans son propre corps un élément étranger.

---

87 La tradition rapporte qu'Épictète a passé son enfance comme esclave au service d'Épaphrodite, un maître cruel, lui-même un affranchi de l'empereur Néron. Comme Épaphrodite le battait au point de casser sa jambe, Épictète aurait, comme seule remarque, prévenu son maître en disant : « la jambe va casser », comme s'il ne s'agissait pas de sa propre jambe. Et, sa jambe étant cassée, avec une indifférence magistrale, Epictète aurait déclaré à son agresseur : « je t'avais prévenu ». Pour cette anecdote de « la jambe cassée », voir par exemple : Origène, *Contre Celse*, livre VII, trad. Élie Bouhéreau, p. 308-309. Si Épictète n'a laissé aucun écrit, un de ses disciples, Arrien, a regroupé ses propos en deux ouvrages connus comme *Les Entretiens* et *Le Manuel*. Au sujet du corps et de l'esclavage, Épictète aurait dit notamment : « si tu regardes comme libre ce qui de sa nature est esclave, et comme étant à toi ce qui est à autrui, tu seras contrarié, tu seras dans le deuil, tu seras troublé, tu t'en prendras et aux dieux et aux hommes ; mais si tu ne regardes comme étant à toi que ce qui est à toi, et si tu regardes comme étant à autrui ce qui, en effet, est à autrui, *personne ne te contraindra jamais, personne ne t'empêchera …, tu ne feras absolument rien contre ton gré.* » (Voir *Le Manuel*, chapitre I, trad. Jean-François Thurot, Paris, Hachette, p. 1.)

On ne peut donc s'empêcher de penser au fait que, pour Paul, le péché exerce son esclavage sur l'individu par son corps mortel, ses membres et surtout par sa chair. C'est ce que laisse apparaître Romains 7, où l'individu se trouve livré à une lutte acharnée contre le péché dans sa chair, dans ses membres, et dans son corps de mort. Et, à l'instar d'Épictète, l'individu en Romains 7, en voulant être délivré de son corps de mort, semble tenir ce dernier pour étranger. Ces similarités entre la conception paulinienne de l'esclavage et celle d'Épictète nous amènent à penser que Paul pourrait avoir été imprégné par les pratiques de l'esclavage de son époque ; pour autant, on ne saurait réduire sa pensée à une simple métaphore des pratiques de l'esclavage dans le monde gréco-romain.

S'agissant maintenant du parallélisme établi entre la conception paulinienne de l'esclavage et l'Exode des Israélites, et aussi de l'idée soutenue par certains commentateurs que Romains 5-8 (ou 3-8) serait une métaphore de l'Exode, la première remarque qui s'impose, une fois de plus, est que l'esclavage de l'être humain par le péché, tel que le décrit Paul, renvoie à une réalité qui comprend toutes les dimensions que suppose le concept de l'esclavage. Cela étant dit, nous pouvons observer que, dans une certaine mesure, des correspondances peuvent être établies entre Romains 5-8 et l'Exode.

En fait, comme dans l'Exode, on assiste, en Romains 5-8, à un transfert ou un passage d'un empire à un autre, ou d'un esclavage à un autre. De plus, si l'on admet que le baptême suppose la présence d'eau, celle-ci peut être assimilée à la mer Rouge dans la mesure où, dans un cas comme dans l'autre, l'eau constitue le lieu de passage d'un empire à l'autre.

Un autre argument avancé par ceux qui défendent l'hypothèse selon laquelle Romains 5-8 pourrait être une métaphore de l'Exode est l'ordre des thèmes abordés dans ces chapitres. En effet, après la formulation des affirmations sur la libération de l'esclavage du péché par le moyen du baptême dans le chapitre 6, le chapitre 7 serait[88] consacré à la question de la Loi, et l'objet principal du chapitre 8 serait la question de l'adoption. Comme nous l'avons déjà montré, certains commentateurs se fondent

---

88 Nous utilisons ici le conditionnel car notre hypothèse est que, en Romains 7, en dépit des apparences, la Loi n'est pas la première préoccupation de Paul, mais qu'il est toujours en train de traiter du péché : il s'agit pour Paul de démontrer son affirmation annoncée en 6,14, à savoir que c'est par la Loi que le péché exerce son pouvoir sur l'individu.

sur le fait que, dans l'Exode également, la libération de l'esclavage, après la traversée de la mer Rouge, est suivie du don de la Loi et de la déclaration divine sur l'adoption d'Israël.

Si, dans une certaine mesure, ces rapprochements peuvent être justifiés, pourquoi serait-il réducteur de dire que, en Romains 5-8, Paul est en train de reproduire métaphoriquement l'Exode d'Israël ? L'une des raisons fondamentales qui pourraient nous amener à aller au-delà d'une simple lecture métaphorique est que l'intervention salvifique du Christ contre la tyrannie du péché n'a aucun correspondant dans l'Exode, et que, de ce fait même, une lecture métaphorique minore la place centrale de l'œuvre du Christ dans l'épître aux Romains. On serait tenté, en effet, de trouver en Moïse un correspondant à Christ, mais nulle part Paul n'évoque l'idée que Moïse pourrait être une préfiguration du Christ.

On soulignera par ailleurs que le fait central dans l'Exode est le don de la Loi, tandis que le cœur du message de l'épître aux Romains est l'œuvre salvifique du Christ qui délivre du péché. Une fois de plus, il est nécessaire d'insister sur le fait que, en Romains 5-8, la place de la Loi est minorée et que l'accent est mis sur l'opposition entre l'œuvre asservissante du péché et l'œuvre salvifique du Christ. Par conséquent, toute interprétation de Romains 6-8 minimisant l'œuvre du Christ ou portant ombrage au rôle central de la Croix, tel qu'il est souligné au chapitre 6 (l'assimilation du chrétien, par le baptême, au Christ crucifié et ressuscité), ne fait que nous éloigner de la signification profonde du texte paulinien.

LA PLACE DE LA FIGURE D'ABRAHAM DANS L'ARGUMENTATION PAULINIENNE

sur la justification par la foi et un possible arrière-plan hébraïque dans la conception paulinienne de « δικαιοσύνη »

On peut aisément observer que, dans sa démonstration relative à l'impossibilité de la justification par les œuvres de la Loi et à la nécessité de la justification par la foi, Paul accorde un rôle central à la figure d'Abraham. Mais Paul entend-il que les chrétiens devraient considérer Abraham comme un modèle, un prototype de justification par la foi à imiter, ou bien veut-il dire que les chrétiens héritent (en Christ) de la justification par la foi en tant que postérité d'Abraham (et cohéritiers de Christ) ?

En effet, Paul consacre l'ensemble du chapitre 4 de l'épître aux Romains à développer ce que représente Abraham dans la signification de la justification par la foi. L'idée essentielle de ce passage est que la justice a été imputée à Abraham à cause de sa foi et que ses enfants (qui sont ceux qui ont la foi Christ, qu'ils soient juifs ou païens) héritent de la justification par la foi d'Abraham. Il est donc capital de noter que, dans ce passage, Abraham n'est pas présenté comme un exemple ou une illustration de la justification par la foi que ceux qui veulent être justifiés devraient imiter. Pour Paul, la foi d'Abraham, la justice qui lui a été imputée et la promesse qui lui a été faite constituent l'acte fondateur duquel découle la justification par la foi de tous les chrétiens.

En d'autres termes, selon Paul, les chrétiens (juifs et païens) ont la foi et donc aussi la justification en tant qu'héritiers d'Abraham : cette foi et cette justice sont un héritage que les chrétiens détiennent de leur père Abraham. Et, pour Paul, les héritiers d'Abraham ne sont pas (seulement) ceux qui descendent charnellement de la lignée d'Abraham, mais ce sont surtout ceux qui ont la foi d'Abraham (v. 16). La foi est donc ici le signe d'appartenance à la descendance ou à la grande famille des héritiers d'Abraham. Abraham est donc celui en qui la justification par la foi a été conçue, celui qui a été établi père de tous les chrétiens, avant même que ceux-ci parviennent à l'existence (v. 17).

Par conséquent, ce que Paul cherche à démontrer en Romains 4, c'est que Dieu, en imputant justice à Abraham pour sa foi, avait déjà déclaré justes, en Abraham, tous les héritiers de celui-ci, c'est-à-dire ceux qui ont/auront la foi d'Abraham. Et ceux-là, ce ne sont pas seulement les juifs mais également tous les païens qui auraient la foi d'Abraham. Paul ne présente pas – ou pas seulement – Abraham comme un prototype de l'homme justifié par la foi, mais surtout comme celui à travers qui la justice par la foi a été prononcée et de qui tous les chrétiens héritent la justice par la foi (vv. 23-24).

On pourrait penser que cette place primordiale accordée à Abraham déprécie l'œuvre du Christ dans la justification des chrétiens, mais loin s'en faut. La référence à Abraham est pour Paul une manière de confirmer le rôle du Christ comme celui en qui la promesse faite à Abraham s'accomplit pleinement. C'est ainsi que, en Galates 3, Paul déclare que les promesses qui ont été faites à Abraham et à sa postérité concernent directement Christ, en tant que seule postérité d'Abraham (v. 16). En effet, l'apôtre voit dans l'adoption des païens en Christ l'accomplissement de la promesse faite à Abraham (v. 14). Paul formule donc ce principe sans aucune ambiguïté : il n'y a que ceux qui ont la foi en Jésus-Christ qui sont fils d'Abraham et qui peuvent bénéficier de sa justice (vv. 6-7).

Ainsi donc, la foi d'Abraham joue un rôle fondamental dans la démonstration paulinienne sur la justification par la foi. Pour comprendre toute l'importance de la référence à cette foi, il suffirait d'imaginer l'absence de cette référence dans la démonstration paulinienne : il ne resterait presque plus rien, ou à tout le moins que des affirmations sans fondement. De surcroît, Paul considère que les chrétiens (et notamment les païens) ne sont pas seulement fils d'Abraham parce qu'ils ont la foi, mais qu'ils ont la foi parce qu'ils sont fils d'Abraham. Il est donc capital de retenir que, pour Paul, les chrétiens étaient déjà justifiés et bénis en Abraham, par le moyen de la foi (Galates 3,8).

De ce qui précède découle la nécessaire hypothèse selon laquelle une compréhension exacte de la signification de la justification par la foi nous oblige aussi à considérer la signification de la justice qui a été imputée à Abraham, à analyser le contexte dans lequel cette justice lui a été imputée et, plus largement, à comprendre le sens hébraïque du concept de justice[1].

LE RÉCIT DE GENÈSE 14-15 ET LA JUSTICE IMPUTÉE À ABRAHAM COMME DÉLIVRANCE

Signalons d'emblée que, à la lecture du texte de Genèse 14-15 que Paul reprend à son compte, l'on peut aisément réaliser que, en dehors de la citation assez fidèle de Genèse 15,6 en Romains 4,3 et en Galates 3,6, Paul ne se sert de la référence à Abraham que pour le besoin de son argumentation. En effet, il peut paraître étonnant que Paul ait majoré à ce point la foi d'Abraham alors que le texte de la Genèse insiste clairement sur le doute qui habite le patriarche lorsqu'une postérité lui est promise[2]. Mais il importe à l'apôtre moins d'être fidèle au texte de la Genèse que de le mettre au service de son argumentation.

Cette remarque faite, nous pouvons nous consacrer à chercher à comprendre le sens et le contexte de la justice imputée à Abraham. En effet, on peut observer que, en Genèse 14, Abraham se trouve dans une situation où il doit faire face à l'hostilité. Ayant défait ses ennemis, Abraham reçoit la bénédiction de la part de Melchisédech, « sacrificateur du Dieu très haut », lequel bénit *Dieu qui a livré les ennemis d'Abraham entre ses mains*. Puis, le chapitre 15 commence de la manière suivante : « *Après ces événements*, la parole de l'Éternel fut adressée à Abram dans une vision, et il dit : Abram, *ne crains point ; je suis ton bouclier.* » L'intervention divine a lieu dans un contexte où Abraham doit affronter l'hostilité et elle vise à le conforter.

---

1 Pour une étude détaillée sur la foi d'Abraham, voir E. Käsemann, « The Faith of Abraham in Romans 4 », in : *Perspectives*, *op. cit.*, 1971, p. 79-101 ; R. B. Hays, « 'Have we found Abraham to be our Forefather according to the Flesh ?' A Reconsideration of Romans 4,1 », *NovT* 27, 76-98, 1985.

2 Voir le chapitre 17 du livre de la Genèse, notamment les versets 17-18. Non seulement ces versets s'avèrent troublants quant à l'extraordinaire foi imputée à Abraham, mais l'on peut se demander aussi, après la première intervention divine et la promesse au chapitre 15, pourquoi, au chapitre 16, il est dit qu'Abraham s'est laissé convaincre par sa femme d'avoir des enfants avec sa servante.

Mais ce n'est pas tout : Abraham n'est pas seulement troublé par le fait qu'il doit faire face à des ennemis cupides ; sa préoccupation la plus profonde, voire son affliction, réside dans le fait qu'à la fin de ses jours, il se voit dépourvu de postérité. Or Abraham doit être relativement riche, tant en matière de possession d'esclaves (Genèse 14,14) que de richesses matérielles (Genèse 14,23). Aussi est-on en droit de supposer que, dans le contexte d'un conflit motivé par l'appât de richesses, Abraham est d'autant plus affligé qu'il se voit s'en aller sans laisser d'héritiers légitimes. C'est donc dans un contexte d'affliction et d'hostilité que se produit l'intervention divine qui donne lieu à l'imputation de justice à Abraham pour sa foi.

Rien dans ce contexte, en effet, ne nous autorise à voir une signification morale ou éthique à la mention de la justice attribuée ici à Abraham. Ici, le seul texte qui pourrait nous amener à voir un certain sens de moralité chez le personnage d'Abraham est Genèse 14,21-24. En effet, après sa victoire sur le roi de Sodome, ce dernier lui suggère de prendre ses biens et de le laisser partir avec ses hommes. Cependant, Abraham refuse de prendre les biens du roi de Sodome afin que celui-ci ne dise pas : « J'ai enrichi Abram » (Genèse 14,23). Certes, Abraham fait preuve de magnanimité en refusant de s'accaparer des richesses de son ennemi vaincu, mais il est manifeste que son attitude ne s'explique pas tant par son sens de la moralité ou de la justice que par sa fierté personnelle.

Cette interprétation se trouve appuyée par le fait que, dans sa négociation avec le roi de Sodome, Abraham avertit ce dernier qu'il devra uniquement consentir à ce que ses propres hommes, qui ont fait la guerre avec lui, puissent avoir leur part du butin et donc se partager une partie des richesses du roi de Sodome. L'exigence d'Abraham en faveur de ses propres hommes révèle clairement que l'attitude désintéressée du patriarche n'est pas motivée par des considérations de moralité ou de justice (légale) mais par sa fierté personnelle, afin d'empêcher le roi de Sodome d'avoir à dire : « j'ai enrichi Abram ».

Une fois donc écarté le lien entre la justice imputée à Abraham et sa moralité, il convient d'insister une fois de plus sur le fait que cette justice est imputée à Abraham dans un contexte où celui-ci doit faire face à l'hostilité et est surtout affligé par le fait qu'il est dépourvu de postérité. De surcroît, il ne serait pas absurde de penser que l'intervention de Dieu au chapitre 15 représente la confirmation et le couronnement de la bénédiction prononcée par Melchisédech sur Abraham au chapitre 14. D'ailleurs, au début du chapitre 15, Abraham, même après sa victoire triomphale sur ses ennemis, semble toujours affligé et dans la crainte, comme si son véritable ennemi était la stérilité de sa femme.

Signe de l'importance de ce motif pour Abraham, il n'attend pas que Dieu lui fasse la promesse d'une postérité, mais en formule lui-même la demande : « Abram répondit : Seigneur Éternel, que me donneras-tu ? Je m'en vais sans enfants ; et l'héritier de ma maison, c'est Eliezer de Damas. Et Abram dit : Voici, tu ne m'as pas donné de postérité, et celui qui est né dans ma maison sera mon héritier. » Par conséquent, l'intervention divine au chapitre 15 a pour finalité non seulement de parachever la délivrance d'Abraham commencée au chapitre 14 mais aussi de lui apporter sa vraie délivrance, celle qui consiste en sa victoire sur la stérilité de sa femme et l'obtention d'une postérité.

UN POSSIBLE ARRIÈRE-PLAN HÉBRAÏQUE DE L'USAGE PAULINIEN DE « ΔΙΚΑΙΟΣύΝΗ »

Si nous admettons que la justice par la foi attribuée à Abraham renvoie à sa délivrance de ses ennemis et surtout de la stérilité de sa femme, il convient de s'interroger sur la plausibilité d'une telle interprétation d'un point de vue lexical. Cette question consiste par ailleurs à s'interroger sur la possibilité que Paul puisse, au-delà de la référence à Abraham, faire usage du terme « δικαιοσύνη », non pas selon son acception dans le grec classique, mais selon une certaine compréhension hébraïque de la notion de justice.

Notre hypothèse est qu'il pouvait arriver à Paul de faire usage de certains termes grecs provenant de la Septante pour exprimer des réalités qui, de par sa culture hébraïque, comportent un arrière-plan vétérotestamentaire et dont la signification fondamentale dans l'esprit hébraïque se trouve ainsi trahie par le fait que ces termes grecs étaient utilisés différemment dans la culture grecque classique[3]. Tel pourrait donc être le

3 Sur cette question, voir D. Hill, *Greek Words and Hebrew Meanings : Studies in the Semantics of Soteriological Terms*, Cambridge, Cambridge University Press, 1967.

sort du concept de la justice, exprimé par le terme « δικαιοσύνη », lequel, dans le grec classique, comme chez Aristote, se réfère à la vertu morale ou à la justice distributive et impartiale, mais qui, traduisant dans la Septante l'hébreu « *sedeq* » ou « *s^e^daqâ* », renvoyait à une tout autre réalité.

C'est ainsi que, insistant sur les glissements de sens, voire les interprétations erronées, auxquels donne lieu la traduction de la Bible hébraïque en grec, Alister McGrath souligne que, même si la signification précise du graphème hébraïque « *sdq* » est assez obscure, il apparaît que le sens fondamental renvoie à « la conformité à une norme » ou à un ordre juste des choses[4]. Un acte de justice consisterait donc à maintenir ou à rétablir cet ordre juste. D'où le fait que, si certaines occurrences de « *s^e^daqâ* » renvoient à la justice distributive ou impartiale, de nombreuses autres mentions expriment le fait que l'ordre juste des choses a été rétabli, et notamment le fait que les pauvres, les faibles ou les persécutés ont été secourus et délivrés.

C'est en ce sens que, se référant au cantique de Débora en Juges 5,1-31, McGrath attire l'attention sur le fait que la signification la plus ancienne de « *s^e^daqâ* » apparaît être « victoire[5] ». On voit, en effet, dans ce passage qu'il s'agit d'une célébration de l'action divine en faveur d'Israël, et que cette action consiste en ce que Dieu rend justice ou accomplit un bienfait en faveur de son peuple. On peut observer que, en Juges 5,11, il est question des « actes justes du Seigneur », c'est-à-dire de l'action divine en vue de délivrer son peuple, en lui donnant victoire sur ses ennemis. La justification peut donc être perçue dans ce passage comme l'action divine délivrant Israël de la menace de ses ennemis.

Il importe par ailleurs de comprendre que la manifestation de la justice divine en faveur d'Israël a lieu dans le cadre d'une alliance. C'est en ce sens que McGrath souligne que « *s^e^daqâ* » se réfère, dans son sens fondamental, à une relation réelle entre deux personnes, et que la relation que suppose le terme « *s^e^daqâ* » dans l'Ancien Testament représente l'alliance de Dieu avec Israël[6]. Si, d'un côté, cette alliance

---

4 A. McGrath, *Iustitia Dei*, *op. cit.*, vol. I, p. 6. Pour la critique de l'approche étymologique, voir James Barr, *The Semantic of Biblical Language*, Oxford, Oxford University Press, 1961 ; J. Moravcsik, « How Words get their Meanings ? », *Journal of Philosophy* 78, 1981, p. 5-24.

5 McGrath renvoie ici en note à G. Wildeboer, « Die älteste Bedeutung des Stammes *sdq* », *ZAW* 22, 1902, p. 167-169.

6 A. McGrath, *Iustitia Dei*, *op. cit.*, vol. I, 1986, p. 8. Sur cette question, McGrath s'appuie sur H. Gremer, *Die paulinische Rechtfertigungslehre im Zusammenhang ihrer geschichtlichen Voraussetzungen*, Gütersloh, Bertelsmann, 1899.

suppose qu'Israël se montre fidèle à l'égard de Dieu, elle suppose aussi, d'un autre côté, l'engagement de Dieu à délivrer Israël de ses ennemis.

Dans le même sens, en s'appuyant sur Cremer[7], McGrath souligne la dimension sotériologique du concept « s^{e}daqâ ». Il illustre cette idée avec Deutéro-Esaïe 46,13 et 56,1 où les termes « justice » et « salut » se succèdent comme s'ils étaient équivalents : « *mon salut* ne tardera pas à venir, et *ma justice* à se manifester ». Si l'on ne peut pas déduire de ce passage que les concepts « justice » et « salut » sont synonymes, on peut au moins observer qu'ils sont étroitement associés. La manifestation de la justice divine envers Israël consiste donc en ce que Dieu intervient pour apporter son salut à son peuple[8].

De même, McGrath souligne que le verbe « *dikaioun* », dans la Septante, ne signifie pas « justifier » dans le sens de punir ou de condamner, mais dans le sens de « défendre », « acquitter » ou encore « déclarer juste ». Si donc, dans le grec classique, « *dikaioun* » signifie le plus souvent faire justice dans le sens de punir le coupable, sa traduction hébraïque renvoie fondamentalement à l'idée d'acquittement ou au fait de ne pas tenir compte de la culpabilité d'un individu.

Dodd[9] rejoint aussi cette interpétation en attirant l'attention sur le fait que la forme verbale causative « *hitsdiq* », que l'on traduit généralement par « justifier », signifie littéralement « mettre dans le juste », au sens de donner réparation à celui qui a souffert injustement[10]. Dodd appuie cette suggestion sur le fait que, dans le judaïsme, Dieu était perçu comme celui auprès de qui son peuple opprimé recherchait la délivrance. Il se réfère ainsi à Daniel 4,17 pour étayer l'idée selon laquelle la pensée dominante dans le judaïsme était que, si, dans le temps présent, la cause du juste est piétinée, il se produit, par le bras du Seigneur, l'anéantissement du mal et l'établissement du bien dans le temps à venir[11].

De plus, Dodd voit un possible rapprochement entre cette conception de la justice et celle exprimée dans les béatitudes, où il est question

7 H. Gremer, *Die paulinische Rechtfertigungslehre, op., cit.*, 1899.

8 Voir aussi S.F. Whitley, « Deutero-Esaiah's Interpretation of *Sedeq* », *Vetus Testamentum* 22, 1972, p. 460-475. Whitley conclut, p. 475, que le concept *sedeq* est utilisé dans Deutéro-Ésaïe pour exprimer les nombreux aspects de la puissance et de l'influence de Yahvé.

9 C. Dodd, *The Epistle, op. cit.*

10 C. Dodd, *The Epistle, op. cit.*, p. 10.

11 C. Dodd, *The Epistle, op. cit.*, p. 12.

d'espérance pour « ceux qui ont faim et soif de la justice » (Mt 5,6). En effet, alors que ce verset pourrait être compris par un Grec comme comportant une dimension morale – avoir un désir ardent d'être juste, de faire le bien –, le même verset, dans la tradition judaïque, serait compris comme le fait d'attendre impatiemment le rétablissement de la justice, le triomphe de ceux qui sont injustement opprimés. De même, Dodd voit dans Luc 18,7, où il est dit que Dieu rendra justice à ceux qui l'implorent jour et nuit, une référence possible à cette conception de la justice dans la tradition juive, le secours et la délivrance du malheureux[12].

Mettant cette interprétation de la justice de Dieu en relation avec l'épître aux Romains, Dodd suggère que, par l'affirmation selon laquelle « la justice de Dieu est révélée » (1,17), Paul entend que, avec l'avènement du Christ, nous sommes entrés dans un processus où ceux qui étaient opprimés sous l'empire du mal sont maintenant défendus et délivrés. Dodd déduit ainsi que, selon Paul, la révélation de la justice divine dans l'Évangile par la mort et la résurrection de Jésus-Christ est la réponse de Dieu à l'aspiration des prophètes à la défense du juste contre le mal. L'affirmation selon laquelle « la justice de Dieu est révélée » signifierait que Dieu est en train d'agir dans l'histoire humaine. La révélation de la justice divine serait donc l'acte divin par lequel justice et délivrance sont données à l'homme contre l'empire du mal[13].

Et Dodd de conclure que « δικαιοσύνη » renvoie à un acte de réparation, et signifie le fait que Dieu délivre son peuple non seulement de toutes sortes de mauvaises oppressions, mais aussi et surtout du péché. Tout en faisant des rapprochements avec le livre d'Ésaïe, Dodd sous-entend que Paul, après avoir montré la nécessité de la délivrance divine en décrivant le genre humain comme étant placé sous l'empire du péché (1,18-3,20), présente la révélation de la justice de Dieu en trois étapes[14] : tout d'abord, Dieu justifie les chrétiens en les plaçant dans « le juste » (Romains 3,21-4,25 // Esdras 45,25) ; ensuite, il les délivre/sauve de la puissance et de la domination du péché (Romains 5-8 // Esdras 46,13, 51,5) ; enfin, il leur révèle pleinement sa justice dans la vie bonne (Romains 12-15 // Esaïe 51,7, 55,7)[15].

---

12 C. Dodd, *The Epistle*, *op. cit.*, p. 12.

13 C. Dodd, *The Epistle*, *op. cit.*, p. 13.

14 C. Dodd, *The Epistle*, *op. cit.*, p. 13.

15 Notons que d'autres commentatreurs, tout en analysant l'enracinement du concept de « justice » (« δικαιοσύνη ») chez Paul dans l'Ancien Testament et en reconnaissant la

UNE INFLUENCE POSSIBLE DU LIVRE DES PSAUMES SUR LA CONCEPTION PAULINIENNE DE LA JUSTICE DIVINE

Tout en nous inscrivant dans l'interprétation de la justice divine comme délivrance du chrétien de l'empire du péché, nous allons explorer l'hypothèse selon laquelle Paul se serait inspiré particulièrement de Psaumes dans l'élaboration de sa thèse sur la justice par la foi. Ce détour par les Psaumes s'avère d'autant plus nécessaire que Paul lui-même, dans l'épître aux Romains, a recours à un psaume de David pour expliquer ce qu'il entend par la justice par la foi, sans les œuvres. En effet, en Romains 4, Paul définit la justice par la foi comme le bonheur de « ceux dont *les iniquités sont pardonnées, et dont les péchés sont couverts* », et comme le bonheur de « l'homme à qui *le Seigneur n'impute pas son péché* » (vv. 6-8).

Une première remarque s'impose sur cette citation du Psaume 32,1-2a, dans la Septante[16] : alors qu'il n'est pas directement fait mention de la justice dans ce psaume, Paul met la justice par la foi directement en lien avec le péché. On pourrait s'attendre à ce qu'il caractérise la justice par le fait qu'un homme ne pèche pas ou fait le bien, et donc par l'absence de péché. Mais il définit la justice par la foi par le fait que le péché est pardonné, couvert ou n'est pas imputé. Par conséquent, il nous semble que nous sommes déjà autorisé à penser que, pour Paul, l'homme justifié par la foi reste un homme pécheur (qui n'est pas à l'abri du péché), mais que le péché ne lui est pas imputé.

S'agissant de la signification de cette affirmation davidique, il convient tout d'abord de noter qu'une relation de synonymie entre « les péchés qui sont couverts » et les « iniquités pardonnées » est parfaitement possible. Cela impliquerait que le pardon des péchés ne signifie pas que ceux-ci sont annihilés, mais qu'ils sont « couverts », c'est-à-dire que le

---

dimension de salut et de délivrance que ce terme suppose dans la tradition hébraïque, n'ont pourtant pas privilégié cette dimension, l'estimant insuffisante pour rendre compte de la signification de « δικαιοσύνη » chez lui. C'est le cas de J. Ziesler, The *Meaning of Righteousness in Paul : A Linguistic and Theological Investigation*, Cambridge, Cambridge University Press, 1972.

16 Il est très important de noter que, en Romains 4,7-8, Paul cite littéralement le texte de la Septante, à la fois dans les termes utilisés et dans leur ordre.

péché subsiste mais que Dieu a décidé de ne pas le voir (de le couvrir). D'où la précision au verset 8 : ce bonheur est celui de « l'homme à qui le Seigneur n'impute pas son péché ». S'il y a donc une relation de synonymie entre les trois affirmations, pourquoi cette répétition ? Exprime-t-elle l'exultation ou le bonheur de l'homme à qui le péché n'est pas imputé ?

Pour comprendre la relation entre la non-imputation du péché et le bonheur qui en résulte, il est nécessaire de considérer le contexte dans lequel David tient ces affirmations et, notamment, sa perception du péché. Si l'on se limite au Psaume 32, où David exprime le bonheur qu'il trouve (ou espère trouver) dans le pardon, on peut observer que, après avoir formulé dans les deux premiers versets le bonheur résultant de la non-imputation des péchés, le psalmiste exprime, à partir du verset 7, ses sentiments avec d'autres termes, qui laissent entendre qu'il conçoit la non-imputation du péché comme une délivrance résultant de sa confiance en Dieu : « Tu es un *asile* pour moi, tu me *garantis de la détresse*, tu m'entoures de *chants de délivrance* [...] celui *qui se confie* en l'Éternel est environné de sa *grâce* ».

Il apparaît donc que David conçoit le péché comme un oppresseur qui le plonge dans la détresse et duquel il trouve la délivrance de par sa confiance en Dieu. Cette conception davidique du péché apparaît encore plus clairement quand on considère le Psaume 51 où, réclamant la grâce divine pour avoir pris la femme d'Urie et provoqué la mort de celui-ci, le roi formule sa prière en ces termes : « Je reconnais mes transgressions, et *mon péché est constamment devant moi*... (51,5) Ô Dieu, *Dieu de mon salut ! Délivre-moi* du sang versé... (51,16). » En insistant sur le fait que son péché est constamment devant lui, le psalmiste entend que ce péché n'est pas couvert ou n'est pas encore pardonné, qu'il se sent donc accablé, opprimé par la vue du péché (qui est devant lui), et qu'il cherche la délivrance auprès du Dieu de son salut.

Par ailleurs, de manière apparemment paradoxale, David réclame le jugement de Dieu sur son péché (v. 1). On pourrait s'attendre, en effet, à ce qu'il redoute le jugement divin, qui, fort logiquement, devrait le condamner. Mais il espère au contraire la sentence divine, comme si sa délivrance devrait en découler. Comme si, une fois que, accablé par le péché, il a réclamé le secours divin, Dieu ne saurait, dans sa justice, que prononcer un jugement en sa faveur, *c'est-à-dire le délivrer du poids de son péché.* Comme si, ainsi que Paul le laisse entendre en Romains 3,3-8, l'injustice (morale) de David était l'occasion pour Dieu de manifestater sa justice, laquelle consiste dans le rétablissement, la délivrance et le salut du pécheur.

De surcroît, au-delà de la relation entre la justice de Dieu et la délivrance du péché, on trouve aussi dans les Psaumes, de façon omniprésente, une conception de la justice de Dieu comme délivrance du malheureux, du pauvre, de l'homme opprimé ou persécuté. Il apparaît ainsi que l'essence même de la justice de Dieu consiste à secourir, à délivrer et à sauver le malheureux (voir par exemple les Psaumes 22, 35, 40, 50, 71, 72, 82 et 111). Mais plus importante encore pour nous est l'idée selon laquelle la justice divine s'exerce en faveur du pauvre, du misérable ou du persécuté non pas parce que celui-ci serait juste ou méritant, mais parce que Dieu, dans sa justice, sa grâce, sa fidélité ou sa bonté, a pitié de lui, ne tient pas compte de ses péchés, le délivre et le sauve (voir par exemple les Psaumes 4, 25, 31, 79 et 143).

Nous voyons donc que le malheureux, l'homme affligé ou persécuté ne bénéficie pas de la justice divine parce qu'il est essentiellement juste (moralement ou juridiquement), mais qu'il obtient cette délivrance par grâce, en raison du fait que Dieu ne tient pas compte de ses transgressions, ou ne lui impute pas son péché. Et Paul ne dit pas autre chose quand il affirme en Romains 5,6-8 que « Dieu prouve son amour envers nous quand nous étions encore des pécheurs » et que le Christ est mort, non pas pour des justes ou des hommes de bien, mais pour des impies.

Si l'on revient maintenant à l'affirmation davidique que Paul reprend à son compte en Romains 4, l'on comprend mieux le sens de ce bonheur, de cette exultation de « l'homme à qui Dieu n'impute pas le péché ». Le bonheur de cet homme est si intense notamment en raison du fait qu'il bénéficie d'une délivrance imméritée, accordée par grâce. Cela nous permet de comprendre également l'exultation, la réjouissance, la victoire, la gloire ou de l'autoglorification présentées par Paul comme des conséquences de la justification en Romains 5,1-11, et, parallèlement, en Romains 8,28-39.

En effet, parmi les conséquences de la justification des chrétiens que Paul présente en Romains 5,1-11, outre le passage d'une situation d'inimitié à une situation pacifique dans leur relation avec Dieu (vv. 1, 10a), ils ont obtenu, par la mort du Christ, la réconciliation avec Dieu

(vv. 10b et 11), et, bien plus, ils ont aussi reçu, par sa vie (sa résurrection), le salut (v. 10c). Dans ce contexte de réjouissance, ce salut est à prendre au sens d'une délivrance imméritée. Paul porte l'expression de cette exultation à son climax en insistant sur le fait qu'il s'agit d'une faveur, d'une grâce, et aussi sur le fait que l'action divine en notre faveur semble même déraisonnable, dépassant toute logique humaine[17].

En justifiant l'homme impie, Dieu a donc renversé l'ordre des valeurs et confondu la sagesse humaine, car le salut et la délivrance résultant de l'action divine s'avèrent d'autant plus extraordinaires que cela relève de l'inconcevable pour la logique humaine, à la limite du scandale et de la folie (pour l'incroyant juif et grec). Cette action divine produit une exultation surhumaine qui transporte les chrétiens justifiés ou délivrés dans une dimension de ferveur, de persévérance, de confiance dans la victoire, et qui les amène à ne plus être abattus par les afflictions, mais, bien au contraire, à s'en réjouir ou s'en glorifier dans l'espérance de la gloire de Dieu (vv. 2 et 3).

De même, on retrouve en Romains 8,28-39 cette dimension surhumaine de triomphe, de « super-victoire » et d'assurance de l'invincibilité qui résulte d'un seul fait : nous avons reçu notre justification du « Dieu qui justifie » (v. 33). Mieux encore, ici aussi l'action divine de justification s'accompagne de la glorification. En effet, après avoir exposé le fait que la filiation ou l'adoption résulte de la réception de l'Esprit, et aussi le fait que, de cette adoption, résulte la glorification des chrétiens avec Christ (Romains 8,14-17), Paul affirme, en Romains 8,30, que la justification ne se fait pas sans la glorification.

Nous avons déjà insisté par ailleurs sur la relation de succession et de simultanéité entre la justification et la glorification, et aussi sur le fait que la glorification apparaît comme le couronnement dans le processus de la justification. La question qui nous intéresse maintenant est la suivante : s'il est possible, comme nous l'avons montré, que Paul s'inspire du livre des Psaumes pour élaborer sa conception de la justice divine, est-il aussi possible que le livre des Psaumes soit à l'origine de l'idée paulinienne selon laquelle la justification accompagne nécessairement la gloire ou la glorification ?

---

17 On peut comparer l'inconcevabilité de l'action divine par la logique humaine avec les affirmations pauliniennes en 1 Corinthiens 1,18-25 selon lesquelles « il a plu à Dieu de sauver les païens par la folie de la prédication », que la prédication de Christ crucifié est puissance de Dieu pour les appelés (tant juifs que Grecs), mais qu'elle est aussi scandale pour le juif et folie pour le Grec.

De ce point de vue, il est intéressant de retrouver dans le Psaume 149 la même idée de triomphe et d'exaltation résultant du fait que Dieu a prononcé son jugement en faveur du malheureux. En effet, au verset 4 par exemple, le psalmiste affirme très précisément que le Seigneur « *exaltera le pauvre dans le salut* ». Le malheureux qui sera sauvé ou délivré sera aussi exalté.

Mieux encore, le psalmiste enchaîne par une série d'exclamations qui expriment la même idée de triomphe, d'autoglorification que celle que l'on retrouve en Romains 5,1-11, ou l'idée de super-victoire formulée en 8,31-39 : « [5]Que *les fidèles triomphent dans la gloire, qu'ils poussent des cris de joie sur leur couche* ! [6]*Que les louanges de Dieu soient dans leur bouche…* [9]*Pour exécuter … le jugement qui est écrit ! C'est une gloire pour tous ses fidèles.* » On peut observer que, dans le psaume 149,5a, le triomphe dans l'autoglorification s'exprime par un lexique similaire (« καυχήσονται ὅσιοι ἐν δόξῃ ») à celui de Romains 5,2 (« καυχώμεθα ἐπ' ἐλπίδι τῆς δόξης τοῦ θεοῦ »).

De plus, il est capital de noter que, dans le Psaume 149 comme en Romains 5,1-11 et 8,31-39, en dépit de l'atmosphère de triomphe, d'exultation et d'autoglorification, on reste dans un contexte d'hostilité où les bénéficiaires de la justice ou de la délivrance divine doivent persévérer, espérer et prendre possession de la victoire qui leur est déjà acquise. C'est en ce sens que, en Romains 5,1-11, les chrétiens, ayant été justifiés, délivrés (v. 1), et ayant l'assurance du salut (v. 10), exultent et se glorifient dans les afflictions, lesquelles produisent la persévérance qui donne la victoire dans l'épreuve, et cette victoire, l'espérance. De même, dans le Psaume 149, le triomphe et l'exultation se produisent dans un contexte d'hostilité, d'afflictions et d'épreuves, mais avec l'assurance de la victoire.

Notons que cette idée de l'autoglorification dans les afflictions se trouve également dans le Psaume 56 (il renvoie à la capture de David par les Philistins) où le psalmiste s'exprime en ces termes : « [2]Aie pitié de moi, ô Dieu ! Car des hommes me harcèlent ; tout le jour ils me font la guerre, ils me tourmentent… [4]*Je me glorifierai* en Dieu, en sa parole ; Je me confie en Dieu, je ne crains rien : *Que peuvent me faire des hommes ?…* [10]*Je me glorifierai* en Dieu, en sa parole, *je me glorifierai* en l'Éternel, en sa parole. » Même si le lexique utilisé ici dans la Septante pour exprimer l'autoglorification ou le triomphe est différent de celui qui est utilisé en

Romains 5, il s'agit dans les deux cas de l'expression de la même idée de triomphe ou d'autoglorification, malgré l'adversité.

En définitive, toutes ces similarités (et notamment le fait que Paul ait littéralement repris l'affirmation davidique du Psaume 32 en Romains 4 dans les mêmes termes et dans le même ordre) constituent un indice fort pour conclure que non seulement l'apôtre était très familier du livre des Psaumes, mais encore qu'il l'avait probablement à l'esprit lorsqu'il a élaboré sa conception de la manifestation de la justice divine.

CONCLUSION

La justification comme délivrance et glorification des chrétiens

Au terme de cette analyse sur la conception paulinienne de la justification, nous avons pu vérifier les trois hypothèses que nous avions formulées au départ, à savoir : qu'il est capital (1) de placer le concept de « δικαιοσύνη » dans le contexte de la dimension historico-logique de l'argumentation paulinienne, (2) de considérer « δικαιοσύνη » en tant qu'un pouvoir personnifié qui se présente comme à la fois l'antithèse et le suppléant du pouvoir asservissant qu'est le péché, et (3) de rendre raison de la place de la figure d'Abraham dans l'argumentation paulinienne sur la justification par la foi, tout en prenant en compte l'arrière-plan vétérotestamentaire de l'usage paulinien du terme « justice » (« δικαιοσύνη »). Il importe maintenant de préciser en quoi la vérification de ces trois hypothèses contribue à forger notre vision relative à la conception paulinienne de la justification.

L'intérêt de la première hypothèse est de montrer que *la pensée paulinienne suppose l'inscription de la justification dans une histoire*, dans le temps, et aussi dans la succession d'une série d'événements qui, à la fois, s'appellent et s'opposent mutuellement. C'est ainsi que nous avons montré que, selon Paul, la Loi mosaïque, au moins dans sa fonction intentionnelle, était censée contrer l'empire du péché et de la mort sévissant depuis Adam ; toutefois, il s'est avéré que sa fonction effective était de vivifier et de faire multiplier le péché. Par l'abondance du péché qu'elle a occasionnée, la Loi a rendu nécessaire l'avènement du Christ et la surabondance de la grâce. D'où l'association à la fois temporelle, logique et antithétique du péché, de la Loi et de la grâce.

La deuxième hypothèse est d'une importance cruciale dans notre vision de la conception paulinienne de la justification. L'on ne saurait saisir tout le sens du concept paulinien de « justice » (« δικαιοσύνη ») si l'on omet le fait que, d'une part, Paul conçoit la « justice » (« δικαιοσύνη ») comme un pouvoir[1] antithétique de la puissance du péché, et, d'autre part, conçoit le péché comme un empire qui, non seulement, est ennemi de Dieu, mais qui aussi, dès le premier homme, Adam, envahit l'humanité, et, avec son corollaire, la mort, domine l'être humain. On ne mesurera jamais suffisamment à quel point, selon Paul, la puissance asservissante du péché a, depuis Adam, dominé l'être humain et est toujours déterminée à le garder sous son emprise. Et ce, quoique l'être humain puisse aspirer de toutes ses forces à en sortir (Romains 7,7-25).

Même la Loi, aussi sainte et spirituelle qu'elle puisse être, s'est avérée impuissante pour contrer la puissance du péché, et elle s'est même trouvée asservie ou vassalisée par le péché. Dès lors, Paul présente « δικαιοσύνη », la justification ou la manifestation de la justice divine en Jésus-Christ, comme l'unique recours contre l'asservissement au péché.

La troisième hypothèse est déterminante en ce qu'elle apparaît à la fois comme un fondement et une confirmation de la pensée paulinienne sur la justification. En effet, à la lecture de Romains 5 à 8, il est difficile de ne pas se rendre compte de l'omniprésence (42 occurrences) de la notion du péché, de sa domination (de l'intérieur comme de l'extérieur) sur l'humanité, et aussi du fait que la libération de l'asservissement au péché est associée aux notions de souffrance, d'affliction, de persévérance, d'espérance, de triomphe, de victoire et de gloire. L'idée dominante qui se dégage du discours paulinien sur la justification dans Romains 5 à 8 est celle de soulagement, de délivrance et de victoire dans l'affliction.

C'est en partant de cette idée que nous avons jugé nécessaire d'explorer la signification de la justice imputée à Abraham, laquelle joue un rôle déterminant dans l'argumentation paulinienne sur la justification par la foi. Nous avons pu voir, en effet, que la justice qu'Abraham s'est vue imputer en raison de sa foi apparaît comme une délivrance de ses afflictions. De là, nous avons procédé à une analyse lexicale et comparative entre le grec et l'hébreu pour montrer que Paul pouvait bien se servir du terme grec « δικαιοσύνη » avec sa connotation vétérotestamentaire retrouvée dans la Septante[2], et que l'une des significations dominantes

1 J. Dodson, *The "Powers" of Personification*, *op. cit.*, p. 155.

2 D. Hill, *Greek Words and Hebrew Meanings*, *op. cit.*

de la notion de justice dans la tradition judaïque renvoie à l'intervention divine en faveur du malheureux pour lui apporter la délivrance[3], à l'instar d'Abraham.

En outre, en nous appuyant sur la citation du Psaume 32,1-2a en Romains 4,7-8, nous avons exploré la conception de la justice dans le livre des Psaumes. Cette démarche nous a permis non seulement de confirmer la signification de la justice divine comme délivrance du malheureux (et ce, malgré son injustice morale), mais aussi de comprendre la dimension de glorification ou d'auto-glorification, de triomphe et d'exultation associée à la justification dans l'épître aux Romains.

Nous pouvons maintenant observer que cette conception vétérotestamentaire de la justice divine comme délivrance et glorification du malheureux[4] est fondamentale dans le texte paulinien, et notamment en Romains 5-8. Pour Paul, l'humanité, depuis Adam, se trouve sous la domination du péché et de la mort, et cette domination, qui lui a été imposée (l'être humain est esclave du péché du seul fait qu'il est fils d'Adam), est la cause de toutes sortes de souffrances. Notre interprétation est que la manifestation de la justice divine en Jésus-Christ est le lieu de la libération de l'esclavage du péché et que, selon Paul, en Christ s'est produite la justification ou la délivrance de l'empire du péché.

Le corps du Christ crucifié constitue ainsi le lieu de l'arrachement des chrétiens à l'empire du péché et de leur transfert sous le pouvoir de Dieu et de la justice. Nous proposons de comprendre, dans ce contexte, « δικαιοσύνη » comme comportant une double dimension temporelle et locative : dimension temporelle parce qu'il s'agit du passage d'un ancien pouvoir à un nouveau pouvoir, le règne de la justice succédant dans le temps à l'empire du péché[5] ; dimension locative parce qu'il est

3 Voir C. Dodd, *The Epistle*, *op. cit.*, p. 10-13 ; J. Barr, *The Semantic*, *op. cit.* ; J. Moravcsik, « How Words get their Meanings ? », *Journal of Philosophy* 78, 1981, p. 5-24.

4 Voir notre analyse des psaumes ci-dessus, et notamment les psaumes 56 et surtout 149, dont nous rappelons ici le verset 4b : « L'Éternel *exalte le malheureux dans le salut* ».

5 On peut, en effet, observer que, même si certaines occurrences de « δικαιοσύνη » (au chapitre 6 notamment) comportent aussi une dimension morale et éthique, celle-ci semble secondaire ou du moins apparaît comme la conséquence du fait que les chrétiens ont été libérés de l'esclavage du péché pour passer sous le règne de la justice. Avant de référer à la moralité, « δικαιοσύνη » se présente ici comme étant un pouvoir qui a évincé l'empire du péché, un nouveau règne sous lequel vivent les chrétiens, et qui exige en conséquence qu'ils vivent conformément aux normes de ce nouveau règne. Par conséquent, il convient d'admettre que la délivrance que suppose que la justification peut secondairement comporter certaines implications éthiques.

question de transfert, de passage d'un lieu à un autre, d'un empire à un autre. Pour Paul, ceux qui ont subi ce transfert, doivent se conformer aux principes du nouvel empire et se livrer entièrement et uniquement à l'obéissance de leur nouveau maître (Dieu ou la justice)[6].

Par ailleurs, nous avons aussi insisté sur le fait que, pour Paul, dans sa conception de l'esclavage, la libération d'un esclave n'est possible que sous le mode de la rédemption. Or, en Romains 3,24, Paul définit très clairement la justification comme étant « la rédemption (ou la délivrance) qui est en Jésus-Christ ». Justifier, pour Paul, c'est racheter ou délivrer de la domination de l'esclavage du péché. En effet, le concept de rédemption suppose qu'un esclave est racheté d'un ancien maître pour passer sous l'autorité exclusive d'un nouveau. Et cette rédemption suppose un prix, une rançon, car un esclave n'est pas libéré gratuitement et délibérément par son maître, sans aucune contrepartie. C'est ainsi que Paul affirme que l'œuvre divine de la justification a été réalisée au prix du sang de Jésus (Romains 4,25 ; 5,9).

Il convient aussi de relever que cette délivrance dans la justification revêt un aspect juridique, comme si elle résultait d'une sentence provenant d'un juge[7]. En effet, on peut observer que, en Romains 5,18, opposant l'œuvre du Christ à l'œuvre d'Adam, Paul affirme que de l'offense d'Adam a résulté la condamnation (qui donne la mort) pour tous les hommes tandis que de l'acte de justice du Christ a résulté la justification qui donne la vie pour tous les hommes. On voit donc que, dans ce texte, justification est opposée à condamnation, ce qui laisse entendre que celui qui bénéficie de la justification était déjà condamné. Être justifié, c'est être gracié. La justification arrive donc comme une délivrance et comme un retour à la vie pour l'homme qui était déjà condamné à la mort dans l'esclavage du péché.

Cette même notion de condamnation se retrouve au chapitre 8 où, après l'appel à la délivrance prononcé par l'homme malheureux en 7,24, l'apôtre enclenche d'une manière solennelle par l'affirmation selon laquelle « il n'y a maintenant aucune condamnation pour ceux qui sont

6 Voir A. Feuillet, « Les attaches bibliques des Antithèses pauliniennes dans la première partie de l'Épitre aux Romains (1-8) », in : *Mélanges bibliques en hommages au R.P. Béda Rigaux*, éd. A. Descamps et A. de Halleux, 1970, p. 323-349.

7 Nous rejoignons ici Luther et Bultmann dans leurs considérations sur l'aspect « forensique » de la justification chez Paul. Voir M. Luther, *Commentary*, *op. cit.*, p. 22-25 ; R. Bultmann, *Theology*, *op. cit.*, p. 272-279.

en Jésus-Christ » (8,1) en raison du fait que « la Loi de l'Esprit de vie en Jésus-Christ » les « a libérés de la Loi du péché et de la mort » (8,2). On voit donc ici que Paul lie directement la condamnation au péché et que la formulation solennelle de la délivrance de la condamnation au verset 1 est justifiée au verset 2 par la libération ou la délivrance du péché et de la mort.

De même, Paul reprend cette certitude de l'absence définitive de condamnation en 8,34, dans un contexte où l'on pourrait *a priori* penser que la condamnation pourrait venir de l'adversité humaine (de confrontations avec des adversaires humains). En effet, la condamnation est ici associée à la notion d'accusation et les versets 35 à 36 pourraient laisser entendre qu'il s'agit d'une adversité concrète, matérielle ou physique. Mais ce qui est capital pour nous ici est que cette certitude d'absence définitive de condamnation est accompagnée et expliquée par le fait que « c'est Dieu qui justifie » (v. 33b), et aussi par le fait que « Christ est mort » et qu'« il est ressuscité » et « intercède » pour les chrétiens (v. 34b).

Notre suggestion d'interprétation est que l'adversité et la menace d'accusation ou de condamnation dont il est question en Romains 8,31-39 renvoient toujours à la puissance cosmique du péché à laquelle les chrétiens, bien que justifiés ou délivrés, continuent de faire face. Le caractère abstrait des puissances opposantes énumérées par l'apôtre dans les versets 38-39 semble donc confirmer la dimension surhumaine ou surnaturelle de l'adversité mentionnée dans ce chapitre[8]. Quoi qu'il en soit, l'absence définitive de condamnation pour les chrétiens en raison du fait que Dieu les a justifiés traduit l'un des aspects de la délivrance du péché dans la justification.

Douglas Campbell[9] développe une thèse similaire à bien des égards à celle que nous venons d'exposer, mais par une méthode complètement différente. Campbell fait état d'un problème qu'il perçoit notamment à travers les différentes positions théologiques représentées par William

8 Voir B. R. Gaventa, « The Cosmic Power of Sin in Paul's Letter to the Romans : Toward a Widescreen Edition », *Interpretation* 58, 2004, p. 22-40.

9 D. Campbell, *The Deliverance of God : An Apocalyptic Rereading of Justification in Paul*, Grand Rapids, Eerdmans, 2009. Pour un excellent résumé de l'argumentation dans cet ouvrage, voir D. Campbell, « An Apocalyptic Rereading of "Justification" in Paul : Or, an overview of the argument of Douglas Campbell's "The Deliverance of God" », *The Expository Times* 123/382, 2012.

Wrede[10], Heikki Räisänen[11], Krister Stendahl[12] ou de E.P. Sanders[13]. Pour analyser la racine de ce problème, l'auteur consacre la première partie du livre à l'interprétation de la pensée paulinienne venant de l'arianisme, lequel aurait pris différentes formes tout au long de l'histoire de l'Église et de la théologie. Campbell identifie ainsi la principale caractéristique de l'arianisme dans le fait qu'il tire des interprétations théologiques, non pas à partir des écrits scripturaires, mais à partir de l'histoire, de la culture ou des expériences humaines.

En conséquence, l'auteur considère la position théologique qui consiste à assimiler la justice divine ou à conditionner le salut divin à une série de contrats comme une forme d'arianisme. Il s'agirait d'une reproduction théologique de la justice telle qu'elle existe dans les « sociétés libérales modernes », où l'individu s'engagerait à respecter un contrat social. Par analogie, le chrétien serait celui qui respecte son contrat avec Dieu, et le non-chrétien celui qui l'enfreint. À l'instar d'un juge dans une cour de justice, Dieu pratiquerait une justice de rétribution, justifiant en raison des œuvres de chacun.

Dans la deuxième partie du livre, l'auteur propose une lecture non-contractuelle des textes pauliniens en insistant sur la forme socratique de l'argumentation paulinienne, notamment dans les quatre premiers chapitres de l'épître aux Romains. Campbell explique ainsi les caractères dialogique et dialectique du discours paulinien en raison du fait que, dans l'épître aux Romains, l'apôtre s'oppose vigoureusement à un missionnaire chrétien d'origine juive qui proposerait un évangile

10 W. Wrede, *Paul* (traduit de l'allemand à l'anglais en 1907 par E. W. Lummis), Londres, American Theological Library Association, 1924. Wrede voit chez Paul la présence de deux discours différents sur le salut, l'un opposant la justice par les œuvres à la justice par la foi, l'autre insistant particulièrement sur l'idée de « participation » et l'importance des sacrements.

11 H. Räisänen, *Paul and the Law*, *op. cit.*, 1986. Räisänen soulève la question des incohérences ou des contradictions qu'il perçoit dans la pensée paulinienne, notamment par rapport à la Loi. Campbell suggère que les contradictions soulignées par Räisänen correspondent à la présence du double discours que Wrede voyait chez Paul.

12 K. Stendahl, « The Apostle Paul and the Introspective Conscience of the West », *Harvard Theological Review* 56, 1963, p. 199-215. Stendahl insiste sur l'influence qu'a pu avoir la biographie d'Augustin (ou celle de Luther) sur l'interprétation de la pensée paulinienne. Campbell retient cette remarque de Stendahl selon laquelle, à l'inverse d'Augustin, voire de Luther, Paul n'avait nullement attribué un rôle théologique majeur à sa conversion.

13 E. Sanders, *Paul and the Palestinian Judaism*, *op. cit.*, 1977. Sanders essaie de montrer que la présentation que fait Paul du judaïsme de son époque est du moins partiale si ce n'est incorrecte.

différent du sien. Prises sous cet angle, les problématiques soulevées par Wrede, Räisänen, Sanders, Stendahl et Martyn apparaissent dépassées.

Campbell suggère que c'est dans ce contexte de remise en question de leur foi que Paul invite les croyants romains à tenir bon. Aussi longtemps qu'ils continuent de garder et de confesser leur foi en Christ, leur salut est assuré, ils participent à la foi de celui qui a eu la foi avant eux et qui est ressuscité d'entre les morts, et, comme lui, ils sont destinés à la gloire. Finalement, se référant notamment à Romains 6,6-8, à 1 Corinthiens 6,11 et à Galates 3,24, Campbell considère le salut, tel qu'il est présenté par Paul, comme une forme de délivrance, de libération de la servitude et de la captivité[14]. La justice divine consisterait donc en ce que Dieu, « notre Roi », a manifesté sa volonté de racheter « ses sujets » de leur « excès » et du péché.

On peut observer que, si la thèse centrale de Campbell est très proche de celle que nous défendons ici, elle émane principalement d'une analyse de Romains 1-4, alors que notre étude se fonde essentiellement sur Romains 5-8. En fait, paradoxalement, si Campbell consacre seulement une dizaine des 1200 pages de son ouvrage à Romains 5-8 et accorde une importance particulière à Romains 1-4, ce n'est pas parce qu'il voit dans ces chapitres le cœur de la doctrine paulinienne de la justification, mais, bien au contraire, parce qu'il cherche à réfuter l'idée longtemps répandue selon laquelle l'épître aux Romains (et les chapitres 1-4 en particulier) traite de la justification.

Et lorsque Campbell consacre les pages 63 à 73 de son livre à Romains 5-8, c'est en vue de pouvoir expliquer le sens des chapitres 1-4, qui, selon lui, loin d'être une théorie paulinienne de la justification, comprennent une forme d'argumentation socratique par laquelle Paul réfute par l'ironie la position des judéo-chrétiens romains qu'il considère comme légalistes. À propos des chapitres 5-8, Campbell souligne que Paul y présente la sotériologie en 4 phases : (1) « délivrance inconditionnelle », en 5,1-11 ; (2) « caractérisation rétrospective du problème », en 5,12-21 et 7,7-25 ; (3) « envoi, par le Père, du Fils » qui, par sa mort et sa résurrection, procure une nouvelle vie aux chrétiens, en 6,1, 7,6 et 8,3 ; (4) « incorporation de l'humanité par l'Esprit, en Christ », en 8,2, 3-39.

---

14 Voir la conclusion de l'ouvrage, où Campbell affirme clairement : « Par ceci (le slogan de Paul selon lequel "Dieu justifie les impies"), il entend que Dieu délivre les impies de leur asservissement au péché, alors qu'ils ne sont pas capables de se délivrer eux-mêmes, et par là démontre sa grâce inconditionelle et son amour » (p. 934).

Nous pouvons reprendre ici la suite de la récapitulation des différents éléments de notre thèse en insistant sur la portée eschatologique de la délivrance au travers de la justification. Nous avons montré que cette dimension eschatologique de la justification chez Paul suppose que les chrétiens, bien que principiellement délivrés à la Croix de la condamnation, de la mort et du péché, restent toujours aux prises avec le péché[15] notamment en raison du fait que, pour Paul, leur corps mortel est toujours sous l'emprise du péché. Les chrétiens sont donc toujours en lutte contre le péché dans l'attente et l'espérance de la délivrance finale et complète, laquelle se fera avec la rédemption du corps (Romains 8,23). C'est en ce sens que Paul peut aussi parler d'une « espérance de justification » pour les chrétiens (Galates 5,5).

En outre, un autre aspect de la dimension eschatologique de la justification consiste en ce que, chez Paul, elle suppose non seulement la délivrance mais aussi la glorification. Nous avons en effet montré que, pour Paul, il y a une relation de concomittance entre justification et glorification. En effet, à la manière du psalmiste qui affirme que l'Éternel « exalte le malheureux en le sauvant » (Psaume 149,4), Paul semble dire que Dieu glorifie le chrétien en le justifiant (en le délivrant) : « ceux qu'il a justifiés, il les a aussi glorifiés » (8,30c). Mais la question qui reste en suspens ici est la suivante : l'action divine de glorification dont il s'agit ici s'est-elle déjà réalisée ou est-elle encore à venir ?

En effet, s'il est question de la justification au passé (à l'aoriste) en 8,30, la glorification se veut à la fois présente et future. Elle apparaît à la fois comme une espérance devant se réaliser dans un temps eschatologique et aussi comme une réalité présente dans la vie du chrétien[16]. Paul va même jusqu'à considérer que cette glorification – à la fois présente et eschatologique – concerne non seulement les

15 Nous nous associons ici à la position de B. Clark (*Delight*, *op. cit.*, p. 32) qui affirme que, à travers le baptême, l'individu est libéré de l'esclavage du péché, non pas pour mener une vie tranquille, mais pour face à de nouveaux conflits. C'est ainsi qu'il écrit : « Si la victoire décisive a été assurée, des poches locales de résistance provenant du reste de l'armée vaincue subsistent et doivent être éradiquées. Si la note dominante de ce chapitre (Romains 6) est celle de la victoire à travers Christ, il y a des références claires à un conflit spirituel, lequel s'ensuit nécessairement. La personne qui a été coupée du péché doit en conséquecne livrer bataille contre lui (le péché). Ici il n'y a pas de place pour le quiétisme ou le pacifisme. »

16 Voir M. Loane, *The Hope of Glory*, *op. cit.* ; C.-H. Giblin, *In Hope of God's Glory*, *op. cit.*

chrétiens, mais aussi toute la création, laquelle, ayant été aussi soumise à l'esclavage de la corruption, espère, aspire à la délivrance et à la gloire (Romains 8,20-22)[17].

17 Sur le rapport entre la justification et la glorification, soulignons que Paul considère que le péché suppose la privation de la gloire de Dieu. C'est ainsi que, en Romains 3,23, à l'affirmation selon laquelle « tous ont péché » l'apôtre ajoute, comme une conséquence de cette affirmation, que tous « sont privés de la gloire de Dieu ». En ce sens, on peut donc comprendre que l'acte divin de justification de l'être humain qui consiste en la délivrance du péché est aussi un acte de glorification. Si la domination du péché a fait perdre à l'homme la gloire de Dieu (voir aussi Rom 1,23), en délivrant l'homme de cette domination, Dieu lui permet à nouveau de retrouver et de partager sa gloire.

TROISIÈME PARTIE

LES DIMENSIONS CHARNELLE, SOMATIQUE ET SPIRITUELLE DANS LA CONCEPTION PAULINIENNE DE LA NOUVEAUTÉ DE VIE EN ROMAINS 5-8

LA CONCEPTION PAULINIENNE DE LA CHAIR DANS LE CADRE DE LA VIE NOUVELLE EN CHRIST

Le terme « σάρξ », l'un des concepts centraux de l'anthropologie paulinienne, apparaît dans l'épître aux Romains plus de fois que partout ailleurs dans le corpus néotestamentaire. Outre les 26 occurrences de « σάρξ » dans cette lettre paulinienne, on y trouve également la présence de termes dérivés, comme « σαρκικός » ou « σαρκινός ». Soulignons d'emblée que, alors que l'usage de « σάρξ » et de ses dérivés dans d'autres lettres pauliniennes semble souvent relever de la polémique ou de la parénèse, dans l'épître aux Romains il comporte globalement une dimension que l'on pourrait qualifier de doctrinale[1].

C'est ainsi que, sur les 28 occurrences de « σάρξ » et de ses dérivés dans l'épître aux Romains, 18 se trouvent dans le corps doctrinal de la lettre – que constituent les chapitres 5 à 8, et plus précisément dans les chapitres 6 à 8. Par ailleurs, loin d'être une simple description physiologique du corps humain, de manière générale l'usage paulinien de « σάρξ », notamment dans l'épître aux Romains, renvoie à une réalité personnifiée, et parfois même à une puissance aspirant à dominer ou à maintenir l'être humain dans sa sphère d'influence.

Le concept paulinien de « σάρξ » apparaît en ce sens comme l'un des deux modes sous lesquels l'être humain peut vivre : ou bien il vit sous le mode charnel (ou selon la chair), ou bien il vit sous le mode spirituel (ou selon l'Esprit). En effet, s'il existe une caractéristique dominante de l'usage paulinien du terme « σάρξ », c'est que celui-ci suppose, de manière générale, directement ou indirectement, l'opposition de deux

1 Précisons d'emblée que, au-delà de la chair (la matière qui couvre les os), « σάρξ » peut aussi renvoyer à l'être humain tout entier dans son existence corporelle et en tant que pécheur (Romains 3,20 ; 1 Corinthiens 1,29 ; Galates 2,16). Voir H. Liddell, R. Scott, *Greek English Lexicon*, *op. cit.*, p. 1375.

sphères, l'une charnelle, physique ou terrestre, et l'autre spirituelle ou céleste. Cette deuxième sphère est donc considérée comme relevant du divin et comme étant plus élevée que la sphère purement humaine qui est essentiellement caractérisée par l'influence de « σάρξ ».

C'est ainsi que le terme « σάρξ » est utilisé tantôt en opposition directe à « πνεῦμα », tantôt comme une réalité relevant d'un ordre inférieur, humain, naturel ou terrestre, faisant ainsi indirectement référence à une existence d'un ordre supérieur, spirituel ou céleste. De plus, de manière générale, que la « σάρξ » paulinienne soit directement ou indirectement opposée à « πνεῦμα », elle est jugée péjorativement comme étant incapable de faire le bien ou de plaire à Dieu, et elle est associée à la faiblesse, au péché ou à toutes sortes de dépravations. De plus, elle est considérée comme étant corruptible et conduisant l'individu à la mort, contrairement au « πνεῦμα » qui conduit à la vie.

Au-delà de l'analyse des différentes caractéristiques de « σάρξ », cette étude vise à comprendre la fonction ou l'importance que peut comporter ce concept dans le cadre de l'anthropologie paulinienne. Il importera aussi de s'interroger sur les relations entre les concepts pauliniens de « σάρξ » et de « σῶμα » et de se demander s'il s'agit d'un rapport d'identité, d'inclusion ou d'interdépendance physiologique, ou bien si « σάρξ » peut renvoyer à une réalité non-physiologique, indépendante du corps humain. En fait, comment Paul conçoit-il la chair dans l'ensemble du corps humain ? Pourquoi, de manière générale, tend-il à disqualifier la chair (corruptible) alors qu'il considère que le corps humain sera aussi objet de la rédemption divine ?

Par ailleurs, d'où vient le fait que Paul considère que le bien n'habite pas dans la chair et que celle-ci est le siège de toutes sortes de mauvais désirs, de convoitises, de passions conduisant à toutes sortes de dépravations ? Quel rapport établit-il entre la chair et le péché ? Pourquoi tout ce qui relève de la chair est-il nécessairement péché ? Et comment peut-on comprendre l'opposition radicale que Paul établit entre la chair et l'Esprit ? Quel est, selon l'apôtre, le rapport que le chrétien né de nouveau et au bénéfice de l'Esprit entretient avec la chair ?

Enfin, si l'on a pu rapprocher la conception paulinienne de l'opposition entre la chair et l'Esprit avec la pensée gnostique, peut-on établir une différence entre la pensée paulinienne et le dualisme anthropologique tel que conçu par les gnostiques ? Dans quelle mesure peut-on parler de l'originalité de Paul dans l'élaboration de sa conception de la chair et de sa vision de l'opposition radicale entre la chair et l'Esprit ?

LA FAIBLESSE DE LA CHAIR

En Romains 6,19, Paul évoque la faiblesse de la chair des destinataires de sa lettre pour justifier le fait qu'il parle dans un langage humain. Cette affirmation apparaît comme une précision par laquelle l'auteur présente la faiblesse de la chair comme la raison d'être de l'application de l'image de l'esclavage à la réalité spirituelle qu'il évoque. En effet, comme l'esclavage était un phénomène ordinaire dans l'empire romain, Paul y voyait tout naturellement une image tout à fait adaptée à la culture et au quotidien de ses lecteurs pour leur expliquer l'exercice de la domination du péché sur l'être humain.

S'agissant de la valeur de cette parenthèse, il nous semble que, contrairement à ce qu'ont laissé entendre certains commentateurs[2], Paul ne s'excuse[3] nullement auprès des destinataires de sa lettre d'appliquer l'image de l'esclavage à la vie chrétienne, mais il justifie bien plutôt le langage qu'il utilise. Et le fait que l'auteur impute l'usage du langage humain à la faiblesse de la chair de ses lecteurs montre qu'il n'entend nullement s'excuser de comparer la vie humaine (que ce soit sous le joug du péché ou sous celui du Christ) à un esclavage. En d'autres termes, il aurait utilisé un autre langage s'il avait n'estimé que les destinataires de sa lettre n'étaient pas affectés par la faiblesse de la chair[4].

2 Voir la discussion de D. Moo, *Romans*, *op. cit.*, p. 419-420.

3 Jewett y voit même une excuse en raison de l'idée de peine et de souffrance que comporte l'esclavage : « Parler de manière humaine, c'est prendre en compte la fragilité et la souffrance. » Jewett suppose donc que Paul voulait s'excuser auprès des chrétiens romains pour avoir utilisé un tel langage, car nombre d'entre eux étaient esclaves. Voir *Romans*, *op. cit.*, p. 419. Pour sa part, Leenhardt pense que Paul s'excuse pour avoir comparé l'asservissement au péché à l'asservissement à Dieu ou à la justice. (Voir *L'épître de saint Paul*, *op. cit.*, p. 99.)

4 Notons que la conception de la chair comme étant faible est également attestée dans l'Ancien Testament (Gn 8,21 ; Es 40,6,8 ; 2 Chr 32,8 ; Ps 78,39 ; Jr 17,5) et à Qumran (*1QS* 11,11-12 ; *1QH* 4,29-30 ; *1QH* 10,23 ; *1QH* 18,21).

En outre, même si Paul n'utilise l'expression « Ἀνθρώπινον λέγω » qu'en Romains 6,19[5], il se sert ailleurs d'une expression similaire (« κατὰ ἄνθρωπον λέγω » : Romains 3,5 ; 1 Cor 9,8 ; Galates 3,15). Mais jamais il ne justifie pourquoi il parle à la manière des hommes comme il le fait en Romains 6,19. Cela renforce l'importance de la raison qu'il avance pour employer un langage humain. Il nous semble d'ailleurs que cette formulation paulinienne est à rapprocher de la façon dont Paul s'adresse aux Corinthiens (3,1-3), leur faisant savoir qu'il ne leur parle pas comme à des hommes spirituels, mais comme à des hommes charnels, des « enfants en Christ », à qui il ne convient pas de donner des aliments solides.

Il peut paraître déroutant de lire que la faiblesse de la chair justifie tel ou tel niveau de langage. Faut-il en déduire, comme Barrett[6], que Paul insiste sur les limites de tout être humain à comprendre les choses, ou, comme Cranfield[7], que Paul souligne l'inaptitude des êtres humains à comprendre les choses spirituelles ? De plus, doit-on rapprocher la faiblesse de la chair, telle qu'elle est évoquée ici, des mentions de la faiblesse en Romains 5,6 et 8,26 ? C'est la suggestion de Douglas Moo, qui conclut que l'idée de Paul en Romains 6,19 serait que « la nature humaine produit une faiblesse d'intelligence qui ne peut être surmontée dans cette vie que par l'usage d'analogies imparfaites[8] ». La faiblesse de la chair relèverait ainsi d'une faiblesse caractérisant l'être humain dans la globalité de son existence.

Pourtant, s'il est possible d'assimiler la faiblesse de la chair à celle de la nature humaine en général, il nous semble qu'il est plus exact et plus cohérent avec la pensée de Paul de dire que la faiblesse de la chair rend l'être humain faible, et non pas que « la nature humaine produit une faiblesse ». La faiblesse en question ici est bien la faiblesse de la chair et non pas une faiblesse consubstantielle à la nature humaine en général. En effet, quand on considère le fait que Paul impute l'usage du langage humain à la faiblesse de la chair, l'on peut tout au plus voir une relation de compatibilité entre le langage humain et la faiblesse de la chair.

---

5 Ce terme désigne généralement ce qui est relatif à l'être humain, qui relève de l'être humain, qui est adapté ou convenable à la nature humaine. Voir H. Liddell, R. Scott, *Greek English Lexicon*, *op. cit.*, p. 129.

6 C. Barrett, *A Commentary*, *op. cit.*

7 C. Cranfield, *A Critical and Exegetical Commentary*, *op. cit.*

8 D. Moo, *Romans*, *op. cit.*, p. 420.

En fait, l'affirmation paulinienne fait plus de sens quand on se rend compte que le « langage humain » utilisé se veut être adéquat et compatible avec la faiblesse de la chair. L'adéquation ou la correspondance entre le langage humain et la faiblesse de la chair semble ainsi supposer que la nature humaine, étant affectée par la faiblesse consubstantielle à la chair, devient inapte à comprendre des réalités qui ne sont pas humaines. Il est donc capital de souligner cette nuance : si, comme nous aurons à le développer plus loin, Paul ne cesse de dénigrer la chair, il ne met jamais en cause la nature humaine en tant que telle.

Par ailleurs, on observera que le terme « ἀσθένεια », que nous traduisons par « faiblesse », signifie aussi « absence de force », « infirmité[9] » ou même « maladie[10] ». Pris en ce sens, il apparaît plus clairement que la faiblesse de la chair évoquée par Paul est considérée comme une infirmité, un handicap pour tous les autres composants de l'être humain. La faiblesse est donc localisée non pas dans tout l'être humain, mais dans sa chair. Elle est une propriété (caractéristique) de la chair, et non pas de la globalité de l'être humain. Et s'il arrive à l'être humain tout entier d'être affecté par la faiblesse, c'est sous l'influence de la chair. Par conséquent, il nous semble que, pour Paul, c'est la chair ou la faiblesse de la chair qui rend faible ou affaiblit l'être humain.

On peut observer la même idée en Romains 8,3a : Paul affirme qu'il a été « impossible à la Loi[11] » (de libérer du péché) parce qu'elle est

9 L'expression « ἀσθένεια τῆς σαρκός » en Galates 4,13, où Paul affirme avoir annoncé l'Évangile pour la première fois aux Galates « à cause d'une infirmité de la chair », montre bien que le même mot, même accompagné de « σάρξ », est parfois à prendre au sens d'infirmité, et que ce qui est tenu pour de la faiblesse peut être aussi compris comme une maladie ou un handicap. D'ailleurs, certains commentateurs, s'appuyant notamment sur Galates 4,15, où Paul rappelle aux Galates qu'ils se seraient arraché les yeux pour les lui donner si cela était possible, prétendent que l'apôtre était probablement affecté par un handicap visuel lors de ce séjour chez les Galates. Pour notre part, ce qui importe ici est que l'expression « ἀσθένεια τῆς σαρκὸς » en Galates 4,13 n'est pas à prendre au sens de faiblesse morale, mais au sens d'une infirmité physique, quelle qu'ait pu être cette maladie.

10 Pour les différents sens du mot « ἀσθένεια », voir : H. Liddell, R. Scott, *Greek English Lexicon*, *op. cit.*, p. 231.

11 Sur cette impuissance de la Loi, Jewett écrit que cette « expression, unique dans le Nouveau Testament, résume l'argumentation du chapitre précédent au sujet de l'arrogance humaine, laquelle corrompt la Loi et détruit sa capacité d'atteindre le bien. Par conséquent, l'impuissance de la Loi n'est pas inhérente à la Loi elle-même mais est la conséquence de son implication dans l'héritage du péché venant de la chute d'Adam ». (R. Jewett, *Romans*, *op. cit.*, p. 483.)

devenue faible à cause de la chair (« τὸ γὰρ ἀδύνατον τοῦ νόμου, ἐν ᾧ ἠσθένει διὰ τῆς σαρκός »). On voit que, une fois de plus, en établissant une relation de causalité entre la chair et la faiblesse (ou l'affaiblissement) de la Loi, Paul met indirectement celle-ci hors de cause en rendant la chair responsable[12]. L'idée formulée ici est que la chair, affaiblissant la Loi, la rendait incapable de neutraliser le péché. Mais comment et pourquoi la chair a-t-elle pu affaiblir la Loi ? Paul veut-il dire que la chair est tellement faible qu'elle a pu même affaiblir la force de la Loi[13] ? Ne faut-il donc pas comprendre que la chair, en raison de la faiblesse qui lui est consubstantielle, dispose d'une *puissance affaiblissante* telle (ou d'une *faiblesse si puissante*) que même la force de la Loi en a pâti[14] ?

Cette idée de puissance affaiblissante de la chair apparaît également en 2 Corinthiens 12,5-10. Dans ce texte, Paul explique que, s'il ne peut pas se glorifier de l'homme qu'il est (l'homme qui a été « ravi jusqu'au troisième ciel… » 2 Cor 12,1-4) mais plutôt de *sa faiblesse*, c'est parce qu'il a été mis une écharde (ou un ange de Satan) *dans sa chair* pour l'empêcher de s'enorgueillir (vv. 5-7). Dans ce texte, la chair, ou plutôt « l'écharde dans la chair », apparaît comme une source d'infirmité ou de faiblesse pour l'apôtre. Quoi qu'ait pu représenter réellement cette écharde ou cet ange de Satan dans la chair[15], il convient d'admettre que c'est bien de la chair qu'est venue la faiblesse de l'apôtre. Son être entier s'est trouvé infirme, affaibli par la présence de l'écharde dans sa chair.

12 Samuel Bénétreau écrit très justement : « Paul continue à sauvegarder l'excellence de la Loi prise en elle-même en attribuant son échec à la chair. » (S. Bénétreau, *L'épître de Paul aux Romains*, Vaux-sur-Seine, Edifac, 1996, p. 215.)

13 Il est très étonnant que des commentateurs généralement très précis comme Moo ou Cranfield passent sous silence le contraste qui se trouve dans la *puissance affaiblissante de la chair*. Commentant l'expression « ἐν ᾧ ἠσθένει διὰ τῆς σαρκός », Cranfield se limite à dire que cette dernière « était ajoutée pour rendre claire que la faute n'était pas dans la Loi mais dans la nature faillible (pécheresse) des hommes ». (Voir *A Critical and Exegetical Commentary*, *op. cit.*, p. 379.) Moo, quant à lui, se contente de dire que, ici, « "σάρξ" n'est pas la chair de nos corps, mais cette orientation "mondaine" que, par nature, toute personne partage, et que c'est ce pouvoir que la Loi ne pouvait pas briser ». (Voir *Romans*, *op. cit.*, p. 510.)

14 Observons que Leenhardt, pour sa part, dans son commentaire de Romains 8,3, ne mentionne pas du tout l'influence de la chair sur la Loi, ou, plus précisément, la relation de causalité entre la chair et la faiblesse (ou l'affaiblissement) de la Loi. (Voir *L'épître de saint Paul*, *op. cit.*, p. 116-117.)

15 Nombreuses sont les interprétations qui ont été faites de cette écharde ou de cet ange de Satan dans la chair. On peut, par exemple, lire un certain nombre d'entre elles dans le commentaire de L. Belleville, *2 Corinthians*, Leicester, InterVarsity Press, 1996, p. 305-306.

Dans le même sens, l'expression « ἀσθένεια τῆς σαρκὸς » en Galates 4,13 confirme l'idée selon laquelle la chair représente pour Paul un handicap et que ce dernier a conçu sa propre chair comme un lieu d'infirmité ou de faiblesse. Nous avons déjà souligné que « ἀσθένεια τῆς σαρκός » en Galates 4,13 renvoie très probablement à une infirmité physique ; de même, il est probable que l'écharde dans la chair de Paul renvoie aussi à une infirmité physique. Dans les deux cas, l'apôtre présente la chair comme le maillon faible pour tout le reste de son être. La chair serait pour Paul le lieu de son être qui peut être affecté par la maladie, l'infirmité ou la faiblesse. Toutefois, l'apôtre trouve le moyen de se glorifier de ses faiblesses, car c'est là qu'intervient la puissance vivifiante de l'Esprit.

Il nous semble qu'il en est de même pour la faiblesse des chrétiens évoquée en Romains 8,26. En fait, dans la même tonalité lyrique qu'en 2 Corinthiens 12, en Romains 8,26 Paul se rassure et rassure les chrétiens sur le fait que « l'Esprit nous aide dans nos faiblesses ». Bien qu'il ne soit pas clairement indiqué ici que ces faiblesses trouvent leur origine dans la chair, le fait que l'Esprit soit présenté comme un antidote à cette faiblesse pourrait autoriser à penser que nous sommes aussi en présence de l'opposition chair/Esprit (nous la développerons plus loin). Il ne s'agirait donc pas d'une faiblesse consubstantielle aux chrétiens (inhérente à leur nature), mais d'une faiblesse provenant de la chair.

Comprise en ce sens, la faiblesse des chrétiens évoquée dans ce verset serait une faiblesse provenant du fait qu'ils sont toujours aux prises avec la chair[16]. Les chrétiens trouveraient donc ainsi une consolation dans l'aide de l'Esprit grâce à quoi leur faiblesse (provenant de *la puissance affaiblissante la chair*) serait neutralisée. On pourrait enfin opérer un rapprochement entre Paul et les Évangiles synoptiques (Matthieu 26,41 ou Marc 14,38) où l'on voit Jésus, mettant en garde les disciples contre la possibilité de succomber à la tentation, leur dire : « L'Esprit est bien disposé, mais la chair est faible. » Cette formulation nous paraît tout à fait conforme à la pensée paulinienne, à savoir que le chrétien est affecté par la faiblesse de la chair en dépit du fait qu'il dispose de la force de l'Esprit.

16 Là aussi, Moo opte pour la possibilité que cela puisse être une faiblesse générale inhérente à la nature humaine, une faiblesse qui affecte « la totalité de la condition humaine ». (Voir *Romans*, *op. cit.*, p. 560.) Moo renvoie spécialement à K. Niederwimmer, « Das Gebet des Geistes », Röm. 8, 26 f., *ThZ* 20, 1964, p. 257-259.

Finalement, revenant à l'affirmation de la faiblesse de la chair en Romains 6,19, on peut s'autoriser à conclure que la faiblesse de la chair – qui exige l'usage d'un langage humain – est indirectement opposée à la nature spirituelle du sujet dont Paul est en train de traiter. Le langage humain utilisé par l'apôtre se justifie uniquement par la faiblesse de la chair, mais, en réalité, le sujet traité nécessiterait que l'on s'exprime dans un langage plus qu'humain et non-charnel (donc un langage spirituel).

Par conséquent, si le langage humain que Paul utilise est accessible à la faiblesse de la chair de ses interlocuteurs, il est inapproprié pour décrire la réalité spirituelle que Paul veut expliquer : ce langage est donc un pis-aller, un ersatz imposé par la faiblesse de la chair. Ce n'est pas que l'être humain soit, de par sa nature, incapable de saisir les choses spirituelles, mais c'est que ces dernières ne lui sont pas accessibles quand il est dominé par la *puissance affaiblissante de la chair*[17]. Mettre la faiblesse de la chair sur le compte de la nature humaine en général[18] reviendrait donc à ignorer le fait que, pour Paul, un individu peut être au service du péché par sa chair alors qu'il reste, par son entendement, au service de Dieu[19].

---

17 On pourrait ici faire un rapprochement avec Matthieu 16,17, où Jésus, à la confession de Pierre sur son identité et origine divine, répond : « Ce ne sont pas la chair et le sang qui t'ont révélé cela, mais mon Père qui est dans les cieux. »

18 Nous prenons donc le contrepied de l'interprétation selon laquelle la faiblesse de la chair reflète la faiblesse de la nature humaine en général ou y renvoie. En plus des auteurs susmentionnés, c'est également l'idée de R. Jewett, *Paul's Anthropological Terms : A Study of their Use in Conflict Settings*, Leiden, Brill, 2007, p. 50, 127-130.

19 Nous renvoyons notamment ici au conflit tragique de Romains 7 entre l'« ἐγώ » et le péché : paradoxalement, l'« ἐγώ » charnel et vendu au péché (« ἐγὼ δὲ σάρκινός εἰμι, πεπραμένος ὑπὸ τὴν ἁμαρτίαν » v. 14) se conçoit comme doublement esclave : *par l'entendement*, il est « esclave de la Loi de Dieu », mais, *par la chair*, il est « esclave de la loi du péché » (« Ἄρα οὖν αὐτὸς ἐγὼ τῷ μὲν νοῒ δουλεύω νόμῳ θεοῦ, τῇ δὲ σαρκὶ νόμῳ ἁμαρτίας » v. 25b). Bien que ne faisant pas ce qu'il veut ou faisant ce qu'il ne veut pas et haïssant ce qu'il fait, l'« ἐγώ » charnel dispose néanmoins d'une très grande force de volonté (intérieure). L'« ἐγώ » charnel reste d'ailleurs pleienement conscient de sa force de volonté, alors même qu'il se sent aussi dépourvu de la capacité d'agir (7,18b).

L'ASSERVISSEMENT DE LA CHAIR PAR LE PÉCHÉ

En Romains 7,5, Paul affirme que « lorsque nous étions dans la chair, les passions des péchés activées par le moyen de la Loi agissaient dans nos membres, de sorte que nous portions des fruits pour la mort ». L'« être dans la chair » est ainsi présenté comme étant dominé et mû par les passions des péchés. Pour éviter toute confusion sur la pensée paulinienne dans ce verset, il convient de se demander tout d'abord ce que Paul entend ici par cet « avoir été dans la chair ».

Écartons d'emblée l'explication qui consisterait à dire que Paul conçoit les chrétiens comme n'étant plus dans la chair, comme étant des êtres désincarnés. Douglas Moo[20] souligne à juste titre que le terme « σάρξ » n'est pas à prendre ici dans un sens physique. Mais il y voit un sens théologique en vertu duquel « σάρξ » signifierait ce qui relève de l'humain. Même si, parfois, « σάρξ » peut prendre une telle signification[21], il nous semble que, pour comprendre le sens de l'« avoir été dans la chair » exprimé dans ce verset, il est nécessaire de tenir compte du contexte dans lequel Paul explique pourquoi les chrétiens peuvent se considérer libérés de la Loi. Tel a notamment été l'objet des versets 1-4, où Paul a démontré comment les chrétiens, ayant été mis à mort par le corps du Christ, échappent au pouvoir de la Loi.

On peut alors comprendre que l'« avoir été dans la chair » du verset 5 renvoie à l'« avoir été sous la Loi » dont il a été question dans les quatre versets précédents. Dans ce verset, l'« avoir été dans la chair » correspond à la vie sous la Loi dans laquelle celle-ci excitait les passions des péchés qui agissaient dans les membres de l'individu[22]. La vie dans la chair correspond à cette vanité de la chair, ce vain orgueil qui amène

20 D. Moo, *Romans*, *op. cit.*, p. 442.

21 Nous y reviendrons plus loin.

22 Nous nous écartons ici de la lecture qui consiste à voir dans la vie dans la chair une vie selon les œuvres de la chair, telles qu'elles sont décrites en Galates 5 par exemple. Une telle lecture est notamment soutenue par Leenhardt qui écrit : « Les chrétiens "ne sont plus dans la chair" par le fait que le Christ les a entraînés dans sa mort sacrificielle ; désormais leur vie intérieure est placée sous le signe de la promesse de Dieu en Jésus-Christ ; elle n'est plus dominée par les intérêts égoïstes et mondains, mais par la réponse

l'individu à se glorifier dans une illusoire justification par les œuvres de la Loi et à ne pas s'inscrire dans la continuité d'Abraham qui, justifié par sa foi, n'a rien obtenu selon la chair (Romains 4,1-3)[23]. C'est là l'une des subtilités dans la signification du concept « σάρξ » chez Paul (l'assimilation de la vie sous la Loi à la vie dans la chair), que nous développerons plus longuement ultérieurement[24].

Ce possible malentendu sur la signification de l'« avoir été dans la chair » étant dissipé, revenons au point central de l'asservissement de la chair par les passions des péchés. En effet, pour Paul, la vie dans la chair représente la vie sous la Loi interprétée charnellement. Comme Jewett l'exprime fort bien, en Romains 7,5, Paul « identifie la vie sous la Loi avec la vie "ἐν τῇ σαρκί" (dans la chair) ; vivre sous la Loi de l'ancien règne, c'est vivre dans la sphère et sous le pouvoir de la chair[25] ».

Nous parlons d'asservissement de l'individu charnel par le péché pour la simple raison que l'« être dans la chair » est mu par les passions des péchés (ceux-ci agissaient dans ses membres). L'idée d'asservissement au péché de l'être charnel (ou dans la chair) se retrouvera d'ailleurs de manière plus explicite en 7,14 où l'« ἐγώ » charnel est présenté comme étant « vendu au péché[26] ». On voit ici que l'« ἐγώ » se définit par son

---

à donner à la manifestation de l'amour divin en Jésus-Christ ; le moi et le monde ancien ont disparu. » Voir *L'épître de saint Paul*, *op. cit.*, p. 103.

23 Comme l'écrit J. Barclay, « Si les juifs se vantent de la Loi, c'est parce qu'ils lui accordent une valeur d'une importance suprême. Le problème pour Paul est que ce dont ils s'enorgueillissent s'est avéré être non pas une raison de se glorifier mais une cause de honte – et ceci non pas parce que la Loi est fautive mais parce qu'ils ont eux-mêmes été incapables de la pratiquer ». (Voir *Paul and the Gift*, *op. cit.*, p. 469-470.)

24 Nous aurons à montrer que l'être « dans la chair » évoqué dans ce verset correspond à la vie sous la Loi, et surtout la Loi interprétée dans sa lettre, notamment la Loi réduite à la pratique de rituels liés à la chair (comme la circoncision, les aliments etc.). En ce sens, la vie dans la chair évoquée par Paul renvoie à la vanité ou à l'orgueil de certains qui se vantent ou se glorifient des observances visibles, charnelles de la Loi. Une telle interprétation se rapproche de celle de Jewett qui assimile « la vie dans la chair » à la vie « sous la puissance des systèmes pervers de l'honneur et de la honte, dans lesquels la volonté de dépasser les autres détruit le bien que l'on veut obtenir ». (Voir *Romans*, *op. cit.*, p. 461 et 436.)

25 R. Jewett, *Paul's Anthropological Terms*, *op. cit.*, p. 145.

26 Soulignons que « πεπραμένος ὑπὸ τὴν ἁμαρτίαν » peut être compris non seulement comme un deuxième attribut mais aussi comme une explication synonymique de « σάρκινός εἰμι ». Dans ce dernier cas, « être charnel » pourrait aussi vouloir dire « être vendu, asservi au péché ». Cette explication synonymique de l'« être charnel » par le fait d'être vendu au péché suppose aussi l'appartenance au péché et, en conséquence, la non-appartenance et l'opposition à Dieu. C'est en ce sens que Jewett écrit très justement : « Pour Paul, être 'charnel' ne renvoie pas en tout premier lieu à la nature matérielle des humains mais à

« être charnel » qu'il considère comme vendu, placé sous la domination du péché. Et cet « ἐγώ », qui se définit comme « charnel, vendu au péché » en 7,14, va, dans les versets 15-25, décrire plus longuement, sous la forme d'une complainte, sa situation d'esclave du péché.

En effet, comme esclave du péché, l'« ἐγώ » charnel ne sait pas ce qu'il fait, fait ce qu'il ne veut pas, se plaint de se voir agir contre sa volonté, puisqu'en réalité ce n'est pas lui qui agit, mais qu'il se voit agir, mû par le péché qui habite en lui (vv. 15-17 ou 19-20). Et constatant que c'est le péché qui règne en lui, l'« ἐγώ » charnel est obligé de reconnaître que ce qui est bien n'habite pas en lui – non pas en lui en tant que tel, précise-t-il, mais *dans sa chair* (v. 18a)[27].

Ainsi, malgré son attachement à la Loi de Dieu, il constate qu'il reste prisonnier de la loi du péché qui est dans ses membres (v. 23b). Et, même après un soupir exprimant (l'espérance de) la délivrance, l'« ἐγώ » achève sa complainte sur le douloureux aveu selon lequel, en dépit du fait qu'il soit esclave de la Loi de Dieu par l'entendement, il demeure, « par la chair, esclave de la Loi du péché » (7,25b).

On voit donc que la chair apparaît comme étant asservie au péché, ou comme le moyen de l'asservissement de l'individu par le péché. En outre, comme « l'être dans la chair » en 7,5, l'« ἐγώ » charnel et esclave du péché en 7,14-25 est présenté comme le lieu où agit le péché. Et comme Paul le laisse entendre dans les versets 5-7, le péché qui agit dans la chair (avec la Loi comme aiguillon) se manifeste notamment sous forme de passions, de désirs ou de convoitises. En fait, Paul assimile le péché

---

l'opposition contre Dieu, car c'était précisément dans sa propre plaidoirie zélée en faveur de la Loi que Paul s'est lui-même trouvé dans une telle opposition. Dans son effort de démontrer sa justice sous la Loi, il s'est lui-même découvert (accablé) dans l'affliction du péché. ». (Voir *Romans : A Commentary*, Minneapolis, p. 461.)

27 Leenhardt souligne que « le rapprochement de ces deux expressions (ἐν ἐμοί et ἐν τῇ σαρκί μου) doit prévenir le malentendu qui consisterait à tenir la 'chair' pour une partie extérieure, périphérique qui ne serait pas tout à fait moi-même ». (Voir *L'épître de saint Paul*, *op. cit.*, p. 110.) S'il est vrai que Paul ne prétend jamais que sa chair est extérieure ou étrangère à lui, il nous semble toutefois qu'il la considère comme le terrain d'action privilégié du péché et que, dans ce verset en l'occurrence, si Paul n'établit pas une distinction entre son « moi » et sa « chair », il n'établit pas non plus une relation d'identité entre le « moi » et la chair. Il s'agit pour lui de nommer précisément l'endroit *en lui* où le bien n'habite pas, c'est-à-dire sa chair. Comme il le précisera dans les versets suivants, alors qu'il se délecte de la Loi de Dieu dans son homme intérieur ou de par son entendement, il reste prisonnier de la loi du péché (qui est dans ses membres) de par sa chair. La précision du verset 18 annonçait déjà cette opposition entre l'entendement et la chair.

dans la chair aux passions et aux convoitises, comme si ces dernières étaient les seules formes de la manifestation du péché.

Aussi peut-on observer, dans les versets 7-11, que Paul reprend et développe l'idée du verset 5 selon laquelle, « lorsque nous étions dans la chair, les passions des péchés activées par le moyen de la Loi agissaient dans nos membres ». Même si le terme « σάρξ » n'apparaît pas dans ce nouveau développement sur les relations entre la Loi et le péché, la présence de la notion de désir et la référence au commandement sur l'interdiction de la convoitise laissent clairement entendre qu'il s'agit toujours du péché dans la chair. Alors, s'agit-il ici d'une sorte de simplification par laquelle Paul réduit la manifestation du péché aux désirs (de la chair), ou faut-il en déduire que Paul concevait la manifestation du péché uniquement par les désirs de la chair ?

S'il paraît difficile de donner une réponse tranchée à cette question, on peut néanmoins noter que Paul personnifie la chair en lui attribuant des désirs[28] que les chrétiens pourraient être tentés de satisfaire. C'est ainsi que, en Romains 13,14, il les exhorte à ne pas prendre soin de la chair pour en satisfaire les désirs (ou convoitises)[29]. On rencontre le même type de formulation parénétique au chapitre 5 de l'épître aux Galates, où Paul recommande aux chrétiens de marcher selon l'Esprit pour ne pas accomplir les désirs de la chair (v. 16) en précisant que la chair a des désirs contraires à ceux de l'Esprit, et que l'Esprit a également des désirs contraires à ceux de la chair (v. 17)[30]. Et Paul d'énumérer toute une liste de comportements humains dans lesquels peuvent se manifester les désirs de la chair (vv. 19-21a)[31].

---

28 Notons que le terme « ἐπιθυμία », que nous traduisons ici par « désir », comporte aussi l'idée de « convoitise » (ce qui peut aussi donner lieu à l'envie et à la jalousie). Voir H. Liddell, R. Scott, *Greek English Lexicon*, *op. cit.*, p. 535.

29 Jewett voit dans les désirs de la chair évoqués par Paul ici les relations de compétition entre groupe (sectaires) ou communautés, lesquelles rivalisaient pour l'honneur, le prestige et la performance. Une telle idée peut être justifiée par le fait que, parmi les œuvres de la chair énumérées en Galates 5,19-21a, Paul désigne les animosités, les disputes, les divisions, les sectes. (Voir *Romans*, *op. cit.*, p. 828.)

30 Ici, nous entendons souligner uniquement le fait que la chair, personnalisée, comporte des désirs qui lui sont propres. Notons que Paul impute aussi des désirs à l'Esprit. Faudrait-il comprendre alors que, chez Paul (contrairement à la pensée platonicienne), ce n'est pas le désir en soi qui est mauvais mais que ce sont les désirs de la chair qui sont à bannir ? Il apparaitrait donc que le problème se trouve bien au niveau de la chair, et non pas dans le désir en tant que tel.

31 Pour plus de détail sur l'opposition entre chair et Esprit en Galates 5,16-23a, voir l'excellent excursus présenté par S. Légasse, *L'épître de Paul aux Galates*, *op. cit.*, p. 110-135.

Une remarque qui s'impose ici est que Paul nomme toutes ces manifestations des désirs de la chair « des œuvres de la chair » (« ἔργα τῆς σαρκός »), comme si la chair (à l'instar des « passions des péchés qui *agissaient* dans nos membres » Romains 7,5) agissait ou produisait des œuvres[32]. Faut-il dès lors penser que la chair est elle-même productrice de ces passions et de ces désirs ou bien, même si le péché n'est pas expressément mentionné ici, doit-on considérer que c'est parce que le péché prend possession de la chair que cette dernière devient le siège des passions et des désirs ? Quoi qu'il en soit, il convient de souligner que cette description des désirs de la chair s'inscrit, comme en Romains 7,5, dans le cadre d'une discussion sur l'absurdité qui voudrait que les chrétiens continuent de vivre sous la Loi.

Par ailleurs, comme nous l'avons indiqué précédemment pour ce qui concerne Romains 7,5, en Galates 5 aussi (au verset 13 notamment), l'expression « vivre selon la chair » renvoie indirectement à la vie sous la Loi[33]. De plus, il n'est pas déraisonnable de penser que la vie selon l'Esprit (elle s'oppose à la vie selon la chair en Galates 5) est une autre manière d'exprimer l'idée de Romains 7,6 selon laquelle les chrétiens, libérés de la Loi, devraient « servir sous le régime nouveau de l'Esprit et non plus sous le régime périmé de la lettre ». Ce rapprochement nous permet de comprendre que, pour Paul, vivre selon la chair consiste à se glorifier et à rivaliser dans la pratique de la lettre (périmée) de la Loi[34]. La vie selon la chair désignerait donc cette autoglorification dans la pratique de la lettre de la Loi.

En définitive, on peut retenir que Paul associe l'action du péché à la chair, ou même localise le péché dans la chair[35]. En étant dans la chair,

32 Paul oppose – volontairement, nous semble-t-il – les *œuvres* de la chair aux *fruits* de l'Esprit (Galates 5,22). Ce qui marque bien le fait que les attitudes qualifiées de fruits de l'Esprit sont des résultats provenant du fait de la présence de l'Esprit dans le chrétien (celui-ci ne fait que jouir de ces fruits), tandis que les attitudes qualifiées d'œuvres de la chair proviennent de l'individu lui-même qui prétend faire (les œuvres de la Loi). Voir aussi la distinction paulinienne entre faire (*poiein*) la Loi et accomplir (*plèrosai*) la Loi analysée par S. Westerholm, *Israel's Law and the Church's Faith : Paul and his Recent Interpreters*, Grand Rapids, Eerdmans, 1988, p. 203-205.

33 Voir S. Légasse, *L'épître de Paul aux Galates*, *op. cit.*, p. 404-405, 416-417 et 420. À la page 416, Légasse écrit très justement : « Paul classe sans hésiter la pratique du judaïsme dans le domaine de la chair en l'opposant à l'action de l'Esprit. »

34 En Galates 5,26 notamment, Paul semble viser des groupes qui rivalisaient entre eux, et critique la vanité de ceux qui prétendent chercher la justification dans la pratique de la Loi, dans la circoncision en particulier.

35 Voir aussi Romains 8,3 où Paul affirme que Dieu « a condamné *le péché dans la chair* ».

le péché se manifeste sous toutes formes de désirs, de convoitises et de passions. Il apparaît donc que, pour Paul, le péché ne s'exprime que par le biais de la chair, laquelle n'est pas nécessairement une substance matérielle, mais une attitude ou une prétention à vouloir se justifier par ses propres œuvres. Tel l'« ἐγώ » en Romains 7, l'être humain est charnel et nécessairement esclave du péché toutes les fois qu'il a le sentiment de pouvoir être justifié ou plaire à Dieu par ses propres efforts dans la pratique de la Loi.

LA VANITÉ DE LA CHAIR

Nous appelons la vanité de la chair la tendance que Paul discerne chez l'être humain à chercher une vaine gloire dans la pratique des œuvres de la Loi. Nous avons souligné précédemment le fait que, pour Paul, être dans la chair ou vivre selon la chair correspond à la vie sous la Loi dans la mesure où celle-ci sert de moyen d'activation des passions des péchés (Romains 7,5), plaçant ainsi l'individu sous la domination de la chair et du péché[36]. Il nous semble que Paul définit la vie selon la chair par cette attitude de fierté qui amène l'individu à se glorifier vainement dans la prétention de pouvoir plaire à Dieu par la pratique des œuvres de la Loi. C'est ainsi que, en Romains 8,8, Paul précise que « ceux qui vivent selon la chair (ou qui sont dans la chair) sont incapables de plaire à Dieu ».

Pour comprendre cette incapacité de plaire à Dieu dans la vie dans (selon) la chair, il faut se rappeler que, pour Paul, la Loi, affaiblie par la chair, a été rendue incapable (Romains 8,3a) de justifier. Par conséquent, ceux qui prétendent pouvoir se justifier par la Loi s'illusionnent dans la mesure où la Loi est incapable de justifier. Et Paul d'affirmer que la justice de la Loi a été accomplie (en Christ) pour ceux qui marchent selon l'Esprit, et non pas selon la chair (Romains 8,4). Il apparaît clairement ici que cet accomplissement de la justice de la Loi « pour nous qui marchons selon l'Esprit » correspond à la situation de ceux qui

36 C'est également l'avis de R. Jewett, *Paul's Anthropological Terms*, *op. cit.*, p. 145. Voir aussi Robert Jewett, *Romans*, *op. cit.*, p. 436 et 461.

vivent par la foi en Christ, et que l'inaccomplissement de la Loi pour ceux qui marchent selon la chair correspond à la situation de ceux qui persistent à chercher la justification dans la Loi.

En fait, loin de déclarer l'abolition de la Loi, Paul déclare son accomplissement en Christ mais prend également le soin d'établir une distinction entre la Loi du péché et de la mort et la Loi de l'Esprit de vie en Jésus-Christ. On retrouve ici sous une autre forme la distinction de Romains 7,6 entre la lettre de la Loi, qui a vieilli, et le régime nouveau de l'Esprit. Ainsi, Paul assimile la Loi, telle qu'elle est pratiquée dans la tradition judaïque, à la lettre de la Loi ou à la Loi du péché et de la mort, tandis que cette même Loi, renouvelée ou accomplie en Christ dans le commandement de l'amour du prochain, Paul l'appelle la Loi de Dieu, la Loi de l'Esprit de vie en Jésus-Christ.

Il apparaît ainsi que l'une des significations de l'opposition entre la chair et l'Esprit se trouve dans l'opposition entre la lettre de la Loi qui a vieilli (elle est qualifiée de loi du péché et de la mort) et la Loi considérée sous le régime nouveau de l'Esprit (elle est qualifiée de Loi de l'Esprit de vie en Jésus-Christ)[37]. C'est en ce sens que Paul oppose aussi, d'un côté, l'affection de la chair qui est la mort, et, de l'autre, l'affection de l'Esprit qui est la vie et la paix (8,6). D'où aussi l'insistance de Paul sur la vanité de toute entreprise charnelle visant à plaire à Dieu, en raison du fait que « l'affection de la chair est inimitié contre Dieu, ne se soumet pas à la Loi de Dieu, et ne le peut même pas » (8,7).

L'incapacité de la chair à plaire à Dieu doit donc être comprise comme l'incapacité de la Loi, telle qu'elle est pratiquée dans sa lettre dans la tradition judaïque, à plaire à Dieu. Il s'ensuit, pour Paul, qu'il n'y a nullement lieu de chercher la justification dans la pratique des œuvres de la Loi. En effet, la prétendue justification recherchée dans la pratique des œuvres de la Loi est fondée sur des prétentions de la chair. Elle relève de l'orgueil de l'être humain qui voudrait se glorifier de sa capacité d'être justifié par ses propres œuvres.

C'est en ce sens que, en Romains 3,20-28, à ceux qui persistent à prétendre pouvoir trouver une quelconque justification par les œuvres de la Loi, Paul déclare avec vigueur que, face à l'universalité du péché, Dieu a prévu un seul moyen de justification (la grâce en Jésus-Christ) et que la fierté ou la gloire que certains croient tirer dans leur démarche

37 Voir aussi Galates 5,14.

d'autojustification est vaine et vide de sens[38]. Aussi, au chapitre 4, prend-il comme exemple Abraham, de qui, paradoxalement, se réclament les tenants de la justification par les œuvres, mais qui, pourtant, n'a pas été justifié par les œuvres et n'a rien obtenu selon la chair. Paul les met ainsi face à cette contradiction qui consiste à se proclamer héritiers d'Abraham et en même temps à rechercher une vaine gloire dans les œuvres de la Loi, à se vanter de la chair[39].

La chair apparaît ainsi comme ce sur quoi l'individu fonde sa confiance, comme une source de l'illusion du pouvoir-faire de l'être humain. La supposée justification obtenue par les œuvres de la Loi résulterait de la chair car elle serait obtenue par les propres moyens de l'individu, et, ainsi, elle serait l'objet d'une fierté humaine. Et cette fierté humaine est vaine, sans fondement, car l'individu, croyant obtenir la vie en se vouant à la pratique de la Loi, s'est pourtant livré à une entreprise charnelle qui conduit à la mort. C'est en ce sens que Bultmann écrit que la Loi encourage l'individu à obéir aux Commandements en tant que moyen pour parvenir à la vie alors que, en réalité, elle le conduit à une vaine glorification et à la privation de la grâce de Dieu[40].

Mais, à propos des passions des péchés ou des désirs activés par le moyen de la Loi dont il est question en Romains 7,5-11, Bultmann considère qu'il s'agit de l'excitation ou du zèle à obéir aux Commandements[41]. Il nous semble qu'il s'agit plutôt d'une perversion de la Loi et que c'est le péché qui, par le moyen de la chair, a affaibli la Loi, la rendant ainsi incapable de justifier (Romains 8,3). L'individu qui croit servir la Loi et prendre le chemin assuré de la vie entretient pourtant une illusion

38 Westerholm pense que, en Romains 3,27, ce n'est pas la prétention des juifs (ou des Judéo-chrétiens) de pouvoir observer la Loi que Paul critique mais plutôt le fait qu'ils s'enorgueillissent d'avoir été les dépositaires ou les détenteurs de la Loi. (Voir *Israel's Law and the Church's Faith*, *op. cit.*, p. 169-173.) C'est également le point de vue de H. Räisänen, *Paul and the Law*, *op. cit.*, p. 170-171 ; E. Sanders, *Paul, the Law, and the Jewish*, *op. cit.*, p. 33-35 ; E. Käsemann, *Commentary*, *op. cit.*, p. 104 ; J. C. Beker, *Paul the Apostle*, *op. cit.*, p. 92.

39 Westerholm reconnaît toutefois que, en Romains 4,1-5, il s'agit bien de la prétention de pouvoir observer la Loi qui est visée, et non la fierté des juifs d'avoir été les détenteurs de la Loi. (Voir *Israel's Law and the Church's Faith*, *op. cit.*, p. 170-171.) Mais ne faudrait-il pas considérer l'usage que Paul fait de la figure d'Abraham au chapitre 4 comme un exemple argumentatif venant à l'appui de ce qui a été dit au chapitre 3 ?

40 R. Bultmann, « Romans 7 and Paul's Anthropology », in : *The Old and New Man*, *op. cit.*, p. 154-155.

41 Voir aussi R. Bultmann, *Theology*, *op. cit.*, vol. 1, p. 248.

mortifère, car la Loi, par l'entremise de la chair, a été elle-même asservie au péché et transformée en un instrument de mort. D'où le sens de Romains 7,10 : la Loi, ou le Commandement qui était censé conduire l'individu à la vie, s'est trouvée pour lui conduire à la mort.

On voit donc que, pour Paul, ce n'est pas la Loi qui est condamnable, mais c'est une méprise de l'individu sur le rôle de la Loi qui est en jeu. La démarche de l'apôtre consiste ici à inviter les chrétiens à vivre sous le régime nouveau de l'Esprit et à ne plus s'attacher à la pratique de la lettre périmée de la Loi. Car la perte de l'individu se trouve précisément dans son dévouement à la pratique de la lettre de la Loi, qui, en Christ, est déjà dépassée. C'est le zèle et la prétention de l'individu dans sa croyance de pouvoir observer la lettre ancienne de la Loi qui l'empêchent de passer sous le régime nouveau de l'Esprit.

En ce sens, on peut penser que la délivrance de l'« ἐγώ » de Romains 7 tient au fait qu'il parvient à reconnaître son statut d'être charnel, vendu au péché, à l'opposé de la Loi qui relève de l'Esprit (7,14). Dès lors, on peut rapprocher ce dernier verset de Romains 8,2 et comprendre que l'« ἐγώ », une fois qu'il a reconnu sa misère d'être charnel vendu au péché, a subi un transfert du régime du péché et de la mort au régime de l'Esprit de vie en Jésus-Christ. Et quand Paul affirme que ceux qui vivent selon la chair se plaisent aux choses de la chair et que ceux qui vivent selon l'Esprit se plaisent aux choses de l'Esprit (8,5), il insiste à nouveau sur l'impossibilité de passer sous le régime nouveau de l'Esprit en vivant selon la chair ou dans la prétention de pouvoir appliquer la Loi dans sa lettre[42].

En effet, on peut penser que l'affection pour les choses de la chair qui caractérise ceux qui vivent selon la chair renvoie notamment au fait que l'interprétation littérale de la Loi conduisait à accorder une importance démesurée aux questions rituelles (relatives à la chair), telle que la question de la pureté des aliments en Romains 14. Aussi peut-on noter que, en Romains 14, Paul recommande à ses interlocuteurs de ne pas rivaliser quant aux choses qui concernent la nourriture, de s'abstenir de juger son frère sur des questions alimentaires et de marcher selon l'amour (v. 15).

42 S. Bénétreau insiste sur cette idée paulinienne selon laquelle il est nécessaire de sortir du régime de la Loi pour passer à un autre régime, celui de l'Esprit. (Voir *L'épître de Paul*, *op. cit.*, p. 220.)

Il en est de même de la question de la circoncision. Tout comme, en Romains 4, Paul insiste sur le fait que la justice a été imputée à Abraham pour sa foi *avant sa circoncision* (vv. 10-11)[43], dans l'épître aux Galates, notamment au chapitre 5, Paul rappelle que la circoncision ou l'incirconcision en Christ n'a aucune valeur et que seul importe le commandement de l'amour du prochain (Lévitique 19,18b)[44], lequel est l'accomplissement de toute la Loi (v. 14).

En effet, Paul voit dans la question de la circoncision l'origine des divisions, querelles, jalousies, disputes et animosités, qu'il considère comme des œuvres de la chair. Aussi recommande-t-il aux Galates de marcher, non pas selon la chair, mais selon l'Esprit (notamment selon l'amour v. 22), et aussi de ne pas chercher une vaine gloire en se provoquant et en se portant envie les uns aux autres (v. 26). Il apparaît donc que la vie selon la chair que Paul réprouve, aussi bien dans la lettre aux Romains que dans celle aux Galates, relève notamment de cette attitude, voire de cette vaine obsession, consistant à vouloir se glorifier dans la pratique des œuvres de la Loi, et particulièrement de celles qui se rapportent à la chair.

Vivre dans la chair, c'est notamment, pour Paul, fonder sa confiance sur des questions rituelles relatives à la chair, et à la circoncision en particulier. De même qu'en Romains Paul souligne le fait qu'Abraham n'a pas eu matière à se glorifier puisqu'il n'a rien obtenu selon la chair (4,1-2) – Abraham a été circoncis seulement après avoir reçu la promesse (4,10-11) –, en Galates Paul présente la circoncision comme l'objet d'une glorification de la chair[45]. Il avance l'idée selon laquelle ceux qui promeuvent la circoncision visent à se glorifier dans la chair des chrétiens qui se feraient circoncire (Galates 6,13b)[46].

---

43 Nous pensons que cette insistance sur l'antériorité de l'imputation de la justice à Abraham (pour sa foi) par rapport à sa circoncision est à mettre en rapport avec l'affirmation selon laquelle le patriarche n'a rien « obtenu selon la chair » (4,1).

44 Légasse attire l'attention sur le fait que, par cette affirmation, Paul pouvait se mettre à dos ses interlocuteurs juifs car, dans la tradition rabbinique ancienne, le commandement de l'amour du prochain n'occupait pas « la place centrale qui est la sienne chez Paul et dans le christianisme primitif ». (Voir *L'épître de Paul aux Galates*, *op. cit.*, p. 407.)

45 Notons que le verbe « καυχᾶσθαι », que nous traduisons ici par « se glorifier », signifie plus précisément « se vanter » de quelque chose, d'être quelque chose ou d'avoir fait quelque chose. (Voir H. Liddell, R. Scott, *Greek English Lexicon*, *op. cit.*, 1883, p. 790.)

46 Voir C. Barrett, « Boasting (*καυχᾶσθαι, κτλ.*) in the Pauline Epistles », in : *L'apôtre Paul : personnalité, style et conception du ministère*, BETL 73, Leuven, 1986, p. 363-368 ; Richard

Pour comprendre cette assimilation de la recherche de la justice par la circoncision à la vanité de la chair, il convient de se rappeler que, pour un juif, la circoncision représentait la marque de sa descendance d'Abraham[47]. La circoncision de la chair était donc ce sur quoi un juif pouvait se fonder pour se proclamer enfant d'Abraham et héritier de la promesse. Mais Paul considère que s'attacher à la circoncision, c'est placer vainement sa confiance en la chair pour sa justification.

C'est en ce sens que, en Philippiens 3,3-11, l'apôtre déclare que ceux qui font valoir la circoncision comme moyen de justification mettent leur confiance *en la chair* (en opposition à « nous qui servons Dieu *par l'Esprit* et qui nous glorifions en Jésus Christ » v. 3)[48]. Et, rappelant qu'il a été lui-même circoncis dès son huitième jour et qu'il a été un pharisien irréprochable en ce qui concerne la justice de la Loi, il avance qu'il aurait bien davantage motif que tout autre juif à pouvoir prétendre à mettre sa confiance en la chair[49], mais qu'il refuse cette vaine glorification pour se glorifier en Jésus-Christ[50].

Dans le même sens, Jewett soutient l'idée selon laquelle l'usage du terme « σάρξ » comme synonyme de circoncision remonte à une situation historique où, vers les années 50, certains judéo-chrétiens s'enorgueillissaient de la circoncision et voulaient que cette pratique s'impose également aux communautés pagano-chrétiennes[51]. Parce que le terme « σάρξ » comportait une connotation péjorative dans le monde hellénistique, Paul aurait volontairement choisi d'utiliser ce terme pour désigner la circoncision, dévalorisant ainsi ce qui paraissait être le fondement de la confiance de certains judéo-chrétiens. Jewett souligne également que l'usage paulinien du terme « σάρξ » pourrait trouver

Thompson, « Paul's Double Critique of Jewish Boasting : A Study of Rom 3,27 in Its Context », *Bib* 67, 1986, p. 520-531.

47 Robert Jewett, *Paul's Anthropological Terms*, *op. cit.*, p. 95-101, 139-144.

48 John Reumann souligne très justement le double contraste que l'on trouve au verset 3 : le fait de « mettre sa confiance *en la chair* » s'oppose non seulement à « se glorifier en Jésus-Christ » mais aussi à « servir Dieu *par l'Esprit* ». Ce qui est aussi une forme de l'opposition paulinienne entre le charnel et le spirituel. (Voir *Philippians*, Yale, p. 476-477.)

49 Reumann attire l'attention sur le fait que, par une telle affirmation, Paul opère une sorte de renversement des valeurs, car la chair et la circoncision dans la chair étaient vues positivement par les juifs. Ce qui représentait probablement une des plus grandes valeurs pour un juif (c'était notamment le signe de son appartenance à Israël), Paul le déclare vain. (Voir J. Reumann, *Philippians*, Yale, 2008, p. 478.)

50 On trouve la même logique en 2 Corinthiens 11,18.

51 Robert Jewett, *Paul's Anthropological Terms*, *op. cit.*, p. 96-97.

son origine dans la Septante qui présente souvent la chair comme ce qui a été circoncis[52].

De plus, s'agissant de l'affirmation du Psaume 143,2 (reprise en Galates 2,16) selon laquelle « nulle chair ne saurait être justifiée par les œuvres de la Loi », Jewett[53] affirme que Paul a délibérément choisi l'expression « πᾶσα σάρξ » au lieu de « πᾶς ξῶν » pour insister sur le fait que la circoncision de la chair ou tout ce qui relève de la chair en général ne saurait conduire à la justification. Paul aurait préféré « σάρξ » à « ξῶν » pour contrer l'orgueil des judéo-chrétiens qui voulaient voir dans leur chair circoncise une source de justification acceptable devant Dieu.

En définitive, retenons que, chez Paul, la vanité de la chair consiste notamment en la croyance erronée et vaine selon laquelle les pratiques rituelles relatives à la chair, aux aliments et à la circoncision en particulier, peuvent contribuer à une quelconque justification. De manière générale, pour Paul, se glorifier d'une quelconque pratique de la Loi relève de la vie selon la chair. Il s'agit d'une vaine glorification, d'une confiance ou d'une fierté sans fondement car Paul, à partir de la conviction qu'il a acquise que le salut réside en Christ et exclusivement en Christ, considère que la Loi, affaiblie[54] par la chair, ne peut être et n'a jamais pu être chemin de salut[55].

En d'autres termes, pour Paul, il n'y a pas lieu de se vanter de la Loi, de la circoncision ou de la chair car, en Christ, l'économie ancienne, placée sous l'égide de la Loi, est non seulement surpassée mais encore sa vanité ou son incapacité à conduire au salut a été révélée. C'est en ce sens que Paul rappelle à ses interlocuteurs que la pratique de la Loi dans sa lettre correspondait à une vie dans (selon) la chair, et que, maintenant, libérés de la pratique de la lettre de la Loi, ils doivent servir sous le régime nouveau de l'Esprit, et non pas sous le régime la lettre de la Loi qui a vieilli (7,5-6).

---

52 C'est notamment le cas dans Genèse 17,11, 13-14, 24-25, Genèse 34,24, Exode 44,9, Lévitique 12,3, Jude 14,10, Jérémie 9,6.

53 Robert Jewett, *Paul's Anthropological Terms*, *op. cit.*, p. 97-98.

54 Sur l'incapacité et la faiblesse de la Loi, voir S. Westerholm, *Israel's Law and the Church's Faith*, *op. cit.*, p. 155 et 172.

55 Comme S. Westerholm l'exprime fort bien : pour Paul, « la foi en Christ, non pas l'obéissance à la Loi, représente – et a toujours représenté – le plan prévu par Dieu pour le salut » des humains. (Voir *Israel's Law and the Church's Faith*, *op. cit.*, p. 153.)

L'OPPOSITION ENTRE LE CHARNEL ET LE SPIRITUEL

Nous avons souligné que les trois caractéristiques de la chair analysées précédemment supposent *indirectement* le contraste entre le charnel et le spirituel. Il convient maintenant d'analyser le fait que Paul oppose, de manière directe, le charnel au spirituel, et ce, en quatre acceptions différentes. Il peut s'agir soit d'un contraste entre ce qui est sous l'emprise du péché et ce qui est placé sous l'autorité divine, soit d'une opposition dualiste entre ce qui est terrestre et ce qui est céleste, soit d'une opposition entre ce qui est corruptible et ce qui est incorruptible, soit d'une opposition radicale, sous la forme d'un affrontement (eschatologique), entre la chair et l'Esprit, ces derniers étant conçus sous forme de puissances ou de règnes.

LE CHARNEL OPPOSÉ AU SPIRITUEL COMME CE QUI EST SOUS L'EMPRISE DU PÉCHÉ S'OPPOSE À CE QUI EST SOUS L'AUTORITÉ DIVINE

L'opposition charnel/spirituel en tant que contraste entre ce qui est placé sous l'emprise du péché et ce qui est sous l'autorité divine se retrouve en particulier en Romains 7,14. Dans ce texte, Paul explique l'incapacité de l'individu à pratiquer la Loi de Dieu en raison de l'opposition entre la nature spirituelle de la Loi et la nature charnelle de l'être humain[56]. Mais que veut dire Paul lorsqu'il affirme que la Loi est spirituelle ? Il nous semble qu'il traite ici de la nature même de la Loi dans son origine divine et la définit en tant que spirituelle parce qu'elle vient de Dieu[57], parce qu'elle est sous l'autorité de Dieu, à l'exact opposé de l'« ἐγώ » charnel qui est placé sous l'emprise du péché.

56 Sur la nature spirituelle de la Loi (en raison de son origine divine) et son opposition à la nature charnelle de l'être humain (en raison de son asservissement au péché), voir F. Leenhardt, *L'épître de saint Paul*, *op. cit.*, p. 109 ; S. Bénétreau, *L'épître de Paul*, *op. cit.*, p. 202.

57 E. Sjöberg souligne que, dans la littérature prophétique et intertestamentaire, la Loi était considérée comme l'expression de l'Esprit divin, mais que c'est seulement au début de la période rabbinique que l'on a attribué une origine spirituelle à toute les Écritures juives. (Voir E. Sjöberg, « πνεῦμα, πνευματικός … in Palestinian Judaism », *TDNT* 6, 1968, p. 381-382.)

C'est en ce sens que Douglas Moo souligne que, dans l'Ancien Testament, même si le caractère saint de la Loi est souvent mentionné (en Psaumes 19,7-11 par exemple), elle n'est jamais qualifiée de « πνευματικός », et que Paul aurait volontairement choisi ce terme pour mettre en exergue de la façon la plus forte possible le contraste existant entre le « νόμος πνευματικός » et l'« ἐγὼ σαρκινός[58] ».

En ce sens, on peut tout d'abord noter que le contraste entre les natures opposées du « νόμος πνευματικός » et de l'« ἐγὼ σαρκινός » se trouve renforcé par la présence de la conjonction de coordination « δέ ». De plus, ici, le sens du terme « σαρκινός », qui pourrait *a priori* être considéré comme neutre (ce qui est fait de chair)[59], doit pourtant être recherché dans le fait que l'« ἐγώ », se disant charnel, est aussi conçu comme étant « vendu au péché ». En sus du participe adjectif « πεπραμένος » qui fait référence à l'esclavage, l'assujettissement de l'« ἐγώ » charnel au péché est marqué par la préposition « ὑπό », laquelle montre bien que l'être charnel est dominé et placé *sous* l'influence du péché.

Mais si être charnel, c'est être assujetti au péché, pourquoi se servir du terme « σάρξ » pour finalement ne désigner que ce qui, dans l'individu, est placé sous l'influence du péché ? De surcroît, pourquoi Paul, après avoir qualifié la Loi de « sainte » et le Commandement de « juste et bon » (7,12), a-t-il besoin de surenchérir pour qualifier la Loi de « spirituelle » ? De même, comment comprendre le fait que, ici, l'apôtre qualifie de « spirituelle » la Loi qui relève pourtant de l'ordre ancien, alors qu'il attribue généralement une telle qualification à ce qui relève de l'ordre nouveau en Jésus-Christ[60] ? Il nous semble que les usages de « σαρκινός » et de « πνευματικός » sont à situer ici dans le cadre général de l'opposition structurelle entre le charnel et le spirituel, caractéristique de la pensée paulinienne.

---

58 D. Moo, *Romans*, *op. cit.*, p. 480-481.

59 On trouve ainsi ce sens en 2 Corinthiens 3,3, où ce qui est fait de chair est opposé à ce qui est fait de pierre.

60 C'est le cas par exemple en Romains 7,6, où Paul oppose la lettre ancienne de la Loi et le régime nouveau de l'Esprit ; c'est aussi le cas en Romains 8,2, avec l'opposition entre la Loi du péché et de la mort et la Loi de l'Esprit de vie en Jésus-Christ. Sur cette opposition, voir Robert Jewett, *Romans*, *op. cit.*, p. 460.

LE CHARNEL OPPOSÉ AU SPIRITUEL COMME CE QUI RELÈVE DU TERRESTRE (DE LA SPHÈRE HUMAINE) S'OPPOSE À CE QUI RELÈVE DU CÉLESTE (DE L'ORDRE DU DIVIN)

L'opposition entre le charnel (« σαρκινός ») et le spirituel (« πνευματικός ») apparaît aussi chez Paul comme une forme de contraste entre ce qui relève de la *sphère terrestre (humaine)* et ce qui relève de la *sphère céleste (divine)*[61]. *Par* exemple, en Romains 15,27, Paul prétend qu'il est tout à fait légitime que les païens assistent, *dans les choses charnelles ou matérielles* (« ἐν τοῖς σαρκικοῖς »), les pauvres parmi les Saints de Jérusalem car ils ont aussi profité des avantages *spirituels* (« τοῖς πνευματικοῖς ») de ces derniers (vv. 26-27). Les choses spirituelles dont les païens auraient profité pourraient représenter l'héritage spirituel (la Loi comprise) dont les juifs ont été le vecteur, tandis que les choses charnelles renvoient aux choses de ce monde, aux choses temporelles (comme des biens matériels ou de l'argent)[62].

Par ailleurs, comme l'affirme Jewett, ici, les choses spirituelles pourraient aussi être comprises « comme un écho de Romains 1,11, en référence à l'Évangile[63] ». Cette interprétation paraît juste si l'on considère que l'Évangile était premièrement destiné aux juifs, et secondairement aux païens. En effet, en 1 Corinthiens 9,11, on peut observer que Paul qualifie

---

61 Engberg-Pedersen comprend cette opposition dans le cadre de ce qu'il appelle la « cosmologie » paulinienne. (Voir *Cosmology and Self*, *op. cit.*, p. 44-45.) Il interprète dans le même sens les affirmations pauliniennes en Philippiens 1,20-24, où « vivre dans la chair » (v. 22) et « rester dans la chair » (v. 24) correspondraient à la vie terrestre de l'apôtre, et « s'en aller pour être avec Christ » (v. 23) correspondrait à sa vie céleste (p. 41-42). De même, Engberg-Pedersen affirme : « Nous devrions conclure que l'anthropologie paulinienne était essentiellement cosmologique et aussi qu'elle était en fait assez simple : le corps (*sôma*) et l'âme (y compris l'entendement) appartiennent à *la sphère terrestre et sont essentiellement charnels.* [...] chez les chrétiens, le corps et l'âme ont reçu *une infusion du pneuma divin et céleste*, lequel a alors commencé son travail de transformation ; finalement, cela peut rendre à la fois le corps et l'âme spirituels, et ainsi les déplacer complètement *de la sphère terrestre de la chair.* » (P. 105 ; c'est nous qui soulignons.)

62 Jewett voit dans les choses charnelles ou, plus précisément, dans l'argent avec lequel les païens auraient assisté les Saints de Jérusalem comme une contrepartie plus que légitime pour l'héritage spirituel qu'ils ont reçu des juifs. Pour Jewett, Paul entend qu'il s'agit même d'une dette que les pagano-chrétiens auraient à l'égard des judéo-chrétiens (pauvres). (*Paul's Anthropological Terms*, *op. cit.*, p. 166.) Ces remarques pertinentes de Jewett concordent avec celles de J. Barclay, pour qui la conception paulinienne du don suppose un retour obligatoire de la part du récepteur. (Voir *Paul and the Gift*, *op. cit.*, en particulier p. 497-500.)

63 Robert Jewett, *Romans*, *op. cit.*, 2997, p. 930.

de « spirituel » l'Évangile qu'il prêche parmi les païens. Dans ce verset, Paul prétend que les choses charnelles ou matérielles (« τὰ σαρκικά ») qu'il moissonne parmi les Corinthiens sont incomparablement inférieures aux choses spirituelles (« τὰ πνευματικά ») qu'il sème parmi eux. On voit donc que, dans ce contexte, l'opposition « σαρκικός »/« πνευματικός » suppose celle entre ce qui relève de la sphère temporelle ou humaine et ce qui relève du divin.

Une telle interprétation peut être renforcée par 1 Corinthiens 3,1-3, où, dans un autre contexte, Paul oppose aussi « πνευματικός » à « σαρκικός[64] ». Dans ce passage, il qualifie ses interlocuteurs de Corinthe d'hommes non-spirituels en raison du fait qu'ils cherchent à se placer sous l'autorité de tel ou tel apôtre et non pas du Christ. Dans le même passage, l'apôtre assimile l'attitude des Corinthiens à celle d'« enfants en Christ », qui ne peuvent pas supporter de la nourriture solide. Veut-il dire que l'attitude charnelle des Corinthiens relève d'une inaptitude à comprendre les choses spirituelles ? Il nous semble plutôt que Paul laisse entendre que les Corinthiens se comportent en hommes charnels parce qu'ils conçoivent les choses spirituelles à la manière des choses de ce monde[65].

En fait, la tendance qu'auraient eue les Corinthiens à se constituer en factions sous l'autorité de tel ou tel apôtre s'apparente au fonctionnement des écoles philosophiques grecques où des disciples se réclamaient de l'obédience de tel ou tel maître, ou de l'appartenance à tel ou tel

---

64 Notons que, aussi bien en Romains 7,14 qu'en 1 Corinthiens 3,1-3, « σαρκικός » et « σάρκινός » sont présentés comme des lectures alternatives. Dans les deux cas, quelles que soient les raisons qui pourraient expliquer la préférence pour l'un ou l'autre terme, l'idée exprimée ne se modifie pas pour autant, même si « σάρκινός » semble renvoyer à ce qui relève de la chair elle-même alors que « σαρκικός » semble désigner les choses humaines en général. Un tel usage de « σαρκικός » se retrouve également en Romains 15,27, où Paul met en contraste les choses spirituelles (« πνευματικός ») et les choses charnelles (« σαρκικός ») au sens de choses matérielles ou temporelles.

65 Cette interprétation est aussi en accord avec le chapitre précédent (1 Corinthiens 2, 14-15), où Paul oppose l'homme spirituel (« πνευματικὸς ἄνθρωπος ») à l'homme animal (« ψυχικὸς ἄνθρωπος »). Nous aurons à revenir sur la possible équivalence chez Paul entre les adjectifs « ψυχικός » et « σαρκικός ». Soulignons juste ici que Paul affirme que « l'homme animal ne reçoit pas les choses de l'Esprit de Dieu, car elles sont une folie pour lui, et qu'il ne peut pas les connaître parce que c'est spirituellement qu'on en juge » (1 Corinthiens 2,14). En fait, l'apôtre considère que l'homme animal ne comprend pas les choses spirituelles en raison du fait que ces dernières sont exprimées non pas avec des discours enseignés par la sagesse humaine, mais dans un langage spirituel, dans des termes enseignés par l'Esprit (1 Corinthiens 2,13).

courant. Quoi qu'il en soit, l'idée qui se dégage de ce passage est que Paul se serait adressé aux Corinthiens, non pas comme à des hommes spirituels, mais comme à des hommes charnels en raison du fait que ces derniers n'auraient pas compris (et seraient incapables de comprendre) les choses spirituelles[66].

Il apparaît ainsi que, pour Paul, le contraste entre le charnel et le spirituel oppose ce qui est d'en haut, céleste (ou qui relève du divin) à ce qui est d'en bas, terrestre (ou qui relève de ce monde)[67]. Notons, pour finir, que l'apôtre oppose aussi (parfois indirectement) l'origine divine des choses à leur origine humaine, qu'il qualifie de charnelle[68] : aussi parle-t-il en Romains 1,3 de la naissance selon la chair de Jésus de la postérité de David, ce qui laisse entendre l'existence d'une filiation spirituelle (ou selon l'Esprit), dont il est question d'ailleurs en Romains 1,4. De même, en Romains 9,3 et 11,14, l'apôtre parle de sa propre appartenance à Israël comme étant selon la chair. On voit donc que Paul oppose une généalogie humaine – qui est charnelle – à une filiation divine – qui est spirituelle.

LE CHARNEL OPPOSÉ AU SPIRITUEL COMME LE CORRUPTIBLE S'OPPOSE À L'INCORRUPTIBLE

Un autre aspect du contraste entre la chair et l'Esprit qu'il convient de souligner ici est la question de la corruptibilité ou de la mortalité des choses qui relèvent de la chair, ce qui s'oppose à l'immortalité ou à la vie éternelle dont hériteront les choses qui relèvent de l'Esprit. Cette idée se rencontre notamment en Romains 8,6 où Paul affirme :

66 On peut aussi imaginer que Paul ait pu qualifier les Corinthiens d'hommes charnels en raison même de leur attitude propre à la division : rappelons que, pour Paul, les divisions, les querelles, les animosités, les inimitiés, la jalousie, les sectes (ou factions) font partie des principales caractéristiques des œuvres de la chair (Galates 5,20).

67 Pour l'assimilation de la chair à ce qui est terrestre (en opposition à ce qui est céleste ou spirituel), voir 1 Corinthiens 15,50, où Paul affirme que la chair et le sang ne peuvent hériter le royaume de Dieu.

68 Dans le même sens, Paul considère que ce qui s'accomplit selon la volonté humaine (en opposition à ce qui s'accomplit selon la volonté divine) relève de la chair. Une telle idée se rencontre en Galates 1,16, où, pour préciser qu'il ne s'est pas rendu à Jérusalem selon une volonté humaine, Paul dit qu'il n'a consulté ni la chair ni le sang avant de s'y rendre, ou encore en Galates 4,23 où Paul qualifie la naissance du fils d'Agar de naissance selon la chair, ce qu'il oppose à la naissance du fils de Sarah qui a été l'accomplissement d'une promesse divine. Ce passage est à rapprocher avec Romains 9,8, où Paul oppose les enfants de la chair aux enfants de la promesse.

« L'affection de la chair est la mort, tandis que l'affection de l'Esprit est la vie et la paix. » Cette affirmation laisse entendre que ceux qui se plaisent aux choses de la chair connaîtront la mort[69], à l'inverse de ceux qui se plaisent aux choses de l'Esprit qui connaîtront la vie et la paix. Une telle opposition se présente plus clairement encore en Galates 6, 8, où il est écrit : « Celui qui sème pour sa chair moissonnera de sa chair la corruption, tandis que celui qui sème pour l'Esprit moissonnera de l'Esprit la vie éternelle. »

La semence pour la chair opposée à la semence pour l'Esprit semble traduire l'idée d'une mise de l'individu au service soit de la chair soit de l'Esprit. Il travaillerait soit pour la chair soit pour l'Esprit. Et le fait que l'apôtre parle de semence semble aller au-delà de la simple image qui consisterait à dire que la corruption ou la vie éternelle sont les conséquences logiques du service de la chair ou de l'Esprit. Plus qu'une conséquence de l'action de l'individu, la mort et la vie éternelle apparaissent comme étant respectivement le châtiment du service à la chair et la récompense du service à l'Esprit. Paul entend donc que l'individu sera châtié par la mort ou récompensé par la vie éternelle selon qu'il se place au service de la chair ou de l'Esprit[70].

Obervons par ailleurs que, en 1 Corinthiens 15,44-46, Paul oppose deux types de corps : le corps animal (« σῶμα ψυχικόν »), qui est corruptible, et le corps spirituel (« σῶμα πνευματικόν »), qui est incorruptible. Faut-il considérer que, dans ce passage, Paul parle du corps corruptible en tant qu'entité distincte de la chair ou est-il aussi question de la corruptibilité de la chair ? En effet, quand on considère le contexte de l'opposition « ψυχικός »/« πνευματικός » dans ce passage, on peut se rendre compte que ce qui est en jeu n'est pas tant le corps que la question de la corruptibilité de la chair. On peut ainsi observer que l'opposition « ψυχικός »/« πνευματικός » s'inscrit dans une séquence de

69 À l'instar de D. Moo (*Romans*, *op. cit.*, p. 520), il nous semble que la mort – aussi bien que la vie et la paix – dont il est question ici commence dans le présent mais renvoie particulièrement à la mort eschatologique, à la condamnation finale de la chair dans la mort et de tout ce qui en relève.

70 En ce sens, Galates 6,8 pourrait être rapproché de Romains 6,23, où Paul affirme que « le salaire du péché, c'est la mort, tandis que le don gratuit de Dieu, c'est la vie éternelle en Jésus-Christ notre Seigneur ». Dans les deux versets, la mort ou la corruption est désignée soit comme la moisson de la chair (personnifiée), soit comme le salaire du péché (personnifié).

la démonstration (les versets 39-50) qui s'ouvre et se referme avec la mention de la chair.

Tout d'abord, plus généralement, quand on analyse le déroulement de l'argumentation paulinienne en 1 Corinthiens 15, il apparaît que l'auteur consacre les 34 premiers versets à la démonstration de la nécessité de la résurrection. Et, si le reste du chapitre concerne également la résurrection, les versets 35 à 50 sont consacrés à la manière ou à la forme que prendront les ressuscités (v. 35). Ce que Paul vise à montrer dans ces versets, c'est que Dieu donnera aux ressuscités un corps différent du corps charnel et corruptible avec lequel ils sont morts. C'est ainsi que, dans les versets 36-38, l'apôtre utilise la métaphore de la semence et affirme que celle-ci doit nécessairement mourir pour renaître et que c'est à Dieu de donner à chaque semence un corps qui lui est propre, et comme il lui plaît.

Notons bien que, dès le verset 38, il y a déjà l'idée qu'il existe différentes catégories de semences. Cette idée sera reprise au verset 39, où Paul affirme qu'il existe différents types de chair, et que les hommes, les quadrupèdes, les oiseaux ou les poissons ont des chairs différentes. De ce passage de différentes catégories de semences à différents types de chairs, doit-on déduire que c'est la chair qui est semée corruptible ? Cette question paraît d'autant plus complexe que l'auteur passe de la différence entre les types de chairs à la différence d'éclat entre les corps célestes et les corps terrestres, puis à la différence d'éclat des corps astraux (soleil, lune, étoiles)[71].

Faut-il voir une sorte d'argumentation en crescendo, par surenchère, dans le passage de la comparaison des chairs (qui sont terrestres) à la comparaison de l'éclat des corps terrestres et des corps célestes, puis à la comparaison de l'éclat des astres ? Ou bien faut-il penser que la différence entre corps célestes et corps terrestres renvoie à l'opposition, très souvent rencontrée chez Paul, entre le céleste (ou ce qui est d'en haut), qui est spirituel, et le terrestre (ce qui est d'en bas), qui est charnel ? Quoi qu'il en soit, l'idée que l'auteur cherche à faire passer ici est que le corps des ressuscités aura un éclat différent de l'éclat du corps avec

71 S'agissant du passage de la mention de la chair à la mention du corps, Jewett souligne que les concepts de « σάρξ » et de « σῶμα » étaient interchangeables dans le système de l'anthropologie juive populaire, et donc que Paul a dû, ici, utiliser ces termes dans leur sens courant. (Voir *Paul's Anthropological Terms*, *op. cit.*, p. 120.)

lequel ils sont morts[72]. Peut-on penser que cette différence d'éclat est due au fait que le corps des ressuscités ne sera pas de chair ?

Il convient de noter en ce sens que Paul achève la séquence relative à la manière dont les morts ressusciteront (vv. 35-50) par l'affirmation conclusive selon laquelle « la chair et le sang ne peuvent hériter du royaume de Dieu, et que la corruption n'hérite pas de l'incorruptibilité » v. 50). On voit que, dans ce texte, la chair est identifiée à la corruption et que, en tant que telle, elle ne participe pas à la résurrection. Or Paul a déjà affirmé que, lors de la résurrection, le corps semé corruptible ressuscitera incorruptible (v. 42)[73]. Il apparaît donc que le corps ressuscité incorruptible est dépourvu de chair et que la corruption du corps pourrait s'expliquer en raison de la présence de la chair. De plus, la description faite du corps corruptible (« ἐν ἀτιμίᾳ », « ἐν ἀσθενείᾳ » v. 43) relève, chez Paul, davantage de la chair[74] que du corps.

Par ailleurs, quand, au verset 44, Paul qualifie le corps corruptible de « ψυχικός » et le corps incorruptible de « πνευματικός », peut-on voir une relation d'équivalence entre les deux contrastes « ψυχικός »/« πνευματικός » et « σαρκικός »/« πνευματικός » ? Rappelons que, dans un contexte semblable, en 1 Corinthiens 2,14-3,1-3, Paul a alterné les deux oppositions « ψυχικός »/« πνευματικός » et « σαρκικός »/« πνευματικός », laissant ainsi entendre qu'il pourrait y avoir entre elles une relation d'équivalence[75]. En outre, à la fois l'homme charnel (« σαρκικὸς ἄνθρωπος ») et l'homme animal (« ψυχικὸς ἄνθρωπος ») se caractérisent par le fait qu'ils ne peuvent

72 Nous n'irions pas jusqu'à dire, à la manière d'Engberg-Pedersen, que les ressuscités (dans leur corps spirituel) « ne brilleront pas seulement comme des étoiles mais aussi qu'ils seront des étoiles (ou des astres) ». (Voir *Cosmology and Self*, *op. cit.*, p. 43.)

73 Rappelons que la double occurrence de « φθορά » (que nous traduisons par « corruption ») en 1 Corinthiens 15,42 et 50 est à rapprocher de celle en Romains 8,21. Il apparaît que dans les deux passages « φθορά » désigne plus précisément la mort. Pour les différentes significations de « φθορά », voir H. Liddell, R. Scott, *Greek English Lexicon*, *op. cit.*, p. 1668.

74 Nous avons montré précédemment que l'une des principales caractéristiques de la chair chez Paul est la faiblesse ; quant à « ἀτιμία », ce terme se rencontre souvent chez l'apôtre dans un contexte lié aux passions (propres à la chair chez Paul), à l'impureté. Voir les autres usages d'« ἀτιμία » en Romains 1,26 ; 9,21 ; 1 Corinthiens 11,14 ; 2 Corinthiens 6,8 ; 11,21 ; 2 Timothée 2,20-22 ; et aussi les usages d'« ἄτιμος » en Mat 13,57 ; 1 Corinthiens 4,10 ; 12,23. Pour les différentes significations d'« ἀτιμία » (désonheur, disgrâce) ou d'« ἄτιμος » (méprisable, ignoble, infâme, honteux, vil), voir H. Liddell, R. Scott, *Greek English Lexicon*, *op. cit.*, p. 243.

75 Pour Jewett, la double opposition « ψυχικός »/« πνευματικός » et « σαρκικός »/« πνευματικός » est à comprendre dans l'ensemble de l'argumentation qui commence à partir de 1,18. (Voir *Paul's Anthropological Terms*, *op. cit.*, p. 121.)

comprendre les choses spirituelles, lesquelles sont accessibles uniquement à l'homme spirituel (« πνευματικὸς ἄνθρωπος »).

Nous avons déjà expliqué que l'homme charnel (« σαρκικός ἄνθρωπος ») et l'homme animal (« ψυχικὸς ἄνθρωπος ») – qui s'opposent communément à l'homme spirituel (« πνευματικὸς ἄνθρωπος ») – apparaissent comme étant l'homme qui juge des choses spirituelles d'une manière purement humaine, par ses capacités naturelles ou charnelles, ou encore selon la sagesse de ce monde. Par conséquent, dans les deux cas, il s'agit de l'homme privé de l'éclairage de l'Esprit de Dieu[76].

Pour ce qui est de l'opposition « homme animal » / « homme spirituel » (« ψυχικός ἄνθρωπος ») / « πνευματικός ἄνθρωπος ») en 1 Corinthiens 15, il nous semble qu'il est nécessaire de la considérer dans le cadre de l'opposition des deux Adam que l'apôtre développe dans ce chapitre. En effet, le corps corruptible est qualifié de « ψυχικός » en tant qu'image du premier Adam, tandis que le corps ressuscité est qualifié de « πνευματικός » en tant qu'image du dernier Adam.

Précisons d'emblée que le verset 44b n'est pas, contrairement à l'apparence, l'expression d'un dualisme inhérent à l'être humain. En fait, l'affirmation paulinienne sur la double existence d'un corps animal et d'un corps spirituel ne signifie pas que ces deux corps existent simultanément dans l'être humain. Paul n'entend pas que l'être humain comporte en lui deux corps, l'un (le corps animal) qui disparaîtrait à sa mort et l'autre (le corps spirituel) qui ressusciterait. L'idée paulinienne est que le corps spirituel succède au corps animal tout comme la résurrection succède à la mort. Le corps spirituel est donc le corps propre au ressuscité (un corps que Dieu lui donne comme il lui plaît).

Pour comprendre que les deux corps n'existent pas simultanément en l'homme, il suffit de se rappeler ici du principe analogique que Paul établit dans les versets 37-38 : ce que l'on sème n'est pas ce qui naîtra ; le grain une fois semé, c'est à Dieu de lui donner ensuite un corps qui lui est propre, et comme il lui plaît. C'est donc Dieu qui, *après* la

76 Notons que la même opposition « ψυχικός »/« πνευματικός » apparaît en Jude 19 (« Οὗτοί εἰσιν οἱ ἀποδιορίζοντες, ψυχικοί, πνεῦμα μὴ ἔχοντες »), où l'auteur qualifie de « ψυχικοί » et privés de l'Esprit ceux qui provoquent des divisions. Le terme « ψυχικοί » est souvent traduit dans ce contexte par « sensuels », sans doute notamment en raison du fait qu'il est aussi question d'hommes qui marchent selon leurs convoitises (v. 18). On voit donc que, dans ce contexte également, l'adjectif « ψυχικός » peut être considéré comme un équivalent de « σαρκικός ».

corruption (la mort) du corps animal, fera renaître le chrétien dans un corps que Paul qualifie de spirituel (« πνευματικός »). Mais surgit ici une question capitale : Paul entend-il que le ressuscité aura un corps spirituel (« πνευματικός ») au sens littéral (le ressuscité aurait « un corps d'esprit ») ou bien Paul qualifie-t-il le corps du ressuscité de spirituel uniquement en raison du fait que c'est Dieu qui, par son Esprit, donne au ressuscité un corps comme il lui plaît ?

On ne saurait répondre à cette question sans une analyse détaillée des versets 45-49. Les affirmations pauliniennes dans ces versets sont, en effet, tout aussi déterminantes que complexes. Tout d'abord, au verset 45, Paul semble vouloir fonder les qualificatifs « ψυχικός » et « πνευματικός » sur une référence scripturaire en rappelant qu'il est écrit que « le premier homme, Adam, devint une âme vivante, et que le dernier Adam est devenu un esprit vivifiant ». En fait, en Genèse 2,7, il est effectivement écrit que Dieu, après avoir formé l'homme de la poussière de la terre, souffla dans ses narines (sur sa face) le souffle de vie, et qu'ainsi « l'homme devint une âme vivante[77] ». Mais alors pourquoi Paul parle-t-il de « *premier* homme » ? Et d'où tire-il l'existence d'un « *dernier homme* » qu'il qualifie d'« *esprit vivifiant* » ?

Une interprétation assez répandue consiste à dire que Paul aurait repris, pour mieux les combattre, des spéculations philosophiques venant de Philon d'Alexandrie qui auraient eu une certaine influence sur les chrétiens de Corinthe. Adaptant le récit génésiaque de la création aux concepts platoniciens de « monde des Idées » et de « monde sensible », le philosophe juif du début du premier siècle avait, en effet, conçu l'idée selon laquelle il aurait existé deux Adam : le premier Adam, en Genèse 1, créé à l'image de Dieu, et qui serait une sorte d'idée incorporelle et immortelle ; le second Adam, en Genèse 2, façonné d'une motte de boue à laquelle Dieu a insufflé le souffle de vie, qui serait composé de corps et d'âme, et qui serait mortel[78].

---

77 La présence, à la fois en 1 Corinthiens 15,45 et Genèse 2,7, de l'expression « ἐγένετο ὁ ἄνθρωπος εἰς ψυχὴν ζῶσαν » semble montrer que Paul s'appuie sur le texte de la Septante.

78 À ce sujet, on peut lire ici une traduction du commentaire de Philon : « Après ceci, il dit que Dieu a façonné l'être humain en prenant de la boue de la terre, et qu'il a soufflé sur son visage le souffle de vie. Par ce texte il nous montre aussi de la façon la plus claire qu'il y a une grande différence entre l'homme qui a été maintenant façonné et celui qui a été créé précédemment à l'image de Dieu. Car l'être humain qui a été façonné [...] consiste en corps et âme, est soit homme soit femme, et est par nature mortel. L'être humain créé

Selon certains commentateurs[79], Paul aurait repris cette thématique des deux Adam tout en l'inversant au profit de sa thèse, faisant ainsi du premier Adam (qui est terrestre et qui a amené la mort à tous) le prototype du second (ou dernier) Adam (qui est céleste et en qui tous revivront)[80]. Paul se serait donc opposé à Philon qui a fait du premier Adam un homme céleste (à l'instar des idées platoniciennes). C'est ainsi que s'expliquerait l'insistance paulinienne sur le fait que ce qui est spirituel n'est pas le premier homme (lequel est psychique ou animal), et que ce qui est spirituel vient ensuite (v. 46). Il en irait de même pour la seconde précision formulée par Paul au verset 47[81].

Cette distinction et cette opposition entre les deux Adam étant établies, Paul déduit que, de même que les chrétiens ont porté l'image terrestre d'Adam, ils porteront également l'image céleste du Christ (vv. 48-49). Et l'apôtre de parachever l'ensemble de la séquence par l'affirmation selon laquelle la chair et le sang ne peuvent hériter du royaume de Dieu (v. 50). Cela nous ramène à la principale question qui nous intéresse ici : faut-il voir une allusion à la chair dans le corps corruptible que Paul qualifie de « ψυχικός » ? Ou encore, existe-il une relation d'équivalence entre les oppositions « σαρκικός »/« πνευματικός »

à l'image de Dieu est une sorte d'idée [...], il est perçu par l'intellect, il est incorporel, il n'est ni homme ni femme, et est par nature immortel. » (Voir Philo of Alexandria, *On the Creation of the Cosmos according to Moses*, tr. David Runia, Leiden, Brill, 2001, p. 82.)

79 Voir par exemple Albert Gélin, *L'Homme selon la Bible*, Paris, Ligel, 1962. Commentant le texte de Philon, il écrit : le premier Adam « est l'homme céleste, l'idéal de l'homme, une espèce d'idée platonicienne de l'homme, qui a été créé le premier ; et le second, l'homme empirique, moins parfait, terrestre, est créé ensuite comme père des hommes. Il y a donc chez Philon une distance chronologique entre le premier homme, l'homme céleste, et le second homme, l'homme terrestre », p. 98. Voir aussi G. J. Warne, *Hebrew Perspectives on the Human Person in the Hellenistic Era : Paul and Philo*, Lewiston, Mellen Biblical Press, 1995, p. 35, 169-172.

80 Notons que « le second homme (venant) du ciel » en 1 Corinthiens 15,47 peut s'inspirer de Daniel 7,13, où il est dit qu'avec « les nuées du ciel venait comme un Fils d'Homme ».

81 Rappelons que l'opposition entre Adam (comme celui en qui tous sont morts) et Christ (comme celui en qui tous revivront) a déjà été établie dans les versets 21-22 du même chapitre. Nous renvoyons ici à nos commentaires sur Romains 5,12-21. Observons ici que, même si l'idée selon laquelle Adam est à l'origine du règne du péché et de la mort sur toute l'humanité est bien présente dans certains écrits intertestamentaires (notamment en 4 Esdras 3,21-26 ; 4,30 ; 7,48), ces derniers ne font pas clairement mention de l'existence de deux Adam. Cependant, 4 Esdras 3,21 parle d'un « *premier* Adam » qui portait un cœur mauvais et qui le transmettrait à tous ses descendants. Même s'il n'y est pas question d'un second (ou dernier) Adam, ce texte pourrait donc être à l'origine de la vision du premier Adam que Paul aurait opposée à celle de Philon.

et « ψυχικός »/« πνευματικός » ? Bref, peut-on considérer que l'enjeu dans la séquence que constituent les versets 35-50 est la question de la corruptibilité de la chair ?

Il nous semble que, dans ce texte, Paul ne se soucie pas de savoir si le ressuscité sera doté d'un corps ou non. D'ailleurs, comme on peut le voir dans la formulation de sa question au verset 35b, pour Paul, que le ressuscité ait un corps, c'est une évidence. Mais l'enjeu pour l'apôtre se résume dans la question suivante : qu'adviendra-t-il de la chair ou du corps en tant que corps charnel ? Et le verset 50 est une réponse solennelle à cette question : la chair (la corruption) n'héritera pas du royaume de Dieu (le règne de l'incorruptibilité)[82].

Par ailleurs, si Paul assimile Adam, l'homme psychique ou animal, à ce qui est terrestre, n'aurait-il pas aussi qualifié le corps corruptible de « ψυχικός » parce qu'il est tiré de la terre, tout comme il a qualifié de « σαρκικός » ce qui relève des choses terrestres ? Paul n'a-t-il pas qualifié les Corinthiens de « ψυχικοί » (1 Corinthiens 2,14) et de « σαρκικοί » (1 Corinthiens 3,1-3) pour la seule raison que ces derniers jugent et traitent les choses spirituelles selon l'ordre des choses terrestres[83] ? De plus, comment comprendre que Paul puisse qualifier les Corinthiens de « ψυχικοί » et de « σαρκικοί » alors qu'il les considère comme des « enfants *en Christ* » (1 Corinthiens 3,1) ? Ne faut-il pas admettre que, selon Paul, on peut *être* en Christ et être encore psychique (animal) ou charnel, en route vers la transformation devant être opérée par l'Esprit[84] ?

Il nous semble que Paul conçoit la vie du chrétien comme un processus de transformation où l'être humain passe de l'état d'un être « σαρκικός » et « ψυχικός » (charnel) à celui d'un être « πνευματικός » (spirituel). Cette

82 Cette interprétation – qui fait de la chair, et non pas du corps, le centre névralgique de l'argumentation paulinienne des versets 35-50 – est aussi appuyée par les versets 53-54 où, s'agissant des vivants qui seront transformés, Paul affirme de manière répétitive la nécessité pour ce qui est corruptible ou mortel de « revêtir » (« ἐνδύομαι ») l'incorruptibilité et l'immortalité (en lieu et place de la corruption et la mortalité que représente la chair). La quadruple répétition du verbe « ἐνδύομαι », qui signifie littéralement vêtir ou revêtir, peut laisser effectivement penser que, pour Paul, il sera question du changement du revêtement charnel corruptible en un revêtement spirituel incorruptible.

83 En affirmant qu'il y a, chez Paul, une certaine relation d'équivalence entre les adjectifs « σαρκικός » et « ψυχικός », nous ne prétendons pas que les substantifs « ψυχή » et « σάρξ » s'équivalent ; même si, par ailleurs, chez Paul, « ψυχή » (en tant que siège des sentiments et des émotions) est étroitement lié à « σάρξ » (siège des passions et des désirs).

84 Nous avons déjà montré que c'est l'une des situations possibles où se trouve l'« ἐγώ » charnel de Romains 7,14.

transformation qui fait passer le chrétien de l'état d'être « σαρκικός » et « ψυχικός » à l'état d'être « πνευματικός » débute avec le baptême et la réception (d'une portion ou des prémices) de l'Esprit, et sera parachevée avec la résurrection des morts (la rédemption du corps après la corruption du revêtement charnel) et le changement eschatologique des vivants. C'est justement le triomphe final de l'Esprit sur la chair qui donnera lieu à l'anéantissement définitif de la mort.

L'OPPOSITION ENTRE LA CHAIR ET L'ESPRIT CONÇUE COMME UN AFFRONTEMENT ESCHATOLOGIQUE ENTRE DEUX RÈGNES

La conception de l'opposition entre la chair et l'Esprit comme affrontement entre deux règnes apparaît notamment en Romains 8. Dans ce chapitre, toute l'humanité semble être placée sous la domination de deux règnes (celui de la chair et celui de l'Esprit) s'opposant dans le cadre d'une lutte finale donnant lieu à l'anéantissement du règne de la chair dans la mort et au triomphe du règne de l'Esprit dans la vie et la paix. En effet, il y a, d'un côté, « ceux qui sont selon la chair » et, de l'autre, « ceux qui sont selon l'Esprit » (v. 5). Et l'être « selon la chair » (« κατὰ σάρκα ») ou « selon l'Esprit » (« κατὰ πνεῦμα ») ne se présente pas comme une simple attitude mais plutôt comme une dépendance, une appartenance, une allégeance à l'une ou l'autre sphère, une affiliation à l'un ou l'autre camp[85].

Par ailleurs, pour Paul, les deux camps ne sont pas seulement radicalement différents et séparés, mais ils sont aussi foncièrement opposés. Au verset 5, cette opposition est notamment marquée par la valeur adversative de la conjonction de coordination « δέ » (« mais », « par contre », « à l'inverse », « tandis que »). On peut observer aussi que Paul définit par la négative la condition d'appartenance au Christ (« si quelqu'un n'a pas l'Esprit du Christ, il ne lui appartient pas » v. 9b)[86] ;

85 Cette idée est notamment développée par H. Lietzmann, *An die Römer*, Tübingen, Mohr Siebeck, 1933, p. 80 ; D. Moo, *Romans*, *op. cit.*, p. 486 ; G. Fee, *God's Empowering Presence : The Holy Spirit in the Letters of Paul*. Peabody, Hendrickson Publishers, 1994, p. 540 ; T. L. Carter, *Paul and the Power of Sin : Redefining 'Beyond the Sale'*, Cambridge, Cambrigde University Press, 2002, p. 178-188 ; R. Jewett, *Romans*, *op. cit.*, p. 486-487.

86 Comme le souligne D. Moo (*Romans*, *op. cit.*, p. 523), l'intervention de Christ ici comme la tête d'un des camps auxquels l'humanité doit appartenir rappelle l'opposition entre Christ et Adam, et celle entre les deux humanités correspondantes.

il précise que ses lecteurs appartiennent au camp de ceux qui ne vivent pas selon la chair, mais selon l'Esprit (v. 9a)[87], tout en supposant que l'Esprit de Dieu habite en eux[88]. Ne faut-il pas conclure que celui qui n'a pas l'Esprit du Christ et qui n'appartient pas au Christ relève d'une autre autorité, appartient à quelqu'un d'autre ou à un autre camp[89] ?

En effet, le principe paulinien qui fait de la possession en soi de l'Esprit du Christ la condition *sine qua non* de l'appartenance au Christ implique l'idée de l'exclusivité de l'appartenance à l'un ou l'autre camp. L'appartenance exclusive à l'un ou l'autre camp provient du fait que, pour Paul, appartenir à un camp signifie immédiatement que l'on s'inscrit en opposition à l'autre, notamment en raison du fait que les modes de vie de chaque camp s'opposent mutuellement. C'est aussi en ce sens que Paul laisse entendre que l'opposition entre l'être (la vie) selon la chair et l'être (la vie) selon l'Esprit suppose que se placer sous la tutelle de la chair, c'est aussi mener une vie pour plaire à la chair et sous la direction de la chair, tandis que la vie selon l'Esprit est régie par l'Esprit (8,5)[90].

Tout comme il est dit en Romains 6 que l'individu relève soit de l'esclavage du péché soit de l'esclavage de Dieu, nous trouvons en Romains 8 et aussi en Galates 5 l'idée d'appartenance ou de conformité exclusive soit à la chair soit à l'Esprit. Plus encore, l'affirmation paulinienne en Galates 5,17 laisse entendre que la conséquence[91] de l'opposition radicale entre la chair et l'Esprit est que l'individu, quel qu'il soit, ne fait pas ce qu'il veut[92]. Il n'y a donc pas de situation d'indépendance absolue, et personne n'est dans une position de neutralité ou d'indifférence à

---

87 Pour la question de l'appartenance à Christ par la présence de son Esprit, voir R. Jewett, « The Question of the 'Apportionned Spirit' in Paul's Letters », in : G.N. Stanton, B. Longenecker, S.C. Barton, *The Holy Spirit and Christian Origins : Essays in Honor of James D. G. Dunn*, Grand Rapids, Eerdmans, 2004, p. 193-206.

88 En utilisant « εἴπερ » (« si du moins », « si après tout », « si en effet »), Paul semble exprimer un certain doute sur la possibilité que ses interlocuteurs puissent avoir l'Esprit de Dieu habitant eu eux. Voir D. Moo, *Romans*, *op. cit.*, p. 523.

89 On peut aussi observer que le parallélisme synonymique du verset 9 laisse entendre que, pour Paul, les formulations « Esprit de Dieu » et « Esprit du Christ » renvoient à une seule et même réalité.

90 Voir C. Barrett, *A Commentary*, *op. cit.*, p. 147 ; G. Fee, *God's Empowering Presence*, *op. cit.*, 1994, p. 540 ; R. Jewett, *Romans*, *op. cit.*, p. 486-487.

91 Certains commentateurs accordent ici à « ἵνα » une valeur consécutive et d'autres, une valeur finale. Voir S. Légasse, *L'épître de Paul aux Galates*, *op. cit.*, p. 418.

92 Relevons le chiasme au verset 17ab (chair-Esprit-Esprit-chair), qui marque bien cette opposition. Légasse souligne que l'individu assiste, en lui, à un combat, une lutte entre

l'égard de la chair ou de l'Esprit : l'individu agit nécessairement soit selon la conformité aux désirs de la chair soit selon la conformité aux désirs de l'Esprit.

Mais Paul conçoit aussi l'opposition entre la chair et l'Esprit d'une manière telle que ceux qui se conforment aux désirs de la chair entrent en opposition, en rébellion contre Dieu et sont déclarés ennemis de Dieu[93]. C'est ainsi que l'apôtre déclare que « l'affection de la chair est inimitié contre Dieu, qu'elle ne se soumet pas à Dieu et qu'elle ne le peut même pas » (8,7)[94]. De cette affirmation, il s'ensuit que, pour Paul, l'opposition entre la chair et l'Esprit va au-delà d'une simple différence ou séparation radicale entre deux camps ou sphères d'influence, et qu'il s'agit aussi du théâtre d'affrontement entre deux règnes.

Rappelons ici que, en Romains 5,1-11, Paul caractérise les conséquences de la justification comme la cessation d'une situation de faiblesse[95] (v. 6), laquelle était aussi une situation de péché (v. 8) où les chrétiens étaient des ennemis de Dieu (v. 10). Les chrétiens sont sortis de cette situation de faiblesse (imputable à la domination de la chair), de péché et d'inimitié contre Dieu grâce à la mort du Christ et aussi au don du Saint-Esprit. Ils sont donc maintenant réconciliés (vv. 10, 11) et en paix (v. 1) avec Dieu. Il apparaît donc que, par l'opposition des concepts de la chair et de l'Esprit, Paul développe en Romains 8 les mêmes idées qu'en Romains 5,1-11 : l'appartenance à la sphère d'influence du règne de la chair (la situation de faiblesse et de péché) suppose l'inimitié contre Dieu, mais l'avènement de la paix se produit avec le règne de l'Esprit.

Il pourrait, en effet, paraître surprenant que reviennent au chapitre 8 les notions de paix (« εἰρήνη » v. 6) et d'hostilité (« ἐχθρός » v. 7). Paul n'a-t-il pas solennellement affirmé, dès le chapitre 5, la cessation de l'époque d'hostilité envers Dieu, qui était aussi caractérisée par la domination de la faiblesse (la chair) et du péché ? De même, comment comprendre

la chair et l'Esprit, « entre deux forces impersonnelles qui fait de lui comme le témoin impuissant d'un duel sans merci ». (Voir *L'épître de Paul aux Galates*, *op. cit.*, p. 417-418.)

93 Notons que le verbe « ὑποτάσσεται » utilisé en 8,7 à la voix moyenne comporte une valeur réflexive qui suppose qu'il s'agit d'une rébellion (ou non-soumission) volontaire.

94 Jewett effectue très justement un rapprochement avec Philippiens 3,18 où Paul désigne comme ennemis de la croix du Christ » ceux qui mettent leur confiance en la chair (vv. 3-6). (Voir *Romans*, *op. cit.*, p. 488.)

95 Nous avons montré précédemment que la faiblesse constitue l'une des principales caractéristiques de la chair. La situation décrite ici correspond donc à une période de domination du règne de la chair.

le fait que Paul présente les chrétiens en Romains 8,26 comme étant encore dans la faiblesse alors qu'il a déjà laissé entendre que l'époque de la faiblesse est dépassée (5,6) ? Ne faut-il pas comprendre que, selon Paul, les chrétiens, bien que n'étant plus dans la soumission à la chair, restent encore aux prises avec le règne de la faiblesse et de la chair ?

En fait, pour rendre compte de cet apparent paradoxe chez Paul, il nous semble nécessaire de prendre en considération deux aspects de sa pensée. Tout d'abord, pour Paul, l'anéantissement du règne de la chair est déjà acquis à la Croix. C'est en ce sens qu'il déclare que Dieu a condamné « le péché dans la chair » par l'envoi de son Fils « dans une chair semblable à celle du péché » (8,3b)[96]. Par cette affirmation, l'apôtre entend que, dans l'affrontement qui oppose le péché (par l'intermédiaire de la chair) à Dieu, la bataille décisive s'est déjà produite à la Croix et que, avec la résurrection du Christ, la défaite de la chair (la corruption ou la mort) est déjà prononcée.

Mais si, avec cette défaite du péché et de la chair, les chrétiens changent d'appartenance et passent de l'inimitié contre Dieu à la réconciliation et la paix avec Dieu, ils restent néanmoins affectés par la faiblesse de la chair jusqu'à ce que celle-ci soit définitivement anéantie. Cependant, contrairement à l'époque où, livrés à eux-mêmes, ils étaient dominés par la faiblesse de la chair, les chrétiens sont maintenant au bénéfice de l'Esprit qui les aide dans leur faiblesse et intercède en leur faveur (8,26).

Paul conçoit donc que les chrétiens sont délivrés de la soumission passive à la chair mais que celle-ci continue de les assaillir[97]. Contre

96 Il pourrait être intéressant de voir dans quelle mesure cette affirmation paulinienne relève de l'imagerie de la guerre : tel un espion, le Fils serait envoyé dans le camp adverse et avec la même apparence que l'ennemi (« dans une chair semblable à celle du péché ») pour mieux le vaincre. Nous avons déjà montré par ailleurs comment la conception paulinienne de la Loi pourrait relever de la même imagerie : elle apparaît comme étant au service du péché en favorisant sa multiplication, mais, en réalité, elle a trompé le péché car elle n'a fait que préparer et rendre nécessaire la venue du Christ, qui anéantira définitivement le péché.

97 À ce propos, D. Moo (*Romans*, *op. cit.*, p. 522) écrit très justement : « Paul voit certainement les chrétiens comme, dans un certain sens, étant affectés par les deux ères de l'histoire du salut. Mais c'est probablement exagérer la question que de dire que le chrétien se trouve entre les deux ères ou règnes (comme le fait par exemple Nygren) [...]. Nous pouvons être sujets à la corruption et à la mort, susceptibles de succomber au péché, tentés de laisser la chair reprendre le contrôle sur nous, mais, pour faire justice à Paul, nous devons insister sur le fait que le chrétien est libéré de la loi du péché et de la mort, mort au péché, et n'est plus dans la chair. » Dans le même sens, voir aussi W. Sanday,

les afflictions provoquées par la faiblesse de la chair, l'Esprit apparaît comme un antidote qui réconforte les chrétiens. Et ces derniers ont la possibilité de ne pas accomplir les désirs de la chair en marchant selon l'Esprit (Galates 5,16). Mais l'apôtre semble aussi envisager une fin très proche du temps d'afflictions ou des « souffrances du temps présent » (8,18) pour les chrétiens sous les assauts de la chair. C'est en ce sens que Paul déclare que les chrétiens soupirent en eux-mêmes et sont dans l'attente de l'adoption et la rédemption de leur corps (8,23b).

En fait, il nous semble que, en Romains 8, Paul traite surtout de la nécessité, pour la vie, de triompher sur la mort. Et l'opposition de la chair à l'Esprit n'est qu'une forme de l'opposition du règne de la mort au règne de la vie. Comme on peut le voir au verset 13, la mise en garde contre la chair est, en réalité, une mise en garde contre la mort[98]. L'Esprit qui est un antidote contre la chair apparaît finalement comme étant un antidote contre la mort, comme ce qui vivifie, ce qui fait triompher la vie sur la mort (vv. 6, 10, 11, 13).

On peut donc dire que, si Paul oppose la chair à l'Esprit, c'est parce qu'il considère la chair comme le principal agent du règne de la mort, tout comme il considère l'Esprit comme l'agent principal du règne de la vie. De plus, au-delà même du concept de la chair, l'apôtre fait de la mort ou de la corruption une puissance asservissante qui règne, non seulement sur les êtres humains, mais encore sur le cosmos tout entier. C'est ainsi qu'il laisse entendre que la création tout entière sera affranchie de la servitude de la corruption (v. 21) « mais que, pour le moment, elle soupire et souffre des douleurs de l'enfantement » (v. 22)[99]. On voit donc que, pour Paul, au-delà de l'opposition entre la chair et l'Esprit, il s'agit d'une lutte cosmique pour le triomphe final de la vie sur la mort[100].

Cette analyse ne saurait être satisfaisante sans une interrogation sur la possibilité que la conception paulinienne de l'opposition entre la chair et l'Esprit ait pu subir certaines influences ; cette question est d'autant

---

A. Headlam, *A Critical and Exegetical Commentary*, *op. cit.*, p. 213 ; M.-J. Lagrange, *Saint Paul : Épître aux Romains*, Paris, Gabalda, 1950, p. 211 ; J. Dunn, *Romans 1-8*, *op. cit.*, p. 477.

98 D. Moo (*Romans*, *op. cit.*, p. 523) souligne que « ἀποθνήσκειν » ne renvoie pas simplement à la mort physique, mais signifie surtout la mort « théologique » ou spirituelle.

99 Notons que l'idée de la création tout entière qui souffre et soupire pourrait être rapprochée de Ésaïe 24,4-7, Osée 4,1-3 et 4 *Esdras* 7,1-4.

100 R. Jewett souligne, avec raison, le fait que cette lutte cosmique est, dans l'Esprit de Paul, une réalité présente. (Voir *Romans*, *op. cit.*, p. 516.)

importante qu'elle nous permettrait, par ricochet, de mieux cerner ce qui fait l'originalité de la pensée paulinienne. Tout d'abord, faut-il admettre, comme certains commentateurs[101], que Paul s'est directement inspiré de l'anthropologie dualiste de Qumran pour élaborer sa conception de l'opposition entre la chair et l'Esprit ?

Nous trouvons, en effet, dans les textes de Qumran certaines formulations qui peuvent autoriser à faire des rapprochements avec des affirmations pauliniennes. Dans la *Règle de la Communauté*, en particulier, il est question de « deux esprits qui sont en train d'opérer dans le monde » (*1QS* 4,2) : « l'Esprit de vérité et l'Esprit de perversité » (*1QS* 3,18-19). Dieu les aurait lui-même créés et les aurait aussi placés en l'homme pour que celui-ci puisse marcher sous la direction de l'un d'entre eux jusqu'au jugement dernier (*1QS* 3,18). Il est aussi dit que « tous ceux qui pratiquent la justice sont sous la domination du Prince des Lumières [...], tandis que tous ceux qui pratiquent la perversité sont sous la domination de l'Ange des Ténèbres » (*1QS* 3,20-21).

Selon cet écrit, même ceux qui marchent dans la lumière ne sont pas exempts d'erreur, de transgression ou de péché ; mais cela provient de l'influence de l'Ange des Ténèbres. Cette situation (de double influence) « continuera jusqu'au temps fixé par Dieu » (*1QS* 3,23). Mais Dieu sera toujours là « pour aider les fils de lumière » (*1QS* 3,24-25)[102]. Plus intéressante encore est l'idée selon laquelle il existe « entre les deux catégories une éternelle inimitié que Dieu a lui-même établie » (*1QS* 4,18), si bien que « les actions relevant de la perversité sont en abomination pour la Vérité, que, inversement, tout ce qui relève de la Vérité est en abomination pour la perversité, et qu'il existe une rivalité jalouse constante entre les deux régimes parce qu'ils sont régis selon des principes contraires » (*1QS* 4,17-18)[103].

101 Voir par exemple K. Kuhn, « Πειρασμός – Ἁμαρτία – Σάρξ im Neuen Testament und die damit zusammenhängenden Vorstellungen », *Zeitschrift für Theologie und Kirche* 49, 1952, p. 200-222 ; S. Johnson, « Paul and the Manuel of Discipline », *The Harvard Theological Review* 48, 1955, p. 157-165 ; K. Stendahl, *The Scrolls and the New Testament*, New York, 1967 ; Siegfried Schulz, « Zur Rechtfertigung aus Gnaden in Qumran und bei Paulus », *Zeitschrift für Theologie und Kirche* 56, 1959, p. 155-185.

102 Affirmation à rapprocher de Romains 8,26.

103 Affirmation à rapprocher de Romains 8,5-8 et surtout à mettre en parallèle avec Galates 5,17. Notons aussi que, d'une manière similaire à la liste des œuvres de la chair et des fruits de l'Esprit en Galates 5,19-22, la *Règle de la Communauté* (3,13-4,26) présente une longue liste des caractéristiques de l'esprit de vérité (l'humilité, la patience, la compassion, la

De même, la *Règle de la Communauté* précise que « jusqu'à maintenant les esprits de vérité et de perversité s'affrontent dans le cœur de l'homme » (*1QS* 4,18), mais que « Dieu, dans sa sagesse insondable, a fixé un terme pour l'existence de la perversité » (*1QS* 4,18). Quand ce temps viendra, au moment du Jugement final, « Dieu détruira la perversité pour toujours, puis adviendra le triomphe de la vérité pour le monde entier » (*1QS* 4,19). C'est alors que Dieu va « purger toutes les actions de l'homme » et va « renouveler pour lui-même toute la fabrique de l'homme, détruisant (et enlevant) de sa chair tout ce qui relève de l'esprit de perversité, et le purifiant par l'esprit saint de tous les actes de méchanceté » (*1QS* 4,20-21). Et « Il fera toutes choses nouvelles » (*1QS* 4,25)[104].

Il apparaît, en effet, que les points de rapprochement entre la pensée paulinienne et la *Règle de la Communauté* peuvent être nombreux. On peut notamment souligner l'incompatibilité et l'inimitié entre les deux régimes à la fois à Qumran et chez Paul. Est aussi à retenir le fait que l'homme puisse être soumis à deux penchants contraires et que, même étant sous la domination du bon penchant, il ne soit pas encore entièrement à l'abri de l'influence du mauvais penchant. De même, peut être relevée l'idée selon laquelle l'homme reçoit l'aide divine jusqu'à la destruction finale de ce mauvais penchant et au renouvellement de toutes choses. D'autres points de rapprochement sont sans doute possibles, mais tout cela ne saurait nous empêcher de mettre en avant l'évidente originalité de la pensée paulinienne.

Cette originalité trouve son fondement dans le fait que Christ ou la Croix du Christ occupe une place centrale dans la pensée paulinienne. Que la chair soit prise au sens d'un pouvoir cosmique (ou son agent) luttant pour la possession de l'être humain, ou au sens physiologique de la matière corruptible qui condamne l'être humain à la mort, ou encore au sens de ce qui reflète l'orgueil ou la vanité de l'être humain voulant appliquer la lettre morte et ancienne de la Loi, il ressort que la chair a été dépassée, surmontée et vaincue à la *Croix*. C'est pour cela que Paul

---

bonté etc.) et de l'esprit de perversité (la gourmandise, la duplicité, l'orgueil, l'insolence, l'intempérance etc.).

104 Toutes les citations de la *Règle de la Communauté* proviennent de T. H. Gaster, *The Dead Sea Scrolls Scriptures*, New York, 1976. Voir notamment la section allant de 3,13 à 4,26 du chapitre *Manual of Discipline*, p. 48-51. Pour une traduction française de ce même texte, voir : A. Dupont-Sommer, M. Philonenko (dir.), *La Bible. Écrits intertestamentaires*, Paris, Gallimard, 1987, p. 15-21 (« L'instruction sur les deux Esprits »).

débute le chapitre 8 en précisant que Dieu a déjà condamné « le péché dans la chair » *en Christ* et dans *sa* chair « semblable à celle du péché ». De même, c'est *en Christ* que les chrétiens « ont *crucifié* la chair avec ses passions et ses désirs » (Galates 5,24).

Pareillement, si l'on compare l'anéantissement final de l'esprit de perversité dans les textes de Qumran avec la destruction finale de la chair en 1 Corinthiens 15, on se rend compte que Paul accorde une importance fondamentale à la Croix et fait de la résurrection du Christ l'événement fondateur de la résurrection des morts[105].

En effet, Paul affirme que la résurrection (qui est la victoire sur la corruption de la chair ou sur la mort) n'est possible que parce que le Christ est ressuscité des morts (1 Corinthiens 15,17-18). Paul considère donc la résurrection du Christ comme ce qui rend possible la victoire sur la mort, sur la corruption de la chair. Comme si la mort du Christ avait finalement pour but, à travers sa résurrection, d'anéantir définitivement la corruption et de détruire les pouvoirs de la mort. C'est en ce sens que Paul fait du Christ (à travers sa résurrection) « l'homme par qui est venue la résurrection des morts » (1 Corinthiens 15,21), celui qui vient renverser une situation où la mort régnait sur tous les hommes, et celui en qui tous les hommes retrouveront la vie (1 Corinthiens 15,22).

De plus, si l'on compare la création de l'homme nouveau et le renouvellement de toutes choses dans les textes de Qumran avec la pensée de Paul, on se rend compte que, pour notre apôtre, c'est par la participation à la Croix du Christ que, dans le baptême, les chrétiens ont eu leur « vieil homme *crucifié* avec Christ » (Romains 6,6). De même, la « nouveauté de vie » (laquelle se confond parfois chez Paul avec la résurrection) n'est possible que parce que les chrétiens ont « été ensevelis avec Christ par le baptême en sa mort » et sont « devenus une même plante avec Christ par la conformité à sa mort » (Romains 6,4-5).

Par ailleurs, s'agissant du nécessaire dépassement de la lettre morte et ancienne de la Loi, Paul affirme que c'est « au travers du corps du Christ » que les chrétiens ont été « mis à mort à la Loi » (Romains 7,4). Dans le même sens, Paul écrit que la volonté de certains de plaire à la chair en adoptant une interprétation charnelle, littérale et ancienne de la

---

105 Voir D. Gerber, « La croix dans la première lettre de Paul aux Corinthiens », in : *La croix. Représentations théologiques et symboliques dans le Nouveau Testament et l'Histoire*, éd. Jean-Marc Prieur, Genève, Labor et Fides, 2004, p. 11-23.

Loi n'est qu'un prétexte pour se dissocier de la Croix du Christ (Galates 6,12). Et, contrairement à ceux qui veulent se glorifier vainement dans la chair des circoncis (Galates 6,13), Paul prétend, quant à lui, ne vouloir se glorifier de rien d'autre que de la Croix du Christ (Galates 6,14a).

Enfin, si l'on analyse la nature des « deux esprits » évoqués dans les textes de Qumran, il convient de remarquer que ces esprits sont inhérents à l'être humain et font partie de la nature humaine. Aussi est-il écrit dans la *Règle de la Communauté* (3,13-4,26) que Dieu, au moment de la création de l'homme, « a placé en lui ces deux esprits » (*1QS* 3,18). Même si un rapprochement peut s'opérer entre Paul et Qumran, il est cependant nécessaire de noter que, chez Paul, c'est l'Esprit du Christ qui est opposé à la chair. Certes, Paul parle du don de l'Esprit saint aux chrétiens, mais celui-ci ne devient pas inhérent à la nature humaine. Et, là encore, le Christ et la Croix sont associés à l'œuvre de l'Esprit.

En effet, Paul fait de la présence dans les chrétiens de l'Esprit du Christ la condition de leur appartenance à Christ (Romains 8,9b). Et s'il est aussi question dans la *Règle de la Communauté* d'une purification eschatologique « par l'Esprit saint de tous les actes de méchanceté » (*1QS* 4,20), Paul se différencie de Qumran en ce qu'il considère que l'Esprit du Christ est un esprit de vie (qui vivifie déjà présentement) et qu'il vivifiera les morts, de la même manière qu'il a fait ressusciter Jésus d'entre les morts (Romains 8,11). On voit donc que la Croix du Christ occupe une place fondamentale dans la conception paulinienne de l'opposition de la chair à l'Esprit.

LES IMPLICATIONS SOMATIQUES DE LA VIE NOUVELLE EN CHRIST

L'usage de « σῶμα » en Romains 5-8

Une double question se pose sur la pertinence et le bien-fondé d'une étude sur la conception qu'a Paul du corps en vue de l'élaboration de sa vision anthropologique. Tout d'abord, en quoi la nouvelle vie en Christ, telle qu'elle est présentée par Paul dans l'épître aux Romains, comporte-t-elle, fondamentalement, des implications somatiques ? Ensuite, peut-on, à partir de l'épître aux Romains, et notamment des chapitres 5 à 8, dégager une conception paulinienne du corps ?

Une première remarque qui s'impose est que, contrairement à ses autres épîtres où le terme « σῶμα »est utilisé dans un contexte particulier[1], dans l'épître aux Romains Paul semble le plus souvent faire usage du terme « σῶμα » en tant que concept, dans le cadre d'un discours doctrinal[2].

De surcroît, le rôle majeur que joue la notion de corps dans l'argumentation de l'épître aux Romains et les nombreuses occurrences de « σῶμα » qui y figurent laissent entendre qu'une analyse des implications somatiques des affirmations pauliniennes pourrait s'avérer très éclairante pour la compréhension de sa vision anthropologique. Le terme « σῶμα » apparaît, en effet, 13 fois dans l'épître aux Romains avec 2 occurrences dans les quatre premiers chapitres, 8 dans les chapitres 5 à 8 (plus précisément dans les chapitres 6 à 8), et 3 dans le chapitre 12. L'abondance d'occurrences du terme « σῶμα » en Romains 6-8 pourrait être révélatrice de l'importance de ce passage pour la compréhension de la conception paulinienne du corps.

Par ailleurs, s'agissant de la dimension sémantique du terme « σῶμα » dans le langage paulinien, notons d'emblée qu'elle est d'une richesse

1 Notons que « σῶμα » désigne le plus souvent le corps en tant que corps physique, en tant que masse. Voir H. Liddell, R. Scott, *Greek English Lexicon*, *op. cit.*, p. 1519.

2 Voir R. Jewett, *Paul's Anthropological Terms*, *op. cit.*, p. 250, 254 et 288.

et d'une ambiguïté telles que l'on sera obligé de s'interroger sur les différentes réalités auxquelles le concept paulinien « σῶμα » pourrait renvoyer. De plus, envisageant l'hypothèse selon laquelle Romains 6-8 pourrait contenir la quintessence de la pensée paulinienne sur le corps, cette étude partira de l'analyse des caractéristiques de « σῶμα » en Romains 6-8 tout en établissant des rapprochements avec les autres occurrences de « σῶμα » dans tout le corpus paulinien. Elle procèdera ainsi selon trois angles d'approche : la mise à mort du corps mortel des chrétiens par le corps du Christ ; la rédemption et la vivification du corps des chrétiens par l'Esprit ; l'offrande et la consécration du corps pour le service de Dieu.

LA MISE À MORT DU CORPS MORTEL DES CHRÉTIENS PAR LE CORPS DU CHRIST

L'une des principales caractéristiques du corps dans l'épître aux Romains est qu'il est présenté comme étant à la fois mortel et mis à mort par le corps du Christ. On peut noter, en effet, que, de Romains 6,1 à 8,13, le concept « σῶμα » est systématiquement associé aux notions de péché ou de mort : « le corps de péché fut détruit » (6,6) ; « le péché dans le corps mortel » (6,12) ; les chrétiens mis à mort par le corps du Christ (7,4) ; « qui me délivrera de ce corps de mort ? » (7,24) ; « le corps est mort à cause du péché » (8,10) ; l'Esprit rendra la vie aux « corps mortels » des chrétiens (8,11) ; « vous faites mourir les actions du corps » (8,13).

Il est important aussi de noter que les expressions comme « σῶμα τῆς ἁμαρτίας » (corps de péché), « σῶμα θνητόν » (corps mortel), « σῶμα τοῦ θανάτου » (corps de mort), « σῶμα νεκρόν » (corps mort) apparaissent ici pour la première fois dans le corpus paulinien. Avant d'analyser séparément chacune des mentions de la mort du corps, il convient d'observer que l'apôtre alterne volontiers « θνητός » et « νεκρός » quand il fait référence à la mort du corps. Il serait aisé de considérer que ces deux vocables sont, chez Paul, des synonymes, mais le fait est que, dans la littérature grecque, « νεκρός » désigne généralement le mort en tant que tel, alors que « θνητός » qualifie ce qui est sujet à la mort, ce qui est mortel.

On peut donc penser que, chez Paul aussi, « νεκρός » et « θνητός » décrivent deux réalités différentes. En effet, l'apôtre semble considérer la mort sous deux angles : il y a la mort du corps en tant que celui-ci est mortel, assujetti à la mort depuis le péché d'Adam, et il y a la mort du corps en tant que mort sacramentelle résultant de l'identification du chrétien baptisé au Christ crucifié. Certains commentateurs considèrent que, de manière générale, l'expression « θνητὸν σῶμα » (corps mortel) renvoie à la mort héritée du péché d'Adam, alors que « νεκρὸν σῶμα » (corps mort) représente la destruction du corps à travers le baptême, par analogie ou identification à la crucifixion du corps du Christ[3]. Nous verrons plus loin que, dans le langage paulinien, ce genre de distinction n'est pas si simple.

Notons par ailleurs que, pour Paul, le corps est, fondamentalement, mortel ou assujetti à la mort en raison du péché. Considéré sous cet angle, le terme « σῶμα » est utilisé avec une connotation clairement négative et pourrait même être réduit à l'usage paulinien du terme « σάρξ ». Comme la chair de manière générale, le corps apparaît ici à la fois comme étant mort à cause du péché et comme étant le lieu d'action du péché, la mort dans le corps se présentant ainsi comme la conséquence ou le salaire du péché.

En effet, non seulement Paul qualifie le corps de « corps de péché » (6,6) et de « corps de mort » (7,24), mais il précise également que « le corps est mort à cause du péché » (8,10), que le péché ne devrait pas régner dans « le corps mortel » des chrétiens (6,12), lesquels verront aussi leurs « corps mortels » (8,11) vivifiés par l'Esprit à l'instar de celui du Christ. Avant d'analyser ces versets, il est nécessaire de rappeler ici comment, selon Paul, le corps s'est trouvé assujetti au péché et à la mort.

Le corps de la lettre aux Romains s'ouvre, en effet, sur une section (Romains 1,18-32) dans laquelle Paul présente le corps comme étant victime de la dégradation par le péché et comme le lieu de la manifestation de la colère divine résultant du péché : dans ce passage, Paul affirme que Dieu, en manifestant sa colère, a livré les hommes « à l'impureté, selon les convoitises de leur cœur, en sorte qu'ils déshonorent eux-mêmes leurs propres corps » (v. 24).

3 Voir R. Jewett, *Paul's Anthropological Terms*, *op. cit.*, p. 290-29 qui passe en revue les différentes interprétations de « θνητὸν σῶμα » et « νεκρὸν σῶμα » depuis les Pères de l'Eglise. Voir aussi R. Bultmann, « νεκρός κτλ », *TWNT*, vol. IV, p. 896-898 ; « θνητός », *TWNT*, vol. III, p. 22.

On voit ici que le refus des hommes de reconnaître Dieu a comme conséquence la livraison de leur corps au péché et à toutes sortes de dépravations, comme si l'attitude ou la disposition spirituelle des hommes envers Dieu avait des conséquences directes sur leur corps. De même, aux versets 26-28, l'apôtre voit dans les relations entre personnes de même sexe une conséquence ou une juste rétribution que les humains ont reçue dans leur propre corps, « en eux-mêmes », en raison du fait qu'ils ont « changé la vérité de Dieu en mensonge, qu'ils ont adoré la créature au lieu du créateur » (v. 25).

Robert Jewett souligne que ces affirmations pauliniennes visaient notamment un certain libertinisme qui existait dans les communautés romaines[4]. Paul chercherait d'emblée à convaincre certains chrétiens qu'ils ne sauraient dissocier leur attitude spirituelle à l'égard de Dieu de l'usage qu'ils font de leur corps. L'insistance de Paul sur le corps comme étant le lieu de la manifestation de la colère divine serait ainsi une manière de faire comprendre aux chrétiens pratiquant le libertinisme qu'ils sont tombés sous le coup de la colère de Dieu[5], laquelle se manifeste par la livraison ou l'assujettissement de leur corps au péché. La qualification du corps, en Romains 6,6, en tant que « corps de péché » semble être justifiée par le fait que, en en Romains 1,18-32, Paul décrit le corps comme ayant été livré et assujetti au péché.

Analysons maintenant les versets où le corps est qualifié de « corps de péché », « corps mortel » ou « corps de mort ». Tout d'abord, en Romains 6,6, Paul parle de la destruction du « corps du péché » (« σῶμα τῆς ἁμαρτίας ») à travers le baptême. La difficulté ici est double : elle réside non seulement dans le fait que Paul associe le corps au péché mais aussi dans le fait qu'il voit dans le baptême le lieu de la destruction de ce corps de péché. Cette double difficulté nous oblige à nous interroger sur la nature de cette association entre le corps et le péché et sur le sens de la destruction du « corps du péché » à travers le baptême.

Par « σῶμα τῆς ἁμαρτίας », Paul entend-il que le corps est déterminé par le péché, qu'il appartient au péché, ou qu'il est le lieu de résidence du péché ? Et comment doit-on comprendre l'affirmation paulinienne

4 Voir R. Jewett, *Paul's Anthropological Terms*, *op. cit.*, p. 288.

5 Il convient par ailleurs de noter que le « gnosticisme » pratiqué par certains chrétiens de Corinthe, où Paul se trouvait en écrivant l'épître aux Romains, prétendait également que la disposition spirituelle d'un chrétien, voire la réception/possession de l'Esprit de Dieu, était indépendante de l'usage que font les chrétiens de leur corps.

selon laquelle le corps du péché a été détruit à travers le baptême ? Faut-il y voir une destruction physique ou symbolique ? En fait, sur quoi Paul veut-il mettre l'accent en précisant que c'est le corps du péché qui a été détruit ?

Une des hypothèses possibles consisterait à se demander si Paul ne précise pas qu'il s'agit de la destruction du corps de péché en opposition à un autre corps qui, lui, ne serait pas un corps de péché. Faut-il donc voir ici une allusion à la conception paulinienne de la nécessaire existence de deux corps, l'un animal et l'autre spirituel (1 Corinthiens 15,44b) ? Avant tout rapprochement entre les deux passages, il convient de noter d'emblée que, alors que le discours de Romains 6 s'applique au processus initiatique du chrétien (qui entre en Christ), celui de 1 Corinthiens 15 se veut être une description ou une explication d'événements eschatologiques. Reste à savoir si, pour Paul, il y a nécessairement une période de temps importante entre l'avènement de la vie nouvelle dans le baptême et l'avènement de la résurrection au temps eschatologique, et s'il ne se considère pas comme vivant déjà au temps eschatologique. Quoi qu'il en soit, le rapprochement entre les deux passages est loin d'être absurde dans la mesure où, en 1 Corinthiens 15, il est également question de la résurrection des morts dont Christ constitue les prémices.

On peut noter en ce sens que Paul spécifie clairement en Romains 6,5 que la conformité des chrétiens à la mort du Christ par le baptême implique également la conformité à sa résurrection. Et, dans les deux passages, la mort (avec Christ) est présentée comme un *requisit* ou une condition nécessaire à la (nouvelle) vie (1 Corinthiens 15,36 // Romains 6,5 et 8). Mieux encore, quand Paul affirme en 1 Corinthiens 15 que les chrétiens meurent avec un corps animal (« σῶμα ψυχικόν ») et ressuscitent avec un corps spirituel (« σῶμα πνευματικόν »)[6], il apparaît que le corps animal est hérité d'Adam et que le corps spirituel est, quant à lui, conféré aux chrétiens ressuscités, à l'image du Christ.

Par ailleurs, si l'on rapproche 1 Corinthiens 15 de Romains 5,12-21, on peut observer que, dans ces deux passages, il y a une mise en opposition du Christ à Adam, ce dernier étant présenté comme celui qui est à l'origine du péché et de la mort, et le premier comme celui qui est

6 Nous n'irons pas jusqu'à dire, à la manière d'Engberg-Pedersen, que les ressuscités, à cause de l'éclat de leur corps spirituel, seront des étoiles ou des astres. (Voir *Cosmology and Self*, *op. cit.*, p. 43.)

à l'origine de la vie nouvelle ou de la résurrection. À la lumière de ce rapprochement, on peut comprendre la destruction du corps de péché évoquée en Romains 6,6 comme une allusion au corps animal hérité d'Adam. La destruction du corps de péché signifierait la délivrance ou l'affranchissement du chrétien du pouvoir du péché. Le corps de péché représenterait donc le corps en tant qu'il est placé sous l'empire du péché, et serait ainsi une autre appellation du « vieil homme » dont Paul évoque, au même verset, la crucifixion à travers le baptême.

Par conséquent, la destruction du « corps de péché » ou la crucifixion du « vieil homme » représenterait la neutralisation de la puissance du péché sur le corps. Si, avant le baptême, le corps du chrétien était dominé, contrôlé et habité par la puissance du péché, ce corps se trouve, après le baptême, investi d'une autre puissance, transféré sous une autre domination, celle du Christ, et, loin d'être un instrument de péché, il devient un temple d'adoration. Sans effectuer le rapprochement entre « le corps du péché » de Romain 6 et « le corps animal » de 1 Corinthiens 15, Jewett va dans ce sens en soulignant la possibilité que les deux textes puissent avoir le même arrière-plan[7].

L'hypothèse de Jewett est que, dans les deux passages, Paul serait en train de s'opposer à une certaine conception du corps relevant du « gnosticisme ». En effet, les « gnostiques » considéraient le corps comme voué au péché et aspiraient à s'en libérer. Aussi concevaient-ils la rédemption comme une libération de l'esprit du corps, lequel était d'ailleurs condamné à la corruption. En conséquence, les « gnostiques » faisaient peu de cas du corps et des ses actions. C'est en ce sens que Jewett avance l'idée que Paul, en Romains 6, pourrait être en train de combattre un certain libertinisme relevant notamment de la pensée gnostique prétendant que le chrétien ne devait que se soucier de sa vie spirituelle, indépendamment du corps, lequel pourrait être livré à toutes sortes d'actions sans que cela affecte la vie de l'Esprit.

Selon Jewett donc, Paul viserait dans ce passage la position « gnostique » de la non-participation du corps à la vie de l'Esprit, ou à la résurrection. Paul interviendrait pour défendre l'idée selon laquelle le corps, en tant que corps spirituel, participe bel et bien à la résurrection et, mieux encore, que la corruptibilité du corps animal est une condition préalable ou nécessaire à la résurrection. En effet, l'apôtre affirme avec

7 R. Jewett, *Paul's Anthropological Terms*, *op. cit.*, p. 290-292.

force en 1 Corinthiens 15, au verset 36 notamment, que la mort du corps doit nécessairement précéder la vie (nouvelle) ou la résurrection. Cette idée est aussi formulée, de manière plus ou moins indirecte, dans l'épître aux Romains, notamment dans la section 7,24-8,13 qui traite de la vivification du corps mort par l'Esprit[8].

Par ailleurs, s'agissant de la destruction du « corps de péché », rappelons que Paul la présente comme étant survenue dans le baptême, par la participation des chrétiens à la mort du Christ[9]. Mieux encore, l'idée qui semble s'imposer ici est que la destruction du corps de péché a été réalisée à travers le corps du Christ crucifié. En effet, si, en Romains 6, Paul déclare que les chrétiens baptisés en Christ nt été baptisés en sa mort (v. 3), qu'ils ont été ensevelis avec lui par le baptême en sa mort (v. 4) ou encore que leur vieil homme a été crucifié avec lui (v. 6), il précise, en Romains 7,4, que c'est par le corps du Christ que les chrétiens ont été mis à mort à la Loi. Doit-on comprendre dès lors la mise à mort par le corps du Christ comme une manière de reformuler différemment les affirmations du chapitre 6 ?

Certains interprètes voient ainsi dans la mention du corps du Christ comme moyen par lequel les chrétiens ont été mis à mort à la Loi un renvoi à l'immersion du chrétien dans le baptême, qui a été assimilée à son ensevelissement dans la mort du Christ au chapitre 6[10]. En effet,

---

8 Il nous semble que l'idée selon laquelle c'est du corps mort que jaillit la vie est aussi illustrée en Romains 4,19, sous une autre forme. Dans ce verset, Paul présente Abraham comme celui qui ne pouvait pas compter sur « son propre corps déjà mort » et sur les entrailles mortes de sa femme pour avoir des enfants, mais qui, malgré tout, avait la foi que Dieu accomplirait sa promesse. À l'instar de Jewett (*Paul's Anthropological Terms*, *op. cit.*, p. 289), nous pensons que Paul utilise ici à dessein l'expression « corps mort » pour insister sur la faiblesse du corps, et donc pour marquer que la foi consiste dans le fait que l'on ne s'appuie pas sur le corps ou sur la chair.

9 Selon nous, Paul ne conçoit pas le baptême comme un simple symbole ou une pure métaphore de la crucifixion et de la résurrection du Christ. C'est le moyen par lequel le chrétien prend part effectivement à la mort du Christ et voit son corps de péché détruit ou son vieil homme crucifié avec Christ. Engberg-Pedersen souligne justement que Paul n'invite pas les chrétiens à se voir « *comme s'ils étaient* morts au péché », mais à se voir comme étant « *effectivement* morts au péché et vivants pour Dieu ». Et d'insister : « Le baptême paulinien n'était pas juste un 'symbole' de la mort du Christ. C'était un rituel dans lequel les choses qui s'y produisaient signifiaient que le corps de chair et de sang commençait à dépérir tandis que le même corps revêtu de l'Esprit commençait à se fortifier. » (Voir *Cosmology and Self*, *op. cit.*, p. 54-55.)

10 Voir le commentaire de Romains 7,4 chez W. Sanday, A. Headlam, *A Critical and Exegetical Commentary*, *op. cit.* ; W. Kümmel, *Römer 7*, *op. cit.* ; O. Kuss, *Der Römerbrief*, Regensburg,

l'affirmation selon laquelle les chrétiens ont été mis à mort dans le corps du Christ se présente comme la conséquence (« Ὥστε ») tirée de l'analogie développée en 7,2-3. Dès lors, on comprend pourquoi Paul en vient à affirmer la mort des chrétiens à travers le corps du Christ comme moyen d'échapper au pouvoir de la Loi, tout comme, au chapitre 6, il a déjà affirmé leur mort à travers le baptême comme moyen d'échapper à l'asservissement au péché.

Mais on est obligé de s'interroger ici sur la raison pour laquelle Paul, au lieu de dire en 7,4 que les chrétiens ont été mis à mort à travers *la mort* du Christ, comme c'était le cas en 6,1-11, précise que c'est à travers *le corps* du Christ qu'ils ont été mis à mort. Jewett suggère qu'il est probable que Paul ait voulu insister sur le corps du Christ comme agent de la rédemption des chrétiens contre la théologie anti-somatique des « gnostiques[11] ». Mais Jewett suggère finalement de se limiter au texte car il n'y a rien qui prouve que le « gnosticisme » était aussi influent à Rome qu'à Corinthe. Or, si l'on se limite au texte et à son contexte immédiat, il apparaît que Paul utilise ici le corps du Christ pour évoquer, comme au chapitre 6, la crucifixion du Christ par laquelle les chrétiens ont été libérés de la Loi et du péché.

Considérons maintenant la qualification de mortel (« θνητός ») que Paul attribue au corps des chrétiens. Pourquoi Paul juge-t-il nécessaire de préciser que le corps des chrétiens est mortel ? En effet, ayant déjà affirmé que le corps des chrétiens a été délivré de la domination du péché, comment comprendre qu'il puisse encore juger nécessaire de le qualifier de mortel ? Nous savons que, pour Paul, la mortalité du corps s'explique en raison du péché et que, avec l'anéantissement de celui-ci, la mort, elle-même, est anéantie[12]. La délivrance ou la libération de l'esclavage du péché formulée en Romains 6,1-11 pourrait donc donner lieu à croire que les chrétiens baptisés (morts avec le Christ) ne sont plus sujets à la mort, à l'instar du Christ mort et ressuscité, échappant pour toujours au pouvoir de la mort (6,9).

Cependant, ce serait ne pas se rendre compte que Paul, en Romains 6,1-11, parle de deux réalités : il y a certes l'identification effectuée entre

---

Verlag Friedrich Pustet, 1963 ; H. Lietzmann, *An die Römer*, *op. cit.* ; O. Michel, *Der Brief des Paulus an die Römer*, Göttingen, Vandenhoeck & Ruprecht, 1978.

11 R. Jewett, *Paul's Anthropological Terms*, *op. cit.*, p. 299-301.

12 Voir 1 Cor 15,54-56, et notamment 56a où Paul affirme : « L'aiguillon de la mort, c'est le péché » (« Τὸ δὲ κέντρον τοῦ θανάτου ἡ ἁμαρτία »).

le chrétien baptisé et le Christ mort-ressuscité, mais l'apôtre traite aussi dans ce texte de la résurrection et de la vie nouvelle des chrétiens non seulement comme une réalité présente déjà accomplie dans le baptême mais aussi comme une réalité future, comme un événement devant encore se produire.

On peut observer en ce sens que, en maintes occasions, Paul fait référence à la mort des chrétiens avec le Christ à travers le baptême au passé tandis qu'il parle de la résurrection des chrétiens au futur (6,5). Telle qu'elle est présentée ici, la résurrection apparaît comme un événement futur conditionné par une réalité à la fois passée et présente. L'insistance de Paul sur la mortalité du corps s'inscrit donc dans ce cadre qui semble viser à rappeler aux chrétiens que, même morts au péché et malgré la destruction du corps de péché (du pouvoir du péché sur le corps), ils conservent bel et bien leur corps mortel hérité d'Adam. Le chrétien baptisé demeure donc dans son corps, dont l'une des caractéristiques est la mortalité.

C'est en ce sens que Jewett affirme que l'insistance paulinienne sur la mortalité du corps des chrétiens vise à s'opposer à une certaine croyance enthousiaste selon laquelle le chrétien baptisé possède déjà l'immortalité[13]. L'hypothèse de Jewett se fonde notamment sur la supposition que l'épître aux Romains pourrait avoir un arrière-plan similaire à celui des épîtres aux Corinthiens et aux Thessaloniciens, où des « gnostiques » enthousiastes prétendaient posséder déjà une existence immortelle. Paul serait donc en train de mettre en garde contre la fausse croyance selon laquelle la mort, pour le chrétien, relèverait du passé, une croyance qui, d'ailleurs, avait déjà eu des conséquences théologiques et éthiques graves notamment parmi les Thessaloniciens[14].

Pourtant, Romains 7,24 semble aller à l'encontre de l'idée selon laquelle Paul viserait à contrer la conception « gnostique » de la rédemption comme libération du corps. En fait, si Paul insiste sur le fait que les chrétiens restent dans leur corps mortel même après le baptême et si, comme nous le verrons plus loin, il affirme que le corps lui-même participera au plan divin de la rédemption, on pourrait s'étonner du fait qu'il exprime un besoin si pressant d'être délivré du corps de mort.

13 Robert Jewett, *Paul's Anthropological Terms*, *op. cit.*, p. 293-294.

14 Voir aussi G. Bornkamm, « Taufe und neues Leben bei Paulus », in : *Das Ende des Gesetzes. Paulusstudien*. Munich, Kaiser, 1958, p. 37.

C'est ainsi que Ernst Fuchs voit dans cet appel à la délivrance du corps une influence de la pensée « gnostique » ou même une reprise par Paul de la philosophie « gnostique » en relation avec le corps[15].

Existe-il donc une ligne de démarcation entre la conception paulinienne du corps et celle des « gnostiques », qui, faute de pouvoir se débarrasser du corps, l'ignoraient ou en faisaient peu de cas, ou bien faut-il réduire la conception paulinienne du corps à une prison, une entrave de laquelle il aspirait désespérément à se libérer ? Jewett suggère de voir dans l'association du corps à la mort une volonté de Paul de se distinguer de la pensée « gnostique » ou de la corriger[16]. En effet, la formulation de Paul en Romains 7,24b laisse clairement entendre qu'il aspire à être délivré non pas du corps en tant que tel, mais plutôt du corps en tant que corps de mort. Comment donc expliquer cette vision que porte Paul sur le corps en tant que corps de mort duquel il aspire à être délivré ?

L'association du corps à la mort semble en effet révéler que l'enjeu est moins le corps lui-même que la mort qui règne sur le corps. En d'autres termes, l'aspiration à quitter le corps de mort est surtout une aspiration à être délivré de la domination de la mort, à passer de la mort à la vie. L'appel au secours de Romains 7,24b traduit le refus de la mort et l'ardent désir de retrouver la vie.

À cet égard, il pourrait être utile de considérérer 2 Corinthiens 5,1-9, où Paul exprime sa préférence et son désir de quitter ce corps terrestre, en raison précisément de sa mortalité, pour retrouver l'immortalité du corps céleste auprès de Dieu. Au verset 2, par exemple, Paul soutient que, si les chrétiens gémissent dans cette tente terrestre (qu'est le corps), c'est en raison de leur désir de revêtir leur domicile céleste. Mieux encore, il ajoute au verset 4 : « Tandis que nous sommes dans cette tente, nous gémissons, accablés, *parce que* nous voulons, *non pas nous dépouiller*, mais nous revêtir, *afin que* ce qui est mortel soit englouti par la vie. » Nous voyons donc que Paul n'aspire pas à quitter le corps comme s'il voulait s'en dépouiller, mais qu'il veut voir la vie triompher sur la mort.

Par ailleurs, dans ce même passage et en deux occasions, Paul exprime l'idée selon laquelle « nous demeurons loin du Seigneur en demeurant dans ce corps » (v. 6b) et que, en conséquence, « nous préférerions quitter

15 E. Fuchs, *Die Freiheit des Glauben. Römer 5-8 ausgelegt*, Munich, Kaiser, 1949, p. 62.
16 R. Jewett, *Paul's Anthropological Terms*, *op. cit.*, p. 294-295.

ce corps et demeurer près du Seigneur » (v. 8b)[17]. Il apparaît finalement que, pour Paul, l'aspiration à quitter le corps est motivée, non pas par le rejet du corps en tant que tel, mais par le désir d'être près de Dieu et de jouir de l'immortalité, le désir d'habiter « cette demeure éternelle qui n'a pas été faite de main d'homme » mais « qui est l'ouvrage de Dieu » (2 Corinthiens 5,1).

Comme le montre 2 Corinthiens 5,1-9, on peut penser que, contrairement à ce qui se produit dans la pensée « gnostique », Romains 7,24 vise non pas le corps en tant que tel, mais en tant qu'il est affecté par la mort[18], en tant qu'il est le siège de « la loi du péché » (7,23). Ce verset, qui précède d'ailleurs l'appel à la délivrance du corps, montre bien que le corps, tout comme l'individu (l'« ἐγώ »), est présenté comme une victime subissant les conséquences du péché et de la mort. Chez Paul, donc, c'est la mort ou la mortalité du corps (provoquée par le péché) qui est en cause, et non pas le corps en tant que tel.

De même, le contexte suivant l'appel à la délivrance du « corps de mort » montre, une fois de plus, que c'est bien du péché et de la mort, et non pas de son corps, dont l'apôtre voudrait être délivré : en 8,2, il affirme que « la Loi de l'Esprit de vie en Jésus-Christ m'a libéré de la Loi du péché et de la mort ». On voit donc que, arrivé en écho ou comme une réponse à la question de 7,24, le verset 8,2 fait apparaître que l'utilisation paulinienne de l'expression « corps de mort » n'est pas une simple reprise ou modification de la pensée « gnostique » et que le rejet par Paul du « corps de mort » n'est pas un rejet du corps en tant que tel, mais un rejet du péché et de la mort, et d'une profonde aspiration à la vie[19].

De surcroît, l'association de 7,24 à 8,2 permet d'ouvrir la voie à une autre interprétation, laquelle consiste à voir dans l'association des deux expressions « corps de mort » (7,24) et « Esprit de vie » (8,2) une allusion à Genèse 2, où il est dit que Dieu a vivifié le corps d'Adam en lui insufflant une haleine de vie. Certains exégètes voient ainsi un arrière-plan génésiaque dans l'appel à la délivrance du « corps de mort » auquel répondrait la libération du péché et de la mort par « l'Esprit

17 Les versets 6 et 8 se présentent comme une sorte de refrain, avec la même introduction : « nous sommes plein de confiance » (« Θαρροῦντες »//« θαρροῦμεν »).

18 Laquelle est la conséquence du péché.

19 Voir J. Barclay, *Paul and the Gift*, *op. cit.*, p. 504-508.

de vie ». Christian Grappe, par exemple, s'appuie sur des relectures de Genèse 2,7 comme 4 Esdras 3,5, 4Q 381, 4Q 418 et Testament d'Abraham 18,11, où apparaissent les expressions « corps de mort » et « esprit de vie », pour émettre l'hypothèse que Paul ait pu connaître de telles représentations et s'en inspirer[20].

Cette hypothèse semble par ailleurs d'autant plus vraisemblable que ce type de relecture du récit de la Genèse est aussi attesté chez Philon, un contemporain de Paul (*Quis rerum divinarum heres sit*, § 56-58 ; *Legum Allegoriae* I,31-32, III,78). Il convient, certes, de noter que le « corps de mort » que Paul évoque en Romains 7 est affecté par la mort en raison du péché, contrairement à celui d'Adam vivifié par l'esprit au moment de la création, et donc avant que le péché entre dans le monde (par le même Adam). Cependant, le rapprochement de Romains 7,24 et 8,2 avec le récit génésiaque peut nous aider à comprendre comment, pour Paul, la nouveauté de vie suppose l'intervention de l'Esprit qui vivifie le corps du chrétien qui est mort en raison du péché (8,10).

Romains 8,10-13 confirme l'interprétation du « corps mortel » comme devant être vivifié par l'Esprit. En effet, ces versets comportent trois occurrences du terme « σῶμα », qui est non seulement associé à la notion de mort mais aussi opposé à l'Esprit. Ce dernier est d'ailleurs présenté comme étant source de vie et comme devant vivifier le corps mort. Notons aussi que l'ambivalence de la mort du corps se révèle cruciale ici : Paul intercale les expressions « θνητὸν σῶμα » et « νεκρὸν σῶμα » comme si ces dernières étaient équivalentes, alors que, vraisemblablement, l'apôtre renvoie à des réalités différentes.

Mais avant d'en venir à la vivification du corps mortel des chrétiens par l'Esprit, considérons l'affirmation de Romains 8,10 selon laquelle « le corps est mort en raison du péché[21] ». Soulignons d'emblée que ce verset comporte une logique qui n'est pas évidente : certes, le péché est présenté comme étant la cause de la mort du corps, mais celle-ci, de même que la vie de l'Esprit, pourrait être comprise comme une des conséquences de la présence du Christ dans les chrétiens. S'il est clair

---

20 C. Grappe, « Qui me délivrera de ce corps de mort ? L'Esprit de vie ! Romains 7, 24 et 8,2 comme éléments de typologie adamique », *Bib* 83, 2002, p. 372-392.

21 Engberg-Pedersen nous invite à prendre la mort du corps « aussi littéralement et concrètement que possible ». S'il reconnaît que les chrétiens romains « ne sont pas littéralement morts », il affirme néanmoins que « leurs corps sont effectivement morts – atrophiés – ». (Voir *Cosmology and Self*, *op. cit.*, p. 52.)

que la vie de l'Esprit est bien ici le résultat de la présence du Christ dans les chrétiens, il n'est aucunement certain que l'on doive comprendre la mort du corps ici comme étant sacramentelle, c'est-à-dire comme une mort résultant de l'union avec le Christ dans le baptême, telle qu'elle est présentée en Romains 6,1-11.

L'interprétation dominante attestée dès les Pères de l'Eglise et adoptée par de nombreux commentateurs a été que la mort du corps évoquée dans ce verset, même si elle succède à la proposition « si le Christ est en vous… », n'est pas sacramentelle et ne saurait provenir de l'union avec le Christ[22]. Cette interprétation suppose que la mort du corps dont il est question en 8,10 relève, comme en Romains 5,12-17, du péché et de la mort hérités d'Adam. De son côté, Otto Kuss soutient que la mort du corps évoquée dans ce verset est sacramentelle et que, considérée comme telle, on ne saurait l'interpréter comme étant une conséquence du péché, car cela voudrait dire que c'est le péché, et non pas le Christ, qui a mis fin à l'ancienne vie du chrétien[23].

De fait, la construction de la phrase n'exclut pas la possibilité d'interpréter le péché comme étant la cause ou la raison d'être de la mort du corps, sans qu'il en soit pour autant l'agent. Cette mort du corps, réalisée dans le baptême par l'identification ou l'union du chrétien avec le Christ crucifié, serait déterminée par le péché. Celui-ci serait donc ainsi la cause finale de la mort du corps, alors que le baptême (union ou participation à la crucifixion du Christ) en serait la cause efficiente[24]. Le péché apparaît ainsi, non pas comme l'agent de la mort du corps (lequel est l'union avec le Christ dans le baptême), mais comme ce qui motive la mort du corps, ce sans quoi la mort du corps n'aurait pas été nécessaire.

Bien que cette interprétation ne contredise en rien la pensée générale de Paul, il nous semble que ce verset, tel qu'il est formulé, peut aussi donner lieu à un autre type d'analyse. En fait, si l'on tient compte de la valeur oppositionnelle de « μέν », on s'aperçoit que « τὸ *μὲν* σῶμα νεκρὸν

22 Voir ainsi A. Nygren, *Commentary*, *op. cit.*, 1949 ; W. Sanday, A. Headlam, *A Critical and Exegetical Commentary*, *op. cit.*, 1920 ; T. Zahn, *Der Brief des Paulus an die Römer*, Leipzig, Deichert, 1907.

23 O. Kuss, *Der Römerbrief*, *op. cit.*, p. 502.

24 Rappelons que pour les Grecs, et notamment pour Aristote dans l'*Éthique à Nicomaque* ou dans les *Parties des Animaux*, la cause efficiente d'une action représente ce qui fait l'action (l'agent), alors que la cause finale d'une action représente sa raison d'être, ce qui la détermine (autrement dit, ce sans quoi l'action ne serait pas nécessaire).

διὰ ἁμαρτίαν » (« *malgré le fait que* le corps est mort à cause du péché ») constitue une proposition concessive où l'apôtre admet ou reconnaît la mort du corps à cause du péché tout en affirmant, avec la proposition suivante, la vie de l'Esprit à cause de la justice. En conséquence, il apparaît que seule la vie de l'Esprit est conditionnée par la présence du Christ dans les chrétiens, alors que la reconnaissance de la mort du corps en raison du péché constitue une concession.

Alors, que veut dire Paul en affirmant la vie de l'Esprit en raison de la justice (provenant de la présence du Christ) tout en reconnaissant la mort du corps en raison du péché ? Pourrait-il soutenir que le péché continue d'avoir une influence sur le corps même après la destruction du corps du péché dans le baptême ?

L'un des arguments sur lesquels Jewett fonde la dimension sacramentelle de la mort du corps évoquée en Romains 8,10 consiste à dire que le contexte de ce chapitre traite particulièrement de la nouvelle naissance et que, en conséquence, il serait plutôt absurde que Paul continuât ici à présenter le péché comme ayant une influence sur le corps[25]. Pourtant, comme nous l'avons souligné lors de l'analyse de Romains 6,12, la destruction du corps du péché chez Paul ne signifie pas que le corps échappe définitivement à l'influence du péché. L'apôtre ne va-t-il pas lui-même évoquer en 8,23 l'attente eschatologique du rachat ou de la rédemption du corps ? Et si le corps n'est pas encore définitivement racheté, cela ne veut-il pas dire qu'il reste encore sujet à l'influence du péché ? Il nous semble donc que la formulation concessive introduite en 8,10 est à comprendre dans ce contexte, à savoir que, si les chrétiens ont le Christ en eux, *malgré le fait que* leur corps est mort à cause du péché, leur esprit est vie à cause de la justice (acquise en Christ).

Par conséquent, dans ce verset, par la reconnaissance de la mort du corps en raison du péché, d'un côté, et, de l'autre, par l'affirmation de la vie de l'Esprit en raison de la justice, Paul présenterait la réalité de la vie du chrétien comme étant affectée par la double présence – à la fois simultanée et oppositionnelle – du péché et de la justice. Ainsi, comme le confirmera le verset suivant, la mort du corps en raison du péché dont il est question ici constituerait une sorte de rappel du fait que le corps reste assujetti à la mort, et aussi du fait que ce corps mort est destiné à être vivifié par l'Esprit de vie.

25 R. Jewett, *Paul's Anthropological Terms*, *op. cit.*, p. 296-297.

LA VIVIFICATION ET LA RÉDEMPTION DU CORPS MORTEL DES CHRÉTIENS

En Romains 8,10, Paul conditionne la réception de la vie de l'Esprit ou la vivification par l'Esprit à la présence de Christ dans les chrétiens. Pour comprendre cette affirmation, il convient de se rappeler que Paul a déjà établi le principe de la nouveauté de vie en Romains 6 où il a affirmé que, si les chrétiens sont devenus une même plante avec Christ par la conformité à sa mort, ils le seront aussi par la conformité à sa résurrection (v. 5), ou encore que les chrétiens, par le baptême, ont été ensevelis avec Christ afin que, comme Christ est ressuscité des morts pour la gloire du Père, eux aussi marchent en nouveauté de vie (v. 4). On voit donc que Paul présente les baptisés comme étant unis à Christ dans sa mort et que, en raison même de cette union dans la mort, ils seront également unis à Christ dans la vie.

Notons par ailleurs que, si l'affirmation de Romains 8,10 renvoie à la vie présente des chrétiens, cette même affirmation est reformulée au verset 11, où elle renvoie à un événement futur ayant une portée eschatologique. En effet, le verset 11 reprend et complète l'idée qui était déjà formulée au verset 10, avec la même forme conditionnelle. Néanmoins, on peut observer que survient ici une autre appellation de l'agent vivificateur que l'apôtre nomme par une forme de périphrase : l'Esprit de Celui qui a ressuscité Christ d'entre les morts ». L'apôtre semble supposer qu'il va de soi qu'il s'agit de l'Esprit de Dieu puisque, au verset 9, il était clairement question de l'Esprit de Dieu qui doit habiter dans ceux qui vivent selon l'Esprit et non pas selon la chair.

Mais l'essentiel est ailleurs : ce qui nous importe ici est que, au verset 11b, nous apprenons que c'est Dieu lui-même qui, par son Esprit habitant dans les chrétiens, vivifiera leurs corps mortels. Notons, une fois de plus, que la condition pour que les corps mortels des chrétiens puissent être vivifiés par le moyen de l'Esprit de Dieu, c'est que l'Esprit de Dieu habite en eux. Une fois de plus, l'apôtre présente l'Esprit de Dieu comme un vivificateur des « corps morts ». Notons bien que, ici, par la vivification des « corps mortels », Paul renvoie à la résurrection des morts comme événement eschatologique puisqu'il en parle au futur, tout en précisant que Dieu s'y prendra de la même manière que pour la résurrection de Christ, à savoir par son Esprit.

De là surgit une question fondamentale : si Paul fait référence dans ce verset à la résurrection ou la vivification des corps morts comme un événement eschatologique, et si, dans le présent, il semble ne demander aux chrétiens que de veiller à ce que l'Esprit de Dieu habite en eux, dans quelle mesure associe-t-il cette vivification à la nouveauté de la vie présente des chrétiens ? S'agit-il d'une vivification exclusivement eschatologique, ou bien les chrétiens qui ont le corps « mort à cause du péché » bénéficient-ils déjà de la vivification en raison de l'Esprit de Dieu qui habite en eux ?

Il nous semble en tout cas qu'il y a une idée sous-jacente au verset 11 et qui est fondamentale pour l'anthropologie paulinienne, c'est que la vie de l'Esprit comporte également une dimension somatique[26], ou encore que la présence de l'Esprit de Dieu dans les chrétiens n'exclut pas la subsistance persistante du corps. Présenter les chrétiens comme ayant un corps mortel devant être vivifié ou ressuscité (au futur) en ayant présentement en eux l'Esprit de Dieu suppose que ces chrétiens doivent continuer, avec la présence de l'Esprit de Dieu en eux, de vivre avec leur corps mortel[27].

C'est d'ailleurs ce que laisse entendre le verset 13, où Paul avertit les chrétiens que la condition de la vie (future) est que, par l'Esprit, ils fassent (présentement) mourir les actions du corps. Il est important de préciser que, si ce verset présente la nécessité de faire mourir, par l'Esprit, les actions du corps comme une condition *sine qua non* de la vie (future), la vie selon la chair y est aussi présentée comme une garantie certaine de la mort. La vie et la mort sont donc ici présentées aux chrétiens comme deux possibilités ou deux potentialités. Certes, le chrétien possède un corps mortel ; néanmoins, il vivra s'il fait mourir les actions du corps, mais il mourra certainement s'il mène une vie selon la chair.

Par conséquent, ce verset reprend et soutient les affirmations des versets 10-11, du moins telles que nous les avons interprétées : la mortalité

---

26 Nous n'irions pas jusqu'à dire, à l'instar de Engberg-Pedersen, que Paul a conçu le « πνεῦμα » comme « une entité corporelle » ou « une entité physique » – matérielle (*Cosmology and Self*, *op. cit.*, p. 39, 47, 56 et 65.)

27 Comme l'écrit si bien Engberg-Pedersen : « le πνεῦμα était compris par Paul comme étant déjà présent *dans son corps* (2 Corinthiens 4,10) *et dans sa chair mortelle* (2 Corinthiens 4,11) » (*Cosmology and Self*, *op. cit.*, p. 47 ; c'est l'auteur qui souligne).

du corps en raison du péché est un fait, mais la seule possibilité pour échapper à la mort (finale) et obtenir la vie de l'Esprit est d'avoir en soi la présence du Christ (v. 10), et la seule possibilité de voir la vie rendue au corps mortel est d'avoir en soi l'Esprit de Dieu (le vivificateur) (v. 11). Or, nous l'avons vu, avoir en soi l'Esprit de Dieu, c'est ne pas vivre selon la chair mais vivre selon l'Esprit (v. 9a).

On voit donc que le verset 13 suppose, de façon combinée, les affirmations des versets 9a, 10 et 11. Ces dernières se résument de la façon suivante : l'unique moyen d'échapper à la mortalité du corps et de vivre est de ne pas vivre selon la chair mais d'avoir en soi l'Esprit de Dieu qui, seul, peut faire mourir les actions du corps et vivifier le corps mortel. Cependant, la question qui surgit à la lecture du verset 13 est la suivante : quelle est cette mort à éviter en ne vivant pas selon la chair et quelle est cette vie à obtenir par la mise à mort des actions du corps ? S'agit-il de la vie et de la mort physiques (naturelles) ? De la vie que donne l'Esprit et de la mort de laquelle l'Esprit délivre le chrétien ? Ou encore de la vie et de la mort finales ou eschatologiques ?

Par ailleurs, il est capital de noter que Paul, en Romains 8,13, ne parle pas de la mort du corps mais plus précisément de faire mourir les actions du corps. Il est aussi à souligner que, dans ce verset, les chrétiens sont présentés comme devant être eux-mêmes les agents de la mise à mort des actions du corps, même s'ils ne peuvent y arriver qu'en ayant recours à l'Esprit. Comment comprendre cette recommandation de Paul aux chrétiens de faire mourir les actions du corps par le moyen de l'Esprit ? Assimilant l'usage du terme « σῶμα » en Romains 8,13 à une sorte d'équivalent du terme « σάρξ[28] », Jewett affirme que la raison pour laquelle Paul recommande aux chrétiens de faire mourir les actions du corps et non le corps lui-même est que le corps du péché a été déjà détruit dans le baptême[29].

Pour notre part, il nous semble que ce verset est l'une des confirmations de l'idée selon laquelle la destruction du corps du péché renvoie à la

28 Sur l'assimilation de « σῶμα » à « σάρξ » dans ce verset, voir aussi : R. Bultmann, *Theology*, *op. cit.*, vol. 1, p. 197 ; R. Gundry, *Soma in Biblical Theology with Emphasis on Pauline Anthropology*, Cambridge, Cambridge University Press, 1987 ; T. Engberg-Pedersen, *Cosmology and Self*, *op. cit.*, p. 104-105. À propos de Romains 8,13 et 7,14-25, Engberg-Pedersen affirme que Paul avait une vision du « σῶμα » comme étant essentiellement charnel et comme appartenant à la sphère terrestre (p. 104-105).

29 R. Jewett, *Paul's Anthropological Terms*, *op. cit.*, p. 297-298.

destruction de l'emprise du péché sur le corps, et non pas à la destruction du corps lui-même. Romains 8,13 confirme que c'est uniquement par le moyen de l'Esprit que le chrétien peut, non pas faire mourir le corps, mais faire mourir ses actions. L'idée qui s'impose ici est que, selon Paul, le corps et ses capacités subsistent au-delà du baptême. Le chrétien, avec l'aide de l'Esprit, est engagé dans une entreprise de mise à mort des actions du corps. L'Esprit apparaît ainsi comme ce qui est donné au chrétien pour lutter contre la chair, comme une sorte d'antidote contre les actions du corps.

Par conséquent, nous voyons que le corps subsiste bel et bien avec toutes ses capacités d'actions sur le chrétien et que celui-ci doit continuellement veiller à ce qu'il soit armé de l'Esprit pour combattre et faire mourir les actions du corps. Cette insistance sur la persistance du corps – ainsi que de ses actions que le chrétien doit faire mourir – montre non seulement que les chrétiens continuent d'avoir affaire au corps mais aussi que le corps lui-même continue de produire des actions répréhensibles et donc que, même après le baptême, le corps n'est pas encore définitivement délivré de l'influence du péché[30]. C'est ce sur quoi Paul va insister à nouveau en Romains 8,23, où il précise que nous sommes toujours dans l'attente de l'adoption et de la *rédemption du corps.*

En effet, dans le prolongement de sa recommandation de faire mourir les actions du corps par l'Esprit, Paul affirme que la création toute entière souffre, aspire à être affranchie de la servitude de la corruption et que les chrétiens, participant à cette souffrance, soupirent en eux-mêmes en attendant l'adoption et la rédemption de leur corps. L'idée principale à faire apparaître ici est que non seulement les chrétiens sont encore dans leur corps (dont ils doivent faire mourir les actions) mais aussi que ce corps lui-même n'est pas voué à la perdition.

En d'autres termes, la rédemption et l'adoption des chrétiens ne se feront pas sans la rédemption de leur corps. Dès lors, revenant au

30 Rappelons que le terme « ἀπολύτρωσις », que nous traduisons ici par « rédemption », peut aussi signifier « délivrance ». C'est notamment le cas en Luc 21,28. Mais « ἀπολύτρωσις » désigne généralement l'acte de payer une rançon, ou la rédemption par paiement d'une rançon. Les verbes « ἀπολυτρόω » ou « ἀπολύω » signifient généralement « relacher sur paiement d'une rançon » ou racheter. Voir les autres usages de « ἀπολύτρωσις » en Romains 3,24 ; 1 Corinthiens 1,30 ; Ephésiens 1,7, 14 ; 4,40 ; Colosiens 1,14 ; Hébreux 9,15 ; 11,35. Pour les différents usages de « ἀπολύτρωσις », et « ἀπολύω », voir H. Liddell, R. Scott, *Greek English Lexicon*, *op. cit.*, p. 189.

verset 11, l'on comprend pourquoi Paul présente la résurrection non pas comme l'extraction d'une substance immatérielle du corps ou comme la libération de l'âme du corps, mais comme la vivification du corps par l'Esprit. L'on comprend aussi pourquoi, au verset 13, Paul ne recommande pas de rejeter ou de faire mourir le corps dans sa matérialité, mais ses actions. C'est en ce sens que Jewett voit dans l'insistance de Paul sur la dimension somatique de la rédemption comme une manière de s'opposer aux « gnostiques » qui rejetaient le corps à cause de sa matérialité.

En effet, contrairement aux « gnostiques » qui pensaient que la résurrection consisterait en une sorte de libération de l'âme du corps, Paul chercherait à établir que les chrétiens ne seront pas simplement libérés de leur corps mais que, à la résurrection, celui-ci sera vivifié et racheté de la corruption. Jewett observe aussi que, au verset 23, le terme « ἀπολύτρωσις » est utilisé dans le sens d'être libéré ou relâché de la captivité de la « souffrance » (v. 18) et de la « corruption » (v. 21), et que Paul ne situe pas la cause de la corruption dans le corps lui-même. Au contraire, la corruption ou la mortalité serait ce qui maintient les chrétiens captifs et ce dont, par la rédemption du corps, ils espèrent être délivrés[31].

Même s'il n'est pas certain que l'épître aux Romains comporte un arrière-plan « anti-gnostique », un rapprochement avec 1 Corinthiens 15 peut s'avérer très éclairant pour comprendre toute la portée de Romains 8,23. Il est en effet permis de penser que le corps racheté dont il est question en Romains 8,23 correspond au corps spirituel (« σῶμα πνευματικόν ») de 1 Corinthiens 15. Et, de même que Paul présente la résurrection des chrétiens en Romains 8 comme devant se faire selon le modèle de la résurrection du Christ (v. 11), lequel, en étant dans les chrétiens, vivifie leurs corps mortels *par son Esprit*, il présente le Christ en 1 Corinthiens 15 à la fois comme les prémices (« ἀπαρχὴ χριστός ») de la résurrection (v. 23) et comme celui en qui tous revivront[32].

31 R. Jewett, *Paul's Anthropological Terms*, *op. cit.*, p. 297-298. Jewett s'oppose à juste titre à H. Lietzmann (*An die Römer*, *op. cit.*), qui prétend que « la rédemption du corps » serait une libération du corps (p. 197). Jewett s'appuie par ailleurs sur O. Michel (*Der Brief*, *op. cit.*) pour affirmer que « ζῳοποιεῖν » est une expression judaïque traditionnelle et que l'expression « celui qui fait ressusciter des morts » se retrouve dans les confessions des premiers chrétiens (p. 197).

32 En rapprochant Romains 8,11 de 1 Corinthiens 15 et aussi de Philippiens 3, Engberg-Pedersen déduit, à juste titre, que l'Esprit représente une puissance vivificatrice qui agit

Par ailleurs, on peut observer que, en 1 Corinthiens 15 comme en Romains 6, la destruction du corps est une condition nécessaire en vue du passage à la nouvelle vie. Cependant, si, en Romains 6, Paul précise que c'est bien « le corps de péché » qui a été détruit ou encore que c'est « le vieil homme » qui a été crucifié à travers le baptême, il ne dit pas que la mort survenue lors du baptême fait suite à une résurrection proprement dit, mais il se contente d'affirmer que le chrétien baptisé entre dans une nouveauté de vie sans préciser dans quel corps le chrétien vit cette nouveauté de vie.

De même, si en Romains 6,4b nous apprenons que le Christ ressuscité entre dans la gloire du Père et, en 1 Corinthiens 15, que le corps ressuscité est un corps glorieux, Paul ne nous dit pas si le baptême, qui est participation à la mort et à la résurrection du Christ, donne aussi directement accès à cet état glorieux. Même si le baptême est mort et passage à une nouvelle vie, le corps du baptisé ne correspond pas pour autant au « σῶμα πνευματικόν » conféré aux ressuscités. Pour Paul, le chrétien baptisé, justifié et sauvé, n'est pas un être complètement spirituel mais il demeure dans le corps, lequel reste sous la menace persistante d'une reconquête par le péché.

L'OFFRANDE ET LA CONSÉCRATION DU CORPS POUR LE SERVICE DE DIEU

Nous avons vu que l'idée selon laquelle le corps, jusqu'à sa rédemption, n'échappe pas encore définitivement à une rechute sous le règne du péché est sous-jacente à la recommandation formulée en Romains 6,12. En effet, comment comprendre le fait que Paul met en garde contre la possibilité que le péché puisse régner dans le corps des chrétiens en Romains 6,12 si le corps était définitivement à l'abri d'une reconquête par le péché ? Cela étant, on peut se demander si Paul ne se contredit pas en laissant entendre cette possibilité de reconquête du corps des chrétiens par le péché alors qu'il vient tout juste d'affirmer que ces

---

présentement dans les corps des chrétiens et qui sera aussi à l'œuvre lors de la résurrection ou de la transformation finale des corps. (Voir *Cosmology and Self*, *op. cit.*, p. 43-46.)

derniers sont morts au péché (6,2), donc libérés du péché (6,7) et que, le corps du péché ayant été détruit, ils ne sont plus esclaves du péché (6,6).

La logique des 11 premiers versets de Romains 6 voudrait, en effet, que Paul continue de présenter le corps comme étant définitivement libéré de l'influence du péché. Pourtant, la mise en garde formulée au verset 12 est très claire sur le fait que non seulement les chrétiens continuent bel et bien de vivre dans le corps mais aussi que celui-ci est toujours sujet à une rechute sous la domination du péché. Entendons-nous bien : contrairement à une traduction assez répandue de ce verset, qui consiste à lire « ne laissez pas le péché régner dans votre corps mortel », ici, ce ne sont pas les chrétiens qui replacent leur corps sous la domination du péché, mais c'est bien le péché qui est susceptible de prendre l'initiative (« Que le péché ne règne pas … ») d'une reconquête du corps des chrétiens et le replacer sous sa domination.

On voit donc que le verset 12, associé notamment au verset 13 et ensuite aux versets 14-22, entre dans le cadre d'une série de recommandations qui peuvent se résumer comme suit : les chrétiens doivent veiller à ce que leurs corps ainsi que leurs membres ne soient plus au service du péché, de l'impureté ou de l'iniquité, mais qu'ils soient entièrement consacrés à Dieu, à la justice en vue de la sainteté. Et si, au chapitre 6, Paul présente déjà les corps des chrétiens et leurs membres comme devant être dépouillés de toute impureté ou iniquité et comme devant être entièrement mis au service de Dieu, de la justice en vue de la sainteté, au chapitre 12, il exhortera les chrétiens d'une manière solennelle à offrir leur corps comme un sacrifice vivant, saint et agréable à Dieu (v. 1).

Il est intéressant d'observer que ce verset se présente selon une logique similaire à celle de Romains 6,12-22, dans la mesure où les chrétiens sont invités à être des acteurs, ou à être eux-mêmes les agents de l'offrande en sacrifice de leur propre corps ou de leurs membres. On peut ainsi remarquer l'insistance de l'apôtre au verset 13 : « *offrez-vous vous-mêmes* à Dieu ». Et, même si la recommandation de 6,13 laisse entendre qu'il s'agit pour les chrétiens d'offrir leur être tout entier à Dieu, on pourrait se demander si cette recommandation ne vise pas notamment l'offrande du corps. En effet, compte tenu surtout du contexte, il est permis de penser que l'offrande de soi mentionnée au verset 13 concerne en particulier le corps.

Par ailleurs, Romains 12,1 s'avère aussi très éclairant pour une juste compréhension des affirmations de Romains 6,12-22. En effet, Paul conçoit le corps en Romains 12,1 comme devant être non seulement une offrande et un sacrifice vivant pour Dieu mais aussi le lieu ou l'instrument d'un culte ou d'adoration. Comme l'écrit Käsemann, Romains 12,1 introduit une nouvelle étape dans l'éthique chrétienne en ce qu'il place tous les aspects de la vie sous une même conception d'adoration spirituelle conçue comme un abandon du corps en réponse à la justice divine. En fait, cette conception du corps comme lieu d'adoration suppose, selon Käsemann, que la vie quotidienne du chrétien ou son évolution dans la vie profane soit entièrement vouée à l'adoration divine[33].

Pour sa part, Jewett appuie l'interprétation de Käsemann en soulignant que la conception hébraïque de l'offrande ou du sacrifice était que l'objet sacrifié soit complètement placé au service de Dieu afin qu'il ne soit plus jamais utilisé à d'autres fins, à l'image des offrandes brûlées sur l'autel par les prêtres[34]. L'objet sacrifié à Dieu était ainsi censé sortir complètement du contrôle des hommes pour être entièrement dédié à Dieu. De ce rapprochement avec la conception judaïque du sacrifice, Jewett conclut très justement que, en Romains 12,1 comme en 6,12-22, Paul entend que le corps des chrétiens doit être entièrement placé sous le contrôle divin, ce qui suppose que les chrétiens abandonnent toute possibilité de s'en servir à des fins autres que le service de Dieu.

En guise de conclusion à cette analyse sur les implications somatiques de la vie nouvelle en Christ, il convient de souligner que le corps, chez Paul, et notamment dans l'épître aux Romains, occupe une place centrale dans l'œuvre divine pour le salut des humains. L'originalité de l'approche paulinienne du corps réside en ce que celui-ci, bien qu'il soit libéré à la Croix de la puissance du péché, peut toujours faire l'objet d'une reconquête par le péché. De surcroît, même s'il est encore soumis aux assauts du péché, le corps n'est pas conçu comme étant séparé de la spiritualité du chrétien. Bien au contraire, la spiritualité du chrétien dépend aussi étroitement de l'usage qu'il fait de son corps. Il apparaît donc que, selon Paul, il n'existe pas de spiritualité en dehors du corps, que celui-ci soit terrestre ou céleste.

---

33 E. Käsemann, « Gottesdienst im Alltag der Welt. Zu Römer 12 » in : *Exegetische Versuche und Besinnungen II*, Göttingen, Vandenhoeck & Ruprecht, 1970, p. 165-171.

34 R. Jewett, *Paul's Anthropological Terms*, *op. cit.*, p. 301-302.

Aussi pouvons-nous dire avec Bultmann que, pour Paul, le corps est ce sans quoi aucune existence, matérielle ou spirituelle, n'est possible. Par conséquent, on peut affirmer qu'il y a chez Paul une certaine valorisation ou réhabilitation du corps qui n'est plus considéré comme une prison de laquelle il faudrait s'échapper, mais comme un lieu de culte, consacré au service de Dieu. De temple du péché, le corps est devenu un temple d'adoration ; de lieu d'injustice et d'iniquité, il est devenu lieu de justice et de sainteté. Certes, le chrétien doit continuellement faire mourir les actions du corps (provenant de son influence par le péché), mais le corps lui-même n'est plus à rejeter, il est à restaurer, à racheter de la corruption.

Une autre originalité de la conception paulinienne du corps est la nécessité que celui-ci soit mis à mort pour le triomphe de la vie. Et cette mise à mort du corps des chrétiens se produit à travers le corps même du Christ crucifié. On voit donc que, pour Paul, la rédemption des humains ainsi que de leur corps passe par le sacrifice d'un autre corps, celui du Christ. Comme s'il fallait traiter le mal par le mal, la rédemption et la libération du corps se produisent à travers un corps semblable à celui des humains, celui du Christ. Paul semble dire, en effet, que c'est en s'humanisant, en étant dans un corps, que le Christ a pu délivrer le corps des humains du péché. Comme s'il était nécessaire que le Christ prenne un corps de la même nature que celui des humains pour pouvoir les sauver (Romains 8,3b).

LA NOUVEAUTÉ DE VIE CHEZ PAUL COMME RENOUVELLEMENT DE L'HOMME INTÉRIEUR

L'opposition paulinienne « homme intérieur » / « homme extérieur » (« ἔξω ἄνθρωπος » / « ἔσω ἄνθρωπος »)

En Romains 7, l'opposition entre la volonté de l'« ἐγώ » de faire le bien et l'action du péché en lui est accentuée par l'affirmation selon laquelle l'individu, *selon l'homme intérieur*, prend plaisir à la « Loi de Dieu » (v. 22). Qu'entend l'apôtre par « homme intérieur » ? Faut-il considérer que, d'après Romains 7, Paul discerne en l'homme deux entités distinctes, un « homme intérieur » se délectant des choses spirituelles et un « homme extérieur » esclave du péché ? Ces questions paraissent d'autant plus légitimes que le texte de Romains 7 laisse entendre que, au sentiment de plaisir que « l'homme intérieur » éprouve pour la Loi de Dieu, s'oppose (« δέ ») le douloureux constat par l'individu d'« *une autre* loi » dans ses membres, laquelle le rend prisonnier de « la loi du péché » résidant dans ses membres (v. 23).

Plus concrètement, que représente pour Paul cette opposition entre l'« homme intérieur » et « l'homme extérieur » ? Faut-il y voir, comme certains commentateurs[1], une autre forme de l'opposition platonicienne entre l'âme et le corps ? Est-il possible d'affirmer, à la manière de

1 Sur cette question, voir T. Heckel, *Der Innere Mensch. Die paulinische Verarbeitung eines platonischen Motivs*, Tübingen, Mohr Siebeck, 1993 ; C. Markschies, « Die platonische Metapher vom 'inneren Menschen' : eine Brücke zwischen antiker Philosophie und altchristlicher Theologie », *IJCT* 105, 1994, p. 1-17 ; id., « Innerer Mensch », *RAC* 18, 1996, p. 266-312 ; W. Burkert, « Towards Plato and Paul : The 'Inner' Human Being », in : *Ancient and Modern Perspectives on the Bible and Culture : Essays in Honor of Hans Dieter Betz*, éd. Collins A.Y., Atlanta, Scholars Press, 1999, p. 59-82 ; H.D. Betz, « The Concept of the 'Inner Human Being' (ὁ ἜΣΩ ἌΝΘΡΩΠΟΣ) in the Anthropology of Paul », *NTS* 46, 2000, p. 315-341.

Burkert[2], que Paul n'a fait qu'adopter et intégrer dans sa théologie une formule platonicienne très utilisée par les philosophes de son époque ? De plus, notre apôtre se sert-il de l'opposition « ἔξω ἄνθρωπος » / « ἔσω ἄνθρωπος » en tant qu'une simple métaphore, comme le prétend Burkert[3], ou conçoit-il cette opposition en tant que « quelque chose de réel », comme l'avance Betz[4] ?

Tout d'abord, faut-il rejoindre Jewett dans son affirmation selon laquelle « νοῦς » (l'esprit ou l'entendement) est utilisé comme un synonyme de « ἔσω ἄνθρωπος » dans ce passage[5] ? L'opposition, au verset 23, entre la loi (du péché) dans les membres et la Loi de l'entendement est-elle pour Paul une autre façon de formuler l'opposition homme extérieur / homme intérieur ? De telles déductions semblent être justifiées quand on tient compte du fait que, au verset 24, l'apôtre parle de son corps comme d'un élément étranger. De même, le fait que « νοῦς » et « σάρξ » sont présentés au verset 25 comme les agents respectifs de la double servitude de l'individu à la Loi de Dieu et à la loi du péché, l'impression d'une certaine opposition dualiste entre l'intérieur et l'extérieur se trouve accentuée[6].

Cependant, si l'on se réfère à 2 Corinthiens 4,16, où Paul oppose explicitement l'« homme intérieur » (« ἔσω ἄνθρωπος ») à l'« homme extérieur » (« ἔξω ἄνθρωπος »), il apparaît moins évident que l'expression « ἔσω ἄνθρωπος » puisse être assimilée exclusivement au « νοῦς ». En effet, si l'on tient compte du contexte de ce verset, on peut observer que, en 2 Corinthiens 4, après avoir présenté les incrédules à son Évangile comme ayant *l'intelligence aveuglée* par le dieu de ce siècle (v. 4), Paul affirme que c'est Dieu lui-même qui fait briller la lumière (de l'Évangile) « dans nos *cœurs* » (v. 6). Puis il met en contraste « ce trésor » (la lumière

2 W. Burkert, « Towards Plato and Paul : The 'Inner' Human Being », art. cité, p. 80-82.

3 W. Burkert, « Towards Plato and Paul : The 'Inner' Human Being », art. cité, p. 80.

4 Hans D. Betz, « The Concept of the 'Inner Human Being'… », art. cité, p. 334.

5 R. Jewett, *Paul's Anthropological Terms*, *op. cit.*, p. 388. Par ailleurs, dans *Romans* (2007), *op. cit.*, p. 470, se joignant notamment à N. Walter (« ἔσω, ἔσωθεν, ἐσώτερος », *EDNT* 2, 1991, p. 65), Jewett affirme que le concept paulinien d'« ἔσω ἄνθρωπος », en Romains 7,22, renvoie à ce que « l'individu devrait être, par opposition à ce qu'il est réellement ». Voir aussi A. van den Beld, « Romans 7,14-25 and the Problem of *Akrasia* », *RelS* 21, 1985, p. 495-515.

6 Nous pensons que, contrairement à ce que prétend Betz, les concepts pauliniens d'« ἔσω ἄνθρωπος » et de « νοῦς » sont effectivement assimilables. Voir H.D. Betz, « The Concept of the 'Inner Human Being'… », art. cité, p. 334.

de l'Évangile dans nos cœurs) avec le « vase de terre » (le corps charnel ?) dans laquelle nous le portons (v. 7).

Et l'apôtre de se consoler (vv. 8-11) du fait que les détresses, les persécutions, les souffrances et la mort dont notre corps fait l'objet ont pour finalité la manifestation de la vie du Christ « dans notre corps » (v. 10b) et « dans notre chair mortelle » (v. 11b). Puis, insistant sur la certitude de la résurrection (v. 14), Paul couronne son discours d'auto-encouragement par l'affirmation selon laquelle, « lors même que notre homme extérieur se détruit, notre homme intérieur se renouvelle de jour en jour » (v. 16). Notons aussi que, quelques versets plus loin, en 2 Corinthiens 5,12, nous trouvons une autre opposition entre l'intérieur et l'extérieur, où il est question de ceux qui « se glorifient dans les apparences et non pas dans le cœur ».

S'il apparaît presque certain que l'homme extérieur qui se détruit renvoie, ici, au corps ou à la chair mortelle dont il était question dans les versets 10-11, il semble plus difficile de préciser ce que l'apôtre entend par « l'homme intérieur qui se renouvelle de jour en jour[7] ». Du fait du contexte dans lequel Paul oppose « ἔσω ἄνθρωπος » à « ἔξω ἄνθρωπος », certains commentateurs soutiennent que l'homme intérieur qui se renouvelle de jour en jour désigne ici le cœur (« καρδία »)[8].

Surgit dès lors la question de savoir si l'on peut considérer que le concept paulinien d'« ἔσω ἄνθρωπος » ne désigne pas une réalité unique mais renvoie, en fonction du contexte, soit à « νοῦς » soit à « καρδία », ou s'il faut admettre qu'il y a aussi une relation de synonymie entre « νοῦς »

7 Avant même d'aborder cette question, il convient aussi de noter que, même si ce passage traite indubitablement de la résurrection, la destruction de l'homme extérieur (du corps) et le renouvellement quotidien de l'homme intérieur décrivent aussi une réalité présente. Comment pourrait-on comprendre, en effet, un renouvellement de jour en jour de l'homme intérieur s'il s'agissait (uniquement) de la résurrection ou du renouvellement eschatologique ? Ce passage renforce donc l'idée selon laquelle Paul conçoit la vie du chrétien comme s'inscrivant dans un processus de renouvellement progressif ou continu, lequel se parachèvera avec la résurrection des morts et le changement eschatologique des vivants. De même, s'agissant de la destruction de l'homme extérieur, le contexte autorise à penser que cela ne renvoie pas seulement à la mort (physique) du corps mais aussi aux persécutions et souffrances dont le corps fait l'objet, et donc au fait que l'apôtre considère que lui et ses compagnons se dépouillent, sacrifient leur corps pour la vie de leurs interlocuteurs (v. 12).

8 C'est notamment l'avis de Robert Jewett, *Paul's Anthropological Terms*, *op. cit.*, p. 399. Voir aussi Kyle Wells, *Grace, Obedience, and the Hermeneutics of Agency : Paul and his Jewish Contemporaries on the Transformation of the Heart*, Durham University. Durham E-Theses : http://etheses.dur.ac.uk/190/, 2010 (consulté le 10/10/2020).

et « καρδία », lesquels pourraient désigner chez Paul une même réalité ? Par ailleurs, peut-on rejoindre Jewett quand il établit une relation de synonymie entre les couples oppositionnels « ἔξω ἄνθρωπος » / « ἔσω ἄνθρωπος » et « ψυχικὸς ἄνθρωπος » / « πνευματικὸς ἄνθρωπος[9] » ? De même, existe-il une corrélation entre les couples oppositionnels « ἔξω ἄνθρωπος » / « ἔσω ἄνθρωπος » et « παλαιὸς ἄνθρωπος » / « καινὸς ἄνθρωπος » comme le prétendent Richard Reitzenstein et Hans Windisch[10] ?

À l'inverse, dans quelle mesure peut-on appuyer les affirmations de Leenhardt selon lesquelles le concept paulinien d'« ἔσω ἄνθρωπος » en Romains 7, étant assimilé à « νοῦς », doit être pris dans une « acception psychologique et profane » et « l'homme intérieur, c'est l'homme naturel dans ses facultés de jugement moral[11] » ? Il importera finalement de s'interroger sur la possibilité que l'usage paulinien de l'opposition « ἔξω ἄνθρωπος » / « ἔσω ἄνθρωπος » puisse provenir de l'influence de pensées largement répandues à l'époque de Paul et marquées notamment par un certain dualisme anthropologique[12].

---

9 Robert Jewett, *Paul's Anthropological Terms*, *op. cit.*, p. 398.

10 R. Reitzenstein, *Die hellenistischen Mysterienreligionen*, Leipzig, Teubner, 1920, p. 354 ; H. Windisch, *Der Zweite Korintherbrief*, Göttingen, Vandenhoeck and Ruprecht, 1924, p. 153.

11 F. Leenhardt, *L'épître de saint Paul*, *op. cit.*, 1995, p. 111.

12 Voir par exemple : U. Duchrow, *Christenheit und Weltverantwortung. Tradition Geschichte und systematische Struktur der Zweireichelehre*, Stuttgart, Klett Cotta, 1983, p. 59-136 ; J. Assmann, G. Stroumsa, éd., *Transformation of the Inner Self in Ancient Religions*, Leiden, Brill, 1999 ; D. Brakke, S. Weitzmann, *Religion and the Self in Antiquity*, Bloomington, Indiana University Press, 2005 ; H.D. Betz, « The Concept of the 'Inner Human Being'... », art. cité, p. 339-341.

LA SIGNIFICATION DE « ῎ΕΣΩ ἌΝΘΡΩΠΟΣ » ASSIMILÉ À « ΝΟΥΣ »

Considérons l'hypothèse selon laquelle « ἔσω ἄνθρωπος » peut être assimilé à « νοῦς[13] » en Romains 7,22-25[14]. Il convient tout d'abord de souligner que, dans ce texte, la relation de synonymie entre « ἔσω ἄνθρωπος » et « νοῦς » est seulement implicite et ne peut être établie que par voie de déduction. En effet, la mise en contraste explicite que Paul opère dans ce passage se situe plus précisément entre la Loi de l'entendement et la loi (du péché) dans les membres (v. 23), ou encore entre l'entendement et la chair (v. 25). Dans ces conditions, en vertu de quoi peut-on dire que l'homme intérieur (« ἔσω ἄνθρωπος ») qui prend plaisir à la Loi de Dieu, tel qu'il est évoqué par Paul au verset 22, désigne l'entendement ou l'intelligence (« νοῦς »)?

Une telle question requiert que l'on analyse étroitement les relations entre les versets 22 et 23. Coordonnés par un « δέ » adversatif, ces versets sont aussi liés par une triple opposition : entre l'idée d'intériorité (« ἔσω ἄνθρωπος » v. 22) et l'idée d'extériorité (« je vois... dans mes membres » v. 23); entre l'idée de plaisir ou de libre adhésion (v. 22) et l'idée de lutte (v. 23) ou d'emprisonnement (v. 23); entre la Loi de Dieu (v. 22) et cette « autre loi » (v. 23), laquelle rend l'individu captif de « la loi du péché » (v. 23).

La mise en évidence des oppositions précédentes va nous aider à faire le point sur une question cruciale : faut-il voir dans la Loi de l'entendement l'équivalent de la Loi de Dieu ? Est-il possible de considérer que le concept paulinien de « νοῦς » a un quelconque caractère divin ? Soulignons tout d'abord que Paul distingue bien l'entendement de la « Loi de Dieu » et en fait un simple agent par lequel l'individu est (ou peut être) soumis à la « Loi de Dieu ». D'ailleurs, Romains 7,22-23 formule explicitement le double contraste entre la « Loi de Dieu » et la « loi du péché », d'un côté,

13 De manière générale, ce terme désigne l'entendement, l'intellect (comme faculté de percevoir et de penser), la pensée, l'opinion, le dessein, le sens ou la signification (d'une phrase ou d'un discours). Voir H. Liddell, R. Scott, *Greek English Lexicon*, *op. cit.*, p. 1009.

14 Cette hypothèse est acceptée de manière quasi unanime depuis sa formulation par H. Lüdeman, *Die Anthropologie des Apostels Paulus und ihre Stellung innerhalb seiner Heilslehre. Nach den vier Hauptbriefen*, Kiel, Toeche, 1873.

et, de l'autre, entre l'entendement et la chair. Le verset 25b contribue ainsi à nous éclairer davantage sur le fait que l'opposition interne au verset 23 ne se situe pas entre la Loi de l'entendement et la loi du péché, mais plutôt entre l'entendement et les membres.

En effet, en 23a, Paul parle tout d'abord d'une autre loi qu'il voit dans ses membres, laquelle lutte contre la Loi de son entendement. Et cette même loi qu'il voit dans ses membres le rend captif de la loi du péché, qui est (*aussi*) dans ses membres. On voit très bien que l'unique acteur (ou sujet) au verset 23 est cette (première) loi que l'auteur voit à l'œuvre dans ses membres. Et celle-ci est ici à différencier de la loi du péché. Car dire que la loi dans les membres au verset 23a est identique à la loi du péché qui est (*aussi*) dans les membres au verset 23b reviendrait à admettre que le sujet de « αἰχμαλωτίζοντα » puisse être identique à son complément.

On voit donc que la formulation du verset 23 nous impose d'établir une distinction entre la loi que l'auteur voit dans ses membres (v. 23a) et la loi du péché qui est (*aussi*) dans ses membres (v. 23b). Et là aussi, le verset 25b s'avère très éclairant : Paul n'oppose pas la loi du péché à la Loi de l'entendement, mais il oppose la loi du péché à la Loi de Dieu, tandis que l'entendement est opposé à la chair. Il nous semble donc que l'insistance paulinienne au verset 23 porte sur l'opposition entre l'entendement (l'intérieur) d'un côté, et les membres ou la chair (l'extérieur) de l'autre.

Il s'ensuit que, contrairement à ce qu'affirme Betz[15], « ἔσω ἄνθρωπος » peut effectivement être assimilé à « νοῦς », notamment en raison du fait que les deux concepts se présentent comme étant en opposition aux membres (v. 23, 25b), au corps (v. 24b) et à la chair (v. 25b). En outre, de même que c'est de par son « homme intérieur » que l'individu se délecte de la Loi de Dieu, c'est aussi par son entendement (dans le sens d'une faculté intellectuelle) qu'il se soumet à la Loi de Dieu[16]. On voit que, en Romains 7,22-25, les deux concepts « ἔσω ἄνθρωπος » et « νοῦς » sont présentés comme ce qui, sur un plan interne, met l'individu en harmonie avec la Loi de Dieu, et que, en dépit de ce consentement

15 H.D. Betz, « The Concept of the 'Inner Human Being'... », art. cité, p. 334.

16 Pour un développement de la conception de « νοῦς » comme faculté intellectuelle, voir notamment D. Stacey, *The Pauline View of Man in Relation to its Judaic and Hellenistic Backgrounds*, Londres, 1956.

intérieur, ce même individu constate, impuissant, dans ses membres la manifestation de l'asservissement à la loi du péché.

Cependant, il convient de préciser que, tel qu'il est présenté en Romains 7,22-25, le concept paulinien de « νοῦς » ne peut être considéré comme une instance ou une part de l'être humain qui aurait une nature spirituelle (ou qui relèverait du divin). De même, assimilée à « νοῦς », l'expression « ἔσω ἄνθρωπος » doit être, comme « νοῦς », tenue pour ce qui met l'homme en harmonie avec la Loi de Dieu, et ne saurait renvoyer, comme le prétendent certains, à la partie spirituelle de l'homme ou à « un prolongement divin en l'homme[17] ».

Par ailleurs, admettre que le concept paulinien d'« ἔσω ἄνθρωπος », dans son assimilation à « νοῦς », puisse renvoyer à une instance spirituelle (divine) en l'homme, ce serait faire abstraction du fait que, chez Paul, le « νοῦς » n'est pas l'apanage de l'homme qui se plaît dans la soumission à la Loi de Dieu. En effet, si Paul conçoit le « νοῦς » comme ce qui permet à l'homme de se soumettre à la Loi de Dieu, il le présente aussi comme ce qui, une fois souillé, corrompu ou réprouvé, peut être à l'origine d'une séparation entre l'homme et Dieu.

C'est ainsi que, en Romains 1,28, Paul affirme que c'est parce que les hommes ne se sont pas souciés de connaître Dieu qu'ils ont été « livrés à *leur intelligence réprouvée ou fausse* ("ἀδόκιμος νοῦς") pour faire des choses indignes[18]... ». Ne faut-il pas conclure que, pour Paul, même l'homme qui se détourne de Dieu est doté d'un « νοῦς » ? En effet, l'apôtre décrit l'intelligence d'un tel homme comme étant fausse ou réprouvée (« ἀδόκιμος νοῦς »), privée de l'éclairage apporté par la connaissance de Dieu. Le concept paulinien de « νοῦς » est ainsi présenté comme ce qui peut à la fois amener l'être humain vers Dieu ou l'en détourner.

---

17 R. Reitzenstein, *Die hellenistischen, op. cit.* ; H. Windisch, *Der Zweite Korintherbrief, op. cit.* ; J. Weiss, *Der erste Korintherbrief*, Göttingen, Vandenhoek & Ruprecht, 1925.

18 De même, en 2 Timothée 3,8, nous trouvons l'idée selon laquelle *des hommes s'opposent à la vérité* parce qu'ils sont « *corrompus d'entendement, réprouvés* quant aux choses de la foi » (« οὗτοι ἀνθίστανται τῇ ἀληθείᾳ, *ἄνθρωποι κατεφθαρμένοι τὸν νοῦν, ἀδόκιμοι* περὶ τὴν πίστιν »). La même idée se trouve aussi en 1 Timothée 6,5, où il est question de « vaines discussions d'*hommes corrompus d'entendement, et privés de la vérité* » (« *διαπαρατριβαὶ διεφθαρμένων ἀνθρώπων τὸν νοῦν, καὶ ἀπεστερημένων τῆς ἀληθείας* »). Et, toujours dans le même sens, en Tite 1,15, il est question de ceux qui ont « *l'intelligence* et *la conscience souillées* » (« *μεμίανται* αὐτῶν καὶ *ὁ νοῦς καὶ ἡ συνείδησις* »). Notons enfin que, en Colossiens 2,18, il est question de l'homme qui est « enflé d'orgueil par son entendement (qui relève) de la chair » (« φυσιούμενος ὑπὸ *τοῦ νοὸς τῆς σαρκὸς* αὐτοῦ »).

En ce sens, le concept paulinien d'« ἔσω ἄνθρωπος », assimilé au « νοῦς », n'est pas une propriété ou une caractéristique exclusive de l'homme qui se délecte de la Loi de Dieu, mais « νοῦς » et « ἔσω ἄνθρωπος » apparaissent comme ce par quoi l'individu peut se soumettre et prendre plaisir à la Loi de Dieu. Mais si l'on admet que, pour Paul, tout être humain est doté d'un « νοῦς » (ou d'un « ἔσω ἄνθρωπος ») pouvant conduire à la soumission à la Loi de Dieu, comment comprendre que Paul puisse concevoir que certains, de par leur intelligence réprouvée, souillée ou corrompue, ne reconnaissent pas l'autorité divine ?

Le texte de 2 Corinthiens 3 et 4 pourrait s'avérer très éclairant pour résoudre une telle question. En effet, dans ce texte, Paul s'attelle, de manière générale, à justifier l'origine divine de son ministère et de son Évangile. Mais il y fournit également certaines caractéristiques de son Évangile et les raisons pour lesquelles certains ne sont pas parvenus à y croire.

Tout d'abord, au chapitre 3, dans les versets 2 à 6, sous forme d'un parallélisme antithétique, Paul oppose le ministère de Moïse (relevant de l'ancienne alliance et caractérisé par la lettre qui tue) à son propre ministère (placé sous l'autorité du Christ, venant de Dieu et caractérisé par l'œuvre vivifiante de l'Esprit, non pas sur des tables de pierre, mais *sur les cœurs*). Ensuite, dans les versets 7 à 12, par une série de comparaisons *a minori ad majus* avec « εἰ… (πολλῷ) μᾶλλον », il insiste sur la supériorité en gloire du ministère de l'Esprit (ou de justification) par rapport à celui de Moïse, notamment en raison du fait que le premier est permanent tandis que le second est passager.

En fait, réinterprétant le texte d'Exode 34,33-35 (où il est question du voile qui protège les Israélites de la gloire de Dieu sur le visage de Moïse), Paul fournit, dans les versets 13 à 16, une explication différente de l'usage de ce voile que celle que supposait le livre d'Exode. Il prétend que l'origine du malentendu dans lequel s'engouffrent encore ceux qui se placent sous l'ancienne alliance se trouve dans le fait que ces derniers n'ont toujours pas compris que Moïse, en mettant un voile sur son visage, ne voulait pas que les Israélites se limitent à l'aspect visible et passager de la gloire qui le couvrait.

Et Paul de laisser entendre que ceux qui sont encore restés attachés aux rituels pratiqués sous le régime de Moïse « sont devenus *durs d'entendement* » (v. 14), qu'« un voile est jeté *sur leurs cœurs* » (v. 15) et que ce n'est qu'avec la conversion au Seigneur que le voile sera ôté (v. 16). Enfin (vv. 17-18), l'apôtre établit un rapport d'identité entre le Seigneur et l'Esprit (« Ὁ δὲ κύριος τὸ πνεῦμά ἐστιν »), et laisse entendre que, grâce à la liberté que procure aux chrétiens l'Esprit du Seigneur, ils peuvent contempler sa gloire comme dans un miroir et être transformés en la même image, de gloire en gloire, comme de par le Seigneur qui est Esprit.

Au chapitre 4, Paul déclare que, si son Évangile est voilé, il ne l'est que « pour les incrédules dont le dieu de ce siècle a aveuglé *l'intelligence...* » (vv. 3-4). En revanche, pour ceux qui sont les dépositaires du message de l'Évangile, Paul affirme que c'est Dieu qui a fait briller la lumière dans leurs « *cœurs* pour faire resplendir la connaissance de la gloire de Dieu sur la face du Christ » (v. 6). À la fin du chapitre, Paul achève son argumentation par la formulation d'un encouragement qu'il trouve dans le fait que « notre homme intérieur se renouvelle de jour en jour, lors même que notre homme extérieur se détruit » (v. 16), et aussi par l'idée selon laquelle nous devons regarder, non point aux choses visibles qui sont passagères, mais plutôt aux choses invisibles qui sont éternelles (v. 18).

Nous aurons à considérer plus loin l'assimilation de l'homme intérieur avec le cœur ou ce qui est invisible. Ce qui nous intéresse à présent est le fait que Paul impute la non-réception de l'Évangile à un endurcissement de l'entendement (3,14a) ou un aveuglement de l'intelligence (4,4a)[19]. En effet, mise en parallèle avec la fonction positive de l'entendement

19 Dans ces deux chapitres, Paul utilise systématiquement « τὰ νοήματα » (au lieu de « νοῦς ») dans des contextes où l'usage de « νοῦς » pourrait pourtant paraître plus approprié. En effet, à la fois en 2 Corinthiens 3,14 et 4,4, il semble évident que le terme « νοήμα », qui désigne généralement des pensées ou le résultat de l'activité du « νοῦς », renvoie plutôt à l'entendement lui-même, ou à l'intelligence en tant que faculté de comprendre. On conçoit en effet aisément qu'il serait absurde de parler de « pensées » endurcies ou aveuglées. De plus, comme le souligne Jewett, à la fois dans la Septante, dans le Nouveau Testament et dans la littérature intertestamentaire, le terme « νοήμα » n'est jamais utilisé en relation avec « τυφλός », « πωρόω » ou « πώρωσις ». On retrouve ces derniers termes associés plutôt au *cœur* (Ésaïe 6,9s. ; Jean 12,40 ; Marc 6,52 ; 8,17), aux yeux (1 Jean 2,11 ; Jérémie 42,19 ; Testament de Dan 2,4) ou à l'entendement (Testament de Siméon 27 *sq.*). Par ailleurs, Jewett avance aussi l'idée que Paul, dans les dernières phases de sa correspondance avec les Corinthiens, aurait intentionnellement évité l'usage de « νοῦς » et lui aurait substitué « νοήμα » parce qu'il se serait rendu compte, après sa première visite, de l'usage « gnostique » du terme « νοῦς » chez les Corinthiens. Voir R. Jewett, *Paul's Anthropological Terms*, *op. cit.*, p. 380-384 ; voir aussi : Ph. Bachmann, *Der zweite Brief des Paul an die Korinther*, Leipzig, A. Deichert, 1909, p. 360 ; A. Plummer, *A Critical and Exegetical Commentary on the Second Epistle of St. Paul to the Corinthians*, Edinburg, T. & T. Clark International, 1915, p. 116 ; H. Lietzmann, *An die Konrinther I-II, Handbuch zum*

en Romains 7, cette idée paulinienne qui fait de l'endurcissement ou de l'aveuglement de l'intelligence la cause de la non-réception de l'Évangile pourrait confirmer notre hypothèse selon laquelle Paul conçoit l'entendement comme une faculté proprement humaine qui, selon qu'elle est éclairée ou non par l'Esprit, peut permettre à l'homme de connaître Dieu ou l'en éloigner.

Une telle idée nous semble aussi se dégager du discours paulinien en 1 Corinthiens 2. Dans ce texte, opposant la prédication de l'Évangile à l'enseignement de la sagesse humaine, Paul déclare que sa prédication repose sur une démonstration d'Esprit et de puissance (v. 4), qu'elle a pour objet la sagesse mystérieuse et cachée de Dieu (v. 7). Se référant notamment à Ésaïe 64,3, Paul définit cette sagesse divine mystérieuse et cachée comme « des choses que l'œil n'a point vues, que l'oreille n'a point entendues et qui ne sont point montées au cœur de l'homme » (v. 9), mais que Dieu nous a révélées par l'Esprit qui « sonde tout, même les profondeurs de Dieu » (v. 10). Cette affirmation qui fait de l'Esprit le révélateur des choses divines semble constituer le cœur de l'argumentation paulinienne dans ce chapitre.

L'apôtre développe ensuite cette idée en établissant une analogie entre le processus cognitif des choses humaines et celui des choses divines. Il déclare que, de la même manière que c'est l'esprit de l'homme qui connaît les choses humaines, il n'y a que l'Esprit de Dieu qui connaît les choses divines (v. 11)[20]. De cette analogie, Paul déduit que seuls ceux qui possèdent l'Esprit de Dieu peuvent prétendre avoir accès à la connaissance des choses divines (v. 12).

Et l'apôtre d'établir une distinction entre, d'un côté, l'homme animal (ou psychique) qui ne reçoit pas et donc ne peut connaître les choses de l'Esprit de Dieu (v. 14) et, de l'autre, l'homme spirituel qui juge ou comprend tout (v. 15). Il est important de noter ici que si, contrairement à l'homme spirituel, l'homme animal ne comprend ou ne connaît pas les choses spirituelles, ce n'est pas parce qu'il ne dispose pas d'une faculté de jugement (ou d'un « νοῦς »), mais parce que les choses spirituelles sont à juger spirituellement (v. 14c).

---

neuen Testament, Tübingen, Mohr Siebeck, 1923, p. 144 ; E.-B. Allo, *Saint Paul, Seconde Épître aux Corinthiens*, Paris, Lecoffre, 1937, p. 277.

20 Soulignons que ce principe selon lequel « il n'y a que le semblable qui puisse connaître le semblable » avait été établi par Aristote dans son *De anima* ou *Traité de l'âme* (Livre I, chapitre 5 ; Livre II, chapitre 4 et 5).

On voit donc que Paul distingue non seulement le mode de jugement humain du mode de jugement spirituel, mais admet aussi implicitement que l'être humain, même animal ou psychique, dispose naturellement d'une faculté propre de jugement. En ce sens, Paul conçoit l'incapacité de l'homme animal de connaître les choses divines comme provenant du fait qu'il n'a pas reçu l'Esprit (v. 14) qui communique le « νοῦς du Seigneur », le « νοῦς du Christ » dont disposent les chrétiens (v. 16).

Il peut paraître surprenant que Paul parle ici de l'existence d'un « νοῦς du Christ » révélé à l'homme spirituel ou aux chrétiens. D'ailleurs, que faut-il comprendre à travers l'affirmation paulinienne selon laquelle les chrétiens ont en eux « l'intelligence du Christ » (« νοῦν χριστοῦ ἔχομεν ») ? S'agit-il d'une pensée ou d'une connaissance que les chrétiens auraient reçue ?

Il apparaît tout d'abord que, selon Paul, l'homme « πνευματικός » est investi d'une capacité ou d'un pouvoir de jugement sur toutes choses (v. 15a). Dans cette optique, le « νοῦς du Christ » dont dispose l'homme spirituel s'apparenterait davantage à un mode ou un pouvoir de jugement sur toutes choses.

Il apparaît aussi que Paul conçoit le « νοῦς du Christ » comme une pensée ou une connaissance doctrinale devant être enseignée avec un discours spirituel[21]. En effet, le verset 16a présente le « νοῦς du Seigneur » comme étant l'objet d'une connaissance devant être enseignée. Or, comme nous l'avons déjà souligné, Paul décrit le processus cognitif relevant des choses divines comme devant se faire non pas avec des mots ou des discours qu'enseigne la sagesse humaine, mais avec ceux qu'enseigne l'Esprit (v. 13). Le « νοῦς du Seigneur » apparaît donc comme une pensée ou comme étant l'objet d'une connaissance (ésotérique) réduite à un cercle de privilégiés, aux hommes « spirituelles » (« πνευματικοί »), à ceux qui ont reçu l'Esprit, qui comprennent et parlent le même langage spirituel[22].

Cependant, que la possession du « νοῦς du Christ » (v. 16) soit interprétée comme l'obtention d'un pouvoir de jugement (de compréhension)

21 Pour la conception de « νοῦς » comme pensée, voir R. Jewett, *Paul's Anthropological Terms*, *op. cit.*, p. 377-378.

22 La conception paulinienne de la connaissance du « νοῦς du Seigneur » comme le privilège d'une communauté (restreinte) est renforcée par le fait que ceux qui ont cette connaissance sont désignés par un « nous », lequel s'oppose fortement à ceux qui n'ont pas le « νοῦς du Christ » (vv. 6-16). Dans le même sens, il est aussi intéressant de noter que, dans ce chapitre, Paul commence avec l'usage de la première personne du singulier dans les quatre premiers versets, puis passe à l'usage de la deuxième personne du pluriel au verset 5, et enfin à l'usage de la première personne du pluriel dans tout le reste du chapitre.

surhumain ou comme l'acquisition d'une connaissance ésotérique s'exprimant dans un langage spirituel, la question qui nous semble capitale ici porte sur le mode de réception du « νοῦς du Christ » par l'être humain. Avec la réception du « νοῦς du Christ », quel genre de relation Paul conçoit-il entre le « νοῦς » proprement humain de l'individu et le « νοῦς du Christ » ? S'agit-il d'un rapport de remplacement, d'ajout ou de transformation ?

En fait, il nous semble que Paul conçoit le mode de réception du « νοῦς du Christ » sous la forme d'une transformation consistant en un renouvellement par l'Esprit du « νοῦς » humain. Cette idée de transformation du chrétien par le renouvellement de son intelligence (son « νοῦς » humain) est notamment formulée en Romains 12,2. Il convient de noter tout d'abord que l'usage de « νοῦς » en Romains 12 se trouve plus précisément dans le contexte introductif d'un discours parénétique axé notamment sur la dévotion et les règles de vie en communauté. En effet, après avoir exhorté les chrétiens à offrir leur corps à Dieu comme un sacrifice vivant, saint et agréable, Paul leur recommande de ne pas se conformer au siècle présent, mais d'être transformés par le renouvellement de leur intelligence pour qu'ils puissent discerner la volonté de Dieu.

Jewett souligne avec raison la distinction que Paul établit implicitement ici entre « σχῆμα » et « μορφή » de par la juxtaposition de l'impératif moyen « συσχηματίζεσθε » et de l'impératif passif « μεταμορφοῦσθε[23] ». En effet, si l'on analyse la différence entre « σχῆμα » et « μορφή », on peut se rendre compte que le verbe « συ(ν)σχηματίζομαι » suppose une sorte d'auto-conformité passagère et que le verbe « μεταμορφόω » renvoie à une transformation profonde et mystérieuse se produisant dans l'essence même de l'être transformé. En fait, tandis que « σχῆμα »apparaît comme l'expression d'un changement extérieur[24], « μορφή » se veut être le lieu d'un changement intérieur[25].

Pour saisir la portée de cette opposition, il suffit de se rappeler que la notion de « μορφή » représente dans la pensée hellénistique la forme des choses dans le sens de leur essence ou de leur être intérieur. Dès lors, on peut comprendre la recommandation paulinienne relative à la transformation du chrétien par le renouvellement de son « νοῦς ».

---

23 R. Jewett, *Paul's Anthropological Terms*, *op. cit.*, p. 305.
24 H. Liddell, R. Scott, *Greek English Lexicon*, *op. cit.*, p. 1516.
25 H. Liddell, R. Scott, *Greek English Lexicon*, *op. cit.*, p. 979.

Il apparaît ainsi que le « νοῦς » du chrétien représente le lieu à partir duquel sa transformation se produit, et aussi que le renouvellement de son « νοῦς » signifie également le renouvellement de tout son être[26].

En ce sens, nous voyons que, en définitive, le renouvellement du « νοῦς » rejoint le renouvellement quotidien de l'homme intérieur tel qu'il est formulé en 2 Corinthiens 4,16. Dans les deux cas, il y a une insistance sur l'opposition entre l'extérieur et l'intérieur, avec une priorité accordée au renouvellement de l'intérieur. De plus, qu'il s'agisse du renouvellement du « νοῦς » ou de celui de l'« ἔσω ἄνθρωπος », nous avons vu qu'il constitue un événement fondateur initiant un processus de renouvellement continu dans la vie du chrétien, lequel atteindra son parachèvement avec le renouvellement eschatologique de toutes choses.

Finalement, la question de l'assimilation de « ἔσω ἄνθρωπος » à « νοῦς » suppose aussi que l'on doit considérer que, comme « νοῦς », « ἔσω ἄνθρωπος » constitue ce qui, dans l'individu, lui permet de penser, de connaître ou de juger et qui, avec l'éclairage de l'Esprit, lui donne accès à la connaissance des choses divines ou spirituelles. De même, assimilé à « νοῦς », « ἔσω ἄνθρωπος » doit représenter un mode ou un ensemble de pensées qui détermine l'être de l'individu, et qui, avec la réception de l'Évangile ou du « νοῦς du Christ », est appelé à se transformer et à se renouveler.

26 On observera que le chapitre 4 de l'épître aux Ephésiens présente le renouvellement du « νοῦς » par l'Esprit comme le processus par lequel le chrétien est dépouillé du vieil homme pour être revêtu de l'homme nouveau. En effet, si on considère notamment les versets 17 à 24 de ce chapitre, on voit que, après avoir exhorté ses interlocuteurs à ne plus marcher comme les païens qui marchent selon la vanité de leurs pensées ou de leur entendement (v. 17b), qui ont l'*intelligence obscurcie* à cause de l'ignorance qui est en eux et à cause de l'*endurcissement de leur cœur* (v. 18), l'auteur leur rappelle, *quant à eux*, qu'ils doivent se conformer à la façon dont ils ont appris Christ (v. 22), à *être renouvelés par l'Esprit dans leur intelligence* (v. 23) et *à revêtir l'homme nouveau* (v. 24).

LA SIGNIFICATION DE « ἜΣΩ ἌΝΘΡΩΠΟΣ » ASSIMILÉ À « ΚΑΡΔΊΑ »

Rappelons tout d'abord ici le sens de notre démarche : comme pour l'analyse de l'assimilation de « ἔσω ἄνθρωπος » à « νοῦς », notre objectif n'est pas seulement d'étudier si « ἔσω ἄνθρωπος » peut être assimilé à « καρδία » mais il s'agira aussi et surtout de nous interroger sur la signification et les implications d'une telle assimilation[27]. En d'autres termes, dans quelle mesure nous est-il permis de voir une référence au « cœur » dans l'usage paulinien de « ἔσω ἄνθρωπος » et en quoi cette éventuelle assimilation de « ἔσω ἄνθρωπος » à « καρδία » nous permettrait-elle d'avancer dans notre compréhension de l'anthropologie paulinienne ?

Dans le contexte de Romains 7, l'assimilation de « ἔσω ἄνθρωπος » à « καρδία »est généralement fondée sur la présence de la notion de « cœur », notamment en Romains 6,17[28]. En effet, la mention de « l'homme intérieur » qui se délecte de la Loi de Dieu est précédée par une affirmation à travers laquelle l'auteur concède à ses correspondants le fait que, après avoir été esclaves du péché, ils ont obéi de cœur à la règle de doctrine qui leur a été enseignée. Faut-il comprendre l'obéissance de cœur comme une obéissance intérieure, en opposition à une obéissance qui ne pourrait être qu'extérieure, apparente ? Ou faut-il voir dans le concept paulinien de « καρδία » le lieu de réception de la foi et de la doctrine de l'Évangile ?

La première option d'interprétation semble attrayante, non seulement par ce qu'elle serait en accord avec l'opposition paulinienne entre l'homme intérieur et l'homme extérieur, mais aussi parce que Paul conçoit effectivement la possibilité que, en opposition à une application extérieure, visible de la Loi, celle-ci puisse être vécue sur un mode intérieur, invisible, ou encore *dans le cœur*. Une telle opposition figure

27 Rappelons que, généralement, le terme « καρδία » désigne le cœur en tant que siège de la vie, des sensations, des passions, des affections. Voir H. Liddell, R. Scott, *Greek English Lexicon*, *op. cit.*, p. 744.

28 L'hypothèse d'assimilation de « ἔσω ἄνθρωπος » à « καρδία » a été notamment établie par Hermann Lüdemann, *Die Anthropologie des Apostels Paulus*, *op. cit.* ; A. Schlatter, « Herz und Gehirn im ersten Jahrhundert », in : *Studien zur Systematischen Theologie*, Tübingen, Mohr Siebeck, 1873, [2]1918, p. 86-94.

en Romains 2,28-29 où Paul distingue le (faux) juif, qui n'en a que les dehors et qui pratique la circoncision visible dans la chair (v. 28), du (vrai) juif, qui l'est intérieurement et qui pratique la circoncision du cœur (v. 29). Il apparaît clairement ici que, pour Paul, « καρδία » renvoie à l'intérieur de l'homme qui est invisible, en opposition à l'extérieur de l'homme qui est visible.

Une telle conception de « καρδία » en opposition avec l'extérieur de l'homme est également présente en 2 Corinthiens 5,12 où Paul dénonce « ceux qui se glorifient dans les apparences et non pas dans le cœur » (v. 12b). Cette conception paulinienne de « καρδία » en tant qu'intériorité invisible opposée à l'extériorité visible suppose aussi que l'individu qui vit sur le mode de l'extérieur cherche à plaire aux hommes (qui jugent selon les apparences) et que celui qui vit sur le mode du cœur ou de l'intérieur cherche à plaire à Dieu (qui connaît les secrets des cœurs[29]).

Par ailleurs, une telle conception de « καρδία » comme l'intériorité invisible opposée à l'extériorité visible, même si elle ne s'impose pas nécessairement dans le contexte de Romains 6,17, semble parfaitement expliquer l'opposition paulinienne entre « l'homme intérieur » et « l'homme extérieur ». Pour s'en rendre compte, il suffit de considérer cette opposition dans le contexte de 2 Corinthiens 4, qui témoigne d'une forte insistance sur le contraste entre l'invisibilité de l'homme intérieur et la visibilité de l'homme extérieur.

Après avoir rassuré ses correspondants sur le processus du renouvellement de l'homme intérieur en dépit de la destruction de l'homme extérieur (v. 16), Paul les invite à regarder non point aux choses visibles qui sont passagères, mais aux choses invisibles qui sont éternelles (v. 18). Il semble possible de considérer que, dans ce contexte, ce que Paul qualifie de visible et de passager renvoie à l'homme extérieur (les afflictions dans le corps ou la chair mortelle : vv. 17a et 8-11), et que ce qu'il définit comme étant invisible et éternel renvoie à l'homme intérieur (ainsi qu'à la gloire qui lui est réservée : v. 17b).

De plus, on peut observer que, tout comme (nous avons vu en Romains 2,28-29 et 2 Corinthiens 5,15 que) Paul accorde une certaine primauté à ce qui relève du cœur et de l'intériorité invisible par rapport à ce qui relève de l'extériorité visible, en 2 Corinthiens 4,16-18, il semble concevoir l'homme intérieur, qui est invisible, comme étant supérieur

29 Voir notamment Romains 2,29c ; 1 Corinthiens 4,5 ; 14,25 ; 1 Thessaloniciens 2,4.

ou préférable à l'homme extérieur, qui est visible. On voit donc que, analysé dans ce cadre, le concept paulinien d'« ἔσω ἄνθρωπος », assimilé à « καρδία », renvoie à ce que Paul estime être une intériorité qui, bien que non-visible et non-appréciable au regard humain, constitue ce par quoi Dieu voit et juge l'homme, et apparaît par conséquent comme étant substantielle et de loin plus précieuse que l'homme extérieur destructible.

Mieux encore, le concept d'« ἔσω ἄνθρωπος » tel qu'il est utilisé en Romains 7, assimilé à l'usage paulinien de « καρδία » comme nous venons de le voir, représente pour Paul le lieu où l'homme peut partager une certaine intimité avec Dieu. C'est notamment ce qui explique que, en dépit des méfaits imputables à son « homme extérieur », l'« ἐγώ » de Romains 7 peut s'attribuer une certaine innocence (de cœur) devant Dieu.

Mais ce n'est pas tout. Nous avons déjà évoqué la possibilité que l'assimilation du concept « ἔσω ἄνθρωπος » de Romains 7 à « καρδία », tel qu'il est utilisé en Romains 6,17, puisse signifier que ces deux concepts désignent le lieu où l'être humain reçoit, comprend et accepte la doctrine de l'Évangile. En effet, l'affirmation de Paul en Romains 6,17 selon laquelle ses correspondants ont obéi de cœur à la règle de doctrine qui leur a été enseignée peut être interprétée comme faisant du cœur le lieu où l'être humain reçoit la grâce de la foi et de la connaissance de l'Évangile[30]. Le cœur se présente ainsi non seulement comme un dépositaire ou un réceptacle de la doctrine de l'Évangile mais aussi comme ce qui, dans l'être humain, est rendu intelligent pour comprendre les choses divines.

C'est en ce sens que, en Romains 10,8-10, Paul présente le cœur comme le lieu où se trouve la parole de Dieu (v. 8 b) et le lieu où (le moyen par lequel) on peut croire (vv. 9-10). C'est aussi en ce sens que Paul affirme que, à l'inverse du juif qui prétend mettre en œuvre la lettre de la Loi, les païens font naturellement ce que prescrit la Loi et que, en cela, « ils montrent que l'œuvre de la Loi est écrite dans leur cœur » (Romains 2,15).

De plus, si Paul considère le cœur comme le réceptacle de la parole divine et comme le moyen par lequel on croit, c'est parce qu'il conçoit aussi le cœur, si ce n'est comme ce qui est censé être le siège de l'intelligence,

---

30 Pour la conception du cœur comme le lieu de l'activité intellectuelle en l'homme, voir H.W. Robinson, *The Christian Doctrine of Man*, Edinburg, T & T Clark International, 1958, p. 104-105.

du moins comme le moyen par lequel celui qui ne rejette pas Dieu peut accéder à la compréhension et à la connaissance des choses divines. Inversement, le cœur est également, selon Paul, ce qui, dans son endurcissement, peut être voilé, dépourvu d'intelligence, plongé dans les ténèbres (aveuglé) ou rendu impénitent. Aussi Paul peut-il affirmer que ceux qui n'ont pas reconnu Dieu en tant que tel (ou ne l'ont pas glorifié comme Dieu) se sont égarés dans leurs raisonnements, et que leur cœur sans intelligence a été plongé dans les ténèbres (Romains 1,21).

De même, en Romains 2,4-5, Paul considère que de la méconnaissance de la bonté de Dieu résultent l'endurcissement et l'impénitence du cœur, ce qui donnera lieu à la manifestation de la colère divine. Dans le même sens encore, en 2 Corinthiens 3,14-16, après avoir déclaré que les Israélites (qui s'attachent encore à la pratique de la lettre de la Loi) sont devenus durs d'entendement (v. 14a), l'apôtre affirme qu'« un voile est jeté sur leur cœur » (v. 15) et que c'est seulement par la conversion au Seigneur que ce voile peut être ôté (v. 16).

En faisant du voile sur le cœur la cause du malentendu dans lequel persistent ceux qui s'attachent encore à l'ancienne alliance, Paul fait aussi du cœur ce par quoi ils auraient pu comprendre la portée éphémère des rituels de la Loi mosaïque. Mieux, Paul semble vouloir dire que, si ce voile est jeté sur leur cœur, c'est parce qu'ils se sont fermés à la lumière qui aurait pu éclairer leur cœur. En effet, contrairement à la situation de ceux pour qui l'Évangile est voilé et qui ont l'intelligence aveuglée (2 Corinthiens 4,3-4), Paul ajoute que, quant à ceux qui ont reçu l'Évangile, c'est Dieu lui-même qui a fait briller la lumière dans leur cœur (v. 6). Il apparaît ainsi que, selon Paul, de la même manière que le cœur peut être dépourvu d'intelligence ou voilé, il peut être aussi le réceptacle de la connaissance de l'Évangile.

Enfin, on peut également noter que Paul conçoit le cœur des chrétiens comme étant aussi le réceptacle de l'Esprit. Nous lisons, par exemple, en Romains 5,5 que « l'amour de Dieu a été répandu dans nos cœurs par l'Esprit saint qui nous a été donné », ou encore, en 2 Corinthiens 1,22, que Dieu « nous a marqués d'un sceau et a mis dans nos cœurs les arrhes de l'Esprit ».

La conception paulinienne du cœur comme lieu de l'action de l'Esprit apparaît aussi dans l'argumentation en 2 Corinthiens 3, où Paul laisse entendre que c'est l'Esprit qui libère, transforme et fait tomber le voile des cœurs (2 Corinthiens 3,16-18). D'ailleurs, la deuxième partie du verset 17 précise que, en faisant tomber le voile des cœurs, l'Esprit du Seigneur procure la liberté, ce qui n'est pas sans rappeler l'affirmation paulinienne en Romains 8,2. De plus, au verset 18, en plaçant l'Esprit en apposition au Seigneur (v. 18b), Paul fait du Seigneur et de l'Esprit des co-agents dans la transformation libératrice des chrétiens.

Finalement, ne devrait-on pas considérer le renouvellement de l'homme intérieur, tel qu'il est présenté en 2 Corinthiens 4,16, comme résultant de cette action transformatrice de l'Esprit dans les cœurs ? Comme « καρδία », « ἔσω ἄνθρωπος » serait ainsi le lieu où Dieu, par son Esprit, fait briller la lumière de la connaissance de l'Évangile. Par conséquent, le renouvellement quotidien de l'homme intérieur proviendrait de l'œuvre transformatrice et libératrice de l'Esprit.

CONCLUSION

Nos remarques conclusives sur la signification, chez Paul, de « ἔσω ἄνθρωπος », notamment dans son opposition à « ἔξω ἄνθρωπος », exigent que nous revenions à deux questions que nous avons déjà soulevées en introduction à cette étude. Tout d'abord, peut-on rejoindre Jewett[31] dans le fait qu'il établit une relation de synonymie entre les couples oppositionnels « ἔξω ἄνθρωπος » / « ἔσω ἄνθρωπος » et « ψυχικὸς ἄνθρωπος » / « πνευματικὸς ἄνθρωπος » ? Ensuite, est-il possible de voir une corrélation entre les couples oppositionnels « ἔξω ἄνθρωπος » / « ἔσω ἄνθρωπος » et « παλαιὸς ἄνθρωπος » / « καινὸς ἄνθρωπος », ainsi que le prétendent R. Reitzenstein et H. Windisch[32] ?

Rappelons d'emblée que tous ces commentateurs considèrent, comme nous venons de l'analyser, que, en fonction du contexte, le concept paulinien « ἔσω ἄνθρωπος » peut ou doit être assimilé à la fois à « νοῦς » et à « καρδία ». Là n'est donc pas l'intérêt de nos questions. Celles-ci concernent plus précisément le sens que l'on accorde à « ἔσω ἄνθρωπος »

31 R. Jewett, *Paul's Anthropological Terms*, *op. cit.*, p. 398.
32 R. Reitzenstein, *Die hellenistischen Mysterienreligionen*, *op. cit.*, p. 354 ; H. Windisch, *Der Zweite Korintherbrief*, *op. cit.*, p. 153.

dans son assimilation à « νοῦς » et à « καρδία », et aussi les implications qui en découlent.

Tout d'abord, avant de tenter d'y répondre, précisons que ces questions apparaissent historiquement avec l'hypothèse de Reitzenstein selon laquelle l'opposition paulinienne « ἔξω ἄνθρωπος » / « ἔσω ἄνθρωπος » serait d'inspiration « gnostique ». Partant du constat que les oppositions « ἔξω ἄνθρωπος » / « ἔσω ἄνθρωπος » et « παλαιὸς ἄνθρωπος » / « καινὸς ἄνθρωπος » se trouvent toutes les deux dans le gnosticisme et dans les religions à mystères, Reitzenstein déduit que Paul a dû s'inspirer du dualisme hellénistique dans son usage de ces oppositions. Il affirme ainsi que, dans l'hellénisme, ces oppositions reflètent un profond dualisme où l'homme intérieur, considéré comme de nature divine, est conçu comme étant emprisonné dans un corps terrestre qui, à cause de sa nature foncièrement mauvaise, doit être dissout pour que l'homme puisse accéder au salut.

Dans le même sens, certains commentateurs considèrent que l'expression « ἔσω ἄνθρωπος » est certainement de provenance hellénistique et soulignent qu'elle était courante dans le langage philosophique et religieux des contemporains de Paul[33]. Cette opposition entre l'intérieur et l'extérieur de l'homme – que Leenhardt voit aussi dans les évangiles synoptiques (Marc 7,21, Matthieu 6,4.8.18, Luc 11,39)[34] – trouverait son origine chez Platon[35], qui considérait l'extérieur de l'homme ou le corps (« σῶμα ») comme une prison ou un tombeau (« σῆμα ») dans lequel gémit l'homme intérieur[36]. Toujours selon Leenhardt, cette opposition se trouverait également dans la littérature hermétique contemporaine de Paul.

En effet, il se trouve que, dans le *Corpus Hermeticum*[37], certains passages peuvent donner lieu à l'établissement de rapprochements et de

33 Voir H.-D. Betz, « The Concept of the 'Inner Human Being'... », art. cité, p. 322-325 ; W. Burkert, « Towards Plato and Paul : The 'Inner' Human Being », in : *Ancient and Modern Perspectives on the Bible and Culture : Essays in Honor of Hans Dieter Betz*, éd. Collins A.Y., Atlanta, Scholars Press, 1999, p. 80-82 ; F. Leenhardt, *L'épître de saint Paul*, *op. cit.*, p. 111, note 4.

34 F. Leenhardt, *L'épître de saint Paul*, *op. cit.*, p. 111, note 4.

35 Voir Platon, *République* IX, 589a ; *Phédon* 62b-67d ; *Gorgias* 493a ; *Cratyle* 400c.

36 Nous renvoyons notamment à la célèbre formule de Platon : « τὸ μὲν σῶμά ἐστιν ἡμῖν σῆμα », *Gorgias* 493a.

37 *Corpus Hermeticum*, texte établi par Arthur Nock et traduit par André-Jean Festugière, Paris, Les Belles Lettres, 1945. Pour les similarités avec Paul, voir notamment *Poimandres*, paragraphes 12 à 23, pages 10 à 15 du tome 1 de l'édition précédente. Voir aussi le *Discours*

similarités avec Paul. On peut notamment souligner que la conception fondamentalement dualiste de l'être humain que nous trouvons dans le *Corpus Hermeticum* ne peut pas ne pas faire penser à des textes comme Romains 7, où l'être humain est présenté comme étant déchiré entre son homme intérieur, qui prend plaisir à la Loi de Dieu, et sa chair, qui le maintient esclave du péché. De même, l'affirmation paulinienne en 2 Corinthiens 4,16 (l'homme intérieur se renouvelle quotidiennement, à l'opposé de l'homme extérieur qui se détruit) évoque fortement le dualisme gnostique, qui définit aussi l'homme intérieur comme étant essentiellement incorruptible.

Cependant, en dépit de ces évidentes similarités, il nous paraît fort contestable d'affirmer, à l'instar de Reitzenstein, que le concept paulinien de « ἔσω ἄνθρωπος » renvoie, comme chez les gnostiques, à quelque chose qui a une « essence divine[38] » ou à une part de divinité en l'homme. En effet, se fondant sur l'usage du concept d'« ἔσω ἄνθρωπος » chez les « gnostiques », Reitzenstein va jusqu'à voir, chez Paul, une relation d'identité entre « ἔσω ἄνθρωπος » et l'Esprit saint donné au chrétien.

En fait, sur ce point, Paul se distingue fondamentalement des gnostiques en ce que, alors que ces derniers voient dans « ἔσω ἄνθρωπος » une substance spirituelle dont seuls les hommes pieux sont dotés, jamais notre apôtre ne semble attribuer une nature spirituelle à « ἔσω ἄνθρωπος » que, d'ailleurs, il ne considère pas comme l'apanage du seul chrétien. Si l'on considère « ἔσω ἄνθρωπος » dans son assimilation à « νοῦς », on peut observer, là aussi, que Paul ne fait pas de « νοῦς » l'apanage des seuls chrétiens. Contrairement aux gnostiques, qui attribuent le « νοῦς » aux hommes « saints, bons, purs et miséricordieux[39] », Paul considère que tout être humain est doté de l'entendement (« νοῦς »). Mais il établit une différence entre l'entendement obscurci des incrédules et l'entendement des chrétiens éclairé par l'Esprit.

La thèse de Reitzenstein a été reprise par Windisch[40], qui voit dans le dualisme gnostique un prolongement de la pensée philosophique grecque où la rationalité (l'homme intérieur) est opposée aux désirs charnels

d'Hermes à son fils Tat sur la régénération, de la page 200, ligne 4, à la page 202, ligne 2, tome II de la même édition.

38 R. Reitzenstein, *Die hellenistischen Mysterienreligionen*, *op. cit.*, p. 354.

39 Voir le paragraphe 22 de *Poimandres* in *Corpus Hermeticum*, *op. cit.*, p. 14.

40 H. Windisch, *Der Zweite Korintherbrief*, *op. cit.*

(l'homme extérieur). Pour Windisch, un texte comme 2 Corinthiens 4,16 ne peut que refléter une reproduction par Paul du dualisme païen[41].

J. Jeremias[42] fait partie des tout premiers commentateurs à avoir formulé des réserves sur la thèse de Reitzenstein-Windisch. Si Jeremias admet l'hypothèse selon laquelle le gnosticisme hellénistique pourrait avoir influencé les cercles juifs que Paul fréquentait et, ainsi, contribuer à forger son opposition « ἔξω ἄνθρωπος » / « ἔσω ἄνθρωπος », il remet en cause l'idée que l'on puisse voir chez Paul une relation d'identité ou de correspondance entre les couples oppositionnels « ἔξω ἄνθρωπος » / « ἔσω ἄνθρωπος » et « παλαιὸς ἄνθρωπος » / « καινὸς ἄνθρωπος ».

De son côté, W. Gutbrod[43], montrant que Paul conçoit l'homme comme un être entier et sans une partie plus spirituelle que l'autre, a catégoriquement rejeté l'hypothèse d'une influence gnostique sur la conception paulinienne de l'opposition « ἔξω ἄνθρωπος » / « ἔσω ἄνθρωπος ». Il soutient que l'opposition entre « ἔξω ἄνθρωπος » et « ἔσω ἄνθρωπος » en Romains 7 n'est qu'une opposition entre le vouloir et le faire[44]. Quant à l'opposition entre « ἔξω ἄνθρωπος » et « ἔσω ἄνθρωπος » en 2 Corinthiens 4,16, Gutbrod affirme que l'homme intérieur ne désigne ni l'intelligence ni le cœur mais plutôt le trésor de l'Évangile que Dieu a placé dans le vase terrestre (qui symbolise l'homme extérieur)[45].

Plus intéressante encore pour nous est la thèse de Jewett qui, reprenant à son compte l'hypothèse de Reitzenstein-Windisch sur la possibilité d'une influence gnostique dans le cadre de la conception paulinienne de l'opposition « ἔξω ἄνθρωπος » / « ἔσω ἄνθρωπος », voit une relation d'équivalence entre cette dernière opposition et celle entre « ψυχικὸς ἄνθρωπος » et « πνευματικὸς ἄνθρωπος ». Jewett part, en effet, de l'idée selon laquelle c'étaient surtout les gnostiques qui faisaient usage de l'opposition « ψυχικὸς ἄνθρωπος » / « πνευματικὸς ἄνθρωπος » pour arriver à l'hypothèse selon laquelle ce pourrait être le même groupe qui a pu introduire l'opposition « ἔξω ἄνθρωπος » / « ἔσω ἄνθρωπος[46] ».

Et Jewett d'expliquer la relation d'équivalence qu'il voit entre les couples oppositionnels « ἔξω ἄνθρωπος » / « ἔσω ἄνθρωπος » et « ψυχικὸς

41 H. Windisch, *Der Zweite Korintherbrief*, *op. cit.*, p. 153.
42 J. Jeremias, « Ἄνθρωπος, ἀνθρώπινος », *TWNT*, vol. I, 1933, p. 365-367.
43 W. Gutbrod, *Die paulinische Anthropologie*, Stuttgart, 1934, p. 85.
44 W. Gutbrod, *Die paulinische Anthropologie*, *op. cit.*, p. 87.
45 W. Gutbrod, *Die paulinische Anthropologie*, *op. cit.*, p. 88.
46 R. Jewett, *Paul's Anthropological Terms*, *op. cit.*, p. 398.

ἄνθρωπος » / « πνευματικὸς ἄνθρωπος » de la manière suivante : « Puisque l'expression ἔξω ἄνθρωπος, selon Reitzenstein et Windisch, renvoie au corps physique qui est sujet à la corruption et qui doit disparaître pour permettre le rachat de l'homme intérieur, il apparaît dans ce cas qu'il aurait pu être synonyme de "ψυχικὸς ἄνθρωπος". La même chose pourrait être dite sur les expressions "ἔσω ἄνθρωπος" et "πνευματικὸς ἄνθρωπος" : les deux désignent l'intériorité divine de la personne qui doit être libérée de son esclavage au monde matériel en vue de rejoindre sa position en tant qu'une partie de Dieu[47] ».

Cette tentative de rapprochement entre les deux couples oppositionnels « ἔξω ἄνθρωπος » / « ἔσω ἄνθρωπος » et « ψυχικὸς ἄνθρωπος » / « πνευματικὸς ἄνθρωπος » nous semble fondamentalement biaisée. Déduite de l'hypothèse de l'influence gnostique sur la pensée paulinienne, elle fait des concepts « ἔσω ἄνθρωπος » et « πνευματικὸς ἄνθρωπος » des substances de nature divine. Or une telle idée semble complètement absente chez Paul. Répétons-le : l'« ἔσω ἄνθρωπος », tel qu'il est conçu chez Paul, n'est pas seulement un attribut du chrétien. Selon Paul, en tout être humain il y a un « ἔσω ἄνθρωπος » qui le prédispose à connaître Dieu. Mais, alors que l'incrédule se laisse endurcir, le chrétien bénéficie de la lumière de l'Esprit et son « ἔσω ἄνθρωπος » s'inscrit dans un processus de renouvellement continu.

De même, s'agissant de la nature du « πνευματικὸς ἄνθρωπος », Jewett semble considérer ce dernier comme le composant divin en l'homme qui connaîtra la résurrection. Pourtant, en 1 Corinthiens 15, le « πνευματικὸς ἄνθρωπος » n'apparaît pas chez Paul comme un donné inhérent à l'être humain ou comme l'un de ses composants qui existerait préalablement à la résurrection. Le concept paulinien de « πνευματικὸς ἄνθρωπος » représente plutôt le corps qu'il plaira à Dieu de donner au ressuscité. Il s'agit d'un état de post-résurrection, celui qui sera donné à l'homme en tant qu'il est ressuscité par l'Esprit.

On voit donc que « ἔσω ἄνθρωπος » ne saurait être assimilé à « πνευματικὸς ἄνθρωπος » en raison du fait que l'homme charnel est également doté d'un « ἔσω ἄνθρωπος » (tout comme d'un cœur ou d'un entendement), lequel mériterait d'être renouvelé, à la manière de celui des chrétiens (le *nous*) en 2 Corinthiens 4,16.

---

47 R. Jewett, *Paul's Anthropological Terms*, *op. cit.*, p. 398.

Tout compte fait, nous avons vu qu'il est effectivement possible que le concept paulinien d'« ἔσω ἄνθρωπος » puisse être assimilé à « νοῦς » ou à « καρδία », mais qu'il ne saurait en aucun cas être un équivalent de ce que Paul appelle « πνευματικὸς ἄνθρωπος » (homme spirituel) ou « καινὸς ἄνθρωπος » (homme nouveau). Alors que ces deux derniers concepts désignent l'homme renouvelé (ou ressuscité), transformé par l'Esprit, « ἔσω ἄνθρωπος » apparaît, chez Paul, comme étant naturel et présent en tout être humain. Qu'il soit assimilé à « νοῦς » ou à « καρδία », « ἔσω ἄνθρωπος » se présente comme le lieu de l'action de l'Esprit en vue de la transformation de l'individu dans son être tout entier.

Leenhardt affirme que l'« homme intérieur » de 2 Corinthiens 4,16 est l'homme (déjà) « renouvelé par l'Esprit saint[48] » ; Allo y voit « l'homme nouveau » dont la personnalité est (déjà) « régénérée et transformée par le contact surnaturel de Dieu[49] » ; Engberg-Pedersen pense que cet « ἔσω ἄνθρωπος » qui se renouvelle de jour en jour est l'Esprit lui-même que l'individu a reçu et qui le remplit progressivement jusqu'à ce qu'il rejaillisse sur le corps, lequel, simultanément, est en train de mourir ou de s'atrophier[50].

Pour notre part, il nous semble que le concept paulinien d'« ἔσω ἄνθρωπος », notamment dans son assimilation à « νοῦς » (en Romains 7) ou à « καρδία » (en 2 Corinthiens 4), désigne le lieu où (ou bien ce sur quoi) l'Esprit agit en vue d'une transformation progressive des chrétiens, jusqu'à ce que, à la résurrection ou à la transformation eschatologique des chrétiens, ceux-ci soient finalement revêtus du « σῶμα πνευματικόν ».

Nous rejoignons cependant Engberg-Pedersen dans son idée selon laquelle une relation simultanée existe entre le renouvellement continu de l'homme intérieur et la destruction progressive de l'homme extérieur, comme s'il y avait une relation inversement proportionnelle entre la destruction du corps et le renouvellement de l'homme intérieur.

---

48 F. Leenhardt, *L'épître de saint Paul*, *op. cit.*, p. 111, note 5. Rappelons que Leenhardt distingue l'« ἔσω ἄνθρωπος » de Romains 7,22 de celui de 2 Corinthiens 4,16 : alors qu'il accorde (à juste titre) au premier une « acception psychologique et profane », il affirme que le second est « l'homme renouvelé par l'Esprit saint ». S. Bénétreau (*L'épître de Paul*, *op. cit.*, p. 206-207) semble établir la même distinction, en affirmant à propos de « ἔσω ἄνθρωπος » en Romains 7,22 : « il n'y a pas lieu de donner ici à cette formule (qui a d'ailleurs tout un passé dans l'hellénisme) une connotation spirituelle comparable à celle que le contexte lui accorde en 2 Corinthiens 4:16 ».

49 E.-B. Allo, *Seconde épître*, *op. cit.*, p. 135.

50 T. Engberg-Pedersen, *Cosmology and Self*, *op. cit.*, p. 48.

Engberg-Pedersen affirme ainsi que la destruction de l'homme extérieur renvoie au « corps de chair et de sang » qui « se meurt ou s'atrophie » *au fur et à mesure* que l'homme intérieur se renouvelle[51]. Comme si le renouvellement progressif de l'homme intérieur et la destruction du « corps de chair et de sang[52] » allaient de pair et qu'il y avait une relation d'implication causale – la mort engendrant la vie – dans la simultanéité des deux processus[53].

Une telle idée va à l'encontre des affirmations de Linda L. Belleville selon lesquelles la destruction de l'homme extérieur correspond à « l'affaiblissement progressif de nos facultés naturelles », et que nous commençons ce processus irréversible de mort physique « aussitôt que nous sommes nés[54] ». Pourtant, la prise en compte du contexte de 2 Cor 4,16 semble indiquer que cette destruction de l'homme extérieur renvoie à des afflictions corporelles, si bien que Paul peut affirmer que les chrétiens portent dans leur corps la mort de Jésus, afin que la vie de Jésus soit aussi manifestée dans leur corps (4,10). À l'instar d'Engberg-Pedersen[55], il nous semble que la mort de l'homme extérieur correspond à la mort du corps de chair et de sang, c'est-à-dire du corps de péché, laquelle a commencé avec le baptême[56].

De surcroît, si nous rapprochons 2 Corinthiens 4,16 des propos que Paul tient au chapitre 5 de la même épître, notamment dans les versets 1-5, il apparaît que la destruction de l'homme extérieur correspond à la destruction de son revêtement charnel[57]. Paul précise que les chrétiens, gémissant dans cette tente terrestre (le corps), sont dans l'attente, non pas d'en être dépouillés, mais de revêtir leur domicile céleste « afin que ce qui est mortel soit englouti par la vie » (v. 4c). Selon Paul, la condition pour les chrétiens de revêtir ce domicile céleste est d'être trouvés vêtus

---

51 T. Engberg-Pedersen, *Cosmology and Self*, *op. cit.*, p. 48. Nous nous opposons néanmoins à Engberg-Pedersen sur le fait d'identifier « ἔσω ἄνθρωπος » au « πνεῦμα » ; selon nous, « ἔσω ἄνθρωπος » représente ce qui, en l'être humain, est (ou doit être) renouvelé progressivement par l'Esprit jusqu'à la transformation ou la résurrection finale (où l'individu se verra doté d'un corps spirituelle).

52 Ce qui peut faire penser à la destruction du « corps de péché » en Romains 6,6.

53 Voir 2 Corinthiens 4,10-12 qui laisse transparaître clairement cette relation d'implication causale entre la mort et la vie.

54 L. Belleville, *2 Corinthians*, *op. cit.*, p. 126-127.

55 T. Engberg-Pedersen, *Cosmology and Self*, *op. cit.*, p. 54-55.

56 Voir Romains 6,1-14.

57 Voir aussi la mention de la « chair mortelle » en 2 Corinthiens 4,11.

et non pas nus (v. 3). Ce qui suppose que, ayant reçu de Dieu les arrhes de l'Esprit (v. 5), ils commencent déjà à revêtir ce domicile céleste et que, par une sorte de relation inversement proportionnelle, leur tente terrestre commence déjà à se détruire.

Dans le même sens, un rapprochement avec le discours paulinien sur la résurrection en 1 Corinthiens 15 permet de comprendre que ce domicile céleste que les chrétiens auront à revêtir représente le « σῶμα πνευματικόν », le corps spirituel, incorruptible, dépouillé de chair et de sang (v. 50), que Dieu leur donnera lors de la résurrection ou de la transformation finale. On peut donc conclure que le renouvellement continu de l'homme intérieur correspond à ce processus dans lequel le chrétien, ayant reçu les arrhes de l'Esprit, *commence à revêtir* le domicile céleste[58] qu'il *aura entièrement revêtu* quand il sera doté du « σῶμα πνευματικόν[59] ».

58 En ce sens, Betz souligne très justement que les chrétiens, alors qu'ils sont encore humains et physiques, sont « simultanément » spirituels. (Voir « The Concept of the 'Inner Human Being'… », art. cité, p. 328).

59 Ce corps spirituel est un corps que Dieu, « comme il lui plaît » (1 Corinthiens 15,38), donnera aux ressuscités ou aux chrétiens à la transformation finale (1 Corinthiens 15,51-52). Faut-il aller jusqu'à dire, à l'instar de Betz, que ce corps spirituel désigne le « soi » (« self », ou l'être ou l'homme intérieur) du chrétien qui, bien que lié au corps périssable, « ne se détruit pas mais est transformé de l'état de corps animal à l'état de corps spirituel » ? Voir « The Concept of the 'Inner Human Being'… », art. cité, p. 329.

CONCLUSION GÉNÉRALE

RAPPEL MÉTHODIQUE SUR LA NÉCESSITÉ DE DÉFINIR L'ANTHROPOLOGIE DE PAUL dans le cadre de son discours sur la justification

Avant même de formuler nos remarques conclusives sur l'anthropologie paulinienne, il convient tout d'abord de rappeler que, comme a pu le faire apparaître notre démarche, cette anthropologie ne se conçoit que dans le cadre du discours de Paul sur l'histoire de la justification. Ainsi avons-nous consacré le cœur de cette étude à montrer que, pour Paul, l'histoire de l'humanité se résume à l'histoire de la justification, de l'accomplissement du plan divin pour la délivrance, la rédemption et le salut des êtres humains[1].

De ce point de vue, on peut déjà retenir que Paul conçoit l'histoire de l'humanité selon une perspective téléologique dans laquelle les événements antérieurs annoncent, préparent ou contiennent déjà les événements postérieurs. Aussi Paul considère-t-il qu'Adam préfigurait déjà le Christ (Romains 5,14), que la Loi est intervenue en vue de rendre la grâce nécessaire (Romains 5,20), ou encore que la mort et la résurrection du Christ ont scellé et aussi préfiguré la victoire des chrétiens sur le péché et sur la mort (Romains 6,1-11).

C'est donc comme en toile de fond de cette histoire des interventions divines pour le salut des hommes que Paul laisse entrevoir sa vision anthropologique. C'est sans doute en ce sens que Bultmann déclare que

1 Nous prenons ainsi le contrepied de la position de Wright qui écrit : « Si vous me répondez que l'épître aux Romains, dans son intégralité, est une description de la manière dont les individus deviennent chrétiens, et que la justification y est centrale, je répondrai que cette manière de lire Romains a systématiquement fait violence à ce texte depuis des centaines d'années. » (Voir N. Wright, *What Saint Paul Really Said*, Grand Rapids, Eerdmans, 1997, p. 155.)

« chacune des affirmations (de Paul) à propos de Dieu est simultanément une affirmation à propos de l'homme et vice versa[2] ». Dans le même sens, Moo estime que « la majeure partie de Romains se concentre sur la manière dont Dieu a agi en Christ pour faire entrer l'individu pécheur dans une nouvelle relation avec lui-même (chapittres 1-4), pour donner à l'individu la vie éternelle dans la gloire (chapitres 5-8), et pour transformer la vie que mène l'individu sur terre maintenant (chapitres 12,1-15,13)[3] ».

En effet, faisant de l'avènement du Christ un tournant dans l'histoire de l'humanité, Paul voit dans la Croix l'événement (presque cosmique) qui, au moins potentiellement, délivre l'humanité de l'empire du péché et de la mort. Désormais, dans la vie du chrétien, l'empire du péché et, aussi, celui de la Loi sont considérés comme anciens, en opposition au régime du Christ, qui est nouveau. Dès lors, pour Paul, quiconque est en Christ a eu « son vieil homme crucifié avec Christ » (Romains 6,6) et devient « une nouvelle créature : les choses anciennes sont passées et toutes choses sont devenues nouvelles » (2 Corinthiens 5,17).

L'OPPOSITION DE L'ANCIEN AU NOUVEAU, NOTION FONDAMENTALE CHEZ PAUL et recouvrant le principal enjeu de son anthropologie

L'opposition entre l'ancien et le nouveau est fondamentale chez Paul et contient, nous semble-t-il, le principal enjeu de son anthropologie. Elle est d'abord l'opposition entre deux hommes (Romains 5,14 ; 1 Corinthiens 15,45-47) : d'un côté, le premier homme, Adam, qui est terrestre et animal (« ψυχικός »), et qui est doté d'une âme vivante ; de l'autre, le second homme (« ὁ δεύτερος ἄνθρωπος ») ou le dernier Adam (« ὁ ἔσχατος Ἀδὰμ »), le Christ, qui est céleste (« ἐξ οὐρανοῦ ») et spirituel (« πνευματικός »), doté d'un Esprit vivifiant.

À partir de cette première opposition (entre le premier homme terrestre et le second homme céleste), Paul établit, selon une logique

2 R. Bultmann, *Theology*, *op. cit.*, vol. I, p. 191.
3 D. Moo, *Romans*, *op. cit.*, p. 28.

de causalité générique, que, de la même manière qu'Adam (le premier homme) est celui qui a amené le péché et la mort à tous les hommes, le Christ est celui qui amène la victoire sur le péché, la grâce et la vie à tous les hommes (Romains 5,12-21 ; 1 Corinthiens 15,21-22, 48-49). Paul dresse ainsi le portrait de deux humanités opposées : l'une, placée sous le signe d'un homme (Adam) animal (« ψυχικός ») et terrestre (« χοϊκός »), est dominée par l'empire du péché et de la mort ; l'autre, placée sous le signe d'un homme (le Christ) spirituel (« πνευματικός ») et céleste (« ἐπουράνιος »), est régie par le règne de la justice et de la vie.

Par ailleurs, nous avons vu que Paul conçoit le baptême comme le moyen par lequel l'individu est arraché de l'asservissement au péché pour passer au service de Dieu et de la justice (Romains 6). Ce transfert par le baptême suppose non seulement que l'individu échappe à la domination du péché mais aussi qu'il est délivré du pouvoir de la Loi (Romains 7,1-6). Et de même que le Christ, ressuscité des morts, échappe définitivement au pouvoir de la mort, le chrétien qui, dans le baptême, est mort et ressuscité avec le Christ pour une vie nouvelle, est aussi (*principiellement*) délivré du pouvoir de la mort (Romains 6,4, 5, 8-9).

Mais la véritable question qui se pose à nous est la suivante : une fois que Paul a déclaré que les chrétiens (baptisés et par conséquent nés de nouveau) sont délivrés des pouvoirs du péché, de la Loi et de la mort, comment conçoit-il le présent ou l'aujourd'hui des chrétiens ? Pour ce qui est de la victoire sur la mort, la question peut paraître plus simple, car l'on peut comprendre qu'il s'agit d'une victoire *principielle* ou *potentielle*, laquelle se réalisera ou s'accomplira pleinement dans un temps eschatologique[4]. Il nous semble que le principal enjeu en vue de comprendre la conception paulinienne de la vie nouvelle réside dans la question de savoir comment Paul conçoit la délivrance du pouvoir du péché (et, subsidiairement, du pouvoir de la Loi) présentement dans la vie du chrétien.

En effet, s'il arrive à Paul de parler d'une résurrection ou d'une vie nouvelle du chrétien devant se réaliser dans le futur (Romains 6,5.8),

---

4 Paul lui-même ne saurait convaincre ses interlocuteurs romains qu'il s'agit d'une victoire déjà effective sur la mort, puisque celle-ci devait être une réalité courante dans leur communauté. D'ailleurs, en Romains 6,8, Paul semble faire de la résurrection (laquelle scelle la victoire sur la mort) l'objet d'une croyance (« πιστεύομεν ») ou d'une espérance, laquelle se réalisera dans le futur (« συζήσομεν αὐτῷ »). Nous reviendrons plus loin sur la question du *comment* se réalisera cette victoire sur la mort.

l'on ne peut s'empêcher d'observer que, pour Paul, la vie nouvelle qui résulte du baptême est (ou est censée être) déjà une réalité présente. Et Paul rappelle aussi avec force la nécessité pour le chrétien (baptisé et par conséquent mort au péché) de ne plus vivre dans le péché. Entendons-nous bien : les propos de Paul en Romains 6,2-8 ne relèvent pas de la recommandation ou de l'exhortation ; et Paul ne parle pas comme si c'était sa propre pensée, sa propre compréhension ou sa propre opinion.

En fait, il s'agit de la *logique* même des choses[5] : le baptême suppose logiquement[6] la cessation des pouvoirs du péché sur le chrétien. Paul présente, dans ces versets, une doctrine du baptême – qu'il suppose d'ailleurs connue de ses interlocuteurs (v. 3) – dans laquelle celui-ci est considéré comme le lieu ou le moyen par lequel se réalise la sortie ou, mieux, l'arrachement du chrétien à l'empire du péché. Et c'est aussi par le moyen de la mort dans le baptême que se réalise le transfert de l'esclavage du péché au service de Dieu ou de la justice.

Pourtant, ces évidences que Paul rappelle aux chrétiens ne semblent pas aussi obvies qu'il n'y paraît, et elles suscitent bien des interrogations. Si les chrétiens sont libérés du péché par le moyen du baptême, les destinataires des propos de Romains 6 ne sont-ils pas des chrétiens baptisés ? Et s'ils sont bien des chrétiens baptisés, comment comprendre que Paul leur rappelle cette nécessité de ne plus vivre dans le péché après le baptême ?

Faut-il donc envisager que les destinataires des propos pauliniens en Romains 6, bien qu'ils aient été déjà baptisés, vivaient encore dans le péché, ou, tout au moins, étaient tentés de demeurer ou de renourner dans le péché ? Mieux encore, comment comprendre le fait que Paul lui-même, après leur avoir dit que leur vieil homme a été crucifié avec le Christ, que, dans le baptême, leur corps de péché a été détruit et qu'ils ont été libérés de l'esclavage du péché (vv. 6 et 7), leur adresse finalement (sous

---

5 Cette logique est d'ailleurs présentée comme une évidence, comme une vérité qui s'impose spontanément ou comme un savoir communément partagé (ce qui explique la portée rhétorique des questions en Romains 6,1-3, et aussi la présence de la forme interro-négative « Ἢ ἀγνοεῖτε ὅτι… » au verset 3).

6 D'un point de vue formel, la valeur logique des affirmations pauliniennes dans ces versets apparaît notamment quand on tient compte non seulement des questions rhétoriques et des connecteurs logiques (οὖν, ὥσπερ, οὕτως, ἵνα, καί, γάρ, δέ) mais aussi et surtout des propositions conditionnelles marquées par « εἰ » aux vv. 5 et 8. Rappelons également la portée générale de l'affirmation paulinienne au verset 7 qui pourrait être érigée en principe logique.

forme d'une conclusion solennelle) une mise en garde contre le péché qui règne[7], ou qui pourrait régner dans leur corps mortel (v. 12)[8] ?

L'EMPIRICITÉ DE L'ANTHROPOLOGIE PAULINIENNE

Il convient tout d'abord de rappeler ici certaines des conclusions de notre étude sur le contexte de l'épître aux Romains. Contrairement à une position assez répandue selon laquelle cette lettre ne reflète pas la situation d'une communauté particulière[9], nous pensons que Paul connaît la situation de l'église à laquelle il s'adresse. En d'autres termes, l'apôtre sait très bien que les chrétiens auxquels il écrit, bien qu'ils soient baptisés, ne sont pas encore à l'abri du péché. Le fait que des chrétiens baptisés puissent être encore affectés par le péché suppose-t-il une contradiction dans la pensée paulinienne ? Loin de là.

Il convient de distinguer plusieurs niveaux dans le discours paulinien. Il y a tout d'abord l'association de deux niveaux qui reflètent l'opposition fondamentale de l'ancien au nouveau. Paul y met en contraste ce que les chrétiens étaient, donc ce qu'ils ne doivent plus être, et ce qu'ils sont appelés à être. Mais, en arrière-plan de ces deux niveaux qui opposent l'« avoir été » au « devoir être », il y en a un autre, qui laisse entrevoir l'« être présent ».

C'est précisément cet « être présent », qui traduit la situation dans laquelle les chrétiens vivent effectivement leur foi, qui justifie l'intervention de l'apôtre. En d'autres termes, ce que nous désignons par l'« être présent » des chrétiens (en opposition à leur « avoir été » et leur « devoir être ») constitue ce que nous appelons couramment le contexte

---

7 Le fait que la mise en garde soit formulée sous forme d'une conclusion de la démonstration logique qui vient d'être faite donne plutôt lieu à penser que ces chrétiens vivaient dans le péché. Le « οὖν » emphatique au début verset 12 serait une façon d'inviter ses interlocuteurs à tirer les conclusions logiques de ce cette évidence ou de ce savoir communément partagé.

8 Relevons, une fois de plus, que, au verset 12, c'est le péché qui fait l'action et qui est susceptible de régner sur le corps mortel du chrétien.

9 Elle est notamment représentée par S.-K. Stowers, *The Diatribe*, *op. cit.*, 1981.

de la lettre, ou la raison qui justifie le fait que Paul adresse *cette* lettre à *cette* communauté (et non pas à une autre)[10].

L'idée que nous formulons ici est que Paul, dans ses lettres, prend en compte l'« être présent » des chrétiens, tels qu'ils sont insérés dans leurs communautés particulières qui, elles-mêmes, ont leurs caractéristiques propres. Rappelons que, lors de notre étude introductive sur les circonstances de rédaction de l'épître aux Romains, nous avons retenu, comme hypothèse la plus probable, que l'église de Rome, composée de chrétiens d'origines juive et païenne, pouvait se trouver en proie à des tensions internes[11].

Alors que les pagano-chrétiens auraient eu tendance à rester attachés à leur ancien mode de vie permissif (1,18-32 et 6,1-13), les judéo-chrétiens, pour leur part, auraient eu tendance à continuer de se réclamer de la Loi, notamment de pratiques rituelles, comme la circoncision (2,12-4,25). Par ailleurs, nous avons pu admirer comment Paul, dans les chapitres 9-11, s'ingénie à faire comprendre aux deux groupes leur complémentarité et leur place respective dans le plan divin pour le salut de toute l'humanité. L'essence du propos de Paul dans la lettre serait de rappeler à ces deux groupes qu'ils sont tous pécheurs et tous au bénéfice de la grâce de Dieu, et que seule la foi dans l'acte du Christ à la Croix peut procurer justification et salut.

Ce rappel du contexte de l'épître aux Romains peut s'avérer éclairant à plusieurs égards pour la compréhension de la question de la nouveauté de vie chez Paul. Tout d'abord, il nous permet de bien situer le sens des affirmations pauliniennes sur l'humanité : pour Paul, il s'agit avant tout de mettre tout le monde, juifs et Grecs (ou païens), sur un pied d'égalité. Aux yeux de Dieu, il n'y a ni juifs ni Grecs (ou païens), il n'y a que l'ensemble des hommes qui, étant tous placés sous l'empire du péché, ont tous besoin de la grâce (manifestée à travers l'œuvre rédemptrice du Christ) pour leur justification et leur salut (3,9-18, 22c-24).

Il nous semble que c'est selon cette même logique qu'il faut comprendre la portée générale ou universelle de l'affirmation paulinienne en Romains

---

10 En dépit du caractère doctrinal du discours paulinien en Romains 5-8, il convient de garder à l'esprit qu'il s'agit d'une lettre adressée à une communauté dans des circonstances déterminées. Pour une étude détaillée sur la dimension contextuelle de l'anthropologie paulinienne, voir par exemple G. van Kooten, *Paul's Anthropology in Context*, Tübingen, Mohr Siebeck, 2003.

11 Celles-ci pouvaient notamment refléter les relations conflictuelles entre pagano-chrétiens et judéo-chrétiens qui se jugeaient mutuellement (chapitres 2 et 14).

5,12-21 : de même que, en Adam, tous les hommes sont placés sous l'empire du péché et de la mort, ainsi, en Christ, tous les hommes sont au bénéfice de la justice et de la vie. On peut observer que, par cette affirmation, non seulement Paul annule la distinction ou l'opposition juifs/Grecs qui devait prévaloir dans cette communauté, mais il dresse aussi une autre opposition (Adam/Christ) qui laisse une place intermédiaire presqu'insignifiante à la Loi (ou à Moïse), laquelle constituait la pomme de discorde.

Désormais, tous ceux qui ne se réclament pas du Christ (et du Christ seul) doivent savoir qu'ils s'inscrivent dans la lignée d'Adam et donc qu'ils sont encore placés sous la coupe du péché et condamnés à la mort. Inversement, tous ceux qui sont sous la bannière du Christ (et du Christ seul) jouissent de la grâce, de la justification et de la vie éternelle. Il n'y a donc plus de distinction entre ceux qui ont la Loi et ceux qui n'ont pas la Loi, entre circoncis et incirconcis, entre juifs et Grecs (ou païens), mais une nouvelle distinction ou opposition surgit entre, d'une part, ceux qui tiennent leur naissance d'Adam (de l'homme animal, charnel et terrestre) et qui sont voués à la mort, et, d'autre part, ceux qui tiennent leur naissance du Christ (l'homme spirituel et céleste), qui auront en partage la vie et la paix.

Par ailleurs, s'agissant de l'opposition du vieil homme et de l'homme nouveau, le bref rappel sur le contexte de rédaction de l'épître aux Romains nous permet de comprendre que cette opposition de l'ancien au nouveau peut prendre des significations différentes selon qu'il s'applique au pagano-chrétien ou au judéo-chretien. C'est ainsi que l'on peut considérer que, d'un côté, l'homme nouveau renvoie au pagano-chrétien qui, par le baptême, est délivré de l'asservissement au péché, état dans lequel il portait des fruits dont il rougit aujourd'hui, mais que, d'un autre côté, l'homme nouveau renvoie aussi au judéo-chrétien qui est mort à la Loi et est désormais appelé à servir non plus selon la lettre ancienne de la Loi mais selon le régime nouveau de l'Esprit (7,1-6).

Et si le judéo-chrétien aurait du mal à se reconnaître dans l'ancien esclave du péché qui pourrait être tenté d'y retourner, tel que cela est décrit en 6,16-23[12], Paul lui rappelle que, lorsqu'il était sous la Loi ou

12 Cette description semble, en effet, plus adaptée à la situation du pagano-chrétien, et, une fois de plus, il nous semble que ces versets viennent comme en écho à 1,18-32, et notamment à 1,26-28.

dans la chair[13], il était lui aussi sous la coupe du péché, car la Loi agissait comme un catalyseur pour provoquer l'action des passions des péchés dans ses membres, de sorte que, lui aussi, comme le pagano-chrétien, portait des fruits pour la mort (7,5)[14]. Autrement dit, le judéo-chrétien n'a aucune raison de se vanter de la chair ou de se réclamer de la Loi (notamment de la circoncision) : il était (ou est encore) pécheur au même titre que le pagano-chrétien, puisque, comme Paul le montre en 7,7-13, la Loi, en offrant au péché une occasion de se multiplier, n'a fait que conduire l'individu à la mort[15].

Il nous semble que c'est de ce point de vue qu'il faut comprendre l'invitation faite par Paul aux chrétiens, à la fois juifs et Grecs (ou païens), morts au péché et à la Loi, à abandonner complètement leur ancienne vie dans l'asservissement au péché ou « dans la chair » (sous la Loi). Cette approche contextuelle nous permet de comprendre que, lorsque Paul affirme que les chrétiens baptisés, morts au péché et à la Loi, sont entrés dans une vie nouvelle, il ne fait nullement abstraction de leur réalité présente ou de leur expérience concrète de la foi. S'il rappelle aux chrétiens leur « avoir été » (leur « vieil homme ») et aussi leur « devoir être » (l'« homme nouveau » qu'ils sont appelés à devenir), il n'ignore pas non plus leur « être présent » (leur réalité concrète ou la façon dont ils expérimentent présentement la foi).

Et c'est en raison même de la connaissance de cet « être présent » (cette réalité ou cette expérience quotidienne où les chrétiens continuent de subir les assauts incessants du péché) que l'apôtre prend le soin de formuler des mises en garde contre un retour éventuel à l'asservissement au péché ou à la vie dans la chair (la vie sous la Loi)[16]. C'est précisément cette prise en compte de l'« être présent » des chrétiens (de leur expérience quotidienne de la foi) que nous appelons l'*empiricité de l'anthropologie paulinienne.*

---

13 Rappelons que l'une des interprétations possibles de l'« avoir été dans la chair » est la vie sous la Loi.

14 Les « fruits pour la mort » en 7,5 sont à rapprocher de 6,21 où il est question des fruits dont on (le pagano-chrétien) a honte maintenant et qui ont pour fin la mort.

15 Sur cette question, voir E. Wasserman, « The Death of the Soul in Romans 7 : Revisiting Paul's Anthropology in Light of Hellenistic Moral Psychology », *JBL* 126, 2007, p. 793-816 ; id., *The Death of the Soul in Romans 7 : Sin, Death, and the Law in Light of Hellenistic Moral Psychology*, Tübingen, Mohr Siebeck, 2008.

16 Cette crainte que les chrétiens puissent être tentés de retourner dans la vie dans la chair ou de (re)tomber dans la recherche de la justification par la Loi (notamment par la circoncision) se trouve dans presque tous les écrits pauliniens (voir, par exemple, Galates 2-3 où elle s'exprime le plus vivement).

Cette empiricité de l'anthropologie paulinienne s'exprime notamment à travers le fait que Paul ne s'adresse pas aux chrétiens romains indépendamment de leur arrière-plan culturel et de leur *Sitz im Leben*, comme si ces derniers étaient imaginaires ou une pure construction du discours. Bien au contraire, l'apôtre intervient personnellement dans sa démonstration pour préciser qu'il prend bien le soin de leur parler dans un *langage humain* en raison de *la faiblesse de leur chair* (6,19a), et, aussi, qu'il prend bien en compte le fait qu'il parle à des gens qui connaissent la Loi (7,1a).

Et si ces deux irruptions de Paul dans la démonstration se présentent comme des *insertions parenthétiques*[17], l'auteur exprime en 7,7-25, à la première personne du singulier, une expérience poignante qui, au-delà de sa propre personne, comporte une dimension inclusive[18], impliquant d'abord ses correspondants romains, mais embrassant aussi toute l'humanité (depuis Adam) en prise avec le péché.

LA SUBJECTIVITÉ DE L'ANTHROPOLOGIE PAULINIENNE

Il convient de s'interroger, d'un point de vue anthropologique, sur la signification du choix volontaire de l'apôtre de s'auto-identifier[19] à ses lecteurs et de se faire à la fois sujet et objet de son propre discours. En fait, la véritable question qui se pose ici est la suivante : Paul aurait-il pu s'exprimer en Romains 7,7-25 à la deuxième ou à la troisième personne

17 Voir D. Forget, « Les insertions parenthétiques », *Revue québécoise de linguistique*, 28, 2000, p. 15-28 ; http://www.erudit.org/revue/rql/2000/v28/n2/603196ar.pdf (consulté le 11/10/2020).

18 Voir notre chapitre sur l'interprétation de l'« ἐγώ » en Romains 7,7-8,2, où nous avons montré que, s'il y a bien des raisons de penser que la figure de l'« ἐγώ » peut renvoyer à Adam, à un juif sous la Loi (incluant Paul avant sa conversion), à un chrétien d'origine païenne ou juive (incluant Paul après sa conversion), elle renvoie finalement à tout individu nécessitant, réclamant et recevant le secours de l'Esprit pour lutter contre le péché dans la chair.

19 Rappelons ici que nous nous opposons à la position selon laquelle l'« ἐγώ » en Romains 7,7-25 aurait seulement une valeur rhétorique et que Paul serait, personnellement, étranger à l'expérience décrite dans ce passage. Cette position est notamment défendue par Kümmel, qui pense que Romains 7,7-25 décrit « quelque chose d'universel » ou des « expériences humaines générales ». (*Römer* 7, *op. cit.* p. 89.)

(du singulier ou du pluriel) ? Rien qu'en essayant de remplacer la première personne du singulier par la deuxième ou la troisième personne (du singulier ou du pluriel), il apparaît évident que le discours n'aurait ni la même force ni la même signification.

À titre de comparaison, l'on pourrait faire un rapprochement avec Romains 1,18-31 où Paul parle, à la troisième personne du pluriel, des hommes qui se sont écartés de Dieu pour s'engluer dans le péché.

On peut donc penser que l'apôtre a voulu s'inclure dans l'histoire de l'expérience tragique de l'« ἐγώ » en prise avec le péché. Mais pourquoi n'a-t-il pas choisi alors de s'exprimer à la première personne du pluriel, comme il l'a fait en 7,5-6, en 5,1-11 ou en 8,16-39 ? Sans doute ce « nous » ne refléterait-il pas suffisamment la dimension personnelle voire intime inhérente au fait pour l'individu d'expérimenter sa propre faiblesse face aux assauts du péché qu'il subit dans sa propre chair, et aussi, dans cet état de déchirement intérieur et d'impuissance mortifère, au fait de ressentir la nécessité de réclamer le secours de l'Esprit pour être vivifié et délivré de l'emprise du péché.

Aussi pouvons-nous comprendre que l'usage de la première personne du singulier en Romains 7,7-25 suppose non seulement que l'auteur n'est pas étranger à l'expérience décrite mais aussi et surtout qu'il laisse à chaque lecteur la possibilité de s'approprier individuellement et personnellement l'expérience intime que représentent à la fois la souffrance de l'asservissement involontaire au péché et aussi l'allégresse que procure la délivrance de cet esclavage, grâce à l'intervention de l'Esprit de vie en Jésus Christ. Comme l'exprime fort bien Engberg-Pedersen, « c'est en prenant en compte sa propre expérience religieuse que Paul articule le plus clairement une notion du soi[20] ».

L'idée que nous formulons ici est que, en Romains 7,25, nous sommes en présence d'une expérience à la fois personnelle et anthropologique. Autrement dit, Paul décrit ici une expérience intime (physique)[21] de lutte

---

20 T. Engberg-Pedersen, *Cosmology and Self*, *op. cit.*, p. 142. Engberg-Pedersen entend montrer la dimension réflexive de l'anthropologie paulinienne en s'appuyant notamment sur P. Bourdieu, *Réponses*, *op. cit.* et sur R. Sorabji (*Self : Ancient and Modern Insights about Individuality, Life, and Death*, Oxford, Clarendon).

21 Voir la manière dont Engberg-Pedersen définit une « expérience » en se référant à Aristote (*Éthique à Nicomaque* II.5.1105b-1106a, in *Aristote, The Complete Works*, ed. Barnes J., 1984, Princeton, Princeton University Press) : *Cosmology and Self*, *op. cit.*, p. 142-143, et la note 13, p. 241.

continuelle contre le péché dans sa chair qu'il considère aussi applicable à tout autre individu devant lutter contre le péché[22], et surtout à ses interlocuteurs qu'il ne cesse de mettre en garde contre une rechute volontaire (6,19) dans l'asservissement au péché ou dans la vie dans la chair. Il s'ensuit que, dans la conception anthropologique de Paul, se croisent ou se confondent souvent la vision que l'apôtre porte sur lui-même (sa personne, son histoire et son expérience de la foi) et sa conception de la conversion du chrétien.

Murray[23] souligne ainsi très justement que les antithèses fondamentales dans la pensée paulinienne, telles que les oppositions entre la grâce et la Loi, entre la foi et les œuvres, sont à mettre en relation avec le regard que l'apôtre porte sur son histoire personnelle, séparée en deux périodes (radicalement opposées) par l'événement de Damas[24].

Il nous semble qu'il en est de même de la conception paulinienne de l'opposition entre le vieil homme et l'homme nouveau, laquelle pourrait aussi renvoyer au regard que porte Paul sur l'opposition radicale entre son passé pharisien et l'homme nouveau qu'il est devenu après l'événement de Damas. Et c'est dans l'exacte mesure où l'apôtre s'implique lui-même en tant que sujet dans l'objet traité, alors même qu'il applique aux autres humains des expériences qu'il a lui-même vécues, que nous pouvons parler de la *subjectivité de l'anthropologie paulinienne.*

LA COSMICITÉ DE L'ANTHROPOLOGIE PAULINIENNE

L'appréciation de la dimension subjective de l'anthropologie paulinienne (où le « moi » s'identifie à tous) nous permet par ailleurs de dépasser le débat qui oppose, d'un côté[25], ceux qui voient chez Paul une conception

---

22 S'agissant de la position selon laquelle l'« ἐγώ », étant donné qu'il est encore aux prises avec le péché, ne saurait représenter ni Paul ni un chrétien, elle semble ignorer le verset 25b où l'apôtre, même après avoir rendu grâce à Dieu pour la délivrance en Christ (v. 25a), insiste sur le fait que, *lui-même (αὐτὸς ἐγώ)*, il est esclave de la Loi de Dieu par l'entendement et esclave du péché par la chair.

23 J. Murray, *The Epistle, op. cit.*, Introduction, p. XIV.

24 Sur cette question, voir aussi le chapitre « The Impact of Paul's Conversion » (p. 346-354) de J. Dunn, *The Theology of Paul the Apostle*, Londres, T & T Clark International, 1988.

25 Il s'agit notamment des théologiens qui s'inscrivent dans la lignée de M. Luther, comme Bultmann ou Moo.

individuelle du salut et, de l'autre[26], ceux qui pensent que l'apôtre a plutôt développé en Romains une conception communautaire du salut.

C'est, en effet, parce que l'« ἐγώ » paulinien en Romains 7, dans sa dimension inclusive, s'identifie au reste des chrétiens que, en 8,16-39 et 5,1-11, l'apôtre peut s'unir à eux non seulement dans la souffrance mais aussi dans l'exultation et la célébration de la joie du salut. Mieux encore, plus qu'à cette communion des chrétiens, on assiste en Romains 8,18-23 à une union de l'ensemble de la création dans une *souffrance cosmique* et dans l'espérance de la délivrance.

Il apparaît que la souffrance cosmique dont il est question ici renvoie au fait que les êtres humains, ainsi que toute la création, sont engagés dans une lutte cosmique contre la corruption (autrement dit contre la chair corruptible, ou contre la mort), de laquelle ils espèrent être délivrés, notamment par l'Esprit qui les aide dans leur faiblesse (8,26). Il s'agit donc d'une allusion à la résurrection et à la victoire finale de l'incorruptibilité sur la corruptibilité, du spirituel sur le charnel, de la vie sur la mort, telle que l'apôtre en parle en 1 Corinthiens 15.

En effet, dans ce chapitre, Paul affirme que, lorsque la fin viendra, le Christ, à son avènement, détruira toute domination, toute autorité, toute puissance et, finalement, la mort (vv. 24-26). Et, dans le même registre de rapprochement entre les hommes et le reste de la création, Paul compare, pour mieux les distinguer, la chair des hommes avec celles des quadrupèdes, des poissons, des oiseaux, et aussi l'éclat (la gloire) des corps terrestres avec celui des corps célestes, tout en distinguant l'éclat du soleil de celui de la lune, des étoiles etc.

Cette série de distinctions permet à Paul d'affirmer finalement que le corps terrestre avec lequel le chrétien est mort sera différent (en éclat) de celui avec lequel il ressuscitera. Si les chrétiens sont morts avec un corps (similaire à celui d'Adam) méprisable (« ἐν ἀτιμίᾳ »), infirme (ἐν ἀσθενείᾳ), corruptible (« ἐν φθορᾷ », animal (« ψυχικόν ») et terrestre (« χοϊκόν »), ils ressusciteront avec un corps (similaire à celui du Christ ressuscité) glorieux (« ἐν δόξῃ »), plein de force (« ἐν δυνάμει »), incorruptible (« ἀφθαρσία »), spirituel (« πνευματικόν ») et céleste (« ἐπουράνιον »).

Nous avons précisé que cette opposition entre le corps terrestre (animal, faible, méprisable et corruptible) et le corps céleste (incorruptible, glorieux,

26 Nous pensons en particulier aux exégètes appartenant au courant de la « Nouvelle Perspective ».

plein de force et spirituel) est à situer dans le cadre plus général de l'opposition paulinienne entre le charnel et le spirituel. C'est ce qu'indique clairement 1 Corinthiens 15,50, en affirmant que « la chair et le sang ne peuvent hériter le royaume de Dieu, et que la corruption n'hérite pas l'incorruptibilité ».

Et nous avons aussi précisé que, pour Paul, c'est grâce à l'intervention (victorieuse et déjà active) de l'Esprit dans (et contre) la sphère terrestre et charnelle que se produira (et se produit déjà) le renouvellement de toutes choses (les chrétiens associés à la création toute entière)[27]. C'est, d'une part, cette union entre les chrétiens et l'ensemble de la création dans une souffrance et une lutte cosmiques en vue de la délivrance de la mort, et, d'autre part, cette opposition entre le terrestre, qui est charnel, et le céleste, qui est spirituel[28], que nous appelons la cosmicité de l'anthropologie paulinienne.

L'ORIGINALITÉ DE L'ANTHROPOLOGIE PAULINIENNE

Il convient, enfin, de souligner l'originalité de l'anthropologie paulinienne dans le cadre de l'opposition fondamentale de l'ancien au nouveau et aussi dans ses dimensions cosmologiques, subjectives et empiriques. Tout d'abord, si nous considérons cette anthropologie dans le cadre

27 Cette idée que, à la fin des temps, se produira le « renouvellement de toutes choses » se trouve aussi en Matthieu 19,28. Elle se rapproche par ailleurs de 1 Corinthiens 15,24, où il est dit que le Christ détruira toutes les puissances, dominations, autorités et, finalement, la mort, avant de remettre le royaume à son Père. Cette destruction, d'une part, et la reprise du contrôle de tout, d'autre part, peuvent supposer un renouvellement de toutes choses.

28 Engberg-Pedersen qualifie aussi de cosmologique l'opposition paulinienne entre, d'une part, la sphère terrestre et charnelle, et, d'autre part, la sphère céleste et spirituelle. Voir *Cosmology and Self*, *op. cit.*, p. 42-45 notamment. Voir aussi la page 105, où Engberg-Pedersen écrit : « Nous devrions conclure que l'anthropologie paulinienne est essentiellement cosmologique. » Nous ne partageons pas son point de vue quand il rapproche 1 Corinthiens 15 de Philippiens 2,15 pour conclure : « Si l'Esprit est déjà présent maintenant parmi les Philippiens quand ils brillent *comme* des étoiles, alors nous sommes très près de l'idée que nous trouvons en 1 Corinthiens 15 selon laquelle l'Esprit transformera finalement les ressuscités *en* 'étoiles du monde'. Alors ils ne brilleront plus *comme* des étoiles : ils *seront* des étoiles – à travers l'opération de l'Esprit. » (P. 43 ; c'est l'auteur qui souligne.) Voir aussi E. Adams, *Constructing the World : A Study in Paul's Cosmological Language*, Edimbourg, T. & T. Clark ; id., *The Stars Will Fall From Heaven : Cosmic Catastrophe in the New Testament and Its* World, Londres, T. & T. Clark, 2007.

néotestamentaire, il apparaît qu'elle se rapproche surtout de la nouvelle naissance telle qu'elle est évoquée au chapitre 3 de l'Évangile selon Jean.

Nous y trouvons en effet nombre des caractéristiques de la conception paulinienne de la nouveauté de vie, telles que l'opposition entre le vieil homme et l'homme (devant naître de) nouveau (v. 4), celle entre la chair et l'Esprit (v. 6) ou entre les choses terrestres les choses célestes (v. 12), et aussi la *nécessité* d'être né de nouveau ou de l'Esprit pour voir (entrer dans) le royaume de Dieu (vv. 3 et 5). Notons aussi que la naissance d'eau dont il est question au verset 5 peut être interprétée comme une allusion au baptême. De même, nous ne pouvons nous empêcher de constater que, comme chez Paul, l'Esprit occupe une place centrale dans la conception johannique de la nouvelle naissance.

Cependant, au-delà de ces quelques traits communs qui sont essentiels quant à la signification de la nouveauté de vie chez Paul, on peut aisément observer que, tandis que les quelques formules johanniques sur la nouvelle naissance se veulent être un mystère qui relève de la foi (ou du croire v. 12), les affirmations pauliniennes sur la nouveauté de vie s'inscrivent dans une logique discursive à visée épidictique (voir les différentes logiques que nous avons relevées dans l'argumentation en Romains 5-8), et relèvent avant tout du *savoir* (voir les nombreuses occurrences des verbes « γινώσκω » et « οἶδα » en Romains 6-8, comme en 6,3 ; 7,1 ; 7,14-15,18 ; 8,22)[29].

Outre ce rapprochement dans le cadre du corpus néotestamentaire[30], il serait aussi intéressant de se demander dans quelle mesure Paul partage la vision anthropologique d'autres courants de pensée en vogue à son époque[31]. Nous avons ainsi analysé certains rapprochements souvent établis entre la pensée paulinienne et la pensée hellénistique. Ainsi, s'agissant de l'opposition paulinienne « ἔξω ἄνθρωπος » / « ἔσω

29 Voir aussi les occurrences du verbe « λογίζομαι », comme en 6,11 (les chrétiens doivent se considérer, se penser, se concevoir ou se regarder comme morts au péché, et non pas le croire) ou en 8,18.

30 D'autres rapprochements dans le cadre du Nouveau Testament sont sans doute possibles, mais les similarités qu'ils supposent ne sont que des évocations plus ou moins directes de l'un ou l'autre aspect de l'anthropologie paulinienne. C'est le cas, par exemple, de Marc 7,21 ; Matthieu 6,4 ; 8,18 ; Luc 11,39 en ce qui concerne l'opposition « ἔξω ἄνθρωπος » / « ἔσω ἄνθρωπος ».

31 Une telle question est aussi abordée dans : T. Engberg-Pedersen, éd., *Paul in His Hellenistic Context*, Edimbourg, T&T Clark, 1994 ; id., « The Relationship with Others : Similarities and Differences Between Paul and Stoicism », *ZNW* 96, 2005, p. 35-60.

ἄνθρωπος », certains commentateurs émettent l'idée que Paul pourrait s'inspirer de l'hellénisme dans lequel on retrouve un profond dualisme marqué par l'opposition entre l'homme intérieur et l'homme extérieur[32].

Le dualisme hellénistique, que l'on retrouve notamment dans la littérature hermétique[33], conçoit en effet le corps humain (l'homme extérieur) comme étant une prison pour l'âme (l'homme intérieur), de laquelle cette dernière sera libérée à la mort de l'individu[34]. Leenhardt considère qu'une telle conception remonte à Platon qui affirmait que le corps (σῶμα) est un tombeau (σῆμα) pour l'âme[35]. Si de tels rapprochements avec la pensée paulinienne sont tout à fait possibles (notamment quand on pense à Romains 7, où l'« ἐγώ » se declare prisonnier et doublement esclave), il est néanmoins nécessaire de ne pas confondre le dualisme hellénistique avec l'opposition paulinienne « ἔξω ἄνθρωπος » / « ἔσω ἄνθρωπος » (« homme extérieur » / « homme intérieur ».

En fait, Paul se distingue de l'hellénisme sur deux points fondamentaux. Tout d'abord, nulle part chez lui l'on ne trouve l'idée selon laquelle « ἔσω ἄνθρωπος » (ou bien l'âme) est une entité spirituelle qui survivra à la destruction du corps, tel que cela est affirmé dans l'hellénisme. Qui plus est, l'originalité de Paul par rapport à l'hellénisme consiste en ce qu'il ne conçoit pas la vie sans un corps et que, même après la destruction du corps dans la mort, le ressuscité sera aussi revêtu d'un corps transformé et spirituel[36].

Nous avons aussi analysé le rapprochement souvent établi entre l'anthropologie paulinienne et l'anthropologie dualiste de Qumran[37]. En

32 Voir par exemple R. Reitzenstein, *Die hellenistischen Mysterienreligion*, *op. cit.*, p. 354 ; F. Leenhardt, *L'épître de saint Paul*, *op. cit.*, 1920, p. 111, 1995, note 4.

33 Voir : *Corpus Hermeticum*, texte établi par Arthur Nock et traduit par André-J. Festugière, Paris, Les Belles Lettres, 1945. Pour les similarités avec Paul, voir notamment *Poimandres*, paragraphes 12 à 23, pages 10 à 15 du tome 1 de l'édition précédemment citée. Voir aussi le *Discours d'Hermes à son fils Tat sur la régénération*, de la page 200, ligne 4, à la page 202, ligne 2, tome II de la même édition.

34 F. Leenhardt, *L'épître de saint Paul*, *op. cit.*, 1995, p. 111, note 4.

35 Platon, *Gorgias* 493a : « τὸ μὲν σῶμά ἐστιν ἡμῖν σῆμα ».

36 J. Barclay écrit à juste titre que Paul rejette « la préférence hellénistique pour l'âme par rapport au corps [...] parce que, au final, la seule chose qui vaille est l'œuvre de Dieu par la puissance de l'Esprit (1,4 ; 7,6 ; 8,1-17 ; 15,13), et ceci est à l'œuvre *en ce moment* dans le processus de création intérieure de la personne, et *plus tard* dans la transformation corporelle (8,11, 23) ». C'est l'auteur qui souligne. (Voir *Paul and the Gift*, *op. cit.*, p. 471.)

37 Notamment par : K. Kuhn, « Πειρασμός – Ἁμαρτία – Σάρξ im Neuen Testament und die damit zusammenhängenden Vorstellungen », *Zeitschrift für Theologie und Kirche*

effet, dans la *Règle de la Communauté*, par exemple, il est dit que, selon une volonté divine, ont été placés en l'homme deux esprits, l'esprit de vérité et l'esprit de perversité, lesquels doivent s'affronter en lui jusqu'au renouvellement eschatologique de toutes choses. Paul se serait inspiré de cette opposition dans sa conception de l'opposition entre la chair et l'Esprit.

Mais nous avons aussi montré que, si de nombreux rapprochements entre Paul et Qumran sont effectivement légitimes, on ne saurait ignorer que l'originalité de l'anthropologie paulinienne, notamment dans l'opposition de la chair à l'Esprit, se trouve dans le fait que le Christ, ou la Croix du Christ, y occupe une place centrale. C'est, en effet, en Christ, et à la Croix du Christ, que la chair a été crucifiée avec ses passions et ses désirs (Galates 5,24), et c'est aussi en Christ, et dans la Croix du Christ seule, que l'apôtre appelle les chrétiens à se glorifier (Galates 5,13, Philippiens 3,3).

S'agissant de la création de l'homme nouveau et du renouvellement de toutes choses dans les textes de Qumran, l'originalité de Paul consiste, une fois de plus, en ce qu'il considère que c'est par participation à la Croix du Christ que le « vieil homme » des chrétiens a été crucifié avec le Christ (Romains 6,6). Et c'est parce qu'ils sont devenus une même plante avec Christ par la conformité à sa mort que les chrétiens le seront aussi avec lui par la conformité à sa résurrection (Romains 6,5). C'est en ce sens que Paul considère que c'est parce que le Christ est ressuscité que les chrétiens peuvent triompher de la mort et de la corruptibilité de la chair (1 Corinthiens 15,17-18)[38].

L'idée que le Christ occupe une place centrale dans l'anthropologie paulinienne apparaît aussi quand on considère la comparaison souvent établie entre la pensée paulinienne et celle de Philon, contemporain de Paul qui, lui aussi, était imprégné de la culture hellénistique tout en ayant un arrière-plan hébraïque important[39]. En effet, de nombreuses

---

49, 1952, p. 200-222 ; S. Johnson, « Paul and the Manuel of Discipline », *The Harvard Theological Review* 48, 1955, p. 157-165 ; K. Stendahl, *The Scrolls*, *op. cit.*, 1957 ; S. Schulz, « Zur Rechtfertigung aus Gnaden in Qumran und bei Paulus », *Zeitschrift für Theologie und Kirche* 56, 1959, p. 155-185.

38 Voir D. Gerber, « La croix dans la première lettre de Paul aux Corinthiens », in : *La croix*, *op. cit.*, 2004, p. 11-23.

39 Voir par exemple A. Gélin, *L'Homme selon la Bible*, *op. cit.*, 1962, p. 98 ; G. J. Warne, *Hebrew Perspectives*, *op. cit.*, 1995, notamment p. 35 et 169-172.

similarités entre les deux auteurs pourraient *a priori* conduire à penser que Paul, dans sa vision anthropologique, ne fait que reprendre certains lieux communs répandus à son époque.

C'est ainsi que nous avons analysé une des similarités les plus commentées entre Paul et Philon que l'on trouve dans la manière dont les deux auteurs opposent les deux Adam. Nous avons montré que Paul se distingue de Philon en inversant l'ordre que celui-ci a établi entre les deux Adam et en précisant que c'est le dernier Adam, ou le second homme, en l'occurrence le Christ, qui est céleste et spirituel, en opposition au premier Adam, ou au premier homme, qui est terrestre et animal[40]. Nous pouvons voir que la comparaison entre Paul et Philon ne fait que confirmer l'idée selon laquelle l'anthropologie paulinienne est essentiellement christocentrique[41].

Enfin, nous avons, à maintes reprises, établi des rapprochements avec des textes vétérotestamentaires, et essayé de comprendre dans quelle mesure la vision anthropologique de Paul pourrait être enracinée dans la pensée juive. De ce point de vue, le texte de 4 Esdras s'est avéré très éclairant en ce qu'il affirme de manière répétée (4 Esdras 3,7, 21, 26 ; 4,30 et 7,118) que, si tous les hommes pèchent et meurent, c'est parce qu'ils participent et héritent du péché d'Adam.

Il apparaît tout à fait possible que des textes pauliniens comme Romains 5,12-21 ou 1 Corinthiens 15,21-22, 48-49 puissent relever du même courant de pensée que celui retrouvé en 4 Esdras. Mais, une fois de plus, notons que toutes les fois que Paul se réfère à Adam comme celui qui a légué le péché et la mort à toute l'humanité, c'est pour insister sur la victoire sur le péché et sur la mort qu'apporte le Christ. L'objet du discours de l'apôtre n'est pas tant de dénoncer l'humanité engluée dans le péché depuis Adam que de présenter le Christ comme celui qui procure la grâce et la vie. Et la référence à Adam ne fait que montrer, par effet de contraste, l'importance de l'œuvre du Christ.

Nous avons aussi essayé de souligner la possibilité que Paul puisse s'inspirer du livre des Psaumes dans sa conception du plan divin pour la justification de l'humanité. Une telle hypothèse nous a permis de

40 Voir Philo of Alexandria, *On the Creation of the Cosmos according to Moses*, tr. David Runia, Leiden, Brill, 2001, p. 82 notamment.

41 Pour une étude détaillée des rapports entre la christologie et l'anthropologie paulinienne, voir par exemple C. Dietzfelbinger, *Der Sohn : Skizzen zur Christologie und Anthropolgie des Paulus*, Neukirchen-Vluyn, Neukirchener Theologie, 2011.

préciser que l'apôtre conçoit la justification comme délivrance et glorification du chrétien. Il nous semble, en effet, que Paul lit les Psaumes davidiques dans une perspective téléologique selon laquelle les paroles du psalmiste espérant, réclamant et annonçant la justice pour le malheureux devaient trouver leur plein accomplissement avec l'avènement du Christ, apportant la délivrance de l'esclavage du péché et de la mort.

Nous voyons donc que, au-delà de la signification de la justification chez Paul, ces rapprochements avec les textes vétérotestamentaires font apparaître que, une fois de plus, le Christ constitue le centre de la pensée paulinienne. En définitive, ne faudrait-il pas voir dans ce que nous appelons « anthropologie paulinienne » une des dimensions de la christologie de l'apôtre ?

BIBLIOGRAPHIE

LITTÉRATURE PRIMAIRE, INSTRUMENTS DE TRAVAIL

AUGUSTINE, *Concerning the City of God Against the Pagans*, tr. H. Bettenson, Harmondsworth, Penguin Books, 1984. (Voir la traduction française dans *Augustin – Œuvres complètes*, éditions Rauls, 1864.)

ARISTOTLE, *The Complete Works*, éd. J. Barnes, Princeton, Princeton University Press, 1984.

Biblia Hebraica Stuttgartensia, éd. Rudolf Kittel, Karl Elliger, Wilhelm Rudolph, Gerald Weil, Stuttgart, Deutsche Bibelgesellschaft, 1968.

CALVIN Jean, *Œuvres*, éd. Francis Higman et Bernard Roussel, Paris, Gallimard, 2009.

Corpus Hermeticum, texte établi par Arthur Nock et traduit par André-Jean Festugière, Paris, Les Belles Lettres, 1945.

Epictetus. The Discourses as Reported by Arian, the Manual, and Fragments, traduit par William Abbott Oldfather, Cambridge, Harvard University Press, 1925. (Voir la traduction française dans *Epictète : Œuvres complètes*, Arvensa Editions).

LUTHER, Martin, *Œuvres*, tome I, éd. M. Arnold et M. Lienhard, Paris, Gallimard, 1999.

Midrash Rabbah : Genesis, éd. Harry Freedman et Simon Maurice, Londres, Soncino, 1939.

MOFFATT, James, *A New Translation of the Bible, Containing the Old and New Testaments*, New York, Harper & Row, 1935.

Novum Testamentum Graece, 27ᵉ éd., Erwin Nestle, Kurt Aland, Stuttgart, Deutsche Bibelgesellschaft, 1993.

PHILO OF ALEXANDRIA, *On the Creation of the Cosmos according to Moses*, tr. David Runia, Leiden, Brill, 2001. (Voir la traduction française dans *Œuvres de Philon d'Alexandrie*, éditions du Cerf, 1976).

PLATON, *Œuvres complètes*, tr. Léon Robin, Paris, Gallimard, 1950.

QUINTILIAN, *Institutio Oratoria*, tr. Harold Butler, Cambridge, Harvard University Press, 1922.

SCHMOLLER, Alfred, *Handkonkordanz zum griechischen Neuen Testament*, Stuttgart, Württembergisch Bibelanstalt, 15, Auflage, 1973.

Septuaginta, éd. Alfred Rahlfs, Stuttgart, Deutsche Bibelgesellschaft, 1965.

SCHNEIDER, Gerhald, BALZ, Horst, *Exegetical Dictionary of the New Testament*, Grand Rapids, Eerdmans, 1991.

The Dead Sea Scrolls Scriptures, tr. Theodor Herzl Gaster, Garden City, Doubleday, 1976.

The Old Testament Pseudepigrapha, tr. R.J.H Schutt, Garden City, Doubleday, 1985.

Traduction œcuménique de la Bible (TOB), Paris, Cerf, 1975.

LITTÉRATURE SECONDAIRE

ÁBEL, František, « "Death as the Last Enemy" – Interpretation of Death in the Context of Paul's Theology », *Communio Viatorum* 58, 2016, p. 19-54.

ADAMS, Edward, *Constructing the World : A Study in Paul's Cosmological Language*, Edinburg, T. & T. Clark International, 2000.

ADAMS, Edward, *The Stars Will Fall From Heaven : Cosmic Catastrophe in the New Testament and Its World*, Londres, T. & T. Clark International, 2007.

ALETTI, Jean-Noël, *Comment Dieu est-il juste ? Clefs pour interpréter l'épître aux Romains*, Paris, Seuil, 1991.

ALETTI, Jean-Noël, *Israël et la Loi dans la lettre aux Romains*, Paris, Cerf, 1998.

ALETTI, Jean-Noël, « La présence d'un modèle rhétorique en Romains. Son rôle et son importance », *Bib* 71, 1990, p. 1-24.

ALETTI, Jean-Noël, « La *dispositio* rhétorique dans les épîtres pauliniennes », *NTS* 38, 1992, p. 385-401.

ALETTI, Jean-Noël, « The Rhetoric of Romans 5-8 », in : *The Rhetorical Analysis of Scripture : Essays from the 1995 London Conference*, éd. S.E. Porter, T.H. Olbricht, JSNTsup 146, Sheffield, Sheffield Academic Press, 1997, p. 294-308.

ALETTI, Jean-Noël, « Rm 7.7-25 encore une fois : enjeux et propositions », *NTS* 48, 2002, p. 358-376.

ALLO, Ernest-Bernard, *Saint Paul, Seconde Épître aux Corinthiens*, Paris, Lecoffre, 1937.

ANDERSON, Dean, *Ancient Rhetorical Theory and Paul / revised edition* (Contributions to Biblical Exegesis and Theology 18), Louvain, Peeters, 1999.

ASHTON, John, *The Religion of Paul the Apostle*, New Haven, Yale University Press, 2000.

ASSMANN, Jan, STROUMSA, Guy, éd., *Transformation of the Inner Self in Ancient Religions*, Leiden, Brill, 1999.

AUNE, David Edward, *The New Testament in its Literary Environment*, Philadelphia, Westminster John Knox Pressm, 1987.

AUNE, David Edward, « Romans as a Logos Protreptikos », in : *The Romans Debate*, éd. K. Donfried, Minneapolis, Augsburg, 1991, p. 278-296.

BACHMANN, Philipp, *Der zweite Brief des Paulus an die Korinther*, Leipzig, A. Deichert, 1909.

BADENAS, Robert, *Christ, the End of the Law. Romans 10,4 in Pauline Perspective*, Sheffield, Sheffield Academic Press, 1985.

BANKS, Robert, « Romans 7,25a : An Eschatological Thanksgiving ? », *ABR* 26, 1979, p. 34-42.

BARCLAY, John, *Paul and the Gift*, Grand Rapids, Eerdmans Publishing Compagny, 2015.

BARCLAY, William, *The Letter to the Romans*, Philadelphia, Westminster John Knox Press, 1957.

BARR, James, *The Semantic of Biblical Language*, Oxford, Oxford University Press, 1961.

BARRETT Charles, *A Commentary on the Epistle to the Romans*, New York, Harper & Row, 1957.

BARRETT Charles, « Boasting (καυχᾶσθαι, κτλ.) in the Pauline Epistles », in : *L'apôtre Paul : personnalité, style et conception du ministère* (BETL 73), éd. A. Vanhoye, Louvain, Leuven University Press, 1986, p. 363-368.

BARTCHY, Scott, *First-Century Slavery and the Interpretation of 1 Corinthians 7,21*, Missoula, Scholars Press, 1973.

BARTH, Kark, *The Epistle to the Romans*, Londres, Oxford University Press, 1933.

BARTSCH, Hans-Werner, « The Historical Situation of Romans », *Encounter, Creative Theological Scholarchip* 33, 1972, p. 329-338.

BAUER, Walter, ARNDT William, GINGRICH, Wilbur, DANKER, Frederik, *Greek-English Lexicon of the New Testament and Other Early Christian Literature*, Chicago, University of Chicago Press, 1979.

BAUR, Ferdinand Christian, *Paul the Apostle of Jesus Christ : His Life and Works, and His Epistles and Doctrine : A Contribution to a Critical History of Primitive Christianity*, Londres, Williams & Norgate F.C, 1876.

BECKER, Jürgen, *Paulus. Der Apostel der Völker*, Tübingen, Mohr Siebeck, 1989.

BEKER, Johan, Paul *the Apostle : The Triumph of God in Life and Thought*, Philadelphia, Fortress Press, 1980.

BELLEVILLE, Linda, *2 Corinthians*, Leicester, InterVarsity Press, 1996.

BÉNÉTREAU, Samuel, *L'épître de Paul aux Romains*, Vaux-sur-Seine, Edifac, 1996.

BEST, Ernest, 1967, *The Letter of Paul to the Romans*, Cambridge, Cambridge University Press.

BETZ, Hans Dieter, « The Concept of the 'Inner Human Being' (ὁ ῎ΕΣΩ ἌΝΘΡΩΠΟΣ) in the Anthropology of Paul », *NTS* 46, 2000, p. 315-341.

BLACK, Mattew, *Commentary on Romans*, Grand Rapids, Eerdmans, 1973.

BLANCK, Josef, « Gesetz und Geist », in : *The Law of the Spirit in Rom 7 and 8* (Monographic series of « Benedictina » : Biblical-ecumenical section, 1), éd. L. Lorenzo, Rome, Saint Paul's Abbey, 1976, p. 73-100.

BLASS, Friedrich, DEBRUNNER, Albert, *A Greek Grammar of the New Testament and Other Early Christian Literature*, Chicago, University of Chicago Press, 1961.

BOER (de), Martinus, *The Defeat of Death : Apocalyptic Eschatology in 1 Corinthians 15 and Romans 5*, Sheffield, Sheffield Academic Press, 1988.

BOICE, James Montgomery, *Romans*, volume 2 : *The Reign of Grace, Romans 5,1-8,39*, Grand Rapids, Baker Book House, 1992.

BOMAN, Thorlief, « Die dreifache Würde des Völkerapostels », *ST* 29, 1975, p. 63-69.

BÖMER, Franz, *Untersuchungen über die Religion der Sklaven in Griechenland und Rom*, Wiesbaden, Steiner, 1958.

BORNKAMM, Gunther, *Early Christian Experience*, Londres, SCM Press, 1969.

BORNKAMM, Gunther, « The Letter to the Romans as Paul's Last Will and Testament », in : *The Romans Debate*, éd. K. Donfried, Minneapolis, Augsburg, 1977, p. 16-28.

BOURDIEU, Pierre, *Réponses. Pour une anthropologie réflexive*, Paris, Seuil, 1992.

BRAKKE, David, WEITZMANN, Steven, *Religion and the Self in Antiquity*, Bloomington, Indiana University Press, 2005.

BROWN, Derek, *The God of this Age : Satan in the Churches and Letters of the Apostle Paul*, Tübingen, Mohr Siebeck, 2015.

BRUNNER, Emil, *The Letter to the Romans. A Commentary*, Philadelphia, Westminster John Knox Press, 1938.

BULTMANN, Rudolf, *Der Still der paulinischen Predigt und die kynisch-stoische Diatribe*, Göttingen, Vandenhoeck & Ruprecht, 1910.

BULTMANN, Rudolf, *Theology of the New Testament*, New York, Charles Scribner's Sons, 1951.

BULTMANN, Rudolf, *The Old and New Man in the Letters of Paul*, Richmond, Westminster John Knox Press, 1967.

BULTMANN, Rudolf, « Glossen in Römerbrief », *TLZ* 72, 1947, p. 197-202.

BULTMANN, Rudolf, « DIKAIOSYNÊ THEOU », *JBL*, 83, 1964, p. 12-16.

BURTON, Keith, *Rhetoric, Law and the Mystery of Salvation in Romans 7,1-6*, New York, Edwin Mellen Press, 2000.

BURKERT, Wilhelm, « Towards Plato and Paul : The 'Inner' Human Being », in : *Ancient and Modern Perspectives on the Bible and Culture : Essays in Honor of Hans Dieter Betz*, éd. A.Y. Collins, Atlanta, Scholars Press, 1999, p. 59-82.

BYRNE, Brendan, *'Sons of God' – Seed of Abraham'. A Study of the Idea of Sonship of God of All Christians in Paul Against the Jewish Background*, Rome, Pontifical Biblical Institute, 1979.

BYRON, John, *Slavery Metaphor in Early Judaism and Pauline Christianity : A Traditional-Historical and Exegetical Examination*, Tübingen, Mohr Siebeck, 2003.

CAMPBELL, Douglas A., *The Deliverance of God : An Apocalyptic Rereading of Justification in Paul*, Grand Rapids, Eerdmans, 2009.

CAMPBELL, Douglas A., « Determining the Gospel through Rethorical Analysis in Paul's Letter to the Romain Christians », in : *Gospel in Paul : Studies on Corinthians, Galatians and Romans for Richard N. Longenecker* (JSNTsup 108), éd. L.A. Jervis, P. Richardson, Sheffield, Sheffield Academic Press, 1994, p. 318-320.

CAMPBELL, Douglas A., « An Apocalyptic Rereading of "Justification"" in Paul : Or, an overview of the argument of Douglas Campbell's "The Deliverance of God" », *Exp Tim* 123, 2012, p. 382-393.

CAMPBELL, William S., « Why Did Paul Write Romans ? », *ExpTim* 85, 1974, p. 264-269.

CARTER, Timothy Leonard, *Paul and the Power of Sin : Redefining 'Beyond the Sale'*, Cambridge, Cambridge University Press, 2002.

Delight for a Wretched Man : Romans 7 and the Doctrine of Sanctification, Darlington, Evangelical Press, 1993.

CLARK, Benjamin, « The Deliverance of God : An Apocalyptic Rereading of Justification in Paul by Douglas A. Campbell », *Tyndale Bulletin* 64, 2013, p. 55-88.

CLARK, Donald L., *Rhetoric in Greco-Roman Education*, New York, Columbia University Press, 1957.

CRANFIELD, Charles, *A Critical and Exegetical Commentary on the Epistle to the Romans*, Edinburg, T. & T. Clark International, 1975.

CROASMUN, Matthew, *The Emergence of Sin : The Cosmic Tyrant in Romans*, Oxford – New York, Oxford University Press, 2017.

CUVILLIER, Élian, « La temporalité chez Paul », in : *Paul. Une théologie en construction*, éd. A. Dettwiler, J.-D. Kaestli, D. Marguerat, Genève, Labor et Fides, 2004, p. 215-224.

DAHL, Nils Alstrup, *Studies in Paul : Theology for the Early Christian Mission*, Minneapolis, Augsburg, 1977.

DAUBE, David, *The New Testament and Rabbinic Judaism*, Londres, The Athlone Press, 1956.

DAVIES, William, *Paul and Rabbinic Judaism : Some Rabbinic Elements in Pauline Theology*, Philadelphia, Fortress Press, 1980.

DEISSMANN, Adolph, *St. Paul : a Study in Social and Religious History*, Londres, Hodder and Stoughton, 1912.

DEISSMANN, Adolph, *Light From the Ancient East : The New Testament Illustrated by Recently Discovered Texts of The Greco-Roman World*, Grand Rapids, Eerdmans, 1975.

DIETZFELBINGER, Christian, *Der Sohn : Skizzen zur Christologie und Anthropolgie des Paulus*, Neukirchen-Vluyn, Neukirchener Theologie, 2011.

DODD, Charles, *The Epistle of Paul to the Romans*, Londres, Hodder and Stoughton, 1932.

DODSON, Joseph, *The "Powers" of Personification : Rhetorical Purpose in the Book of Wisdom and the Letter to the Romans*, New York, Walter de Gruyter, 2008.

DONFRIED, Karl, « False Presuppositions in the Study of Romans », in : *The Romans Debate*, éd. K. Donfried, Minneapolis, Augsburg, 1977, p. 127-129.

DRANE, John, « Why Did Paul Write Romans », in *Pauline Studies : Essays to Professor F. F. Bruce on his 70th Birthday*, éd. D. Hagner, M. Harris, Grand Rapids, Eerdmans, 1980, p. 208-227.

DRYDEN, J. De Waal, « Revisiting Romans 7 : Law, Self, and Spirit », *Journal for the Study of Paul and His Letters* 5, 2015, p. 129-151.

DUCHROW, Ulrich, *Christenheit und Weltverantwortung. Tradition Geschichte und systematische Struktur der Zweireichelehre*, Stuttgart, Klett Cotta, 1983.

DUCHROW, Ulrich, « Christenheit und Weltverantwortung. Traditiongeschichte und systematische Struktur der Zweireichelehre », *Forschungen und Berichte der Evangelischen Studiengemeinschaft* 25, 1983, p. 59-136.

DUNN, James D.G., « Rom 7:14-25 in the Theology of Paul », *TZ* 31, 1975, p. 257-275.

DUNN, James D.G., « Salvation Proclaimed : VI. Romans 6:1-11 : Dead and Alive », *ExpTim* 93, 1982, p. 259-264.

DUNN, James D.G., « The New Perspective on Paul », *BJRL* 65, 1983, p. 95-122.

DUNN, James D.G., « Paul's Epistle to the Romans : An Analysis of Structure and Argument », *ANRW* 2.25.4, 1987, p. 2842-2890.

DUNN, James D.G., *Romans 1-8*, Dallas, Word Books, 1988.

DUNN, James D.G., *The Theology of Paul the Apostle*, Londres, T & T Clark International, 2003.

DUPONT, Jacques, *Σὺν Χριστῷ, L'union avec Christ suivant Paul*, Paris, Desclée de Brouwer, 1957.

DURKHEIM, Émile, *Les formes élémentaires de la vie religieuse*, Paris, PUF, 1952.

ELLIOTT, Neil, *The Rhetoric of Romans : Argumentative Constraint and Strategy and Paul's Dialogue with Judaism*, Sheffield, JSOT Press, 1990.

EARNSHAW, John, « Reconsidering the Marriage Analogy in Romans 7,1-4 », *NTS* 40, 1994, p. 68-88.

EASTMAN, Susan G., *Paul and the Person : Reframing Paul's Anthropology*, Grand Rapids, Eerdmans, 2017.

ELDER, Nicholas, « "Wretch I Am !" Eve's Tragic Speech-in-Character in Romans 7:7-25 », *Journal of Biblical Literature* 137, 2018, p. 743-763.

ENGBERG-PEDERSEN, Troels, éd., *Paul in His Hellenistic Context*, Edinburg, T & T Clark International, 1994.

ENGBERG-PEDERSEN, Troels, « The Relationship with Others : Similarities and Differences Between Paul and Stoicism », *ZNW* 96, 2005, p. 35-60.

ENGBERG-PEDERSEN, Troels, *Cosmology and Self in the Apostle Paul : The Material Spirit*, Oxford, Oxford University Press, 2010.

ESLER, Philip, *Conflict and Identity in Romans. The Social Sitting of Paul's Letter*, Minneapolis, Fortress, 2003.

ESPY, John, « Paul's "Robust Conscience" Reexamined », *NTS* 31, 1985, p. 168-175.

FEE, Gordon, *God's Empowering Presence : The Holy Spirit in the Letters of Paul*, Peabody, Hendrickson Publishers, 1994.

FEUILLET, André, « Les attaches bibliques des antithèses pauliniennes dans la première partie de l'épitre aux Romains (1-8) », in : *Mélanges bibliques en hommages au R.P. Béda Rigaux*, éd. A. Descamps, A. de Halleux, Paris, Duculot, 1970, p. 323-349.

FEUILLET, André, « Le règne de la mort et le règne de la vie (Rom V, 12-21) », *RB* 77, 1970, p. 481-521.

FITZMYER, Joseph, *Romans. A New Translation with Introduction and Commentary*, Garden City, Doubleday, 1993.

FOWLER, Paul B., *The Structure of Romans : The Argument of Paul's Letter*, Minneapolis, Fortress, 2016.

FRAIKIN, Daniel, « The Rhetorical Function of the Jews in Romans », in : *Paul and the Gospels*. Vol. 1 of *Anti-Judaism in Early Christianity*, éd. P. Richardson P., Waterloo, Wilfrid Laurier University Press, 1986, p. 91-105.

FRANZMANN, Martin, *Concordia Commentary : Romans*, St. Louis, Concordia Publishing House, 1968.

FUCHS, Ernst, *Die Freiheit des Glauben. Römer 5-8 ausgelegt*, Munich, Kaiser, 1949.

GALE, Herbert Morrison, *The Use of Analogy in the Letters of Paul*, Philadelphia, Westminster John Knox Press, 1964.

GARLINGTON, Don, *Faith, Obedience and Perseverance. Aspects of Paul Letter to the Romans*, Tübingen, Mohr Siebeck, 1994.

GAVENTA, Beverly Roberts, « The Cosmic Power of Sin in Paul's Letter to the Romans : Toward a Widescreen Edition », *Interpretation* 58, 2004, p. 22-40.

GAVENTA, Beverly Roberts, éd., *Apocalyptic Paul. Cosmos and Anthropos in Romans 5-8*, Waco (Texas), Baylor University Press, 2013.

GÉLIN, Albert, *L'homme selon la Bible*, Paris, Ligel, 1962.

GERBER, Daniel, « La croix dans la première lettre de Paul aux Corinthiens », in : *La croix. Représentations théologiques et symboliques dans le Nouveau Testament et l'Histoire* (Actes et recherches), Genève, Labor et Fides, 2004, p. 11-23.

GIBLIN, Charles Homer, *In Hope of God's Glory : Pauline Theological Perspectives*, New York, Herder and Herder, 1970.

GIGNAC, Alain, *L'Épître aux Romains* (Commentaire biblique. Nouveau Testament 6), Paris, Cerf, 2014.

GODET, Frédéric, *Commentary on St Paul's Epistle to the Romans*, New York, Funk & Wagnalls, 1983.

GRAPPE, Christian, « Qui me délivrera du ce corps de mort ? L'Ésprit de vie ! Romains 7, 24 et 8, 2 comme éléments de typologie adamique », *Bib* 83, 2002, p. 481-492.

GREMER, Hermann, *Die paulinische Rechtfertigungslehre im Zusammenhang ihrer geschichtlichen Voraussetzungen*, Gütersloh, Bertelsmann, 1899.

GROSSOUW, Willem, « De verscheurde mens van Romeinen zeven », in : *Vriendengave. Berdadus Kardinaal Alfrink aangeboden*, Utrecht, 1964, p. 68-80.

GUNDRY, Robert, « The Moral Frustration of Paul before his Conversion : Sexual Lust in Romans 7,7-25 », in : *Pauline Studies : Essays to Professor F. F. Bruce on his 70th Birthday*, éd. D. Hagner, M. Harris, Grand Rapids, Eerdmans, 1980, p. 228-245.

GUNDRY, Robert, *Soma in Biblical Theology with Emphasis on Pauline Anthropology*, Cambridge, Cambridge University Press, 1987.

GURTNER, Daniel M., GLADD Benjamin L. (éd.), *Essays in Honor of G. K. Beale*, Peabody, MA, Hendrickson, 2013.

GUTBROD, Walter, *Die paulinische Anthropologie*, Stuttgart, W. Kohlhammer Verlag, 1934.

HAYS, Richard Bevan, « Psalm 143 and the Logic of Romans 3 », *JBL* 99, 1980, p. 107-115.

HAYS, Richard Bevan, « 'Have We Found Abraham to Be Our Forefather according to the Flesh ?' A Reconsideration of Romans 4:1 », *NovT* 27, 1985, p. 76-98.

HECKEL, Theo, *Der innere Mensch. Die paulinische Verarbeitung eines platonischen Motivs*, Tübingen, Mohr Siebeck, 1993.

HILL, David, *Greek Words and Hebrew Meanings : Studies in the Semantics of Soteriological Terms*, Cambridge, Cambridge University Press, 1967.

HODGE, Charles, *Commentary on the Epistle to the Romans*, New York, A. C. Armstrong, 1896.

HOLLAND, Glenn, « The Self Against the Self in Romans 7.7-25 », in : *The Rhetorical Interpretation of Scripture* (JSNTsup 180), éd. S.E. Porter, Sheffield, Sheffield Academic Press, 1999, p. 269-271.

HORSLEY Richard, « Paul and Slavery : A Critical Alternative to Recent Readings », *Semeia 83/84 : Slavery in Text and Interpretation*, 1998, p. 153-202.

HOYUM, John W., « Spirit and Sanctification : Sketching St. Paul's Doctrine of the Holy Spirit in Romans », *Word & World* 39, 2019, p. 217-225.

HÜBNER, Hans, *Law in Paul's Thought*, Edinburg, T. & T. Clark International, 1984.

JACOB, Haley Goranson, *Conformed to the Image of His Son : Reconsidering Paul's Theology of Glory in Romans*, Downers Grove, IL, IVP Academic, 2018.

JEREMIAS, « Ἄνθρωπος, ἀνθρώπινος », *TWNT* 1, 1933, p. 365-367.

JERVELL, Jacob, « The Letter to Jerusalem », in *Romans Debate*, éd. K. Donfried, Minneapolis, Augsburg, 1977, p. 61-74.

JEWETT, Robert, *Paul's Anthropological Terms : A Study of their Use in Conflict Settings*, Leiden, Brill, 1971.

JEWETT, Robert, *A Chronology of Paul's Life*, Philadelphia, Fortress Press, 1979.

JEWETT, Robert, « Following the Argument of Romans. » In *The Romans Debate*, éd. Donfried Karl, Minneapolis, Augsburg, 1991, p. 265-277.

JEWETT, Robert, « The Question of the 'Apportionned Spirit' in Paul's Letters », in : *The Holy Spirit and Christian Origins : Essays in Honor of James D. G. Dunn*, éd. G.N. Stanton, B. Longenecker, S.C. Barton, Grand Rapids, Eerdmans, 2004, p. 193-206.

JEWETT, Robert, *Romans. A Commentary*, Minneapolis, Fortress Press, 2007.

JIPP, J. W., « King and Justice : God's Righteousness and the Righteous King in Romans », in : *Christ Is King : Paul's Royal Ideology*, Minneapolis, MN, Fortress, 2015, p. 211-271.

JOHNSON, Luke Timothy, *Reading Romans : A Literary and Theological Commentary*, New York, Crossroad Publishing, 1997.

JOHNSON, Sherman, « Paul and the Manuel of Discipline », *HTR*, 48, 1955, p. 157-165.

KANT, Emmanuel, *Anthropologie d'un point de vue pragmatique*, Paris, Vrin, 1964.

KARRIS, Robert, « Romans 14,1-15,13 and the Occasion of Romans », in : *The Romans Debate*, éd. K. Donfried, Minneapolis, Augsburg, 1977, p. 75-99.

KÄSEMANN, Ernst, *New Testament Questions of Today*, Philadelphia, Fortress Press, 1969.

KÄSEMANN, Ernst, *Perspectives on Paul*, Philadelphia, Fortress Press, 1969.

KÄSEMANN, Ernst, « The Spirit and the Letter », in id. *Perspectives on Paul*, Philadelphia : Fortress Press, 1969, p. 136-168.

KÄSEMANN, Ernst, *Commentary on Romans*, Grand Rapids, Eerdmans, 1980.

KÄSEMANN, Ernst, « Gottesdienst im Alltag der Welt. Zu Römer 12 », in : id. *Exegetische Versuche und Besinnungen II*, Göttingen, Vandenhoeck & Ruprecht, 1970, p. 165-171.

KÄSEMANN, Ernst, « The Faith of Abraham in Romans 4 », in : id. *Perspectives on Paul*, Philadelphia, Fortress Press, 1971, p. 79-101.

KAYE, Bruce, The *Thought Structure of Romans With Special Reference to Chapter* 6, Austin, Scholars Press, 1979.

KAYE, Bruce, « "To the Romans and Others" Revisited », *NovT* 18, 1976, p. 37-77.

KEESMAAT, Sylvia, *Paul and his Story : (Re)-interpreting the Exodus Tradition*, Sheffield, Sheffield Academic Press, 1999.

KENNEDY, George, *The Art of Persuasion in Greece*, Princeton, Princeton University Press, 1963.

KENNEDY, George, *New Testament Interpretation through Rhetorical Criticism*, Charlotte, University of North Carolina Press, 1984.

KLEIN, Gunther, « Paul's Purpose in Writing the Epistle to the Romans », in : *The Romans Debate*, éd. K. Donfried, Minneapolis, Augsburg, 1977, p. 29-43.

KOOTEN, George, *Paul's Anthropology in Context*, Tübingen, Mohr Siebeck, 2003.

KÜMMEL, Werner, *Römer 7 und die Bekehrung des Paulus*, Leipzig, Hinrichs, 1929.

KÜMMEL, Werner, *Introduction to the New Testament*, Londres, SCM Press, 1975.

KUHN, Karl, « Πειρασμός – Ἁμαρτία – Σάρξ im Neuen Testament und die damit zusammenhängenden Vorstellungen », *ZTK* 59, 1952, p. 200-222.

KUSS, Otto, *Der Römerbrief*, Regensburg, Verlag Friedrich Pustet, 1963.

LAGRANGE, Marie-Joseph, *Saint Paul : Épître aux Romains*, Paris, Gabalda, 1950.

LAMBRECHT Jan, *The Wretched "I" and Its Liberation, Paul in Romans 7 and 8*, Louvain, Peeters Press, 1992.

LEENHARDT, Franz, *L'épître de Saint Paul aux Romains*, Genève, Labor et Fides, 1995.

LEGARRETTA-CASTILLO, F. DE J., *The Figure of Adam in Romans 5 and 1 Corinthians 15. The New Creation and Its Ethical and Social Reconfiguration, Emerging Scholars*, Minneapolis, Fortress, 2014.

LÉGASSE, Simon, *L'épître de Paul aux Galates*, Paris, Cerf, 2000.

LENSKY, Richard C.H., *The Interpretation of St Paul's Epistle to the Romans*, Minneapolis, Augsburg, 1961.

LEON, Harry, *The Jews of Ancient Rome*, Philadelphia, Jewish Publication of America, 1960.

LÉVI-STRAUSS, Claude, *Anthropologie structurale*, Paris, Plon, 1958.

LEWIS, Clive Staples, *The Allegory of Love : A Study in Medieval Tradition*, New York, Oxford Paperback, 1958.

LIDDELL, Henry G., SCOTT Robert, *Greek English Lexicon*, New York, Harper & Brothers, 1883.

LIETZMANN, Hans, *An die Konrinther I-II*, Tübingen, Mohr Siebeck, 1923.

LIETZMANN, Hans, *An die Römer*, Tübingen, Mohr Siebeck, 1933.

LINEBAUGH, Jonathan A., « Participation and the Person in Pauline Theology : A Response to Susan Eastman's Paul and the Person », *Journal for the Study of the New Testament* 40, 2018, p. 516-523.

LLOYD-JONES, D. Martyn, *Romans*, Edinburgh, The Banner of Truth, 1995.

LOANE, Marcus, *The Hope of Glory : An Exposition of the Eighth Chapter in the Epistle to the Romans*, Londres, Hodder and Stoughton, 1968.

LONGENECKER, Richard, *Paul : Apostle of Liberty*, New York, Harper & Row, 1964.

LONGENECKER, Bruce, *The Triumph of Abraham's God : The Transformation of Identity in Galatians*, Nashville, Abingdon Press, 1998.

LORENZI, Lorenzo, *Battesimo e Giustizia in Rom 6 e 8*, Rome, Abbazia S. Paolo fuori le mura, 1974.

LORENZI, Lorenzo (éd.), *The Law of the Spirit in Romans 7 and 8* (Monographic series of « Benedictina » : Biblical-ecumenical section 1), Rome, Abbazia S. Paolo fuori le mura, 1976.

LÜDEMANN, Hermann, *Die Anthropologie des Apostels Paulus und ihre Stellung innerhalb seiner Heilslehre. Nach den vier Hauptbriefen*, Kiel, Toeche, 1872.

LUZ, Ulrich, « Paul as a Mystic », in : *The Holy Spirit and Christian Origins : Essays in Honor of James D.G. Dunn*, éd. G.N. Stanton, B. Longenecker, S.C. Barton, Grand Rapids, Eerdmans, 2004, p. 131-143.

LYALL, Francis, « Roman Law in the Writings of Paul : The Slave and the Freedman », *NTS* 17, 1970, p. 73-79.

LYONNET, Stanislas, « "Tu ne convoiteras pas" (Romans VII.7) », *Neotestamentica et Patristica* (Novum Testamentum Supplements 6), Leiden, Brill, 1962, p. 157-165.

LYONNET, Stanislas, « L'histoire du salut selon le chapitre 7 de l'épître aux Romains », *Bib* 43, 1963, p. 130-142.

MALHERBE, Abraham, « *Mè Genoito* in the Diatribe and Paul », in : id., *Paul and the Popular Philosophers*, Minneapolis, Augsburg, 1989, p. 25-33.

MARGUERAT, Daniel, « La mystique de l'apôtre Paul », in : *Paul de Tarse. Congrès de l'ACFEB Strasbourg, 1995*, éd. J. Schlosser, Paris, Cerf, 1996, p. 79-97.

MARKSCHIES, Christoph, « Die platonische Metapher vom 'inneren Menschen' : eine Brücke zwischen antiker Philosophie und altchristlicher Theologie », *IJCT* 105, 1994, p. 3-18.

MARKSCHIES, Christoph, « Innerer Mensch », *RAC* 18, 1996, p. 266-312.

MARTIN, Dale, *Slavery as Salvation : The Metaphor of Slavery in Pauline Christianity*, New Heaven / Londres, Yale University Press, 1990.

MARTYN, Luis, « Nomos plus Genitive Noun in Paul : The History of God's Law », in : *Early Christianity and Classical Culture : Comparative Studies in Honor of Abraham J. Malherbe*, éd. J.T. Fitzgerald, T.H. Olbricht, L.M. White, Leiden, Brill, 2003, p. 575-587.

MARTIN, Ralph, *Reconciliation : A Study of Paul's Theology*, Atlanta, Westminster John Knox Press, 1981.

MARXSEN, Willi, *Introduction to the New Testament : An Approach to Its Problems*, Philadelphia/Oxford, Fortress Press / Basil Blackwell, 1968.

MAUSS, Marcel, « Essai sur le don. Forme et raison de l'échange dans les sociétés archaïques », *Année sociologique, nouvelle série* 1, 1923-1924, 1925, p. 30-186.

MCGRATH, Alister, *Iustitia Dei : A History of the Christian Doctrine of Justification*, vol. I : *From the Beginnings to 1500*, Londres, Cambridge University Press, 1986.

MEEKS Wayne A., *The First Urban Christians : The Social World of the Apostle Paul*, New Heaven / Londres, Yale University Press, 1983.

METZGER, Bruce, *A Textual Commentary on the Greek New Testament*, Londres, United Bible Societies, 1971.

MEYER, Paul, « Romans 10:4 and the End of the Law », in : *The Divine Helmsman : Studies on God's Control of Human Events, Presented to L. H. Silberman*, éd. L.H. Silberman, J.L. Crenshaw, S. Sandmel, New York, KTAV Publishing House, 1980, p. 59-78.

MICHEL, Otto, *Der Brief an die Römer*, Göttingen, Vandenhoeck & Ruprecht, 1978.

MIDDENDORF, Michael, *The I in the Storm. A Study of Romans 7*, Saint Louis, Concordia Academic Press, 1997.

MINEAR, Paul, *The Obedience of Faith*, Londres, SCM Press, 1971.

MOO Douglas, « Israël and Paul in Romans 7-12 », *NTS* 32, 1986, p. 122-135.

MOO Douglas, *Romans 1-8*, Chicago, Moody, 1991.

MORAVCSIK, Julius, « How Words Get their Meanings ? » *Journal of Philosophy* 78, 1981, p. 5-24.

MORRIS, Leon, « Law and the Cause of Sin in the Epistle to the Romans », *HeyJ* 28, 1987, p. 285-291.

MORRIS, Leon, *The Epistle to the Romans*, Grand Rapids, Eerdmans, 1988.

MOULE, Handley, « Death 'to Sin', 'to Law' and 'to the World' : A Note on Certain Datives », in : *Mélanges bibliques en hommages au R.P. Béda Rigaux*, éd. A. Descamps, A. de Halleux A., Paris, Duculot, 1970, p. 367-375.

MURPHY-O'CONNOR, Jerome, *Paul et l'art épistolaire*, Paris, Cerf, 1994.

MURRAY, John, *The Epistle to the Romans : The English Text with Introduction, Exposition and Notes*, Grand Rapids, Eerdmans, 1959.

NANOS Mark, *The Mystery of Romans. The Jewish Context of Paul's Letter*, Minneapolis, Fortress Press, 1996.

NIEBUHR, Karl-Wilhelm, « Jakobus und Paulus über das Innere des Menschen und den Ursprung seiner ethischen Entscheidungen », *New Testament Studies* 62, 2016, p. 1-30.

NIEDERWIMMER, Kurt, « Das Gebet des Geistes, Röm. 8, 26f. », *TZ* 20, 1964, p. 257-259.

NORDEN Eduard, *Die Antike Kunstprosa*, Leipzig, Teubner, 1898.

NYGREN, Anders, *Commentary on Romans*, Philadelphia, Fortress Press, 1944.

OGG, George, *The Chronology of the Life of Paul*, Londres, Epworth Press, 1968.

PATE, Marvin, *The End of the Age Has Come : The Theology of Paul*, Grand Rapids, Zondervan, 1995.

PHILIPPI, Adolph, *Kommentar über den Brief Pauli an die Römer*, Frankfurt, Heyder & Zimmer, 1986.

PIPER, John, The *Future of Justification : A Response to N.T. Wright*, Wheaton, Crossway, 2007.

PITTA, Antonio, *Lettera ai Romani*, Milano, Edizioni Paoline, 2001.

PLUMMER, Alfred, *A Critical and Exegetical Commentary on the Second Epistle of St. Paul to the Corinthians*, Edinburg, T. & T. Clark International, 1915.

POTTERIE, Ignace de la, « Le chrétien conduit par l'Esprit dans le cheminement eschatologique (Romains 8 : 14) », in : *The Law of the Spirit in Romans* 7 *and* 8, éd. L. Lorenzi, Rome, Abbazia S. Paolo fuori le mura, 1976, p. 210-215.

QUEK, Swee-Hwa, « Adam and Christ according to Paul », in : *Pauline Studies : Essays to Professor F. F. Bruce on his 70th Birthday*, éd. D. Hagner, M. Harris, Grand Rapids, Eerdmans, 1980, p. 67-79.

QUESNEL, Michel, *Les chrétiens et la loi juive. Une lecture de l'épître aux Romains* (Lire la Bible 116), Paris, Cerf, 1998.

RÄISÄNEN, Heikki, *Paul and the Law*, Philadelphia, Fortress Press, 1986.

RAMSAY, William, *St. Paul the Traveler and the Roman Citizen*, Grand Rapids, Eerdmans, 1885.

RAMSAY, William, *Pauline and other Studies*, New York, A. C. Armstrong, 1906.

REFOULÉ, François, « Unité de l'épître aux Romains et histoire du salut », *RSPT* 71, 1987, p. 219-242.

REITZENSTEIN, Richard, *Die hellenistischen Mysterienreligionen*, Leipzig, Teubner, 1920.

REUMANN, John, *Philippians : A New Translation with Introduction and Commentary*, New Haven and Londres, Yale University Press, 2008.

RHYS, Howard, *The Epistle to the Romans*, New York, Macmillan, 1961.

RIDDERBOS, Herman, *Paul : An Outline of His Theology*, Grand Rapids, Eerdmans 1966.

ROBINSON, Henry W., *The Christian Doctrine of Man*, Edinburg, T & T Clark International, 1958.

ROBINSON, John A.T., *Wrestling with Romans*, Philadlephia, Westminster John Knox Press, 1979.

ROLLINS, Wayne, « Greco-Roman Slave Terminology and Pauline Metaphors of Salvation », in : *Society of Biblical Literature Seminar Papers 1987*, éd. K.H. Richards, Atlanta, Scholars Press, 1987, p. 100-110.

ROMANELLO, Stefano, *Una legge buona ma impotente. Analisi retorico-letteraria di Rm 7,7-25 nel suo contesto*, Bologna, Edizioni Dehoniane Bologna, 2000.

SALLES, Catherine, « L'épistolographie hellénistique et romaine », in *Paul de Tarse. Congrès de l'ACFEB Strasbourg, 1995* (LeDiv 165), éd. J. Schlosser, Paris, Cerf, 1996, p. 79-97.

SANDAY, William & HEADLAM, Arthur, *A Critical and Exegetical Commentary on the Epistle to the Romans*, New York, Charles Scribners Sons, 1920.

SANDERS, Edward, *Paul and Palestinian Judaism : A Comparison of Patterns of Religion*, Londres, SCM Press, 1977.

SANDERS, Edward, *Paul, the Law and the Jewish People*, Londres SCM Press, 1983.

SCHLATTER, Adolf, « Herz und Gehirn im ersten Jahrhundert », in : *Studien zur Systematischen Theologie*, éd. T. Haering, F. Traub, Tübingen, Mohr Siebeck, 1918, p. 86-94.

SCHNEIDER, Bernardin, « The Meaning of St. Paul Antithesis 'The Letter and the Spirit' », *CBQ* 15, 1953, p. 163-207.

SCHNELLE, Udo, « Transformation und Partizipation als Grundgedanken paulinischer Theologie », *NTS* 47, 2001, p. 58-75.

SCHREINER, Thomas, « The Abolishment and the Fulfillment of the Law in Paul », *JSNT* 35, 1989, p. 47-74.

SCHULZ, Siegfried, « Zur Rechtfertigung aus Gnaden in Qumran und bei Paulus », *ZTK* 56, 1959, p. 155-185.

SCHÜTZ, Roland, *Der parallele Bau der Satzglieder im Neuen Testament und seine Verwertung für die Textkritik und Exegese*, Göttingen, Vandenhoeck Ruprecht, 1920.

SCHWEITZER, Albert, *The Mysticism of Paul the Apostle*, Londres, A. & C. Black, 1931.

SCHWEIZER, Eduard, « Dying and Rising with Christ », *NTS* 14, 1967-1968, p. 1-14.

SCOTT, James, *Adoption as Sons of God. An Exegetical Investigation into the Backgroung of ΥΙΟΘΕΣΙΑ in the Corpus Paulinum*, Tübingen, Mohr Siebeck, 1992.

SEEMUTH, David, *Romans*, Nashville, Thomas Nelson, 2005.

SEGAL Alan F., « Romans 7 and the Jewish Dietary Law », *SR* 15, 1986, p. 361-374.

SHOGREN, Gary, « The Wretched Man of Romans 7,14-25 as Reductio ad absurdum », *EvQ* 72, 2000, p. 119-134.

SIIKAVIRTA, Samuli, *Baptism and Cognition in Romans 6-8 : Paul's Ethics beyond 'Indicative' and 'Imperative'* (Wissenschaftliche Untersuchungen zum Neuen Testament, 2. Reihe 407), Tübingen, Mohr Siebeck, 2015.

SJÖBERG, Erik, « πνεῦμα, πνευματικός ... in Palestinian Judaism », *TDNT* 6, 1968, p. 381-382.

SOARDS, Marion, « The Righteousness of God in the Writings of the Apostle Paul », *BTB* 15, 1968, p. 104-109.

SOARDS, Marion, « Käsemann's 'Righteousness' Reexamined », *CBQ* 49, 1987, p. 264-269.

SONG, Changwon, *Reading Romans as a Diatribe*, New York, Peter Lang, 2004.

SORABJI, Richard, *Self : Ancient and Modern Insights about Individuality, Life, and Death*, Oxford, Clarendon, 2006.

STACEY, David, *The Pauline View of Man in Relation to its Judaic and Hellenistic Backgrounds*, Londres, Macmillan, 1956.

STENDAHL, Krister, *The Scrolls and the New Testament*, New York, Harper & Brothers, 1957.

STENDAHL, Krister, « Paul Among Jews and Gentiles », in : id. *Paul Among Jews and Gentiles and Other Essays*, Philadelphia, Fortress Press, 1967, p. 1-77.

STENDAHL, Krister, « The Apostle Paul and the Introspective Conscience of the West », in : id. *Paul Among Jews and Gentiles and Other Essays*, Philadelphia, Fortress Press, 1976, p. 78-96.

STEWART, James S., *A Man in Christ : The Vital Elements of St. Paul's Theology*, New York, Harper & Brothers, (1975).

STOTT, John, *The Message of Romans*, Leicester, InterVarsity Press, 1974.

STOWERS, Stanley Kent, *The Diatribe and Paul's Letter to the Romans* (SBLDS 57), Chico, Scholars Press, 1981.

STOWERS, Stanley Kent, *Letter Writing in Greco-Roman Antiquity*, Philadelphia, Westminster John Knox Press, 1986.

STOWERS, Stanley Kent, « The Diatribe », in : *Greco-Roman Literature and the New Testament : Selected Forms and Genres* (Sources for Biblical Study 21), Atlanta, Scholars Press, 1988, p. 76-77.

STOWERS, Stanley Kent, *A Rereading of Romans : Justice, Jews, and Gentiles*, New Haven, Yale University Press, 1994.

STUART, Moses, *A Commentary on the Epistle to the Romans*, Andover, Warren F. Draper, 1862.

STUHLMACHER, Peter, *Gerechtigkeit Gottes bei Paulus* (FRLANT 87), Göttingen, Vandenhoeck & Ruprecht, 1966.

TANNEHILL, Robert, *Dying and Rising with Christ. A Study in Pauline Theology* (BZNW 32), Berlin, Töpelmann, 1966.

TIMMINS, Will N., *Romans 7 and Christian Identity : A Study of the 'I' in Its*

Literary Context (Society for New Testament Studies Monograph Series 170), Cambridge, UK – New York, Cambridge University Press, 2017.

TIMMINS, Will N., « Romans 7 and the Resurrection of Lament in Christ : The Wretched 'I' and His Biblical Doppelgänger », *Novum Testamentum* 61 (2019), p. 386-408.

THEISSEN, Gerd, *Psychological Aspects of Paul's Theology*, Philadelphia, Fortress Press, 1987.

THIELMAN, Frank, « The Story of Israël and the Theology of Romans 5-8 », in : *Society of Biblical Literature Seminar Papers 1993*, éd. E.H. Lovering, Atlanta, Scholars Press, 1993, p. 227-249.

THOMPSON, Richard, « Paul's Double Critique of Jewish Boasting : A Study of Rom 3,27 in Its Context », *Bib* 67, 1986, p. 520-531.

TOBIN, Thomas H., *Paul's Rhetoric in its Contexts : The Argument of Romans*, Peabody, Mass., Hendrickson Publishers, 2004.

TOIT (du), Andrie, « Persuasion in Rm 1 : 1-17 », *BZ* 33, 1989, p. 192-209.

TROCMÉ, Étienne, *Saint Paul*, Paris, PUF, 2003.

VERGOTE, Antoon, « Apport des données psychanalytiques à l'exégèse. Vie, loi et clivage du Moi dans l'épître aux Romains 7 », in : *Exégèse et Herméneutique* (Parole de Dieu), éd. R. Barthes, P. Beauchamp, Paris, Seuil, 1971, p. 109-173.

VOLLENWEIDER, Samuel, *Freiheit als neue Schöpfung, Eine Untersuchung zur Eleutheria bei Paulus und in seiner Umwelt*. Göttingen, Vandenhoeck & Ruprecht, 1989.

VOS, Geerhardus, « The Eschatological Aspect of the Pauline conception of the Spirit », in : *Redemptive History and Biblical Interpretation*, éd. B. Richard, Jr. Gaffin, Phillipsburg, Presbyterian & Reformed Publishing, 1980, p. 91-125.

VOUGA, François, « Romains 1:18-3:20 comme narratio », in : *La Narration. Quand le récit devient communication* (Lieux théologiques 12), éd. P. Bühler, J.-F. Habermacher, Genève, Labor et Fides, 1988, p. 147-161.

WAGNER, Günter, *Pauline Baptism and the Pagan Mysteries*, Londres, Oliver & Boyd, 1962.

WARNE, Graham, *Hebrew Perspectives on the Human Person in the Hellenistic Era : Paul and Philo*, Lewiston, Mellen Biblical Press, 1995.

WASSERMAN Emma, « The Death of the Soul in Romans 7 : Revisiting Paul's Anthropology in Light of Hellenistic Moral Psychology », *JBL* 126, 2007, p. 793-816.

WASSERMAN Emma, *The Death of the Soul in Romans 7 : Sin, Death, and the Law in Light of Hellenistic Moral Psychology*, Tübingen, Mohr Siebeck, 2008.

WATERS, Guy Prentiss, *Justification and the New Perspective on Paul : A Review and Response*, Phillipsburg, Presbyterian and Reformed Publishing, 2004.

WATSON, Francis, *Paul, Judaism and the Gentiles : A Sociological Approach*, Cambridge, Cambridge University Press, 1986.

WEDDERBURN, Alexander J. M., « Adam in Paul's Letter to the Romans », *Studia Biblica* 3, 1978, p. 413-430.

WEDDERBURN, Alexander J. M., « Some Observations on Paul's Use of the Phrases 'in Christ' and 'with Christ' », *JSNT* 25, 1985, p. 83-97.

WEDDERBURN, Alexander J. M., *Baptism and Resurrection. Studies in Pauline Theology Against Its Graeco-Roman Background*, Tübingen, Mohr Siebeck, 1987.

WEINEL, Heinrich, *St Paul the Man and His Work*, New York, G. P. Putnam, 1906.

WEISS, Johannes, *A Manual of Introduction to the New Testament*, New York, Funk & Wagnalls, 1889.

WEISS, Johannes, *Der erste Korintherbrief*, Göttingen, Vandenhoeck, 1925.

WEISS, Johannes, *The History of Primitive Christianity*, New York, Wilson-Erikson, 1937.

WELLS, Kyle, *Grace, Obedience, and the Hermeneutics of Agency : Paul and his Jewish Contemporaries on the Transformation of the Heart*, Durham University, Durham E-Theses : http://etheses.dur.ac.uk/190/, 2010 (consulté le 10/10/2020).

WELLS, Kyle, *Grace and Agency in Paul and Second Temple Judaism : Interpreting the Transformation of the Heart* (Supplements to Novum Testamentum 157), Leiden – Boston, Brill, 2014.

WESTERHOLM, Stephen, *Israel's Law and the Church's Faith : Paul and His Recent Interpreters*, Grand Rapids, Eerdmans, 1988.

WESTERHOLM, Stephen, *Perspectives Old and New on Paul. The "Lutheran" Paul and His Critics*, Grand Rapids, Eerdmans, 2004.

WESTERHOLM, Stephen, « Paul's Anthropological 'Pessimism' in Its Jewish Context », in : *Divine and Human Agency in Paul and its Cultural Environment* (Library of New Testament Studies 335), éd. J. Barclay, S.J. Gathercole, Londres, T & T Clark International, 2006, p. 71-98.

WESTERHOLM, Stephen (éd.), *The Blackwell Companion to Paul*, Oxford, Wiley-Blackwell, 2011.

WESTERMANN, William, « The Freed Man and the Slaves of God », in : *Proceedings of the American Philosophical Society* 92, 1948, p. 56-64.

WHITE, John, « Ancient Greek Letters », in : *Greco-Roman Literature and the New Testament. Selected Forms and Genres* (Sources for Biblical Studies 21), éd. David Edward Aune, Atlanta, Scholars Press, 1988, p. 85-105.

WIEFEL, Wolfgang, « The Jewish Community in Ancient Rome and the Origins of Romans Christianity », in : *The Romans Debate*, éd. K. Donfried, Minneapolis, Augsburg, 1977, p. 100-119.

WILDEBOER, Gerrit, « Die älteste Bedeutung des Stammes *sdq* », *ZAW* 22, 1902, p. 167-169.

WILLIAMS, Sam, *Jesus' Death as Saving Event. The Background and Origin of a Concept*, Missoula, Scholars Press, 1975.

WILLIAMS, Sam, « The Righteousness of God in Romans », *JBL* 99, 1980, p. 241-290.

WINDISCH, Hans, *Der Zweite Korintherbrief*, Göttingen, Vandenhoeck and Ruprecht, 1924.

WISCHMEYER, Oda, *Paul : Life, Setting, Work, Letters*, Londres, T & T Clark International, 2012.

WOLTER, Michael, *Paulus : Ein Grundriss seiner Theologie*, Neukirchen-Vluyn, Neukirchener Theologie, 2011.

WOLTER, Michael, *Der Brief an die Römer. 1 : Röm 1-8* (EKK NF 6.1), Neukirchen-Vluyn, Neukirchener Theologie, 2014.

WREDE, William, *Paul*, Lexington, American Theological Library Association, 1962.

WRIGHT, Nicholas, *The Climax of the Covenant : Christ and the Law in Pauline Theology*, Edinburgh, T. & T. Clark International, 1991.

WRIGHT, Nicholas, *What Saint Paul Really Said : Was Saul of Tarsus the Real Founder of Christianity ?* Grand Rapids, Eerdmans, 1997.

WRIGHT, Nicholas, « New Exodus, New Inheritance : the Narrative Substructure of Romans 3-8 », in : *Romans and the People of God : Essays in Honor of Gordon D. Fee on the Occasion of His 65th Birthday*, éd. S.K. Sodelund, N.T. Wright, Grand Rapids, Eerdmans, 1999, p. 26-35.

WRIGHT, Nicholas, « The Shape of Justification », http://www.thepaulpage.com/Shape.html, 2001 (conslté le 10/10/2020).

WUELLNER, Wilhelm, « Paul Rhetoric of Argumentation in Romans. An Alternative to the Donfried-Karris Debate over Romans », in : *The Romans Debate*, éd. K. Donfried, Minneapolis, Augsburg, 1976, p. 152-174.

ZAHN, Theodor, *Der Brief des Paulus an die Römer*, Leipzig, Deichert, 1907.

ZIESLER, John, *The Meaning of Righteousness in Paul : A Linguistic and Theological Investigation*, Cambridge, Cambridge University Press, 1972.

ZIESLER, John, *Paul's Letter to the Romans*, Londres, Trinity Press International, 1989.

ZIESLER, John, « The Role of the Tenth Commandment in Romans 7 », *JSNT* 33, 1988, p. 41-56.

INDEX DE NOMS PROPRES

INDEX TEXTES BIBLIQUES

INDEX DES TEXTES DE QUMRAN

TABLE DES MATIÈRES

IMPRIM'VERT®

Achevé d'imprimer par Corlet Numéric,
Z.A. Charles Tellier, Condé-en-Normandie (Calvados), en juillet 2021
N° d'impression : 172435 - dépôt légal : juillet 2021
Imprimé en France